Aux Militants

Remerciements à Wikipédia.

Note : les faits indiqués ici peuvent être retrouvés sur Internet. Néanmoins, si des erreurs s'étaient glissées, merci de le signaler à l'auteur : jacques.lancier@free.fr

Introduction, des raisons d'espérer

La situation politique actuelle est perçue par beaucoup comme insupportable ; les noyés en Méditerranée, les licenciements, les injustices, les inégalités, le poids des lobbies, les résultats désolants des élections, les désastres écologiques, les guerres et leurs réfugiés, le terrorisme, le cynisme des puissants et les crimes impunis...

On « *s'indigne* », on participe à des luttes diverses, d'où émergent parfois des « *Printemps* », qui suggèrent que des solutions plus radicales et révolutionnaires sont nécessaires, attendues, et qu'elles seraient possibles. Puis ces mouvements retombent, minés par l'absence de crédibilité du projet alternatif.

Mrs Thatcher, l'ancienne Première ministre du Royaume-Uni, bouchait l'horizon en martelant « *There Is No Alternative* » (« TINA »), « *Il n'y a pas d'alternative* » au système. Mais ce faisant, dans le même temps, elle reconnaissait que la question se pose en permanence.

Cette alternative qu'il fallait écarter de l'horizon est le communisme, le seul projet à la hauteur des transformations nécessaires pour dépasser l'impasse où le système financier mondialisé capitaliste nous mène. Mais la crédibilité du communisme elle aussi est minée et c'est sur quoi Mrs Thatcher s'appuyait.

Il s'agit ici de faire un audit de cette « *hypothèse* » communiste dont parle Alain Badiou, et de voir si, et sous quelles conditions elle peut être réhabilitée, afin de donner aux luttes l'horizon qui leur manque pour sortir de l'impasse où sont à la fois le système et les luttes qu'il suscite.

Réinventer le communisme ? Une utopie! Et nous savons que l'utopie peut être meurtrière[1]. Alors pourquoi revisiter ces « *vieilles lunes* » ?

Au Sud, la mondialisation capitaliste, en développant l'économie et les échanges, en transformant les agriculteurs en ouvriers dans les « *ateliers* » du monde, a sorti une bonne partie de la population humaine de la faim, de la soumission aux aléas climatiques aggravés par une organisation féodale de la société. Mais les pays du Sud ont de grandes difficultés à poursuivre leur développement économique et leur rattrapage des pays prospères est à la peine. Des centaines de millions de travailleurs du Sud émigrent pour tenter de survivre correctement en prenant des risques insensés.

A l'Est, beaucoup de travailleurs qui ont connu les expériences socialistes se disent « *on a déjà donné* »! On a vécu sous le totalitarisme au nom de la dictature du prolétariat, on sait ce que c'est: privation des libertés et stagnation économique.

Au Nord, dans les pays occidentaux, on a perdu de vue d'où venait une certaine prospérité. La crise et les effets en retour de la mondialisation, la désindustrialisation, la concurrence sur les salaires et les conditions de travail, la remise en cause des classes moyennes, statut auquel pouvaient aspirer les travailleurs, provoquent des crispations et parfois l'adhésion à des projets populistes, nationalistes. Crispations illustrées par l'élection de Donald Trump, le Brexit, la poussée des extrêmes-droites en Europe, en France, Italie, Pays bas, Allemagne. Cette poussée récente avait été précédée par celle de l'extrême droite de Jorg Haider en Autiche dans les années 90, caractéristique d'un petit pays prospère arc bouté sur ses avantages. L'Europe a pourtant

---

1 - Pin Yathay: « *L'utopie meurtrière* » 1979, sur le Cambodge des Khmers Rouges.

déjà fait l'expérience dans les années 30 que les orientations venues d'Autriche ne sont pas les meilleures.

Le capitalisme mondialisé est basé sur l'exploitation internationale des ressources, de matières premières, mais avant tout sur l'exploitation internationale des ressources humaines. L'organisation du travail capitaliste est fondée sur les délocalisations et l'immigration. La mondialisation est l'organisation de l'industrialisation sur l'ensemble de la planète. La classe ouvrière aura été surexploitée, divisée par cette organisation du travail, ainsi affaiblie, coupée de ses racines, de son histoire, de son environnement, mais en même temps accrue de centaines de millions de nouveaux membres.

Le capitalisme mondialisé arrive aujourd'hui en bout de course, de l'aveu même de beaucoup de ses principaux dirigeants, en particulier les financiers comme nous le verrons plus loin. Il n'est pas capable d'assurer à tous le minimum, comme l'accès à l'eau potable ou à la nourriture, il est incapable d'assurer les échanges et la libre circulation des humains, il accroît les inégalités à un niveau proche de celui qui précédait les deux guerres mondiales, il détruit la planète, il génère des guerres permanentes.

L'accroissement brutal des budgets militaires annonce le pire. Les solutions que le capitalisme mondialisé tente de trouver à sa propre crise - recherche éperdue de LA croissance, compétitivité, nationalisme, servent à éviter d'aborder le fond du problème, l'accroissement des inégalités. Ces « *solutions* » sont encore plus « *vieilles lunes* » que le communisme. Les contradictions que la rivalité des nations engendrait, contradictions illustrées par deux guerres mondiales, ont été surmontées justement par la mondialisation du capitalisme. Non seulement les nationalismes ne sont pas une solution au capitalisme mondialisé, mais ce dernier se présentait comme une solution à l'impasse où avaient mené les capitalismes nationaux!

Le cœur du problème étant l'accroissement des inégalités, l'alternative la mieux à même de s'y opposer est le communisme.

Or les tentatives communistes ont jusqu'à présent, toutes été des échecs. Echecs parce que les tentatives n'ont pas duré, mais aussi parce que ces tentatives ont parfois sombré dans le totalitarisme, finissant par opprimer ceux qu'elles étaient censées libérer.

« *On n'y croit plus* » gémissent certains. Mais « *ne plus y croire* » c'est laisser la situation se dégrader et mener à un avenir sombre. « *Ne plus y croire* » promet quel monde à nos enfants? Mieux vaut faire face à la réalité et tenter de dégager une perspective réaliste.

Un horizon bouché

Les crises économiques et écologiques sont mondiales et elles suscitent des luttes en permanence. Des luttes de toutes sortes, comme les centaines de milliers de grèves ouvrières qui ont lieu tant dans les pays avancés, soumis à la désindustrialisation et aux licenciements, que dans les mines d'Afrique du sud, les territoires occupés de Palestine et de Gaza, les immenses ateliers de Chine, les usines de Sao Paulo ou les filatures de Mahalla en Egypte. Ces luttes demeurent souvent obscures et peu visibles, ainsi même la plus grande grève ouvrière de l'histoire, qui s'est déroulée en Inde en septembre 2015, (et non au XIXème siècle!) est peu connue.

Ces luttes ouvrières ont souvent été les initiatrices de mouvements plus larges comme celles des mines de phosphates de Gafsa en Tunisie, à l'origine des « *printemps arabes* ».

Cependant ces luttes, même les plus médiatisées et les plus politiques comme celles des printemps arabes, des Indignés en Espagne, d'Occupy Wall Street aux Etats-Unis ou de Nuit Debout en France, ne débouchent ni sur des changements, ni même sur de véritables perspectives de changement. Sans parler des mascarades de Blair, Schroeder ou Hollande en Europe, les espoirs d'un moment, l'élection d'Obama aux USA, de Lula au Brésil, les victoires de la gauche dans les pays sud-américains ou de Syriza en Grèce ont tous été déçus.

Pourquoi une alternative réaliste au système peine-t-elle à être crédible ? Les travailleurs, révoltés, luttent contre tel ou tel effet particulier du système - salaires trop bas, licenciements, pollutions, expulsions, injustices, inégalités, oppressions diverses, discriminations de genres, de cultures, etc. - mais ne perçoivent pas un projet alternatif global. Les efforts, les luttes, les sacrifices, les risques pris, les dévouements, sont comme minés de l'intérieur et viennent s'échouer sur cette conviction qu'au fond « *c'est, et ce sera toujours la même chose, … ou même ce pourrait être pire…* ». Si cette grande énergie se dissout, c'est non seulement parce que toutes les tentatives précédentes ont été des échecs, mais aussi que leurs bilans en ont été falsifiés, ce qui empêche les travailleurs de se les approprier.

Les dominants qui écrivent l'histoire, ont développé une stratégie à deux axes afin de boucher l'horizon et de faire croire comme disait Mme Thatcher qu'il n'y a pas d'alternative au système:

1) Masquer les coûts monstrueux, les crimes et les échecs du développement capitaliste.

2) Amplifier, déformer et calomnier les échecs des tentatives socialistes.

Ainsi les travailleurs, contaminés par ces falsifications, se demandent si le remède ne serait pas pire que le mal. Est-ce que tenter de remplacer le capitalisme ne ferait pas le lit du totalitarisme ? Ce grand doute casse l'énergie et l'enthousiasme!

Cependant, Mme Thatcher et ses « *successeurs* » - Trump, Abe, May, Merkel, Juncker, Macron - ont un gros problème. Alors qu'ils ont, ou ont eu tous les pouvoirs, qu'ils ont fait la richesse des riches comme jamais auparavant, qu'ils ont présidé à un développement des inégalités sans précédent, le monde apparaît de nouveau aussi menaçant qu'avant la Première et la Seconde Guerre mondiale. Un monde instable où le chômage, les guerres, les réfugiés, les désastres écologiques, les terrorismes, se répandent. Un monde où, malgré le développement formidable de la recherche, des progrès scientifiques et techniques, tous les jours par milliers des gens meurent de soif et de faim, tous les jours par milliers des gens sont expulsés de leur pays, de leurs maisons, de leur travail, tous les jours par milliers des gens sont tués. Un monde où les terrorismes viennent perturber la vie de chacun dans les pays du Sud mais aussi dans les « *paradis* » impérialistes occidentaux. L'échec est là. La cupidité et le manque d'alternative ne font le bonheur que de quelques-uns, les 1%, et pour les 99% la situation s'aggrave et l'horizon s'obscurcit.

Le problème des dirigeants du système actuel, ceux qui nous répètent qu'il n'y a pas d'alternative, est que le capitalisme et ses échecs, ont précédé les tentatives socialistes et leurs échecs: c'est le capitalisme qui a suscité les tentatives communistes dont les échecs successifs n'ont pas empêché les tentatives suivantes. Il faut que le capitalisme, malgré ses succès formidables, porte aujourd'hui en lui bien des malheurs pour susciter autant de luttes et de tentatives de le remplacer.

Echec de la social-démocratie

En Occident la social-démocratie a copartagé le pouvoir depuis la fin de la Seconde Guerre mondiale avec la droite traditionnelle. Elle a mené les mêmes guerres coloniales au profit de son impérialisme national. Elle n'a pas d'autres mots d'ordre que les trois mots d'ordre des 1% et de la finance internationale: croissance, compétitivité et nationalisme! A ce titre, elle est co-responsable de la situation inquiétante du monde d'aujourd'hui.

Les mesures de justice sociale qu'elle tente parfois de proposer sont insuffisantes à transformer le modèle, elles ne font que perturber le système et entraîner des effets pervers ; C'est pourquoi elles échouent. L'échec des partis sociaux-démocrates, gestionnaires de l'Etat-providence, les plonge dans une crise qui oblige à faire émerger des solutions nouvelles. De façon confuse et divisée, car la conviction n'est pas solide qu'une alternative soit possible. Des solutions sont encore cherchées, à tâtons, à l'intérieur de la logique économique et financière existante. Lors des dernières élections présidentielles en France aucun candidat, n'a remis frontalement en cause les trois axes des tenants du système. Pourtant tenter de trouver des solutions à l'intérieur du système, comme trouver des solutions dans un seul pays, est peine perdue comme le montre l'impasse de Syriza en Grèce. Or si le système n'est pas réformable, alors même qu'il apparaît de plus en plus injuste et qu'il court à l'échec, c'est qu'il est temps de changer de système.

Echec des révolutions socialistes

Les tentatives les plus radicales et critiques à l'égard de la social-démocratie ont été également des échecs, de la Commune de Paris de 1871 jusqu'à Cuba, en passant par les révolutions russe et chinoise.

Le bilan est décevant pour les travailleurs du monde entier. Pire, ces tentatives radicales, ces révolutions sont souvent vues comme ce qu'il faut éviter à tout prix. La quasi disparition des partis communistes trouve son origine dans cette perception. C'est pourtant au moment où le capitalisme, après 6 siècles d'existence, après 30 ans de domination sans partage depuis l'échec du socialisme russe dans les années 90, est incapable de se sortir de la crise déclenchée en 2008, qu'une alternative est nécessaire. Il faut concevoir autre chose. « *Il est plus facile aujourd'hui d'imaginer la fin du monde que celle du capitalisme* » dit Fredric Jameson cité par Jean-Claude Michéa[2]. Justement puisque le capitalisme nous mène à cette fin du monde, il faut s'en débarrasser pour éclairer l'avenir. Il devient tout à fait raisonnable de vouloir une révolution. Et à ce propos, il y a de bonnes nouvelles!

Les ouvriers majoritaires

Contrairement à ceux qui veulent nous faire croire que les ouvriers ont disparu, que la société est devenue *« post industrielle »*, la classe ouvrière est, pour la première fois dans l'histoire, la classe numériquement dominante (2 milliards sur 3,5 milliards d'actifs parmi les 7,6 milliards d'habitants de la planète). Les premiers penseurs marxistes étaient vraiment en avance pour célébrer le prolétariat alors qu'ils vivaient dans un monde essentiellement constitué de paysans! Le fait que la classe ouvrière soit majoritaire crée les conditions pour que les

---

2 - Jean Claude Michéa: « *Notre ennemi le capital* » 2017.

prochaines tentatives communistes aient une base démocratique solide.

Résistance! Comme le proclame partout les mouvements ? bien sûr! Mais il faut aussi un programme positif pour mobiliser, unifier les énergies, ne pas se contenter de résister et aboutir à une victoire. Même la résistance à l'occupation nazie a eu besoin d'un programme à contenu social fort et positif qui s'appelait « *Les jours heureux* ».

Puisque le fond du problème est la cupidité et l'accroissement des inégalités qu'elle entraine, la solution est simple, évidente: le communisme, puisque le capitalisme nous entraîne au chaos ; la démocratie, car personne ne veut d'un totalitarisme qui, de plus, a également échoué ; un projet écologiste parce que nous n'avons qu'une seule planète réellement accessible aujourd'hui et que l'espèce humaine a tout intérêt à y prêter attention ; une vision internationaliste car le capitalisme est mondial, de même que la crise écologique. Un projet pour les 99% des individus de l'espèce humaine.

D'où la nécessité de réinventer le Communisme!

On pourrait penser qu'à l'image des Zapatistes, de Podemos, des Indignés, etc. le communisme est si dévalorisé par l'expérience totalitaire qu'il faudrait changer de nom, trouver des mots nouveaux. Le concept de dictature du prolétariat ne pourrait plus être compris aujourd'hui. Mais le terme de démocratie aussi est dévalorisé aux yeux de beaucoup, compte tenu de l'usage qu'en a fait « *l'ennemi* ». Cependant il ne semble pas que les promoteurs de « *mots nouveaux* » aient dégagé une autre perspective crédible pour l'instant. Changer de vocabulaire serait avancer masqué. Abandonner le mot communisme ce serait éviter d'en faire le bilan et créer un doute sur le projet. Abandonner le mot Démocratie, outre que ce serait faire un cadeau inutile à l'ennemi, serait également créer un doute sur le caractère résolument anti totalitaire du projet. Changer de vocabulaire coupe les travailleurs d'un passé de luttes et de réalisations concernant aussi bien le communisme que la démocratie, passé dont ils n'ont pas à avoir honte, mais au contraire à être fier. La lutte pour dépasser le capitalisme est difficile, se couper de la force que donnent les expériences révolutionnaires passées serait affaiblir le mouvement. Mieux vaut affronter la réalité en face, repérer les erreurs et les échecs, afin d'en tirer des leçons.

Le sommaire

Réinventer le communisme démocratique ne se fait bien sûr pas en un texte, il s'agit ici d'y contribuer: 1) sans nier ses succès, rappeler les coûts et les échecs du capitalisme 2) considérer les échecs socialistes, les mettre en perspective, les comprendre, et aussi en reconnaître les acquis, en faisant la part de la propagande hostile. 3) dégager un projet politique positif unifiant les travailleurs et en particulier la classe ouvrière internationale.

Pour ce faire, il faut rappeler quelques faits oubliés, cachés, quoique non « *alternatifs*[3] », sachant que, comme disait Lénine, « *les faits sont têtus* ».

Dans une première partie, « *Le système capitaliste mondialisé en crise* » nous évaluons la situation politique depuis la fin de la seconde guerre mondiale jusqu'à aujourd'hui. Chapitre 1, un retour sur les fondements de l'Etat-providence, la réalité des « *Trente glorieuses* », le rôle de l'aristocratie ouvrière, la décolonisation, la mondialisation et la nouvelle offensive du capital à partir du milieu des années 70. Chapitre 2, Depuis la crise financière de 2007 / 2008 les experts et tenants du système eux-mêmes s'inquiètent de ses conséquences: les solutions apportées aggravent encore les inégalités et développent les conditions pour une crise encore plus globale, économique, financière, écologique, politique. Chapitre 3, afin de mieux cerner l'issue de la crise nous revenons sur les caractéristiques historiques du capitalisme: appropriation des biens communs, esclavage,

---

3 - Les affirmations de Donald Trump, contredites par les faits, sont qualifiées de « *faits alternatifs* » par son équipe.

guerres, illégitimité de l'accaparement privé des biens de production, liens très distendus avec la démocratie.

Une deuxième partie, « *l'échec des révolutions socialistes* », est consacrée à l'évaluation des alternatives. Chapitre 4, de la Commune de Paris à la révolution russe. Chapitre 5, les autres échecs socialistes, en particulier la Révolution culturelle chinoise. Chapitre 6, le totalitarisme, ses caractéristiques, ses causes, les leçons de son échec. Pourquoi le communisme démocratique reste l'alternative au capitalisme et au totalitarisme.

Dans une troisième partie, intitulée « *Le monde a changé* », nous verrons en quoi le projet communiste est en phase avec ces changements. Chapitre 7, nous observons que l'univers, la nature, et la conception de la science pour les percevoir, constitue aujourd'hui, contrairement au siècle dernier, un garde-fou contre le totalitarisme. Chapitre 8, l'évolution de la civilisation humaine, jusqu'à son développement numérique exige de se démarquer de l'élitisme Trans humaniste et de concevoir une science certes populaire mais néanmoins « *objective* ». Chapitre 9, quelques traits du projet communiste: démocratie et dictature du prolétariat, le marché et les entrepreneurs socialistes, dépasser la nation et dieu. La révolution risque d'être violente ?

La 4ème et dernière partie, « *Que Faire ?* ». Chapitre 10, les classes et forces politiques en lutte en France aujourd'hui. Droite, extrême-droite, gauche sociale-démocrate, écologie politique, islamisme politique, alternatifs. Chapitre 11, la classe ouvrière, pilier du projet communiste démocratique, est majoritaire dans le monde pour la première fois dans l'histoire. Chapitre 12, propositions d'axes de lutte, le combat des idées, les luttes ouvrières, contre le terrorisme, pour la paix, la révolution… Et même l'esquisse d'une proposition de programme dans le 13ème et dernier chapitre.

1ère partie

Le système capitaliste mondialisé en crise

Chapitre 1: Depuis 1945, croissance suicidaire, inégalités, guerres

 La précédente grande crise capitaliste, celle des années 30, qui engendra des millions de chômeurs, avec un taux de chômage de 25% aux Etats-Unis (mais c'est aussi le cas aujourd'hui en Espagne ou en Grèce) n'a été résolue que par la Seconde Guerre mondiale. Cette dernière éclate à un moment où l'inégalité entre les classes dirigeantes et les travailleurs n'a jamais été aussi criante, si ce n'est avant la guerre de 1914-1918... et aujourd'hui.

Les bourgeoisies sortent affaiblies de la Seconde Guerre mondiale. En Allemagne, en Italie, au Japon, elles sont vaincues et déconsidérées par leur recours au nazisme et au fascisme. Dans le camp des pays vainqueurs, dont fait partie la France, certains de ses leaders sont également déconsidérés car ils ont rallié le camp d'Hitler. En France c'est le cas aussi bien de l'idéologue Charles Maurras que du chef militaire Pétain. L'autre camp de la bourgeoisie a dû faire des concessions et passer des alliances avec les partis des travailleurs. C'est ce que reflète en France l'alliance de De Gaulle avec les communistes au sein du Front national de la Résistance, et à l'international, l'alliance des démocraties capitalistes avec l'URSS.

Ce fut le caractère principal de la Seconde Guerre mondiale, l'alliance des démocraties occidentales avec le camp ouvrier représenté par l'URSS et les différentes résistances nationales souvent menées par les communistes: résistances chinoise, vietnamienne, yougoslave, grecque, française, italienne etc.

Une grande offensive pour réécrire l'histoire, comme celle menée par Marcel Gauchet[4], le négationniste de l'impérialisme français, veut faire croire que les démocraties bourgeoises, en butte à deux

---

4 - Marcel Gauchet (rédacteur en chef de la revue « *Le Débat* »), « *A l'épreuve des totalitarismes* » 2010.

totalitarismes quasi identiques, le fascisme et le communisme, se seraient « *alliées avec le diable* », c'est-à-dire Staline, pour combattre Hitler. Et de dresser la liste des victimes des deux totalitarismes, mis en parallèle, en omettant:

1) La liste des victimes des fameuses démocraties qui, ne serait-ce qu'en raison de leur durée, dépasse de loin toute autre liste de victimes comme on le verra plus loin. Aucun pays socialiste n'a jamais été à l'origine d'une guerre, contrairement au nazisme et aux démocraties bourgeoises. A lui seul ce fait implique que le socialisme a beaucoup moins de sang sur les mains que les démocraties bourgeoises, et a fortiori que le nazisme.

2) Que le nazisme est issu du même système capitaliste que les démocraties bourgeoises. Il arrive au pouvoir en suivant leurs règles, sans toucher - à l'exception des propriétés des juifs - à la propriété privée capitaliste des moyens de production. Ainsi Hjalmar Schacht, le représentant des milieux d'affaires allemands préside la ReichBank avant comme après l'arrivée d'Hitler au pouvoir. Thyssen, Krupp, Albert Voegler, IG Farben éclaté depuis en Bayer (l'acheteur de Monsanto) BASF et Agfa, Daimler Benz, Porsche, Henschel, Manessman, Messerschmitt, MAN, Siemens, Allianz (qui fournit son patron, Kurt Schmitt, comme premier ministre de l'économie d'Hitler) etc. sont les firmes qui dominent le capitalisme allemand, avant, pendant, après Hitler, et jusqu'à aujourd'hui. Cette continuité du capitalisme et du nazisme se révélera aussi, dans la capacité des nazis à se fondre, après leur défaite, dans les différents appareils de direction des pays capitalistes démocratiques et à y occuper des postes importants[5].

---

5 - John Le carré : « *Le tunnel aux pigeons. Histoires de ma vie* ». 2016 : « *Le général Reinhard Gehlen, chef du renseignement militaire de Hitler sur le front de l'Est …fut nommé chef de l'embryon des services secrets extérieurs ouest-allemands sous la protection de la CIA. De vieux camarades de l'époque nazie formaient le noyau dur de son personnel.* »

Visiblement le nazisme est soluble dans le capitalisme, mais pas dans le communisme.

3) La réalité de la lutte victorieuse contre le nazisme qui a été supportée principalement (et de loin!) par l'URSS de Staline. Le nombre de victimes éclaire le rôle de chacun, 16% de tués parmi la population, civils et soldats confondus, pour l'URSS. 0,32% pour les USA. On sait la difficulté qu'a eue Staline à obtenir l'ouverture d'un front occidental contre les armées d'Hitler, le caractère tardif de celle-ci, finalement motivée par l'avancée de l'Armée rouge.

Les tentatives des idéologues du système pour réécrire l'histoire, et assimiler « *les extrêmes* » comme ils disent, ont pour but de masquer la liste des crimes impérialistes des démocraties occidentales et de déconsidérer les tentatives socialistes. Il est bon de se rappeler que face au nazisme et au fascisme c'est le camp ouvrier et une de ses révolutions, l'URSS, qui a assuré l'essentiel de la victoire.

L'Etat-providence contre la révolution socialiste

A l'issue de la Seconde Guerre mondiale, qui a tué hommes et femmes par millions (27 millions de victimes en URSS, 570 000 en France), et qui a détruit beaucoup d'infrastructures et d'équipements industriels, arrive la reconstruction, boostée par des plans de développement d'origine étatique, comme le plan Marshall[6] financé par les Etats-Unis. Au cours de la guerre, ces derniers ont pu consolider leur leadership mondial issu de la Première Guerre mondiale, à la fois militairement, politiquement, économiquement, et notamment sur le plan financier avec les

---

6 - Plan d'aide américain à la reconstruction de l'Europe de 1948 à 1951. Dans l'ordre décroissant des montants reçus par les bénéficiaires: la Grande-Bretagne, La France, L'Allemagne, L'Italie, 16 pays européens au total.

accords de Bretton Woods de 1944 qui créent le FMI et la Banque mondiale, et où les Etats-Unis occupent un rôle prépondérant. Les pays européens occidentaux sont à leur traîne. L'URSS essaie de rivaliser. Les pays du Sud pour l'essentiel font partie de l'arrière-cour des pays avancés, en leur fournissant matières premières et main d'œuvre à bon marché, soit sur place, soit en exportant leur main d'œuvre.

Les politiques keynésiennes[7] de relance, liées à la reconstruction d'après-guerre, assurent la prospérité. Les taux de croissance sont de 5% dans les années 60, mais tombent déjà à 3,5% dans les années 70. Les taux de chômage sont à moins de 5%. Cette prospérité assure la protection sociale qui exige un taux de croissance minimum de 2% par an dans les pays développés, et assure ainsi également la paix sociale. L'Etat-providence se met en place, avec le plein emploi, les avantages sociaux, un chômage faible, les négociations salariales, les incitations à l'endettement pour « *devenir propriétaire* ». Les dépenses publiques dépassent les 50% du PIB[8]. Cet Etat-providence est mis en place par les classes dirigeantes pour faire pièce à l'exemple révolutionnaire de l'URSS. Dans les pays occidentaux les revendications de la classe ouvrière sont partiellement satisfaites et les classes moyennes se développent.

Aux Etats-Unis au début du XXème siècle, le fordisme, du nom du constructeur automobile américain, assure un salaire décent aux ouvriers de l'automobile pour leur permettre de s'acheter les voitures qu'ils produisent. Ce modèle s'étend à l'ensemble de l'économie occidentale. Le couple pétrole / voiture assure la

---

7 - John Meynard Keynes, économiste, homme politique théoricien de l'Etat-providence, projet phare de la social-démocratie: « *Théorie générale de l'emploi, de l'intérêt et de la monnaie* » 1936.

8 - PIB: Le Produit Intérieur Brut, bien que son calcul en soit très discutable (une partie du trafic de drogue y est officiellement inclus par exemple), faute de mieux cette notion permet quelques comparaisons éclairantes.

croissance, au détriment de l'environnement, mais peu de monde s'en soucie à l'époque.

Les syndicats, et pas seulement en Allemagne, entrent dans un système de co-gouvernance du système économique avec le patronat. C'est « l'*esprit de Philadelphie* », du nom de la déclaration de mai 1944 adoptée par la conférence de l'Organisation Internationale du travail (OIT), par laquelle celle-ci réaffirme les principes de prise en compte de l'humain et du social dans la politique des Etats.

En Occident les patrons des entreprises, des grandes en particulier, appuient l'Etat-providence et assurent le financement des comités d'entreprise et des syndicats, ce qui permet d'affadir l'expression politique de la classe ouvrière, et de constituer une aristocratie ouvrière qui sera un relai de la politique patronale.

L'aristocratie ouvrière a disparu ?

Le fait que les travailleurs des pays occidentaux profitent marginalement de l'impérialisme (et plus tard du nazisme et du fascisme) avait été pointé et craint par Lénine dans son livre « *l'Impérialisme stade suprême...* » en 1920. Il précisait « *le capitalisme a assuré une situation privilégiée à une poignée (moins d'un dixième de la population du globe ou, en comptant de la façon la plus "large" et la plus exagérée, moins d'un cinquième) d'Etats particulièrement riches et puissants, qui pillent le monde entier par une simple "tonte des coupons". ... On conçoit que ce gigantesque surprofit (car il est obtenu en sus du profit que les capitalistes extorquent aux ouvriers de "leur" pays) permette de corrompre les chefs ouvriers et la couche supérieure de l'aristocratie ouvrière. Et les capitalistes des pays "avancés" la corrompent effectivement: ils la corrompent par mille moyens, directs et indirects, ouverts et camouflés. Cette couche d'ouvriers embourgeoisés ou de «l'aristocratie ouvrière », entièrement petit-bourgeois par leur mode de vie, par leurs salaires, par toute leur conception du monde, est le principal soutien de la IIe Internationale, et, de nos jours, le principal soutien social (pas militaire) de la bourgeoisie. Car ce sont de véritables agents de la bourgeoisie au sein du mouvement ouvrier, des commis ouvriers de la classe des capitalistes, de véritables propagateurs du réformisme et du chauvinisme. Dans la guerre civile entre prolétariat et bourgeoisie, un nombre appréciable d'entre eux se range inévitablement aux côtés de la bourgeoisie, aux côtés des "Versaillais" contre les "Communards". Si l'on n'a pas compris l'origine économique de ce phénomène, si l'on n'en a pas mesuré la portée politique et sociale, il est impossible d'avancer d'un pas dans l'accomplissement des tâches pratiques du mouvement communiste et de la révolution sociale à venir »*. Cette position ne tombait pas du ciel, Lénine avait été précédé 10 ans auparavant par Jack London[9] qui dénonçait déjà dans le « *Talon de fer* » en 1908, le rôle néfaste des « *castes ouvrières* » pour le mouvement ouvrier.

Depuis Jack London et Lénine, l'impérialisme s'est développé et a inclus dans son mode de développement de plus en plus de contrées et de travailleurs. La capacité du capitalisme à développer des classes moyennes et à corrompre une partie de la classe ouvrière est bien plus grande que du temps de Lénine, même si elle concerne toujours pour l'essentiel la même « *poignée d'Etats* ». Les avantages acquis sont tels que dans les pays avancés une partie des ouvriers est assimilée aux classes moyennes. Ces classes intermédiaires sont censées soutenir le pouvoir des 1% qui, sinon, seraient isolés et fragiles. La capacité à casser l'unité de la classe ouvrière, en délocalisant une partie de celle-ci dans les plantations et industries des pays du Sud, en important une autre partie comme immigrée, privée des droits démocratiques dans les pays développés, et enfin en corrompant une frange « *aristocratique* » des ouvriers nationaux, a fait son œuvre. La classe ouvrière internationale a été divisée, ses forces minées, sa capacité de proposition et d'indépendance politique détruite. Pourtant cette notion « *d'aristocratie ouvrière*», décisive pour Lénine, - et qui n'a pu que prendre de l'importance depuis -

---

9 - Jack London, écrivain et révolutionnaire américain: le « *Talon de fer* », « *Croc blanc* », mort en 1916.

a totalement disparue des analyses, y compris (ou surtout!) de celles des partis communistes des pays occidentaux. Les positions de l'aristocratie ouvrière, avec celles de la sociale démocratie ont dominé le discours de gauche, à un point tel que le concept finit par être gommé totalement des théories révolutionnaires… aussi sûrement que le criminel efface les traces de ses pas…

La domination du point de vue de l'aristocratie ouvrière dans les organisations ouvrières a eu pour conséquence le ralliement des travailleurs occidentaux aux positions impérialistes de « *leur* » bourgeoisie nationale. Ceci avait été préparé dans les pays industrialisés par la lutte contre le nazisme et le fascisme qui avait justifié l'alliance avec la bourgeoisie, représentée par Roosevelt, Churchill, De Gaulle… Cette alliance s'était faite au cours de la guerre autour de revendications à la fois nationales, démocratiques et de compromis social sur la base du développement keynésien (dépenses publiques, sécurité sociale, retraites, plein emploi, politique volontariste étatique de reconstruction, endettement). Cet accord porte la marque du poids politique de l'aristocratie ouvrière car il reste limité aux territoires métropolitains des pays occidentaux. Le programme du Conseil national de la résistance (le CNR) appliqué à la Libération en France, laissait sereinement de côté les travailleurs « *d'outre-mer* », et « *les étrangers* ». C'est pourtant la MOI (Main d'Œuvre Immigrée, celle chantée par Aragon et Ferré dans « *l'Affiche Rouge* »), qui avait été le fer de lance de la résistance, ce sont des « *nègres* » qui avaient assuré l'essentiel du débarquement de Provence le 15 août 1944 pour la libération de la France. En Algérie « *française* », un système électoral où il fallait 8 votes algériens pour un français perdure jusqu'à fin 1958, et encore c'est sans compter les femmes! La collusion de l'aristocratie ouvrière avec le pouvoir en place en France prendra de nombreuses formes, depuis le financement des comités d'entreprise jusqu'à l'exclusion des immigrés de la fonction publique. Un de ses sommets en sera la campagne « *Produisons français* » lancée en 1981 par Georges Marchais le dirigeant du Parti Communiste Français de l'époque. Il suffira à d'autres d'ajouter … « *avec des français* »… idéologiquement la voie était pavée pour le Front National des Le Pen.

Cet étouffement du point de vue communiste par l'aristocratie ouvrière a contribué au fait que la perspective communiste a presque disparu de l'horizon, au moment même où elle serait nécessaire. L'aristocratie ouvrière pèse davantage politiquement que quantitativement. Récemment ses acquis, ses possibilités, ont été malmenés par la mondialisation, la désindustrialisation en Occident, la disparition du camp socialiste. Comprendre son rôle depuis la fin de la Seconde Guerre mondiale est important. Sinon on ne comprendra pas la situation dans les pays occidentaux, les effets de la désindustrialisation, l'échec de la social-démocratie au pouvoir, l'attitude face aux immigrés et réfugiés, la montée des populismes et du chauvinisme, le ralliement d'une fraction des classes populaires à l'extrême-droite. Ces phénomènes tiennent au relatif déclassement de cette fraction de la classe ouvrière, qui arrimait son destin à celui du capitalisme français, mais qui s'estime maintenant trahie et délaissée et dont une partie peut être sensible aux thèses de l'extrême-droite.

1945- 1975: 30 glorieuses en Occident, 30 affreuses pour le Sud

Après la Seconde Guerre mondiale, grâce à la reconstruction et ses taux de croissance élevés à 5%, grâce à la politique de l'Etat-providence, l'inégalité est contenue dans les pays développés. L'Etat a un rôle social important en matière de redistribution, par la sécurité sociale, les minimas sociaux, les retraites, et en matière d'emploi, ne serait-ce qu'avec la constitution d'un secteur et d'une fonction publique conséquente. Ce compromis entre classe capitaliste et travailleurs est consolidé par un processus démocratique renforcé (élections, accords sociaux etc.). Ce compromis a lieu en Occident, incluant le Japon, mais ne concerne ni les immigrés, ni les pays colonisés.

Les « *Trente glorieuses* » comme ont été appelées ces années, ne sont glorieuses qu'en Occident, et ne le sont que parce que le capital est capable de faire bénéficier classes moyennes et classe ouvrière « *nationale* » du pillage du Sud. Ce pillage passe par des matières premières à bas prix. Un accord majeur pour l'économie occidentale est signé pour 60 ans entre l'Arabie Saoudite et les Etats-Unis sur le navire Uss-Quincy en février 1945 fixant la production et le prix du pétrole. Le président Bush prolongera le contrat de 60 ans supplémentaires en 2005. Cet accord est si fondamental pour le système qu'il explique que le financement du terrorisme par l'Arabie Saoudite n'ait jamais été condamné, et que l'Arabie Saoudite soit considérée comme faisant partie du camp démocratique mené par les Etats-Unis. Arabie Saoudite où les premières élections - locales uniquement!- ouvertes aux femmes n'ont eu lieu que fin 2015. Lors des « *30 glorieuses* » l'impérialisme étend son emprise partout dans le monde, créant une main d'œuvre surexploitée, sans droits, sans papiers, immigrée, où les cerveaux sont drainés vers les pays les plus riches (il y a davantage de médecins africains en France qu'en Afrique). C'est la domination de « *l'empire américain* »[10], modèle suivi par les « *empires* » britanniques et français.

Cette période de prospérité et « *d'ordre mondial* », circonscrite à l'Occident, ne se fait pas pacifiquement, mais à l'aide de guerres continues. Certains des résistants antinazis de 1944 en France participent au corps expéditionnaire qui bombarde la ville de Sétif en Algérie dès mai 1945, faisant plus de 10 000 morts. Un autre corps expéditionnaire bombarde le port d'Haiphong au Vietnam en novembre 1946, 6 000 morts. Dans les deux cas, il s'agit essentiellement de civils. Une partie des résistants français incorporés dans « *l'armée nationale* » part faire la guerre en Indochine aux résistants vietnamiens jusqu'à la victoire des vietnamiens à Dien Bien Phu en 1954.

De 1954 à 1962, c'est la guerre d'Algérie (ce crime contre l'humanité, 1 million de morts algériens, 40 000 soldats français tués). D'autres exactions moins connues ont également lieu,

---

10 - Claude Julien, ancien directeur du Monde Diplomatique: « *L'empire américain* » 1968.

comme la guerre de Madagascar en 1947, les crimes des armées françaises au Cameroun vont durer jusqu'à la fin des années 60. S'y ajoute la participation à la guerre de Corée en 1950, l'intervention sur le canal de Suez en octobre 1956 avec la Grande-Bretagne, le soutien aux agressions d'Israël telle que la guerre des 6 jours en 1967 …

Sur le territoire français lui-même, après le massacre des algériens place de la Nation en 1953, d'autres crimes sont perpétrés par les autorités officielles, le préfet de police de Paris Maurice Papon[11] en tête, comme ceux des massacres du 17 Octobre 1961, ce mois où la Seine charriait des cadavres, ceux du métro Charonne en février 1962, ou ceux des Guadeloupéens en « *Mé 1967* ».

La Grande-Bretagne n'est pas en reste en commençant par la liquidation de la résistance antinazie grecque en 1945 (150 000 victimes). La Grande-Bretagne s'arrange pour que la partition entre l'Inde et le Pakistan soit aussi conflictuelle et difficile que possible, entraînant des centaines de milliers de morts en 1947 et créant la situation qui entraine encore aujourd'hui l'exil de centaines de milliers de Rohingyas fuyant les milices et l'armée terroristes bouddhistes. Elle abandonne la Palestine aux Israéliens en 1948, laissant une situation de colonisation qui perdure. En Afrique du Sud (dont le premier ministre Smuts était membre du cabinet de Winston Churchill pendant la guerre) la situation laissée par les Anglais débouche sur l'Apartheid condamné par l'ONU en 1960. La guerre en Malaisie aura duré de 1948 à 1960, en Corée de 1950 à 1953, à Chypre de 1955 à 1959. Les interventions armées ont lieu au Kenya en 1952, en Indonésie en 1962, au Dhofar en 1970, en Irlande (4ème guerre!) en 1970, en Rhodésie/ Zimbabwe jusqu'en 1979...

---

11 - Député Gaulliste (1968-1981), ministre du gouvernement Raymond Barre (1978-1981), condamné pour crimes contre l'humanité en 1998 en raison de son rôle dans la déportation de juifs pendant la 2ème guerre mondiale.

Les États-Unis ont pris le leadership à la fois du capitalisme et de son corollaire, les expéditions coloniales. Après la guerre de Corée de 1950 à 1953, des coups d'États sont organisés par les États-Unis un peu partout dans le monde: le renversement de Mossadegh en Iran en 1953 parce qu'il a eu l'audace d'essayer de contrôler l'industrie pétrolière, l'assassinat de Lumumba en 1961 au Congo, celui de Sukarno en Indonésie en 1965 (1 million de « *communistes* » tués), le commencement de la guerre du Vietnam en 1964. Les américains interviennent particulièrement en Amérique du Sud, leur « *chasse gardée* », selon la « *doctrine Monroe* [12]» qu'ils appliquent dès le début du XIXème siècle. L'impérialisme américain est responsable entre autres, d'un coup d'Etat au Guatemala en 1954, de plusieurs tentatives d'assassinat de Castro dans les années 1960, du débarquement de la baie des Cochons à Cuba en 1961, du renversement du président Goulart au Brésil en 1964, de l'invasion de Saint-Domingue en 1965, de la lutte contre les Tupamaros en Uruguay de 1965 à 1973, du renversement d'Allende au Chili en 1973, de celui d'Isabel Perón en Argentine en 1976, de l'invasion de la Grenade en 1983, du minage des ports du Nicaragua en 84, de l'intervention en 1989 à Panama pour renverser leur ex-protégé Noriega.

En quittant le pouvoir en 1961, le président américain Eisenhower, le général en chef des armées américaines en Europe lors de la lutte contre les nazis, mit en garde ses concitoyens contre « *l'emprise croissante et illégitime du complexe militaro-industriel* ». Il savait de quoi il parlait!

Le Sud, outre ces agressions directes, subit le pillage économique qui est la raison de fond de ces agressions et qui l'empêche de se

---

12 - Du nom d'un président républicain, pilier de la politique étrangère des États-Unis, qui condamne toute intervention européenne dans les affaires « *des Amériques* » (entendues comme tout le continent américain, incluant donc l'Amérique du Sud).

développer. « *L'Afrique noire est mal partie* » dénonce René Dumont[13] en 1962.

Les démocraties occidentales impérialistes mènent des guerres à l'extérieur sans toutefois militariser leur société en métropole. Les guerres sont menées outre-mer sans fascisation en interne, et en y laissant des pans d'expression démocratique. C'est « *l'impérialisme démocratique* »[14]. C'est ce qu'Israël tente toujours de faire, quoique qu'avec une couche démocratique de plus en plus mince. Les travailleurs « *nationaux* » se contenteront des « *acquis* », et la classe ouvrière, divisée, dirigée par l'aristocratie ouvrière, annihilée pour l'essentiel, laisse faire. Ce sont les réseaux Jeanson[15] ou l'UNEF, l'organisation étudiante, et non le PCF qui sont à la tête du soutien à la lutte de libération de l'Algérie. Les étudiants sont à la pointe des protestations contre la guerre du Vietnam, aussi bien aux Etats-Unis que dans le reste du monde. Les syndicats pendant ce temps se battent pour « *le service public* », dont les immigrés sont exclus. « *La crise n'est pas fatale* » soutient le PC français, confiant dans la gestion du capitalisme... hé si! La crise était fatale ... elle a même été fatale au PCF!

Si les pays d'Afrique ou d'Asie ont connu la décolonisation, les pays impérialistes, eux, ne l'ont pas connue, et les conséquences du rapport inégal impérialiste ont continué leurs effets à l'intérieur des pays riches. C'est la nostalgie « *du temps béni des colonies* ». « *Il faut évacuer les vestiges du colonialisme et de l'esclavage* » disait encore Angela Davis[16] en janvier 2016 dans une interview au journal Le Monde.

---

13 - Premier candidat écologiste aux élections présidentielles de 1974 en France.

14 - Wolfgang Streek: « *Le temps acheté* » 2015.

15 - Du nom du résistant et philosophe Francis Jeanson.

16 - Angela Davis, militante communiste noire américaine.

Les *Trente glorieuses* sont les trente années où les directions des entreprises et banques impérialistes ont su partager la rente impérialiste avec les classes moyennes et la classe ouvrière « *nationale* » dans les différents pays occidentaux, pays vaincus, Allemagne, Italie et Japon inclus.

Ces directions impérialistes occidentales ont appliqué une partie de la politique qu'Hitler avait menée dans le cadre de l'Allemagne de 1933 à 1945. Lui aussi avait su obtenir l'appui des travailleurs allemands en échange du partage des richesses arrachées, d'abord aux juifs en Allemagne même, puis à tous les pays envahis. Lui aussi à coups de guerres sans fin, qui ont été un cauchemar non seulement pour les peuples agressés, mais aussi pour les travailleurs allemands enrôlés sous l'uniforme de la Wehrmacht, l'armée allemande.

En Occident aussi les travailleurs sont dominés. Mais la domination directe, policière, militaire des révoltes ouvrières est – en partie seulement – remplacée par ce que Gramsci[17] appelle la domination indirecte, culturelle. Notion qui a beaucoup plu aux intellectuels de gauche et que Pierre Bourdieu[18] détaillera. Mais pour l'essentiel les raisons de l'acceptation de cette domination restaient celles pointées par Lénine: les avantages économiques accordés à une fraction de la classe ouvrière, ainsi que la constitution des classes moyennes, assuraient le ralliement des travailleurs à leurs différents impérialismes nationaux.

Il ne s'agit pas de laisser croire qu'une révolution socialiste était possible en France à la fin de la guerre, en 1945, en portant les

---

17 - Antonio Gramsci, fondateur et dirigeant du Parti communiste d'Italie, mort en 1937 suite à son long emprisonnement par le régime fasciste de Mussolini

18 - Pierre Bourdieu, sociologue français mort en 2002: « *Les héritiers* » 1964, « *La distinction* » 1979.

espoirs sur un Colonel Fabien[19] par exemple. Qu'ils aient été dans le camp des vaincus comme l'Allemagne, l'Italie, le Japon, ou dans le camp des vainqueurs comme la France et la Grèce, la plupart des pays, ont suivi le même chemin, la soumission au modèle capitaliste impérialiste dominant. Visiblement les conditions n'étaient pas réunies pour un changement radical dans les pays occidentaux. On ne peut donc reprocher un échec politique à cette gauche d'après-guerre. On peut par contre lui reprocher une débandade idéologique, comme d'avoir abandonné l'internationalisme dès 1945! Cette débandade de la gauche va être accrue par l'échec économique, démocratique, moral de l'URSS se lançant, comme un vulgaire pays impérialiste, dans l'invasion de la Hongrie en 1956, de la Tchécoslovaquie en 1968, de l'Afghanistan en décembre 1979.

La décolonisation douloureuse

Les Trente « *glorieuses* » années d'exploitation du Sud vont y susciter des luttes anti colonialistes de libération nationale. Ces luttes menées par les malgaches, les vietnamiens, les algériens, les camerounais etc. pour ce qui concerne l'impérialisme français, finissent par mettre fin à la politique initiée par la conférence de Berlin de 1885, où les pays occidentaux s'étaient partagé le monde, et plus précisément l'Afrique. Au-delà de leur victoire bienvenue, la lutte des peuples du tiers-monde pour leur indépendance va produire à peu près les mêmes effets dans leurs pays que ceux de la lutte anti fasciste dans les pays occidentaux, et pour les mêmes raisons: l'alliance avec la bourgeoisie, plus ou moins nationale, conduit le mouvement ouvrier, socialement et politiquement naissant, à se soumettre à celle-ci. La position du parti communiste Sud-africain, qui aura néanmoins l'excuse

---

19 - Colonel Fabien, l'un des dirigeants de la résistance en France dont la mort accidentelle fin 1944 a donné lieu à des supputations laissant entendre que, contrairement à la volonté de la direction du Parti Communiste, il souhaitait prolonger l'action de la résistance nationale vers la révolution sociale.

d'avoir subi une répression sanglante avant que ses membres ne se rallient aux partis de l'Apartheid, est emblématique, avec son mot d'ordre « *Travailleurs de tous pays, unissez-vous pour une Afrique du Sud blanche* »! Pour prendre un autre exemple, plus près de nous, la gauche tunisienne, va se trouver à soutenir d'abord Bourguiba, puis Ben Ali, si ce n'est au nom des principes démocratiques (!), au moins au nom de la laïcité et d'un minimum de rationalité. Cet abandon de la lutte d'émancipation des travailleurs par les communistes va permettre aux islamistes de prendre la direction des luttes des opprimés dans des pays comme l'Algérie, l'Egypte, l'Iran.

Dans les pays impérialistes comme dans les pays du Sud, le prix à payer va être lourd pour cette alliance trop longue avec les bourgeoisies nationales. Aujourd'hui que la mondialisation et la financiarisation ont intégré l'essentiel de la planète dans des rapports de production imbriqués, et où la crise mondiale frappe chacun, le point de vue des « *prolétaires* » est perdu. « *Les prolétaires n'ont pas de patrie* », et la « *religion est l'opium du peuple* » sont des enseignements oubliés, au profit d'un ralliement aux bourgeoisies, derrière les oripeaux de la patrie ou de la religion. Les luttes des travailleurs se trouvent trop souvent déviées dans des luttes pour « *la compétitivité* » dans les pays développés, ou à la remorque de mouvements religieux intégristes dans des pays du Sud, arabes, turcs, indonésiens... A l'échelle internationale, les travailleurs se trouvent souvent embarqués dans des luttes qui ne sont pas les leurs, poussés en première ligne, premiers à souffrir, premiers à mourir.

A l'issue de la Seconde Guerre mondiale, comme d'ailleurs de la Première, pendant les 30 glorieuses, les inégalités entre le travail et le capital sont réduites dans les pays occidentaux. Mais à partir du milieu des années 70 elles vont exploser de nouveau.[20]

Au début des années 70, des luttes ouvrières importantes, amorcées souvent par des luttes étudiantes, se développent avec

---

20 - Thomas Piketty: « *Le capital au XXIème siècle* » 2013.

pour but en particulier de répartir les revenus de façon plus égalitaire. C'est le cas en Mai 68 en France, comme au Mexique où ces luttes sont férocement réprimées. Toujours deux poids deux mesures entre pays avancés et pays du tiers-monde ! En Occident, le système fera un nouveau compromis, admettant des augmentations salariales importantes qui ne seront, grâce à l'indexation des salaires et l'échelle mobile, que partiellement mangées par une inflation qui va dépasser les 10%.

La mondialisation heureuse ou malheureuse ?

Le développement économique, technique, social du capitalisme depuis la guerre a produit également des acquis positifs. La recherche, la science, la médecine, les techniques industrielles, les transports, ont continué à progresser.

La Chine rejoint l'OMC (l'Organisation Mondiale du Commerce créée en 1994) en 2001. Elle va devenir « *l'usine du monde* ». Le commerce mondial qui s'était beaucoup développé à la veille de la guerre de 1914 au point d'atteindre 10% du PIB mondial, explose de nouveau et dépasse les 30%.

Bien sûr, des développements techniques comme le nucléaire, les gaz de schistes, les OGM, les biotechnologies, la numérisation, Internet, les nanotechnologies (les NBIC[21]), peuvent aussi inquiéter et poser question, car leurs effets négatifs retombent toujours sur le commun des mortels et rarement sur les décideurs. Le manque de confiance dans les dirigeants, aussi bien économiques que politiques, fait douter des expertises de sécurité que l'on sait biaisées et soumises aux pressions des lobbies.

Malgré le gâchis de ce type de développement, des populations entières ont pu – grâce aux « *miettes* » – accéder à un minimum, à l'eau, à la nourriture, à un toit, à l'électricité, au téléphone mobile, objet d'autant plus indispensable que les familles, les amis

---

21 - NBIC: Nanotechnology, Biotechnology, Information technology and Cognitive science.

ont été dispersés par les exodes et l'immigration. Ce n'était pas un cadeau ce téléphone mobile! Les travailleurs l'ont payé au prix fort, aussi bien dans les mines pour extraire le coltan et autres métaux rares nécessaires à sa fabrication, que dans les usines d'assemblage!

Grâce aux entreprises multinationales (le commerce intra entreprise représente plus de la moitié du commerce mondial, davantage que le commerce direct entre nations), le capitalisme a entraîné dans son développement, d'abord les « *tigres asiatiques* »: Taïwan, Singapour, la Corée du sud, la Malaisie … puis la Chine, le Brésil, l'Inde, la Turquie, l'Afrique du sud, le Nigeria… Ainsi, des centaines de millions de paysans asiatiques, sud-américains, africains sont devenus ouvriers dans des zones urbaines, des dizaines d'autres millions, en immigrant, se sont frottés aux réalités de l'industrie, du niveau et du mode de vie du monde développé.

Les luttes du tiers-monde, les guerres d'Indochine, d'Algérie, du Vietnam, la libération de Cuba de l'emprise américaine, le mouvement des non-alignés, les combats illustrés par des leaders comme Mao Tse Toung, Ho chi Minh, Ben Bella, Nkrumah, Lumumba, Castro, Guevara, Allende, Mandela, ont également changé le rapport de force à l'échelle internationale. Au-delà de leurs succès ou échecs relatifs, ils ont permis l'émergence des pays du Sud, ils ont permis non seulement leur accession à l'indépendance formelle, mais aussi à un certain développement économique.

Les BRICS (Brésil, Russie, Inde, Chine, South Africa) désignés comme les pays *émergents,* se développent particulièrement et rivalisent avec les pays occidentaux. Le Brésil devient la 7ème économie mondiale. La Chine dépasse le Japon comme deuxième économie mondiale, avant de rattraper les Etats-Unis. Elle entame ses « *30 glorieuses* » à elle, des années 80 de Deng Tsiao Ping jusqu'à aujourd'hui. En créant la Banque Asiatique d'Investissement en Infrastructure la BAII, et en y ralliant de nombreux pays, y compris européens, elle rivalise avec les instruments de domination financiers américains telle que la

Banque mondiale. « *Les deux économies géantes d'Asie sont vouées à regagner une part considérable du PIB mondial, part qu'elles ont perdue pendant les deux siècles de colonisation* » déclarait l'ancien premier ministre indien Manmohan Singh (2004-2014).

Dans son mode de développement cupide et dévastateur pour la nature, l'impérialisme aura libéré des forces productives gigantesques dans le monde, et en premier lieu celles de centaines de millions de travailleurs. Il aura transformé les paysans en ouvriers.

Les travailleurs des pays occidentaux n'ont pas au fond intérêt à s'opposer à la mondialisation, et encore moins aux travailleurs des pays émergents. Les tentatives de division sont classiques, l'opposition des travailleurs entre eux est trop évidente pour que les travailleurs se laissent prendre à un piège si grossier. Le mot d'ordre reste « *travailleurs de tous les pays unissez-vous* »!

1975 – 2008: Le capital à l'offensive

Au milieu des années 70, un certain nombre de décisions économiques importantes, opposées aux politiques keynésiennes en cours depuis 1945, sont prises dans les pays développés. Les concessions salariales faites aux travailleurs au début des années 70, comme les guerres, nécessaires à un maintien des termes de l'échange inégaux en faveur des pays occidentaux, doivent être financées. Nixon supprime la parité du dollar et de l'or le 15 août 1971, c'est la fin des accords de Bretton Woods. Le monde financier passe à un système de change flottant, la planche à billet va pouvoir tourner à plein au profit des Etats-Unis. Ceux-ci s'appuient sur leur prédominance militaire, économique, financière, et le « *soft power* », c'est-à-dire leur aura, qu'ils tirent de leur influence dans des secteurs majeurs tels que la science, l'informatique, les industries de l'information (télévision notamment) et de leur rayonnement culturel, par la maîtrise du divertissement (musique, cinéma), le prestige de leurs universités et la domination pour les échanges internationaux de la langue anglaise.

En 1973, la crise immobilière, la guerre du Kippour et le premier choc pétrolier, amorcent toute une série de crises. A partir de 1975, les importations américaines vont être durablement supérieures à leurs exportations. Ces importations vont creuser un déficit qui gonflera la dette US à un niveau qui fait douter que les Etats-Unis ne puissent jamais rembourser leurs principaux créanciers, la Chine et le Japon. Keynes écrivait « *l'échec à résoudre ce problème (de balance de paiement entre pays) a été une cause majeure de l'appauvrissement et du mécontentement social, voire de guerres ou de révolution* »[22].

Les taux de croissance qui étaient de 4 ou 5% dans les pays occidentaux depuis la fin de la Seconde Guerre mondiale, tombent progressivement à partir de la fin des années 70 à 1,5% en moyenne. Le revenu moyen médian de 33 000$ aux Etats-Unis en 1975 en dollar constant, n'était que de 29 000$ en 2005, trente ans après. La population américaine était constituée à plus de 60% des fameuses classes moyennes autour des années 70. Celles-ci sont tombées à moins de 50% aujourd'hui. L'inflation va rattraper en partie les concessions en particulier salariales faites par le capital autour des années 70. L'inflation réduit les dettes des consommateurs. Elle constitue le nouveau compromis pour tenter de maintenir le consensus social et atténuer la lutte entre les classes dans les pays occidentaux.

Mais l'inflation à plus de 10% rogne aussi les avoirs des possédants qui repartent à l'offensive et mettent bientôt fin à ce compromis. La mondialisation est menée par les détenteurs de capitaux à la recherche des bas salaires des pays du sud. Elle va permettre de casser l'inflation. Ce faisant, elle casse aussi le compromis entre détenteurs de capitaux et travailleurs dans les pays du nord. Paul Volcker président de la FED, la banque centrale des Etats-Unis, remonte les taux d'intérêts en 1979. L'inflation cassée, la conséquence est immédiate et provoque l'augmentation du chômage dans les pays occidentaux. Probablement les

---

22 - John Maynard Keynes: « *Post-war currency policy* » 1941.

conséquences sont encore pires dans les pays du tiers-monde mais les chiffres en sont moins connus. En 1979, l'écroulement du régime du Shah d'Iran provoque la deuxième crise pétrolière, qui va encore aggraver la situation dans les pays occidentaux.

L'offensive des possédants est directement menée contre les travailleurs et leurs syndicats. Les victoires de Reagan contre les aiguilleurs du ciel américains en 1981, de Thatcher contre les mineurs anglais en 1984, amorcent une offensive contre tous les acquis sociaux et une « *dérégulation* » générale, c'est-à-dire la suppression des accords qui constituaient le compromis entre possédants et travailleurs pour éviter les troubles sociaux en Occident.

Le capitalisme dérégulé, dont l'un des théoriciens principaux est Friedrich Hayek, s'impose contre les vieilles thèses keynésiennes sociales-démocrates. Hayek affirmait que « *la croyance en la justice sociale est probablement ce qui menace le plus gravement la plupart des autres valeurs d'une civilisation de liberté* », exprimant clairement que les revendications d'égalité et de fraternité s'opposent dans un système capitaliste à la revendication de liberté. Ces thèses sont reprises par l'école économique de Chicago de Milton Friedman, pour qui « *la responsabilité sociale de l'entreprise est uniquement d'accroitre les profits* », suscitant les offensives politiques de Reagan et Thatcher contre les travailleurs. Ces idées seront en particulier appliquées en Amérique du Sud par Pinochet au Chili. Prouvant au passage que le libéralisme en économie n'a rien à voir avec la démocratie et que le capitalisme a une conception très limitée de la liberté.

C'est, sinon la fin du compromis de l'Etat-providence, tout au moins une attaque frontale contre les travailleurs dans tous les pays, la remise en cause systématique des acquis sociaux et des services publics, la généralisation des privatisations. La richesse des « *super riches* » s'envole. Les inégalités qui avaient été contenues jusqu'au milieu des années 70 s'aggravent de nouveau. Les classes moyennes se font laminer par la pression fiscale en Occident et régressent en nombre.

Les experts du système noient les informations économiques qui révèlent ces inégalités par l'utilisation abusive des moyennes: Si les revenus des individus les plus riches augmentent beaucoup, la moyenne augmentera, même si les revenus baissent pour la majorité de la population. C'est pourquoi l'utilisation de la médiane, qui sépare l'effectif de la population en deux ensembles égaux « *50-50* », est souvent plus éclairante. Ainsi, quand on constate que le salaire médian n'a pas augmenté aux Etats-Unis depuis les années 70, on comprend qu'en réalité, il n'y a pas d'amélioration du niveau de vie pour la majorité de la population. De la même façon, l'espérance de vie exprimée en moyenne est peu parlante ; on sait qu'elle a augmenté en moyenne d'un trimestre par an depuis les années 70, mais en y regardant de plus près, on voit qu'aux Etats-Unis, elle n'a augmenté que d'une année en 40 ans pour les travailleurs manuels, au lieu d'augmenter de 10 ans comme aurait pu le laisser croire la moyenne. Ces chiffres reflètent l'absence d'amélioration réelle des conditions de travail et de vie des travailleurs aux Etats-Unis, et cela malgré les énormes gains de productivité de la période.

A partir de 1980, les Etats ont obligation de se financer sur le marché privé pour couvrir leurs dettes, ce qui permet d'augmenter les profits du secteur financier, et va contribuer à une financiarisation accrue de l'économie. C'est à cette période que se met en place la politique agressive des fonds de pension américains, les fonds « *401(K)* »: les fonds proposés aux salariés américains passent d'un modèle où le niveau des retraites était garanti (modèle du «*Defined Benefit* »), à un modèle où il existe un doute sur ce que les salariés percevront dans le futur (« *Defined Contribution* »). Les gestionnaires de ces fonds vont être incités à prendre des risques plus grands, à jouer en bourse, et à exiger des entreprises où ils investissent, des rendements allant jusqu'à 15%.

Les socialistes prennent leur part de cette marche en avant au profit des 1%. Laurent Fabius, ministre des finances nommé par François Mitterrand en 1983, libère la finance. Le Premier ministre Tony Blair en Grande-Bretagne continue l'œuvre de Thatcher, le chancelier Schroeder en Allemagne lance la précarisation des travailleurs allemands avec les plans Hartz, du nom du directeur du personnel de Volkswagen qui les met en place. Hartz étant lui-même plus tard condamné pour corruption et affaires de mœurs. Mais Schroeder y gagne une place au conseil d'administration de Gazprom, le leader russe mondial du gaz. Aux Etats-Unis, Clinton d'abord, puis Obama, continueront les œuvres de Reagan et des Bush sur ce plan. Hillary Clinton a été membre du conseil d'administration de Wall Mart de 1986 à 1992, la plus grande entreprise de distribution mondiale, aux salaires de misère. Elle fait des conférences pour Goldman Sachs, la banque américaine ayant truqué les comptes grecs, la banque qui a embauché l'ancien président de la Commission européenne, José Manuel Barroso (oui celui qui a géré la crise grecque), celle qui a fourni un de ses directeurs - Mario Draghi - comme patron de la Banque centrale européenne, celle qui fournit à Donald Trump l'essentiel de ses conseillers économiques (après qu'il ait fait une campagne contre la finance, comme François Hollande!).

Cette offensive contre les travailleurs, menée par la finance internationale, est épaulée sur le plan idéologique en France, par l'offensive des « *nouveaux philosophes* » contre le socialisme, sous couvert de dénonciation du totalitarisme. André Glucksman publie « *La cuisinière et le mangeur d'hommes* » en 1975, Bernard-Henri Lévy « *La barbarie à visage humain* » en 1977. La nouvelle extrême-droite émerge, Alain de Benoit publie « *Vu de droite* » également en 1977 en faisant ressurgir les thèmes nazis de la race, des origines indo européennes[23] etc. On retrouve ces gens aujourd'hui encore à la pointe des offensives impérialistes, Bernard-Henri Lévy pour l'agression en Libye, Alain Finkielkraut, entre temps élu à l'Académie française, contre les réfugiés syriens. Certains d'entre eux, comme Le Dantec, s'étant auparavant prétendus marxistes, pourfendent leur propre « *marxisme* », espérant ainsi décourager toute révolte contre le

---

23 - Jean-Paul Demoule critique ces points de vue dans: « *Où sont passés les Indoeuropéens ?* » 2015.

système. Tout ce beau monde se retrouve naturellement à soutenir Emmanuel Macron lors de la présidentielle française. Le début de cette offensive brutale contre les acquis des travailleurs précède de quelques années l'effondrement de l'URSS en 1989. Mais l'idée d'une alternative socialiste représentée par L'URSS avait disparu depuis un moment déjà, avec ce qui transparaissait du Goulag, de la corruption, de la stagnation économique, du mode de vie de la nouvelle bourgeoisie russe, des interventions militaires en Hongrie, Tchécoslovaquie et Afghanistan.

Après l'effondrement de l'URSS en 1991, qui marque la fin de la Guerre froide, plus de raison de se gêner. Le capital se déchaîne. Un nouveau compromis sera néanmoins mis en place par le système. La baisse des salaires réels en Occident sera compensée par l'endettement, afin d'essayer de maintenir tant bien que mal l'illusion d'un certain enrichissement, d'un maintien du niveau de vie, et d'éviter ainsi des explosions sociales trop fortes. La dette, au départ privée, puis « *nationalisée* », car elle mettait les banques privées en danger, deviendra pour une part une dette publique, à la charge des Etats. La dette remplace l'inflation comme outil du système pour maintenir un minimum de consensus social.

Bush père peut, après la première guerre d'Irak prononcer son discours de mars 1991, célébrant « *le nouvel ordre mondial* » « *nous américains faisons partie de quelque-chose de plus grand* » etc., déclaration contre les peuples du Sud, amorçant les conflits et les réactions terroristes à venir. Triomphant, Fukuyama, idéologue de la droite américaine peut annoncer « *la fin de l'histoire* » en 1992. « *Le choc des civilisations* » de Samuel Huntington paru en 1996 vient théoriser le conflit avec le Sud ce que les agressions et les discours de Bush fils de 2002 contre « *l'axe du mal* » et les pays arabes en particulier viennent illustrer.

La domination sans partage du capital est rythmée par différentes crises comme l'exige le développement capitaliste: celle des pays émergents asiatiques en 1997, l'éclatement de la bulle Internet en 2001, et surtout la crise des « *subprimes* » de 2008, d'où nous ne sommes pas encore sortis.

Chapitre 2: Depuis 2008, l'aggravation des inégalités prépare la prochaine crise

La mondialisation aura renforcé l'emprise du capitalisme sur le monde, elle aura aussi accentué sa crise et révélé ses limites. L'échec du camp socialiste, l'offensive victorieuse du capitalisme contre les travailleurs en Occident dans les années 80, son triomphe sans partage, son « *succès* » dans l'accroissement inédit des inégalités, débouche sur la plus grande crise depuis les années 30. Crise économique qui n'en finit pas, mais aussi crise écologique, crise morale qui finalement se prolonge en crise politique.

Crise de la dette

Commencée à l'été 2007, la crise des « *subprimes* » entraîne en 2008 la faillite de Lehman Brothers, la 9ème banque mondiale. Ce détonateur initial n'est pas étonnant compte tenu de l'importance de l'immobilier dans l'économie capitaliste[24]. Aux Etats-Unis, les dettes liées à l'immobilier représentent 40% du PIB. En Chine l'immobilier a dépassé les industries exportatrices comme moteur de la croissance.

La crise des « *subprimes* » n'était ni une erreur, ni un accident de parcours. En laissant des emprunteurs s'endetter pour s'acheter des maisons au-delà de leurs capacités de remboursement, le système compensait la baisse de leurs revenus depuis 40 ans. Il leur donnait l'illusion d'une richesse basée sur la valeur de leurs biens. Le système s'achetait ainsi la paix sociale et permettait aux 1% de continuer à s'accaparer une part croissante des richesses, ce qu'ils ont fait de façon encore plus accélérée après 2008. Preuve qu'il ne s'agit pas d'une erreur, c'est que le même schéma se reproduit avec, entre autres, les prêts étudiants, qui aux Etats-Unis ont atteint des montants équivalents aux prêts immobiliers.

---

24 - David Harvey: « *Villes Rebelles* » 2015.

La même stratégie est à l'œuvre, les revenus des parents ne permettant plus de payer les études de leurs enfants, ceux-ci sont incités à s'endetter, souvent pour des formations qui, comme dans le cas des « *subprimes* », ne vaudront pas l'investissement et ne permettront pas de rembourser les prêts. Les conditions de nouvelles bulles se mettent ainsi en place.

Financiarisation généralisée

Le total des dettes publiques et privées des Etats-Unis était équivalent à 4 fois le montant de son PIB en 1970 ; aujourd'hui c'est 10 fois. Le total de la dette des états (dette publique), des ménages et des entreprises des 35 pays de l'OCDE (pour la plupart les pays développés) était de 190% du PIB en 1996 elle est de 260% aujourd'hui. La crise a fragilisé les banques qui, sans honte, ont fait appel aux états pour les renflouer. Privatisation des profits, mais nationalisations des dettes. Ces dettes sont vendues aux possédants à travers le système financier, ce qui leur donne l'occasion d'accroître encore leurs richesses. Foin du libéralisme et de son « *trop d'état* »! le système financier va exiger: 1) que l'Etat récupère les dettes des banques déclarées trop importantes pour faire faillite et 2) que les Etats, ainsi encore davantage endettés, réduisent la protection sociale, le montant du salaire minimum, les allocations destinées aux chômeurs, les retraites, qu'ils entament les biens communs en privatisant tout, y compris la nature et le vivant ; chacun a en tête ce que la BCE, le FMI, et l'Union européenne, « *la Troïka* », ont fait subir à la Grèce, et la suggestion qui lui a était faite par la finance allemande de « *vendre ses îles* »!

La financiarisation de l'économie s'est accélérée, il y a aujourd'hui 50 transactions financières pour 1 transaction liée à l'économie réelle. Aux Etats-Unis, une action est détenue en moyenne 22 secondes avant de changer de main. Le secteur financier fait 40% du total du profit des entreprises. La finance a un pouvoir décisionnaire de vie ou de mort sur l'ensemble des entreprises. Dans le même temps, le secteur financier aura été le secteur le plus aidé par les « *pouvoirs publics* ». AIG, la grande compagnie d'assurances américaine, a reçu à elle seule 150 milliards de $

d'aide de l'Etat américain, somme supérieure au montant total de l'aide sociale de 1990 à 2008 aux Etats-Unis! Cette compagnie financière a reçu à elle seule l'équivalent de la moitié de l'aide totale à la Grèce. L'argent perçu par AIG a permis de renflouer la banque Goldman Sachs qui reçoit ainsi l'argent public, avec la bénédiction du Secrétaire d'Etat au Trésor américain Henry Paulson, lui-même ancien président et directeur de la dite banque!

Les effets de « *la main invisible* »

1 Les armes, 2 la drogue, 3 la pornographie, sont, dans l'ordre décroissant d'importance, après la finance, les principaux secteurs économiques aujourd'hui dans le monde. Nul ne soutiendra qu'armes, drogues et pornographie sont parmi les besoins humains prioritaires.

C'est pourtant ce que « *la main invisible* » qui gouverne le capitalisme mondial, proclamée par Adam Smith[25], a généré. La théorie supposait que le jeu de l'offre et de la demande, librement exercé, aboutirait à une répartition des ressources, le capital comme le travail, naturellement optimale. Certes elle entraînait une polarisation des richesses entre les mains d'une minorité, mais ce n'était pas grave et, selon cette conception, c'était même nécessaire. Cette concentration des richesses aux mains de quelques-uns était supposée favoriser les investissements productifs et créer ainsi des emplois stables. La financiarisation de l'économie était supposée optimiser encore mieux l'allocation des ressources. Investissements, force de travail, recherche scientifique, devaient se répartir dans les secteurs qui en avaient le plus besoin, grâce à la fluidité induite par l'expansion du secteur financier.

Le « *ruissellement* » de richesses arrosait en premier lieu les riches, mais il était supposé atteindre, en cascade, les plus

---

25 - Adam Smith, économiste, théoricien du capitalisme: « *La richesse des nations* » 1776.

pauvres. Les tenants du système récusent souvent le mot car l'échec est patent, mais continuent à en justifier l'idée : donnez aux riches et ils créeront des emplois, c'est faux et les inégalités se creusent. Outre une organisation de la production qui ne répond pas en priorité aux besoins réels, le chômage et la précarisation se généralisent. Les riches deviennent plus riches, les pauvres plus pauvres. Même le FMI est obligé de le reconnaître, les inégalités sont un frein à la prospérité économique. Selon ses calculs, lorsque les 20% les plus riches voient leurs revenus augmenter de 1%, la croissance diminue de 0,08 points. Lorsque les revenus des 20% les plus pauvres augmentent, la croissance augmente de 0,38%.

Croissance ... du chômage et des inégalités

Le résultat de cette politique « *libérale* » de financiarisation et d'inégalités, est la raison de l'accroissement du chômage. Plus de 200 millions de chômeurs sont recensés aujourd'hui dans le monde. Un tel niveau n'a été atteint dans le passé qu'au cours de la grande crise économique débutée en 1929. Ce chômage massif n'avait été résorbé qu'avec la Seconde Guerre mondiale. Il ne faut pas se laisser abuser par les chiffres flatteurs de l'emploi annoncés dans certains pays « *en reprise* ».

Aux Etats-Unis, le taux de chômage officiel est de 5%, mais en parallèle le taux d'activité est descendu à 62% au lieu de 70 % habituellement, car 95 millions de personnes sont considérées par les organismes de l'emploi, comme ne voulant pas travailler, elles ne sont donc pas décomptées dans les chiffres du chômage. En prenant en compte ne seraient-ce que les prisonniers, anormalement nombreux aux Etats-Unis (1/4 des prisonniers mondiaux, 7 fois plus qu'en Chine proportionnellement à la population), le taux officiel de chômage augmenterait déjà de près de 2%. Le chômage est masqué partout par la multitude de contrats à temps partiel, en Allemagne se sont les mini jobs à 1 € de l'heure, en Grande-Bretagne les « *zero-hour contract* », générant le phénomène de salariés vivant en dessous du seuil de pauvreté (évalué à 60% du salaire médian). 90% des emplois créés sont dits « *atypiques* », c'est-à-dire que la révolution numérique génère plus d'employés de McDonald's mal payés que d'ingénieurs informaticiens. Ce qui explique à la fois la stagnation de la productivité, la baisse des salaires et l'accroissement des inégalités : Les gains de productivité induits par l'extension du numérique, de la robotique et demain de l'Intelligence artificielle, sont accaparés par le capital.

La situation s'est aggravée pour les travailleurs des pays occidentaux. Les taux de croissance ne sont plus en moyenne que de 1% depuis 2008. Le salaire médian américain, malgré les énormes gains de productivité qui sont intervenus depuis, était déjà plus faible à dollar constant qu'il y a 40 ans. Il a encore baissé de 5% entre 2010 et 2013, alors que le revenu moyen augmentait de 4% grâce à l'accroissement vertigineux du revenu des 1% et 0,1% les plus riches. Le classement 2018 des 20 premiers milliardaires mondiaux par le magazine Forbes indiquait que leur fortune s'était accrue de 30% en un an, mais celle des 5 premiers[26] de 70%! Même parmi les milliardaires l'inégalité s'accroit!

Lorsqu'une certaine reprise se fait jour, elle n'entraîne ni une diminution du chômage, ni une augmentation des salaires, les travailleurs ayant perdu leur force de négociation avec l'élimination des syndicats. Ainsi la crise aura accru les inégalités … qui sont justement à la source principale de la crise! L'indice de Gini est un indicateur synthétique des inégalités allant de 0 (très égalitaire) à 1 (inégalitaire). Il a augmenté dans tous les pays avancés avant répartition, c'est-à-dire avant l'effet des mesures de protection sociales, mais aussi après répartition. Sauf en France où il est resté stable justement à cause de la protection sociale … que toutes les réformes s'appliquent à laminer !

---

26 - Jeff Bezos (Amazon), Bill Gates (Microsoft), Warren Buffet (fond d'investissement Berkshire Hathaway), Bernard Arnault (LVMH), Mark Zuckerberg (Facebook).

L'ONG Oxfam révélait qu'en 2016 les 8 personnes[27] les plus riches du monde possédaient la même richesse que la moitié la moins riche de l'humanité (3,5 milliards de personnes). L'année précédente, il fallait encore cumuler les richesses de 62 personnes pour arriver au même résultat, et l'année encore précédente 388. La concentration des richesses s'accélère. Le fait que dans le monde les 1% possèdent autant que les 99% a été atteint une année plus tôt que prévu. Chacun peut suivre sur le site www.wid.world la progression des inégalités partout dans le monde. Chaque jour apporte une preuve nouvelle, comme le fait que les quelques milliardaires nommés aux postes de responsabilités par Donald Trump, possèdent à eux seuls une richesse égale à celle du tiers des américains. En France, si les inégalités ont été contenues pour les revenus, elles ont continué à s'aggraver pour l'accès à la santé, à l'éducation, à la mobilité sociale, les inégalités moins visibles mais qui font qu'en France les 5% les plus aisés vivent 13 ans de plus que les 5% les plus pauvres. On serait intéressé à connaitre la durée de vie des 1%, des 0,1% ? Même les accidents de la route sont plus meurtriers pour les travailleurs que pour les possédants.[28]

L'accroissement des inégalités entraîne un phénomène paradoxal: énormément d'argent ne sait où se placer, et suit les rumeurs économiques d'un secteur à l'autre, de l'immobilier aux valeurs purement financières, en passant par les matières premières, les valeurs technologiques, le bitcoin, les bio technologies, le développement de tel ou tel pays émergent, créant à chaque fois des à-coups et des bulles financières susceptibles d'éclater en crises.

La concentration des pouvoirs économiques entre quelques mains n'a jamais été aussi grande. Une étude suisse, conduite par

---

27 - Bill Gates, Amancio Ortega Gaona (textiles Zara), Warren Buffet, Carlos Slim (téléphones mexicains), Jeff Bezos, Mark Zuckerberg, Larry Ellison (Oracle), Michael Bloomberg (l'agence financière).

28 - Nicolas Duvoux: *"Les inégalités sociales"* 2017.

Mme Stefania Vitali[29] en juillet 2011 à partir de 43 000 multinationales sélectionnées parmi plus de 600 000 compagnies dans le monde, montre qu'au niveau mondial, 147 entreprises contrôlent 40% de la valeur de toutes les multinationales. Et dire que la dénonciation des 200 familles qui contrôlaient le seul capital français passait pour une caricature! Parmi ces compagnies, Merrill Lynch, Morgan Stanley, Goldman Sachs, Barclays, HSBC mais aussi les françaises Axa, 4ème en importance mondiale, très engagée chez feu Lehman Brothers mais aussi dans l'armement et les banques finançant les colons en Israël. Axa dont l'ancien président Henri De Castries est également président de l'Institut Montaigne[30], du groupe Bilderberg[31] et était le conseiller de François Fillon, pressenti pour être son premier ministre. La BNP, le Crédit Agricole, la Société générale font aussi partie des sociétés financières tentaculaires contrôlant le plus d'entreprises dans le monde, éventuellement à travers des sociétés offshore comme l'a révélé la divulgation des « *Panama papers* » de la firme panaméenne Mossak Fonseca. Les banques Société Générale et Crédit Agricole ont créé plus de 1000 sociétés offshore chacune. En 2008, 43% des droits de vote des entreprises du CAC40, qui regroupe les plus importantes entreprises françaises, étaient contrôlées par 98 personnes. Quatre dirigeants de la BNP étaient présents au conseil d'administration de 15 des sociétés du CAC40. Axa là encore joue un rôle central.

Bien sûr le capital américain est leader dans ce domaine. Ainsi Blackrock, le premier fond d'investissement mondial (6 000 milliards de dollars, soit trois fois le PIB de la France), est présent

---

29 - "The network of global corporate control" Zurich 2011.

30 - Institut fondé par Claude Bébear, le fondateur d'Axa où se retrouvent dirigeants économiques et hauts fonctionnaires, un des clubs où la politique des 1% se décide au niveau de la France.

31 - Réunion des principaux responsables politiques et financiers du monde occidental, un des clubs où la politique des 1% se décide au niveau mondial.

dans 15 000 sociétés américaines ainsi que dans la moitié des sociétés du CAC40 en France.

L'économie n'est pas orientée vers la production de biens à valeur d'usage mais vers celle de biens à valeur d'échange. La valeur de ces derniers augmente de façon exponentielle avec l'effet de levier des produits financiers, ce qui permet une encore plus grande captation de richesse par les acteurs financiers. L'accroissement vertigineux des richesses des 1%, surtout depuis le début de la crise de 2008, explique que des secteurs comme le luxe puissent se porter très bien dans le marasme général. « *La montée des inégalités ... transfère de l'argent de ceux qui l'auraient dépensé vers ceux qui ne le font pas* »[32]. L'argent concentré par une toute petite minorité et qui cherche à se placer, crée une pression financière sur l'immobilier, en particulier dans les grandes villes. Il expulse les travailleurs toujours plus loin des centres urbains et donc des services qui y sont associés, transport, santé, loisirs etc. en générant les zones périurbaines mal desservies.

C'est dans les années de crise 2011-2012 qu'Exxon Mobil a affiché les profits les plus importants jamais réalisés par une firme privée, plus de 40 milliards de $, avant qu'Apple ne batte le record en 2015 avec 50 milliards de $ de profits annuels. Comment ces profits exceptionnels sont-ils possibles ?

Avec des secteurs économiques dominants comme les armes, la drogue, la pornographie qui donnent lieu à des commissions, rétro commissions, transactions en liquide etc. la corruption irrigue tout le secteur financier et à travers lui, tous les secteurs économiques. Les mafias blanchissent leur argent sale dans les paradis fiscaux exotiques comme les îles Caïmans ou Panama, mais surtout dans ceux, plus sûrs, de la City de Londres, du

---

32 - Joseph Stiglitz, prix Nobel d'économie: « *Le triomphe de la cupidité* » 2010.

Delaware aux Etats-Unis, du Luxembourg, des Pays Bas ou de la Suisse, éventuellement en passant par les sociétés écrans du Panama. Le tout est supervisé par les « *Big four* », les quatre plus grands cabinets d'audit financier mondiaux[33] qui se tiennent mutuellement par la barbichette. 4 parce que le 5[ème,] Arthur Andersen a sombré dans le scandale de la faillite d'Enron aux Etats-Unis en 2001. C'est ainsi que PriceWaterhouse (PwC), qui gère la faillite de la banque Lehman Brothers n'a rien trouvé à redire aux contrôles menés par Ernst&Young, qui était le contrôleur de cette banque. Inversement, lorsque les comptes du distributeur Tesco en Grande-Bretagne, validés par PwC, révèlent un trou de 300 millions d'euros, c'est Ernst&Young qui est chargé de la vérification de cette disparition et, curieusement, Ernst and Young n'y trouve rien à redire non plus! PwC est englué aujourd'hui entre autres dans l'énorme scandale Petrobras (Lava Jato) au Brésil.

La partie volée, mafieuse, même au vu des normes capitalistes, s'accroît. La part importante de l'économie qui y est soumise est caractéristique d'un système qui ne se contrôle plus. Roberto Saviano[34] décrit dans ses ouvrages « *Gomorra* » et « *Cocaïne* » une petite partie de l'emprise des réseaux mafieux sur les économies, et pas seulement en Italie. On sait les soupçons qui pèsent sur l'ancien président Reagan à propos de ses liens avec la mafia, en particulier au sein de l'industrie du spectacle.

Les plus grosses compagnies (Google, Apple, Total, Ikea, LVMH etc.) se jouent de la fiscalité en détournant les règles, en élaborant des montages juridiques entre leurs différentes filiales implantées partout dans le monde (notamment en appliquant des prix de transfert, qui leur permettent de facturer leurs prestations depuis le pays dont la fiscalité est la plus avantageuse) et ne paient des impôts à peu près nulle part. Les « *Paradise papers* » ont révélé sur la base des documents d'une seule firme d'avocat, Appleby

---

33 - Ernst&Young, KPMG, PriceWaterhouse Coopers, Deloitte.

34 - Roberto Saviano: « *Gommora* » 2006, « *Cocaïne* » 2014.

aux Bermudes, quelques-uns des trafics financiers de LVMH, Total, Whirlpool etc… C'est ce qu'ils appellent « *l'optimisation fiscale* », leur ricanement pour « *nous, nous ne payons pas d'impôts!* ».

Bien entendu, le sommet des malversations se trouve dans le secteur financier lui-même. Toutes les grandes banques occidentales (HSBC, BNP, Société Générale, Crédit Suisse, UBS, Barclays, Bank of America, Goldman Sachs, JP Morgan, City group, RBS, Wells Fargo, Morgan Stanley, Deutsche Bank etc.) ont été condamnées, souvent plusieurs fois, aux yeux même des règles capitalistes: pour la manipulation des taux, comme celui du Libor[35], le blanchiment d'argent sale, l'aide à la fraude fiscale, l'infraction aux embargos, la création des CDS et CDO[36] pour contourner les règles de gestion du crédit. Bien entendu, grâce à leurs appuis gouvernementaux ces condamnations, ou paiements pour éviter les condamnations, ont été symboliques, au regard de leurs profits (tout de même 200 milliards de $ pour les seules banques américaines, et plus de 70 milliards de $ pour les banques anglaises). Il s'agit du cœur du système capitaliste démocratique. Au moins une banque centrale, la Banque d'Angleterre, est compromise également dans la manipulation du taux du Libor. La finance mondiale est gouvernée par une bande de délinquants de droit commun, au regard même du droit capitaliste. Cette dérive mafieuse n'est pas du tout anecdotique, elle est inhérente à un système où la cupidité est assumée comme motivation principale, sinon unique. La recherche d'une rentabilité élevée s'effectue logiquement dans les activités les plus risquées. Et quoi de plus risqué qu'une activité illégale ? Même si les lois sont écrites par les puissants et à leur profit, il s'en trouvera toujours quelques-uns pour venir en tester les limites, et parmi eux des audacieux pour les franchir. Les premières banques mondiales donnent

---

35 - Libor: taux des devises fixé par 16 grandes banques, servant de base à de nombreuses transactions financières.

36 - Titres financiers créés à partir des dettes et avec lesquels les banques spéculent.

l'exemple! La cupidité de la BNP a déclenché une information judiciaire contre elle pour « *complicité de génocide, de crimes contre l'humanité et de crimes de guerre*" lors du génocide du Rwanda en 1994. Les « *Panama Papers* », ont révélé que 365 banques créaient des milliers de sociétés offshores au Panama pour pouvoir frauder. Or Mossak Fonseca, la firme panaméenne dont sont issues ces informations, n'est qu'une des 5 plus importantes firmes du seul Panama, spécialisées dans la création de sociétés offshore. Ces révélations nous donnent donc un aperçu de moins d'un cinquième de la réalité! Et il n'y a pas que le Panama! Les « *Paradise papers* » entre autres sont venus depuis compléter un peu le tableau.

Crise écologique, crise de la croissance

L'exploitation des ressources de la planète continue à tout va, en promouvant un modèle de « *consommation* » et de croissance qui n'a toujours pour but que l'accroissement des échanges, afin d'accroître les profits, et non la satisfaction des besoins.

Ce type de croissance provoque des gâchis de toutes sortes: pollutions aux pesticides et herbicides, avec notamment des risques sur la pollinisation nécessaire à l'agriculture avec l'élimination des abeilles, l'épuisement des sols et des réserves d'eau par les cultures, l'acidification et la plastification des montagnes et des océans, les marées noires, la prolifération de certains nuisibles qui déséquilibrent les écosystèmes (les algues vertes, ou le développement des méduses) ... Les produits chimiques déversés sur la Terre ont été multipliés par 300 entre 1970 et 2010. Ils sont venus aggraver une situation déjà dénoncée par Rachel Carson en 1962 concernant l'usage inconsidéré du DTT[37].

Le réchauffement climatique, que le GIEC (groupe d'observation du climat de l'ONU) dénonce continuellement, entraîne des

---

37 - Rachel Carson: « *Le printemps silencieux* » 1962.

catastrophes que l'augmentation des remboursements payés par les assurances pour « *catastrophes naturelles* » confirme. Les Nations Unies estiment à 2200 milliards d'euros le coût des catastrophes depuis l'an 2000.

L'ambition, déjà limitée, réaffirmée lors de la COP21, de contenir le réchauffement à +2°C d'ici à 2100 parait inatteignable. En 2005, au début de l'application du protocole de Kyoto pour lutter contre la concentration de CO2, l'atmosphère contenait 380 parties par million (ppm) de CO2, aujourd'hui elle en contient 400 ppm. Au lieu de diminuer elle a encore augmenté. Le réchauffement et les risques liés aux autres activités humaines mal orientées entraînent la montée des eaux, l'appauvrissement de la diversité, aussi bien des plantes que des animaux. 50% des espèces animales ont disparu depuis 40 ans! Moins de 25% de la surface terrestre est sauvage, contre 35% il y a encore 20 ans…

Les populations du Sud en particulier, sont soumises aux conséquences des catastrophes « *naturelles* », sécheresses, inondations, nombre de victimes démesuré des tremblements de terre, des glissements de terrain, des raz de marée, des cyclones ou ouragans dans des pays sans ressources pour réagir aux catastrophes. Ces catastrophes sont aggravées par la cupidité. Par exemple lorsque celle-ci sous-tend la pression immobilière, qui est elle-même toujours aux limites de la spéculation foncière et de la spéculation financière, ce qui amène à valoriser des terrains inondables, dangereux, et à prendre des risques démesurés… pour les autres.

 Les conséquences des catastrophes sont aussi aggravées par les coupes dans les services publics exigées par le système financier: moins d'hôpitaux, de médecins, de pompiers, d'agents de sécurité, d'animateurs, d'assistants sociaux, de services techniques, d'équipements… Dans le monde 26 millions de personnes par an basculent dans la pauvreté à cause des catastrophes écologiques.

La « *Coca colonisation* », la « *malbouffe* », les produits chimiques, les perturbateurs endocriniens dégradent la santé, en faisant exploser les diabètes, l'obésité (500 millions d'obèses dans le monde), l'hypertension, les cancers… Les conséquences sur l'espèce humaine sont notamment la baisse du taux de spermatozoïdes, le plafonnement des performances sportives, la stagnation de l'accroissement des tailles humaines, et plus généralement la baisse de l'espérance de vie, y compris dans des pays avancés comme les Etats-Unis ou la France.

En 2014, les ressources renouvelables avaient été épuisées dès le 19 août, c'est-à-dire que l'activité à partir de cette date jusqu'à la fin de l'année exigeait de puiser dans des stocks non renouvelables. En 2015 c'était le 13 août, en 2016 le 8 août, en 2017 le 2 août. L'épuisement écologique s'accélère. Le type de développement actuel nécessite à terme deux, trois, quatre Terres, selon le niveau de vie considéré comme « *minimum* ». Ce système économique et financier détruit l'écosystème qui permet à l'espèce humaine de vivre sur Terre, cela ne peut durer.

Ce modèle de consommation, tout en étant polluant, et en laissant une bonne partie des humains à l'écart, tue aussi indirectement, 100 millions de morts provoqués par la seule industrie du tabac! Victimes des produits qui rendent « *accro* » (599 additifs utilisés) plus que du tabac lui-même. Victimes de la cupidité des dirigeants de ces « *industries* » plus que d'une fatalité naturelle.

Tout cela n'est pas inévitable, comme le prouve la réaction internationale aux CFC, produits utilisés dans la réfrigération, qui menaçaient la couche d'ozone et dont l'usage a été interdit ce qui a amélioré la situation immédiatement. Autour de la COP21 on a vu des pans entiers du capitalisme prendre parti contre la production de carbone, le FMI et sa présidente Christine Lagarde en tête. C'est tardif, bien longtemps après les cris d'alarme des scientifiques et des lanceurs d'alerte, après bien des luttes. Cette prise de conscience fait l'objet de trop d'opposition de l'ensemble du capitalisme et de ses industries dominantes, mines, charbon, pétrole, automobile, chimie. La réponse n'est pas à la hauteur car elle consiste à promouvoir un capitalisme « *vert* », et peut faire l'objet, sous la pression des lobbies, de retours en arrière comme le prouve l'administration Trump.

Comme l'écrit Naomi Klein[38] « la crise économique pour être résolue (dans le cadre capitaliste) exige plus de croissance, la crise écologique elle, exige moins de croissance ».

Crise politique, la soumission des politiques aux 1%

Les pouvoirs économiques dominants tiennent entre leurs mains les pouvoirs politiques qui se veulent démocratiques. Comment font-ils pour contrôler tout ? La vie quotidienne commune du capitalisme et du personnel politique donne des aperçus. Pour s'en tenir à des exemples récents: Axa, l'une des entités financières qui on l'a vu est présentes dans le plus d'entreprises au monde, employait le député François Fillon comme lobbyiste à Bruxelles. Laurence Boone conseillère économique de François Hollande a pris un poste de direction chez Axa. D'où venait-elle avant de conseiller Hollande ? De la banque JP Morgan, oui, la 6ème entreprise mondiale, condamnée à plusieurs dizaines de milliards de dollars d'amende pour, entre autres, les manipulations sur le taux du Libor, ses responsabilités dans la crise des « *subprimes* », et dans l'affaire Madoff[39]. Encore n'a-t-elle jamais été condamnée, ni même poursuivie, pour son rôle central dans le financement des deux guerres mondiales! Le capitaine français qui enquêtait sur l'incitation par la banque suisse UBS à la fraude fiscale massive des clients français, a été viré de l'organisme financier de contrôle. Le responsable de son exclusion est ensuite nommé conseiller de François Hollande à l'Elysée. L'Institut Montaigne, émanation du Medef a hébergé à ses débuts le parti politique En Marche! du président Macron. Le mouvement Nuit debout n'avait pas tort en 2016 de réclamer « *la séparation du*

---

38 - Naomi Klein: *"This changes Everything Capitalism versus Climate"* 2014.

39 - Bernard Madoff, « *financier, investisseur, escroc (pour 65 milliards de dollars)* », dit sa fiche Wikipédia. Ces termes ne sont-ils pas un peu redondants ?

Medef et de l'Etat », et cela sous un président, un gouvernement, et une Assemblée nationale « *socialiste* ».

Dans l'ensemble du monde capitaliste démocratique, c'est la même chose. Caroline Atkinson, conseillère économique de Barack Obama prend un poste de direction chez Google. Megan Smith ex-directrice de Google rejoint l'équipe d'Obama, pendant que son ancien directeur du budget Peter Orszag passe directeur à la banque Lazard. Peter Sutherland après avoir été commissaire européen en charge de la concurrence, est successivement ou en parallèle, président de Goldman Sachs International, de BP (British Petroleum), d'Allied Irish Banks, directeur de la Royal Bank of Scotland (RBS), il a des responsabilités au GATT (créé en 1947, institution qui précéda l'OMC) puis à l'OMC. Il est membre du directoire d'Investor AB, d'Ericsson, d'Alibaba.com, de la Trilatérale et bien sûr membre du comité directeur du groupe Bilderberg. José Manuel Barroso prend un poste de direction chez Goldman Sachs, la banque qui a truqué les comptes grecs, celle avec qui Barroso marchandait en tant que président de la Commission européenne. C'est une manie à la Commission européenne, Jean-Claude Junker en devient le président après avoir présidé au Luxleaks[40].

« *Revolving door* » disent les américains, consanguinité entre le secteur de la finance et le personnel politique. La pression sur le pouvoir exécutif est directe. Il faut être millionnaire pour être candidat à la présidentielle aux Etats-Unis ... et milliardaire pour être élu! Mais la pression sur le pouvoir législatif est également directe: plus de la moitié des membres du congrès américain émargeait chez Enron, la grande entreprise de gaz et d'électricité en faillite frauduleuse aux Etats-Unis en 2001, dans l'un des plus grands scandales financiers de ces dernières années. La fortune moyenne des membres du Congrès Américain est de 15 millions

---

40 - Luxleaks, organisation de l'évasion fiscale par le gouvernement du Luxembourg alors dirigé par Jean Claude Juncker devenu ensuite le président de la Commission Européenne. Scandale où le cabinet Pwc, encore lui! est impliqué.

de dollars, soit 75 fois plus que celle d'un américain moyen qui est de 200 000 dollars comme l'indique Thomas Piketty dans son ouvrage « *Le capital au XXIème siècle* ».

D'ordinaire, le contrôle du pouvoir politique par les riches se fait à travers des prête-noms, des écrans, des apparences de démocratie. Le « *bon côté* » de Donald Trump est qu'il révèle la crudité du contrôle du pouvoir par les riches, en confiant à quelques amis milliardaires les principaux postes de son administration. De même, à coup de campagnes marketing, et de « *Unes* » de magazines, le système installe l'ancien banquier Macron à la présidence française. Les espoirs mis dans l'élection d'Obama ont été déçus. Il avait fait croire à une ère de paix, de lutte contre les inégalités, contre la croissance polluante, non seulement aux Etats-Unis, mais dans le monde entier. Cet échec porte en lui une leçon: ce ne sont pas les individus, aussi sympathiques ou de bonne volonté qu'ils soient, qui changent l'histoire. Cet échec a débouché sur l'élection de Donald Trump, même si cette élection s'est faite avec 3 millions de voix de moins que sa concurrente (et l'aide des services russes). Concurrente qui avait elle-même éliminé son concurrent de gauche Bernie Sanders grâce aux pratiques malhonnêtes de la direction du parti démocrate. Une Hillary Clinton à juste titre rejetée parce qu'elle représentait Wall Street et les 1%.

Médias aux ordres et lanceurs d'alerte

Quant au 4ème pouvoir, les médias! Le contrôle des 1% sur les médias, journaux, télés ou sites webs est quasi-total. En France: Dassault (armes / Le Figaro), Bouygues (bâtiment / TF1), Arnault (luxe / Les Echos, Le Parisien), Pinault (luxe / Le Point), Niel (informatique communications / Le Monde, Le Nouvel Observateur), Lagardère (armes / JDD, Paris-Match, Elle, Europe N°1), Weill (Informatique / BFM TV) incorporé au groupe Altice de Drahi (téléphone / Libération, l'Express, L'Expansion, l'Etudiant), Bolloré (mines, commerce et chemins de fer en Afrique / Vivendi, Canal Plus). On a vu leur impact pour l'élection de Macron à la présidence. Aux Etats-Unis, le contrôle est le même: Slim (Télécommunications / New York Times), Bezos (Amazon /

Washington Post), Bloomberg (Finances / agence de presse, TV) etc.

En 1949, Albert Einstein écrivait dans la Monthly Review: « *Dans les conditions actuelles, les capitalistes contrôlent inévitablement, d'une manière directe ou indirecte, les principales sources d'information (presse, radio, éducation). Il est ainsi extrêmement difficile pour le citoyen, et dans la plupart des cas tout à fait impossible, d'arriver à des conclusions objectives et de faire un usage intelligent de ses droits politiques.* ». Ceci est encore plus vrai aujourd'hui, ce qui permet aux dirigeants financiers d'écrire l'histoire récente et de réécrire l'histoire ancienne. Leurs organisations sont internationales (comme le groupe Bilderberg, la Trilatérale, Davos, etc.) tandis que les travailleurs, eux, sont maintenus dans un cadre étroitement national. Ces organisations politiques et économiques, comme « *le Siècle* », les « *Napoléons* » en France, mêlent actionnaires, décideurs économiques, politiques, experts et journalistes, à l'échelle de chaque pays et à l'échelle mondiale. Elles constituent la direction politique des 1%. Elles permettent d'articuler les orientations des différents médias, des différentes organisations politiques officielles qu'elles dirigent, d'harmoniser à leur profit les décisions politiques des différents gouvernements sous influence. Ceci à côté des organisations économiques, financières, militaires et policières institutionnelles (OTAN etc.), et à côté aussi des organisations de police officiellement non existantes, comme la NSA ou le réseau d'écoutes des conversations « *Echelon* », qui contrôlent les plus innocentes communications de la plupart des êtres humains.

Mais pas plus qu'ils ne sont capables de contrôler l'économie, la finance ou la gestion écologique de la planète, ceux qui nous gouvernent ne peuvent totalement masquer leurs politiques sous des dehors démocratiques. Des lanceurs d'alerte émergent toujours, comme Daniel Ellsberg (Les Pentagon Papers sur la guerre du Vietnam), Julian Assange (fondateur et porte-parole de Wikileaks), Chelsea Manning (Wikileaks sur les agissements de l'armée américaine en Irak), Snowden (les écoutes de la NSA américaine), Scahill (sur les services armés américains)[41], Falciani (sur la fraude fiscale organisée par HSBC), Jeffrey Wigand (sur les manipulations et trucages de l'industrie du tabac), Irène Frachon (sur la nocivité du Mediator), Antoine Deltour et Raphael Halet (sur le LuxLeaks), Alexandre Nikitine (sur les dangers de radioactivité de la flotte russe), Christopher Wylie sur l'utilisation des données de Facebook par la société Cambridge Analytica, Gary Webb du San José Mercury qui dénonça, dans les années 80, le rôle de la CIA dans la diffusion de la drogue, en particulier du crack, aux Etats-Unis. Gary Webb fut poussé au suicide par les grands médias américains. Beaucoup d'autres courageux viennent renforcer l'action de nombreuses ONG comme Greenpeace sur l'écologie, OXFAM sur les inégalités, Transparency sur la corruption, Amnesty International sur les droits humains etc. Tous nous donnent des éclairages sur les bas-fonds de la politique des puissants. Ces derniers mentent à coups de discours « *d'experts* », comme ces experts économiques, membres des conseils d'administration - ce qu'ils « *oublient* » souvent de mentionner - des experts qui se refont une vertu « *d'intérêt général* » avec des titres universitaires[42]. Un des experts les plus emblématiques est l'expert militaire en chef, le général américain Colin Powell, ancien secrétaire d'Etat, qui s'est permis de brandir à la face du monde, à la tribune de l'ONU en février 2003, les « *preuves* » fictives des armes de destruction massive irakiennes pour justifier la guerre contre l'Irak. La vérité finit par éclater, malheureusement après, et au prix de milliers de victimes.

Risques de guerres

La rivalité est de plus en plus grande entre pays. Les 1% détournent ainsi la colère contre leur système injuste. De guerres

---

41 - Jeremy Scahill: « *Dirty wars* » 2013.

42 - Laurent Mauduit de Mediapart: « *Les imposteurs de l'économie* » 2012.

commerciales en guerres des monnaies et en recherche continue d'avantages compétitifs, les risques de conflits s'aggravent.

Si les guerres ont accompagné de façon continue l'expansion impérialiste des 30 glorieuses, elles sont encore plus nécessaires en période de crise: guerres d'Irak, d'Afghanistan, du Yémen, de Somalie, du Pakistan, de Libye, de Syrie, du Mali[43] etc. Pas une année sans guerre et coups d'Etat, fomentés ou suscités en sous-main par les puissances dominantes depuis le début du capitalisme. Des guerres de toutes sortes, déclarées ou non, guerres civiles ou d'invasions, accompagnées de torture ou d'assassinats sans jugement, comme nous le savons depuis Guantanamo, le programme SERE[44] ou les aveux de Hollande concernant les assassinats par drones et autres « *exécutions extra judiciaires* ». Les Etats-Unis à eux seuls auront tué en Irak, Afghanistan, Somalie, Yémen, Pakistan etc. plus d'un million de personnes pour « *venger* » les 3000 morts du Wall Street Center. Bien sûr ces exactions, ces humiliations, comme celles que les Israéliens font subir aux Palestiniens en Cisjordanie et à Gaza, suscitent des réactions violentes, des soulèvements. La guerre que mènent les 1% contre les peuples, (parfois au nom de la lutte contre le terrorisme!), sa cohorte de victimes civiles ou « *innocentes* », nous promet des retours de boomerang. Au final, elle nourrit le terrorisme avec son lot d'horreur, de décapitations et d'attentats de masse. Qui meurt dans ces guerres ? Les guerres du passé faisaient 10% de victimes civiles, c'étaient principalement les combattants qui mouraient. Dans les conflits d'aujourd'hui c'est le contraire, 90% des victimes sont civiles. Donc souvent des femmes et des enfants puisque dans bien des conflits les hommes sont militaires. Non seulement les 1% ne sont

---

43 - Hubert Védrine, ancien ministre des affaires étrangères socialiste, à propos du Mali dans Le Monde du 16/1/2017: « *Peut-il y avoir un Occident sans ingérence ?... cette vocation prosélyte semble lui être consubstantielle* ».

44 - Programme officiel de torture de l'armée américaine plus précisément du JPRA (Joint Personnel Recovery Agency).

pas ceux qui prennent les risques et meurent dans les conflits qu'ils déclenchent, mais leurs supplétifs, leurs armées, non plus: ce sont les travailleurs, et leurs familles qui meurent. Aux victimes des guerres on doit d'ailleurs ajouter les 800 000 suicides par an dans le monde que suscite ce régime capitaliste démocratique soi-disant optimum.

Les réponses du système aggravent la crise

Réformes = plans d'austérité et précarisation

Les « *réformes* » réclamées par les 1%, leurs gouvernements, leurs organisations internationales (le FMI, la Banque mondiale, l'Union européenne, les banques centrales, le G7, G8, G20, l'OCDE etc.) se résument essentiellement en une baisse des salaires et des avantages acquis par les travailleurs lors de décennies de lutte dans les pays occidentaux.

Ces « *réformes* » basées sur le « *consensus de Washington* » où sont basées FMI et Banque mondiale sont toujours les mêmes:

- Privatisations, distributions des biens et services publics aux intérêts privés.
- Baisse des taxes sur les sociétés et les riches ;
- Dérégulation des règles internationales du commerce et de la finance ;
- Réduction des salaires et des retraites ;
- Attaques contre la protection sociale des travailleurs (contre l'Obamacare aux USA) ;
- Accroissement de la durée hebdomadaire de travail et « *flexibilité* » du travail ;
- « *simplification* » du code du travail ;
- Précarisation croissante d'une masse de plus en plus grande de la population.

En Grèce, en 5 ans d'application des réformes de la Troïka, les 10% les plus pauvres avaient perdus 86% de leurs revenus. Lorsqu'on monte de décile (10%) en décile vers les 10% les plus riches, les pertes de revenus sont de moins en moins importantes: 53%, 31%,

17%. Pudiquement, l'étude menée par un ancien conseiller[45] du PASOK, le parti socialiste grec, ne s'intéresse pas aux 1% ou aux 0,1% les plus riches, sans doute de peur de révéler qu'à la différence de la grande majorité du peuple, eux ont augmenté leurs revenus, comme l'ont fait les 1% dans la plupart des pays depuis 2008.

Les conséquences de ces « *réformes* » pour les travailleurs, ce sont les licenciements et le chômage généralisé, les délocalisations, la précarisation systématique, dont TEPCO, la firme qui contrôlait - si l'on peut dire- la centrale nucléaire de Fukushima, est emblématique. Elle envoyait les sous-traitants précaires en première ligne faire les « *3K jobs* », comme disent les japonais, c'est-à-dire les travaux difficiles, dégoûtants, dangereux.

Des milliers d'accidents mortels surviennent chaque année sur les chantiers. 400 travailleurs népalais sont tués en deux ans sur les seuls chantiers de la coupe du monde de football au Qatar (mais que vont faire ces hommes des montagnes dans le désert ?). L'immigration est obligatoire pour échapper à la faim et à la dégradation des conditions de travail et de vie. Depuis 2014, les prises de risques ahurissantes à travers les mers dans des embarcations de fortune, font plus de 3 000 noyés en Méditerranée chaque année. 40 000 morts depuis les années 90. Jamais dans l'histoire des migrations volontaires n'ont fait autant de victimes. Les assauts à main nue contre les barrières électrifiées à Melilla au Maroc sont pathétiques. Le mur avec le Mexique au sud des Etats-Unis est toujours plus haut, plus long, plus électrifié, le désert meurtrier ne suffisant pas à décourager les passages. En Europe, on assiste aussi à la multiplication des murs pour endiguer les réfugiés. Ces murs dressés pour empêcher l'accès à la prospérité impérialiste dont les travailleurs immigrés sont pourtant les acteurs majeurs.

---

45 - Giannitisis: « *rapport pour la fondation Hans Böckler* » 2015.

« *L'ubérisation* » de l'économie mondiale renforce la précarité croissante des travailleurs occidentaux. Internet permet de casser les circuits économiques traditionnels. Ainsi les utilisateurs sont amenés à produire eux-mêmes les services qu'ils utilisent (le client transformé en pompiste dans la station-service), ce qui permet de concurrencer les professionnels, notamment dans les transports (Uber ou Blablacar), ou dans l'hôtellerie (Airbnb). Les équipements et infrastructures sophistiqués (smartphones, ordinateurs portables, fibre optique, Wifi généralisé, 4 et 5G) permettent le travail à distance, intermittent et / ou à domicile. L'abandon du statut protecteur de salarié, au profit du statut d'auto entrepreneur crée une pression à la baisse des revenus. Il s'agit de priver les travailleurs des pays occidentaux des avantages liés au salariat, qu'ils ont acquis par leurs luttes, et de les ramener au statut précaire des pays du Sud où le statut de salarié est moins répandu. Bien sûr, cette offensive engendre aussi des réactions, même les chauffeurs d'Uber se révoltent aux Etats-Unis comme en France. L'oppression des travailleurs prend bien d'autres formes, la plus pathétique étant sans doute l'enrôlement dans les différentes milices et armées, « *officielles* » ou non, où ils sont souvent utilisés contre leurs frères de classe.

Ces « *réformes* » comme en France les lois El Khomri et Macron ont toutes pour conséquence l'accroissement des inégalités partout où elles ont été appliquées dans le monde. A l'issue de ces plans d'austérité, les riches sont toujours plus riches, et les pauvres plus pauvres. Ces réformes sont des échecs patents ; non seulement la crise n'est pas surmontée, mais sa cause essentielle, l'inégalité, s'est aggravée.

Croissance et compétitivité ?

Les solutions proposées par les partis politiques, émanations du système, droite, extrême-droite, sociaux-démocrates, sont les mêmes: croissance, compétitivité et nationalisme qui sont les noms donnés en économie, respectivement à la cupidité, la rivalité et le chauvinisme. Ces propositions ne touchent ni à la finance ni aux inégalités.

La croissance minimum nécessaire dans les pays occidentaux pour résorber le chômage devrait être de plus de 2% par an, or cette croissance n'a jamais été atteinte sur une période longue dans le passé, excepté lors du rattrapage suite aux énormes destructions des guerres mondiales. De plus, le type de croissance projetée exigerait, pour se perpétuer, les ressources de 2,3 ou 4 Terres. Les exhortations à la croissance de tous les partis du système sont pathétiques et reviennent à dire « *courrons plus vite vers l'abîme!* ».

Bien sûr il serait paradoxal de limiter la croissance, alors que tant de besoins ne sont pas satisfaits. Il faut réfléchir à une meilleure répartition des richesses, sources de gaspillages, afin d'apprécier quelle est la croissance dont les humains ont besoin. Les incantations à la croissance indifférenciée ne servent qu'à masquer le refus de s'attaquer à la question centrale des inégalités.

La compétitivité consiste à essayer d'obtenir des travailleurs occidentaux des conditions de salaires qui rendent les activités des entreprises « *compétitives* » avec celles de la Chine ou du Bangladesh. Le nombre de paysans à rabattre vers les usines des pays du Sud se réduisant, le système se crispe et tend à revenir aux conditions d'exploitation du début du capitalisme. La compétitivité consiste à diviser les travailleurs par pays, à les opposer dans la course à la baisse des salaires et des prestations, à accroître les rivalités. Beaucoup de pays connaissent ou frôlent la récession, la baisse de leur PIB. Le commerce mondial subit un coup de frein depuis 2012, les nations se replient sur elles-mêmes. Dans chaque pays, le système garde sous le coude une extrême-droite « *nationaliste* », prête à accentuer les divisions entre travailleurs, divisions souvent renforcées par les querelles religieuses.

La réponse du système à la crise financière, c'est toujours plus de finance débridée, plus de croissance qui détruit la planète, plus de concentration des richesses, plus d'inégalités. La façon dont le capital financier européen a géré la dette grecque est exemplaire[46]. Les banques privées, surtout allemandes et françaises, étaient très engagées en Grèce. Elles ont été remboursées par de la dette publique assumée par l'Etat grec, dette qui n'était financée par l'Europe qu'à la condition du remboursement des banques privées. Ensuite l'Europe, la Troïka, exige le désendettement de l'Etat grec à l'aide des fameuses « *réformes structurelles* », qui consistent en une baisse des prestations sociales, des retraites, la mise en œuvre des privatisations etc. on assiste ainsi à un vaste transfert d'argent public des 99% de la population grecque, vers les 1%, les actionnaires des banques françaises et allemandes. La réforme fiscale de l'administration Trump aux Etats-Unis, le cadeau de 1450 milliards de $ aux riches réduira les recettes de l'état, ce qui impliquera de réduire les prestations sociales pour la population. La façon dont les riches deviennent plus riches, leur technique de transfert des richesses n'est pas mystérieuse!

Après 30 ans de dérégulation effrénée qui a mené à la crise de 2008, ce que réclame le système, c'est encore plus de dérégulation! Les banques, en particulier américaines, n'ont jamais été aussi puissantes. Malgré les discours, elles n'ont pas réellement fait l'objet de contrôles supplémentaires, aucun dirigeant de banque n'a fait de prison, la patronne du FMI, Christine Lagarde, déclarée coupable dans l'affaire Tapie, n'est pas sanctionnée... les normes de gestion capitalistes sont revues à la baisse, comme la légalisation du délit d'initié[47] aux Etats-Unis, ou l'approbation de la fraude fiscale pour les puissants (80 milliards de perdus en France, 1000 milliards en Europe).

---

46 - Yanis Varoufakis, ministre des finances du premier gouvernement Syriza : « *Conversations entre adultes* » 2017.

47 - En octobre 2015 annulation des poursuites du procureur américain Bharara contre Steven Cohen « *le roi de Wall Street* » dirigeant un Hedge fund de 14 milliards de $, qui était accusé de délits d'initiés.

Le rachat massif des dettes par les banques centrales, les QE (*Quantitative Easing*) avec le maintien de taux d'intérêts très bas, créent des bulles dans de nombreux secteurs (l'Internet, la vente d'automobiles « *subprimes* », les prêts étudiants, les matières premières, le luxe, de nouveau l'immobilier) créant les conditions d'une nouvelle crise. Le déferlement de création monétaire déconnectée de l'économie réelle, fait craindre aux experts du système eux-mêmes que la prochaine crise ne soit pire. Les emprunts sont sans limite car les taux d'intérêts sont très bas. Tous ne sont pas remboursables, et beaucoup ne seront pas remboursés. Les montants étant bien plus élevés que ceux engagés dans les « *subprimes* » de l'immobilier, les conséquences seront elles aussi aggravées. Des semblants de contrôle ont été instaurés pour les plus grandes banques, contraintes, par les accords dits de « *Bale 3* » d'avoir plus de fonds propres et plus de garanties, avec l'obligation de séparer les banques de dépôts et d'investissement tel que l'imposait le Glass Steagall Act instauré en 1933 aux Etats-Unis suite à la grande crise. Obligation de séparation que Bill Clinton avait supprimée en 1999 dans le grand élan de complaisance à l'égard de la finance de Wall Street mais que l'Europe, la France en particulier a toujours refusé. On a vu plus haut la capacité des banques, déjà toutes condamnées, à suivre les règles et la loi! Bien sûr elles ont commencé à contourner les règles! Elles sont impliquées, directement ou par leurs actionnaires[48] dans le « *shadow banking* », « *la finance de l'ombre* » qui échappe légalement aux règles de prudence de « *Bale 3* ». Ce « *shadow banking* » manipule d'ores et déjà des sommes 10 fois supérieures à celles du circuit bancaire officiel, 92 000 milliards de dollars en 2017, soit près de 5 fois le PIB des Etats-Unis. Ce montant n'était encore que (!) de 36 000 milliards de dollars deux ans auparavant! Cette finance qui échappe à la

---

48 - Lorsque la banque Barclays pour se conformer, ou plutôt pour échapper aux règles, vend début 2016 sa filiale africaine Absa, c'est au profit des mêmes actionnaires, qui au passage doublent ainsi la rentabilité de leur investissement.

régulation, ce sont les assureurs, les fonds de pension, les fonds d'investissement, les Hedge funds (les fonds spéculatifs non cotés en bourse) etc.

Cette création continue et sans précédent de monnaie par les banques centrales (la FED américaine, la banque d'Angleterre, la BCE) avait été initiée par la Banque du Japon, la BOJ avec le succès que l'on sait: stagnation pendant plusieurs décennies, cumul de l'endettement public et privé le plus important au monde (plus de 400% du PIB) et inégalités accrues. Malgré leur échec, les Abenomics, les mesures économiques du nom du premier ministre japonais, semblent être la voie que semble vouloir suivre les différentes économies nationales capitalistes.

Pourquoi les banquiers centraux, non seulement non élus, mais non sanctionnés lorsqu'ils dépassent leurs prérogatives, inondent-ils la planète de monnaie ? Officiellement, pour soutenir la croissance et la consommation. Où va l'argent ?

 Essentiellement dans la valeur des actions, et dans le luxe, y compris immobilier. Cependant, malgré l'utilisation massive de l'équivalent de « *la planche à billets* », l'inflation reste faible. Les bourses montent. L'endettement aussi progresse. Le secteur financier capte tellement la création monétaire, celle-ci atteint si peu les entreprises (15% seulement des prêts vont à l'investissement productif), que les banquiers centraux envisagent une distribution directe de facilités monétaires, méthode qu'ils nomment « *par hélicoptère* ». Parions que les initiés sauront à temps où les largages par « *hélicoptère* » se feront!

Un autre effet pervers de cette politique de création de monnaie et de taux bas, est que les investissements se font sur n'importe quel projet. Puisque les taux sont proches de zéro, que les riches peuvent s'endetter à l'infini, tous les projets, utiles ou non, efficaces ou non, se valent. Les taux zéro, voire négatifs, faussent la perception des risques et entraînent un gaspillage de ressources financières. Le marché non plus ne joue pas le rôle de stabilisateur que leurs experts nous vendent.

Les banquiers centraux ont une autre raison de poursuivre cette politique: faire baisser la valeur de la monnaie de la zone dont ils ont la charge (le dollar, la livre sterling, le yen, le yuan, l'euro essentiellement). C'est leur « *contribution* » à l'effort de compétitivité: faciliter les exportations en baissant artificiellement la valeur de leur monnaie en se lançant dans une guerre des monnaies. Des sommes folles basculent ainsi quasi instantanément d'un pays à l'autre, désorganisant les circuits financiers et les économies. Il suffit d'un ralentissement en Chine, d'un blocage au Brésil, pour semer la panique, avec toujours le risque que cette guerre des monnaies ne dérape.

Derrière les tentatives de relance forcée de la consommation des classes moyennes par l'endettement, on retrouve les motivations qui ont suscité la crise des « *subprimes* » en 2008. Tenter de compenser par un effet de richesse apparent (la valeur des maisons, la profusion des biens de consommation) la baisse réelle des revenus pour le plus grand nombre. Ainsi va le système, refusant de s'attaquer au fond du problème, et promouvant un type de croissance suicidaire, préparant de krach en krach une crise de plus en plus grande. Le système ne sait plus lui-même comment sortir de l'explosion de création de monnaie qu'il a utilisée pour se sortir de la crise de 2008. Malgré tous ces « *Q.E.* », supposés créer de l'inflation, la déflation rode.

La crise s'accentue car la solution apportée par le système à un moment, est le problème majeur de la période suivante. L'Etat-providence de l'après-guerre, concédé pour empêcher la révolution, est remplacé par l'inflation. L'inflation est ensuite combattue par la mondialisation à la recherche de salaires toujours plus bas et des taux d'intérêts élevés, puis, toujours pour maintenir un minimum de consensus social, les salaires trop bas en Occident sont compensés par l'endettement et des taux d'intérêts bas. Aujourd'hui, les dettes excessives sont combattues par la création de monnaie. Celle-ci n'empêche pas la déflation, mais crée de nouvelles bulles. Pour les combattre, il faut remonter les taux d'intérêts. Mais alors les emprunteurs, y compris les Etats endettés, seront acculés, les prêteurs non remboursés etc. On va de Charybde en Scylla.

Le capitalisme mondialisé se débat dans des contradictions sans fin. Il est un gâchis des capacités de travail et d'activité de millions d'êtres humains, alors même que les besoins élémentaires ne sont pas satisfaits. Le désarroi est tel que toute mesure apparemment rationnelle ne fait qu'aggraver la crise.

En 1960, sur 3 milliards d'habitants alors sur Terre, 2 milliards souffraient de malnutrition (soit 66 %). En 2000, on peut noter une amélioration: sur 6 milliards d'habitants, 800 millions souffraient de malnutrition (soit 13,3 %). Mais en 2010, ils sont 920 millions. Après avoir diminué, la malnutrition augmente de nouveau. Une bonne partie du monde subit les famines, le manque d'eau potable, l'incapacité de résister à des phénomènes naturels comme les sécheresses, les inondations, les tremblements de terre. Un milliard d'humains ne peut assouvir sa faim chaque jour, deux milliards n'ont pas accès à l'eau potable (près d'un tiers de l'espèce humaine!) et la qualité de l'eau se dégrade partout, un milliard vit dans des bidonvilles, un milliard et demi n'a pas accès à l'électricité, deux milliards vivent avec moins de 2 dollars par jour (seuil de pauvreté de la Banque mondiale) soit plus du quart de la population mondiale. 20 000 paysans indiens se suicident par an, endettés ...6 millions d'enfants de moins de 5 ans meurent par an dans le monde. Comme le dit Jean Ziegler, le rapporteur spécial auprès de l'ONU: *« tout enfant qui meurt aujourd'hui de faim est en réalité assassiné »*.

Lors des trente dernières années, la pauvreté a reculé dans le monde. C'est à mettre au crédit du développement du capitalisme qui a laminé les structures féodales basées sur l'agriculture partout dans le monde. Mais aujourd'hui le système, la Troïka (BCE, FMI, Communauté européenne) présente les statistiques de façon à masquer la progression des inégalités. Ainsi, l'écart du PIB moyen par habitant, entre pays pauvres et pays riches, s'est réduit. Ceci s'explique par le fait que l'impérialisme a été obligé de faire des compromis et de laisser se développer des bourgeoisies nationales dans certains pays du Sud. Les revenus de cette fraction bourgeoise nationale augmentent le PIB moyen de chaque pays. Ainsi l'Inde a triplé son nombre de milliardaires en trois ans, ce qui améliore les statistiques de l'Inde dans les comparaisons mondiales, mais parallèlement le nombre d'habitants des bidonvilles en Inde a doublé. Les 1% les plus riches dans le monde ont des revenus aujourd'hui équivalents à ceux des 61% les plus pauvres. Cette différence, elle, s'accroît toujours. Les comparaisons entre nations servent à masquer la croissance de l'inégalité de classe au sein de chaque nation.

Ils savent que leur système est à bout de course

De plus en plus de dirigeants du monde capitaliste savent que leur système est à bout. Certains pointent eux-mêmes le problème: les inégalités.

Bébéar, l'ancien patron d'Axa, l'une des pieuvres françaises du capitalisme mondial, qui fut le pape du capitalisme français, publiait en 2001 son livre « *Ils vont tuer le capitalisme* », craignant que les « *excès* » ne découragent les masses à supporter ce système.

Georges Soros, le milliardaire américano-hongrois, spéculateur, fondateur d'un « *Hedge fund* », fond spéculatif, qui gère plus de 25 milliards de dollars affirme: « *les marchés financiers sont intrinsèquement instables, nous avons tort de croire qu'ils tendent à l'équilibre* ».

Warren Buffet, *l'oracle d'Omaha*, le dirigeant du fond d'investissement Berkshire Hathaway, 5ème société mondiale, déclare qu'il ne lui semble pas tout à fait normal de « *payer moins d'impôts que sa secrétaire* », et qu'il y a des risques à ce que cela dure. IL déclare: *"There's class warfare, all right, but it's my class, the rich class, that's making war, and we're winning." "C'est la lutte de classe, d'accord, mais c'est ma classe, la classe des riches, qui fait la guerre, et c'est nous qui la gagnons »*. C'est vrai pour l'instant.

David Rubinstein, fondateur du groupe Carlyle, le fonds d'investissement lié à la CIA, actionnaire un temps du groupe Le Figaro en France, déclare en 2012 à Davos, le séminaire mondial des 1%: *« Il s'est avéré que le capitalisme n'a pas la capacité de gérer les hauts et les bas de la conjoncture… le capitalisme n'a pas résolu le problème de l'inégalité »* même s'il ajoute que *« personne au monde ne semble avoir la réponse à ce problème »*. C'est vrai pour l'instant.

Paul Poman, PDG d'Unilever: *« Les dirigeants mondiaux doivent dire clairement qu'ils tournent le dos au modèle économique vieillissant, fondé sur la combustion des carburants fossiles … non seulement cela serait bénéfique au climat, mais cela contribuerait à répondre aux enjeux d'inégalité sociale croissante »*.

Christine Lagarde, directrice du FMI : *« Réduire les inégalités excessives … n' est pas simplement un impératif moral et politique, c'est aussi une question de bon sens économique »*.

Certains des titres des livres de leurs experts idéologues sont assez éclairants: *« Danser sur un volcan »* 2017 de Nicolas Baverez, ou *« La folie des banques centrales: pourquoi la prochaine crise sera pire »* 2016, de Patrick Artus, chef économiste de la banque Natixis (membre également des conseils d'administration de Total et d'Ipsos) avec Marie-Paule Virard.

Pour Daniel Cohen, professeur, mais aussi associé de la banque Lazard -ce qu'il oublie souvent de mentionner- *« La conclusion semble inévitable: la société occidentale est condamnée à la colère et à la violence »*[49]. Jacques de Larozière ancien patron du FMI, de la Banque de France, de la Banque européenne de développement, dans une interview au journal Le monde à l'occasion de la sortie de son livre *« Cinquante ans de crises financières »* 2016, déclare: *« Les politiques monétaires actuelles me plongent dans un abîme de doutes… les mouvements de capitaux font la loi… aujourd'hui le tableau est sombre »*.

---

49 - Daniel Cohen: *« Le monde est clos et le désir infini »* 2015.

Alain Minc, le « *deus ex machina* » du capitalisme français, soutien successivement de Juppé, Fillon et Macron à l'élection présidentielle française de 2017, ancien patron du quotidien Le Monde: Dans son livre « *Une humble cavalcade* » 2018: « *l'irrésistible et dangereuse ascension des inégalités, au point de nous menacer d'une révolution aux formes inattendues et imprévisibles...* »

Bon d'accord, ils se sont toujours trompés, néanmoins toutes ces déclarations révèlent leur inquiétude. Selon une étude de 2016, une majorité des étudiants d'Harvard aux Etats-Unis, la fabrique de dirigeants du capitalisme, rejetait ce système. Arrêtons-nous sur le livre de leur expert économique en chef en France, le président du « *Cercle des Economistes* », Jean-Hervé Lorenzi [50] « *Un monde de Violences, l'économie mondiale* » 2014.

L'auteur pointe six éléments explicatifs à la crise: 1) le fait que le progrès technique, la numérisation en particulier, n'entraîne pas des gains de productivité et donc ne constitue pas une réelle révolution industrielle, idée développée par l'économiste Robert J. Gordon [51] 2) le vieillissement de la population, plus précisément dans les pays développés, qui a deux conséquences: d'une part l'augmentation des coûts de protection sociale (retraites, santé) et de l'autre, la réticence à investir et à prendre des risques 3) l'accroissement des inégalités qui est également comme pour Minc « *irrésistible* » 4) la délocalisation des industries vers les pays émergents, donc la désindustrialisation des pays avancés qui est,

---

50 - Lui aussi oublie d'indiquer qu'il est en parallèle, ou successivement, membre des conseils d'administration du Groupe Edmond de Rothschild, de la fondation Médéric Alzheimer, de l'IDATE, de BNP Paribas Cardiff, du conseil de surveillance d'Euler Hermes. Laurent Mauduit de Mediapart y ajoute le conseil d'administration d'Eramet (Nickel en Calédonie), le Crédit foncier, le conseil stratégique de Pwc, (oui le cabinet d'audit de tous les mauvais coups mentionnés plus haut), le COE Rexecode l'institut du Medef, la fondation du risque crée par Axa.

51 - Robert J. Gordon: « *Rise and fall of American growth* » « *Ascension et chute de la croissance américaine* » 2016.

selon lui, le phénomène initiateur de la crise (et non la crise financière) 5) l'endettement et la financiarisation « *inéluctable* » qu' il est totalement illusoire de vouloir réguler, 6) le manque d'épargne à l'échelle mondiale, qui limite les investissements nécessaires.

On voit que les inégalités ne sont pas oubliées dans les raisons du désordre du monde, mais noyées parmi d'autres. Et de toute façon que faire ? Puisque leur accroissement est « *irrésistible* » ? Comme l'est aussi la financiarisation, dédouanée ainsi, en passant, de sa culpabilité dans le déclenchement de la crise. Il n'est pas anodin que le facteur négatif le plus important soit indiqué comme étant la désindustrialisation des pays avancés. Cela indique le front de la lutte de classes: l'ennemi ce sont les pays du Sud. L'auteur est en désaccord avec les prévisions du FMI et de l'OCDE trop influencées sans doute à son gout par les économies émergentes qui font des prévisions « *sans rupture, sans accident de parcours, sans résurgence d'une volonté occidentale de reprendre la main* ». Reprise en main que Lorenzi lui, appelle de ses vœux. Pour cette reprise en main, il faut rallier les classes moyennes, dont les revenus s'effritent. Les classes moyennes des pays émergents sont encore minoritaires dans leur pays, et celles des pays développés sont endettées et se font laminer. Lorenzi cite Daron Acemoglu un économiste d'origine turc, professeur au Massachussets Institute of Technology: « *Ces conclusions vont dans le sens d'une démocratie autorisant les classes moyennes à bénéficier d'une redistribution des revenus au détriment des pauvres. Acemoglu et ses coauteurs rejettent l'idée que la démocratie mène nécessairement à un déclin uniforme des inégalités.* » Lorenzi lui, visiblement, ne rejette pas la justification des inégalités par Acemoglu.[52]

---

52 - Le prix Nobel français d'économie Jean Tirole, dans son livre justifiant les appropriations privées, intitulé sans doute par dérision « *Economie du bien Commun* » 2016, cite complaisamment le même auteur: « *La cupidité peut servir de moteur à l'innovation et à la croissance* ».

Les autres arguments (le vieillissement, le conflit des générations, la fracture numérique, les adéquations techniques de l'épargne et de l'investissement, etc.) peuvent être pertinents, mais visent surtout à noyer le poisson, à pointer des oppositions ou problèmes réels, mais secondaires, afin de diviser les 99%. Ces arguments visent à ne pas s'attaquer à la cause profonde qu'est la croissance des inégalités, dont l'auteur pourra se targuer de ne pas l'avoir écartée. Pointer que les vieux épargnent et que les jeunes ont besoin d'investir, cherche à masquer le fait plus important que les 1% peuvent épargner et que les 99% ont souvent besoin eux de s'endetter pour vivre! L'objectif recherché est de détacher les classes moyennes des pays occidentaux des peuples du monde car *« Le risque est grand ... dans un monde devenu si irrationnel et incompréhensible que non seulement les exclus, mais également les classes moyennes, anciennes ou nouvelles, n'en acceptent plus les règles du jeu »* écrit Lorenzi. Effectivement!

La courbe de l'éléphant

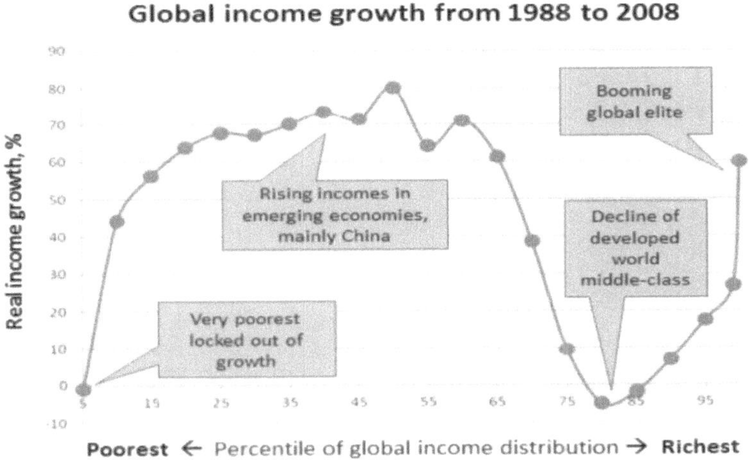

La courbe ci-dessus, appelée courbe de l'éléphant en raison de sa forme est populaire parmi les économistes occidentaux. Elle est due à Branko Milanovic ancien économiste à la Banque mondiale. Elle indique pour la période 1988 à 2008 l'augmentation des revenus (en ordonnée) en fonction du total des revenus (en abscisse) par % croissant. Les 1% (bout de la trompe) ont bien augmenté leurs revenus mais l'ensemble de la population du monde (le corps) aussi. Seuls les 5% les plus pauvres (la queue) et les classes moyennes des pays développés (le cou) ont vu leurs revenus stagner ou régresser. Cette courbe a pour but de faire ressortir que se sont essentiellement les classes moyennes des pays occidentaux qui ont souffert de la mondialisation. Ce n'est pas totalement faux mais le fait d'utiliser des pourcentages au lieu de valeurs absolues masque le fait que les classes moyennes occidentales ont un revenu très largement supérieur à celui des travailleurs du Sud. Elle indique à l'élite « *Attention au déclassement des classes moyennes !* », à la montée des populismes etc. Mais d'une part elle masque les disparités au sein de ces classes moyennes occidentales et d'autre part elle vise à illustrer la contradiction entre ces classes moyennes occidentales et les masses de travailleurs du Sud, ce qui ne peut se faire qu'au profit des 1% eux aussi essentiellement occidentaux.

Il est frappant de constater que tous ces experts -qui constituent les cercles du pouvoir économique, politique, culturel- sont non seulement très inquiets, mais aussi très critiques. Comme si ce n'était pas eux le pouvoir ? Faut-il l'analyser comme le besoin de se désolidariser du désastre annoncé ? Les rats quittent (intellectuellement) le navire ? Aucun d'eux, prisonniers de leurs points de vue de classe, ne pressentent la solution. Ils restent à l'intérieur du système.

Toutes les formations politiques, y compris celles qui sont au pouvoir, tous les candidats, de Marine Le Pen, au milliardaire Trump, en passant par l'ex premier ministre François Fillon et Emmanuel Macron (qui n'hésite pas cyniquement à Davos 2018 de dénoncer les inégalités qui profitent aux 1%!) se sentent obligés de se présenter aux élections comme des

« *antisystèmes* ». Ce n'est pas pour rien que « *post vérité* » a été « *le* » mot phare de l'année 2016, selon le dictionnaire d'Oxford qui en donne la définition: « *nier les faits au profit d'un discours basé sur les mensonges et des appels à l'émotion* ». Même ses piliers sont obligés de prendre une position anti système, reflet de sa déconsidération. On ne peut s'empêcher de penser à ce que disait Lénine : « *Pour que la révolution ait lieu, il faut que les exploiteurs ne puissent pas vivre et gouverner comme autrefois. C'est seulement lorsque « ceux d'en bas » ne veulent plus et que « ceux d'en haut » ne peuvent plus continuer de vivre à l'ancienne manière, c'est alors seulement que la révolution peut triompher* »[53].

Lorenzi dresse un historique du capitalisme, dont il fait remonter les prémisses à la fin de l'empire romain, au Vème siècle après JC. Il s'agit toujours de faire croire que le capitalisme a toujours existé, et donc qu'il existera toujours. Curieusement, l'auteur n'a pas repéré des phénomènes historiques pourtant majeurs, comme le mouvement des enclosures, l'esclavage, le colonialisme, l'impérialisme, les guerres continues, guerres que pourtant son livre affirme craindre, jusque dans son titre même: « *Un monde de violences...* ».

Comblons un peu ces lacunes.

---

53 - Lénine : « *La maladie infantile du communisme* » 1920.

Chapitre 3: Aux origines du capitalisme démocratique

Enclosures, les premières privatisations

Au sein de la société féodale, à partir du XIIème-XIIIème siècle, le commerce se développe, et avec lui les marchés. Bientôt les plus forts s'approprient les « *commun* », les biens communaux, pâturages libres où l'on peut faire paître les bêtes, les forêts où l'on peut ramasser librement bois, champignons ou châtaignes... ce qui était la norme jusqu'au début du capitalisme. Cette première privatisation, la création de clôtures pour interdire l'accès aux terres et forêts communes est pour cette raison appelé le mouvement des « *Enclosures* ». Il débute dès le XIIème siècle en Angleterre et se développe jusqu'au XVIIIème siècle. Cet accaparement est bien sûr certifié légalement! « *L'Enclosure Act* » de 1773 en Angleterre, n'était qu'une des lois de « *privatisations* » où le vol est légalisé après coup par une légalité que les 1% de l'époque créent pour l'occasion. On en verra l'équivalent dans l'expropriation des terres indigènes aussi bien en Amérique, au Canada, en Australie ou en Afrique lors de l'expansion coloniale. La classe des bourgeois se forme dans les villes, concentre les richesses et le commerce se développe. En Italie, les ports de Gènes et de Venise mais aussi les villes de Pise et Florence émergent, comme dans le nord de l'Europe, les villes hanséatiques, Gdansk, Hambourg, Lubeck, Cologne. Lors de la recherche d'une nouvelle voie plus rapide pour accéder aux épices « *de l'Inde* », l'Amérique a été découverte par les occidentaux. L'élimination de sa population et son pillage, l'or en particulier, ont commencé. Pillage initié en particulier par les marchands italiens, portugais et espagnols.

Les villes, le cadre culturel, financier, et politique qu'elles offrent, vont permettre l'épanouissement des inventions et innovations. La bourgeoisie s'oppose à la féodalité et à son expression politique, la noblesse, l'église et la royauté. Le développement de la machine à vapeur par Watt à la fin du XVIIIème siècle déclenche la première révolution industrielle. La source principale d'énergie, basée jusque-là sur la force humaine et animale, ainsi que sur celle des moulins à eau et à vent, c'est-à-dire des énergies renouvelables, bascule vers le charbon, une énergie fossile non renouvelable. Il y a, là aussi, appropriation de biens communs, le sous-sol, au profit d'intérêts privés. La deuxième révolution industrielle, à la fin du XIXème siècle, sera basée sur l'électricité, le pétrole, la chimie, donc aussi sur l'énergie fossile non renouvelable, permettant le développement des transports, chemin de fer et voiture.

Comme la COP21 à Paris l'a rappelé, nous sommes toujours dans cette économie principalement fondée sur l'exploitation de l'énergie fossile. L'émergence du numérique n'a pas réellement changé la donne, puisque les principaux acteurs du numérique sont de gros consommateurs d'électricité, encore principalement produite par le charbon et le pétrole. Les gros hébergeurs de données, de traitements informatiques, les *data centers*, sont installés près des sources d'eau et des lacs pour le refroidissement de leurs installations. Aujourd'hui, l'informatique consomme à elle seule 10% de la consommation totale d'électricité, se rattachant ainsi à la deuxième révolution industrielle. La question se pose de savoir si la révolution numérique peut être considérée comme la 3ème révolution industrielle, définie par Jeremy Rifkin[54] comme la « *Jonction de la communication par Internet et des énergies renouvelables* ». Cette idée est contestée par Gordon on l'a vu plus haut, car jusqu'à présent elle n'a pas permis une hausse significative de la productivité. Cette révolution industrielle si s'en est une serait la première à ne pas créer des emplois plus qualifiés que ceux de l'époque qui la précède.

Les deux premières révolutions industrielles ont exigé une main d'œuvre nombreuse dans les usines ce qui a nécessité la transformation des paysans en ouvriers, mouvement que les *enclosures* avaient initié en expulsant les paysans.

---

54 - Jeremy Rifkin, économiste américain: « *La troisième révolution industrielle* » 2011.

Les esclaves, notre richesse

Après l'accumulation initiale réalisée par les *enclosures,* le pillage de l'or et des terres des Amériques, l'accumulation de richesses nécessaires au développement capitaliste se poursuit par l'accaparement privé que constitue la transformation en esclaves des populations africaines par une petite minorité de négriers. C'est le développement de la traite des noirs, le premier pillage de l'Afrique. Les bateaux européens amènent des pacotilles en Afrique qu'ils échangent contre des esclaves transportés dans les plantations de canne à sucre et de coton d'Amérique et des Antilles produits qui sont ensuite ramenés vers l'Europe. C'est le « *commerce triangulaire* ». L'esclavage existait auparavant, le développement de l'agriculture s'est fait dans le cadre de soc étés esclavagistes, et pas seulement en Afrique. Mais ce à quoi on assiste, c'est à l'industrialisation et à la mondialisation de l'esclavage. Le capitalisme, pour asseoir son propre développement, doit pousser à l'extrême un mode d'organisation de la société déjà dépassé.

Plus de 12 millions d'Africains seront déportés sur une population totale à l'époque de 100 millions (12%!). 2 millions de ces déportés, 1 sur 6, périront dans des conditions épouvantables pendant le *Passage* de la traversée de l'Atlantique, à fond de cale. Beaucoup d'autres sont tués ou se suicident avant même d'embarquer. L'estimation du nombre de victimes total sur les 3 siècles de capitalisme esclavagiste (de 1550 à 1850) varie de 50 à 100 millions de morts. La part de la population africaine, près de 20% de la population mondiale en 1500, tombe à 7% en 1900 et malgré l'explosion démographique en Afrique aujourd'hui elle ne retrouvera les 20% de la population mondiale que vers 2050. Le Portugal, la Grande-Bretagne, la France, les Etats-Unis, seront les principaux pays organisant la traite et en bénéficiant. Si la traite négrière est abolie officiellement en France en 1815, « *le code noir* » qui régissait l'esclavage, rédigé par Colbert et qui datait de Louis XIV, n'est aboli qu'en 1848, il y a moins de deux siècles.

Lorsque l'Angleterre supprime l'esclavage en 1833, 40% du budget annuel du pays est versé, non aux victimes, les esclaves, mais aux propriétaires d'esclaves pour les dédommager. Parce qu'il a supprimé l'esclavage, Haïti, le premier Etat noir émancipé en 1804 grâce aux luttes dirigées par Toussaint Louverture[55], doit « *rembourser* » l'équivalent de 17 milliards d'euros (2% de son PIB) à la France, à partir de 1826, là encore pour dédommager les propriétaires d'esclaves. Cette dette ne sera soldée qu'en 1883, près de 60 ans plus tard. Haïti ne se remettra jamais de ce pillage, mais la prospérité de Bordeaux, Nantes et La Rochelle était assurée.

Au début de la guerre de Sécession en 1860 aux Etats-Unis, guerre qui débouchera sur la fin de l'esclavage en 1865, l'actif « *esclaves* » valait plus que celui du cumul des chemins de fer, des banques et de toute l'industrie[56]. C'est 6 ou 7 siècles après la naissance du capitalisme, dont on a vu qu'il s'amorçait dans le mouvement des *enclosures* dès le XIIème siècle. Le capitalisme esclavagiste est déjà un capitalisme mûr. C'est lui qui va mener les révolutions démocratiques alors même qu'il voit déjà pointer son remplaçant, les révolutions ouvrières et l'hypothèse communiste. La fin officielle de l'esclavage se situe entre les deux révolutions industrielles du XIXème siècle, il y a un siècle et demi. Aux Etats-Unis les lois « *Jim Crow* » codifiaient la ségrégation formelle des noirs, elles ne seront abolies que dans la deuxième moitié du XXème siècle, en 1964, il y a 50 ans. C'était hier! La prospérité des villes motrices du capitalisme du XVIIème au XIXème siècle comme Liverpool, Londres, Bristol, Amsterdam, Nantes, La Rochelle, Bordeaux, ou encore New York, Boston, Charleston, Rochester aux Etats-Unis, était adossée aux richesses accumulées grâce au travail non payé qu'a constitué l'esclavage, ce « *goulag noir* ». C'est le début des bourses d'Amsterdam, de Londres, de Paris qui permettent, avec les premières sociétés par actions,

---

55 - Toussaint Louverture, général de la révolution française, leader de l'émancipation de Saint Domingue et Haïti, mort en déportation en France sous Bonaparte.

56 - Éric Williams, historien et chef du gouvernement de Trinidad: « *capitalisme et esclavage* » 1944.

d'investir dans le commerce « *triangulaire* ». Cette richesse booste le développement capitaliste à sa maturité.

C'est appuyés sur cette prospérité, due à l'appropriation privée des biens communs, des terres en Europe et aux Amériques, puis des populations africaines, que nos « *partisans des Lumières* », « *démocrates* », « *républicains* » ont pu mener les révolutions anglaises du XVIIème siècle, américaine de 1776, française de 1789 et assurer le triomphe de la démocratie. Les richesses issues du commerce d'esclaves ont permis aux Pays-Bas de devenir le refuge des imprimeurs et éditeurs des démocrates. Pays-Bas qui n'ont interdit l'esclavage qu'en 1863. C'est sur cette base que Voltaire en France, investissant dans le commerce triangulaire, et Jefferson le 3ème président des Etats-Unis d'Amérique, propriétaire d'esclaves, ont pu mener leurs combats pour la démocratie. Londres, la capitale de l'esclavage, prenait la tête du mouvement démocratique en en développant les principes: élections - un « *homme, (mais pas encore une femme) une voix* » -, séparation des pouvoirs, liberté de la presse, habeas corpus qui garantissait le droit à la liberté individuelle (mais pas en Irlande ou en Ecosse). Aujourd'hui, Londres, avec sa City, est toujours la capitale du système financier mondial. La prospérité, la liberté, la démocratie des pays capitalistes ne sont pas l'envers de l'esclavage, elles en sont le prolongement et y trouvent leurs racines.

Ce n'est pas un hasard si un théoricien du libéralisme sur le plan économique et politique comme John Locke à la fin du XVIIème siècle en Grande-Bretagne, pose les fondations théoriques du capitalisme démocratique: le droit de propriété, l'Etat de droit, la tolérance, et qu'il est en même temps un défenseur acharné de l'esclavage (et de l'infériorité des femmes).

Qu'est ce qui, pour un esclave, du fond d'un bateau négrier, distinguait les « *démocraties* » naissantes de l'époque, du pire régime totalitaire ? La conception élitiste de la démocratie a perduré avec le suffrage censitaire où seuls les riches pouvaient voter. Puis, à partir de 1848, le droit de vote pour « *tous* » s'impose, mais pas pour « *toutes* ». Les femmes acquièrent le droit de vote pour la première fois au monde de façon permanente en URSS, grâce à la révolution de 1917, avec la première femme ministre, Alexandra Kollontai, ministre de la santé, qui devint également la première ambassadrice au monde. En France, le droit de vote pour les femmes ne sera acquis qu'en 1945. Le capitalisme, dans la foulée et pour remplacer la traite des Noirs, trop évidemment en contradiction avec les nouveaux principes démocratiques naissants, a fait venir des immigrés pour son développement (polonais, portugais, algériens, marocains en France, turcs en Allemagne, indiens ou pakistanais en Grande-Bretagne, mexicains et sud-américains aux Etats-Unis) mais les droits démocratiques, entre autres le droit de vote, leur sont toujours refusés.

Les pays capitalistes démocratiques font souvent œuvre de « *repentance* » pour tel ou tel crime, d'autant plus facilement si ce crime est éloigné dans le temps. « *Le mémorial de l'abolition de l'esclavage* » à Nantes, inauguré en mars 2012, « *la maison des esclaves* » de l'île de Gorée au Sénégal, *le Mémorial ACTe* à Pointe à Pitre en témoignent. Mais l'esclavage y est présenté comme de l'histoire, du passé, dont les conséquences sur notre situation actuelle sont éludées. Si aujourd'hui, trois sur cinq des grandes puissances, membres permanents du Conseil de sécurité de l'ONU, ont été les principaux pays esclavagistes, ce n'est pas un hasard (France, Grande-Bretagne, Etats-Unis). Le fait que les deux autres membres, la Russie et la Chine qui eux n'ont pas participé à la traite ont été socialistes, n'est probablement pas non plus un hasard!

Les petits pays démocratiques esclavagistes, tels que les Pays-Bas ou le Danemark, ne sont pas en reste. La pacifique Suède, 2ème flotte mondiale à l'époque, doit sa prospérité, outre la gestion de l'île de Saint Barthelemy en plaque tournante du commerce triangulaire, à son quasi-monopole de la fourniture des fers pour esclaves. La pacifique petite Belgique, fera de 6 à 10 millions de morts en exploitant le Congo via « *l'Association internationale du Congo* » fondée par Léopold II, le roi belge.

Lorsqu'ils sont dans la repentance les dirigeants des pays capitalistes la partagent volontiers! On se « *repent* » au nom de la nation. Non! Ce sont les propriétaires, la classe bourgeoise, qui ont organisé et bénéficié de l'esclavage. Les travailleurs des pays occidentaux n'y sont pour rien!

Le capitalisme impérialiste démocratique

Avec l'appropriation des « *communs* », essentiellement volés aux paysans, de l'or et des terres accaparés aux Amériques, le vol pur et simple d'êtres humains en Afrique qu'a constitué l'esclavage, colonialisme et impérialisme ont été le support suivant du développement et de la prospérité capitaliste, largement autant que les innovations techniques qui lui servent de cache-sexe.

Le pillage des matières premières (seuls 15% des minerais extraits en Afrique y restent), l'exploitation de la main d'œuvre, la ruine des économies locales dans les pays du Sud, au profit des produits industriels et agricoles importés des métropoles, ont été la norme du développement capitaliste. La ruine de l'industrie textile de l'Inde par les « *indiennes* » produites sur les machines textiles de Suisse ou de Manchester au XIXème siècle en est un exemple fameux. Le « *brain drain* », le transfert des compétences, ingénieurs, chercheurs, docteurs etc. vers les pays occidentaux continue, un coup d'œil aux noms des docteurs accessibles aux urgences vous le confirmera.

L'expropriation des paysans, les « *enclosures* », le vol de l'or et des terres aux Amériques, l'esclavage, la colonisation, qui sont à la base de l'accumulation du capital dans les pays occidentaux, ont nécessité une violence extrême et des guerres permanentes. Les conquistadors espagnols ont laminé les populations d'Amérique du sud et des Caraïbes. Les colons anglais ont décimé les populations autochtones d'Amérique du Nord, d'Australie ou de Nouvelle Zélande. Un cumul de génocides.

Un capitalisme démocratique de guerre

La Grande-Bretagne, pays leader du capitalisme et de la démocratie mène ouvertement des guerres au XIXème siècle contre: l'Irlande en 1798, l'Inde de 1803 à 1806, l'Afrique du Sud en 1806, Java en Indonésie en 1810, le Sri Lanka en 1815, la Birmanie par trois fois en 1823, 1852 et 1885, le Canada en 1837, l'Afghanistan en 1839 et 1878, la Chine en 1839 et 1856 (les guerres pour imposer l'opium), Madagascar en 1845, la Crimée en 1854, l'Iran en 1856, le Bhoutan en 1865, les Zoulous en Afrique en 1879, les Boers en Afrique du Sud en 1880 et 1899 (inaugurant les premiers camps de concentration), le Basutoland en 1880, le Soudan en 1881, Zanzibar en 1896... Et ça continue au XXème siècle: 3ème guerre contre la Chine avec la guerre des Boxers en 1900, intervention contre le Nigeria en 1901... La Grande-Bretagne a un rôle leader avec la France et l'Allemagne dans le déclenchement de la Première Guerre mondiale et son énorme tuerie (10 millions de militaires et 8 millions de civils tués). Première Guerre mondiale dont un des motifs principaux était le contrôle des empires coloniaux. Et ça continue: 2ème intervention en Irlande pendant la Première Guerre mondiale en 1916, 3ème guerre contre l'Irlande en 1919. Lors de la Seconde Guerre mondiale, la Grande-Bretagne prend tout de même le temps d'attaquer l'Irak en 1941...

Bien sûr la France, la rivale de l'époque, n'est pas en reste: guerres en Haïti, Afrique du Nord, Afrique Equatoriale, Afrique Occidentale, Indochine. Participation à certaines des guerres « *anglaises* »: contre la Chine, Suez, Madagascar. A noter que les classes dirigeantes françaises prennent soin elles aussi au cours de la Seconde Guerre mondiale, d'asseoir leur emprise sur leurs colonies. Dès octobre 1940, De Gaulle annonce, depuis Brazzaville, la création du « *Conseil de défense de l'Empire* » en tant qu'organe de décision de la France libre. Il confirme cette volonté « *d'empire* » par sa visite au Liban dès juillet 1941. Avant même la fin de la Seconde Guerre mondiale, c'est le bombardement de Sétif en Algérie en mars 1945, puis celui d'Haiphong au Vietnam en 1946.

Les victimes de ces guerres sont rarement comptabilisées et leur cumul n'est jamais mis au compte du capitalisme.

Le capitalisme dans son développement a eu besoin des États-nations. La Grande-Bretagne est l'épicentre des révolutions industrielles qui révolutionnent le développement capitaliste. Elle est la nation leader dans le mouvement des *enclosures*, dans l'esclavage, dans les guerres coloniales, dans la constitution d'un fort secteur financier, successivement en rivalité ou en coopération avec la France, la Russie, l'Allemagne, le Japon, les Etats-Unis. Jusqu'à la Première Guerre mondiale le leadership anglais est assuré grâce à sa flotte commerciale et militaire. La « *Navy* » domine les mers du monde et permet la constitution d'un vaste empire colonial. La Grande Bretagne est néanmoins déjà obligée de passer des alliances avec les Etats-Unis et le Japon.

Après la guerre de Sécession de 1865, qui a été aussi meurtrière pour les Américains que la Première Guerre mondiale pour les Européens, les Etats-Unis construisent la première économie mondiale, au point d'être, avec la banque JP Morgan en particulier, les premiers financiers des deux guerres mondiales. Le rôle décisif de Woodrow Wilson, le président américain dans l'après-guerre en Europe, illustre ce leadership.

Différents accords, comme le Traité naval de Washington en 1921, symbolisent les rapports de force après la Première Guerre mondiale Dans cet accord qui limite les armements maritimes, sachant que les navires de guerre étaient considérés comme l'arme décisive permettant le contrôle des colonies et du commerce international, la répartition des tonnages autorisés suit un rapport 10.10.6.3.3[57], successivement Etats-Unis, Grande-Bretagne, Japon, France, Italie. Ces pays faisaient partie de l'Entente, le camp des démocraties contre les vieilles monarchies, allemande et austro hongroise. Cet accord illustre le fait qu'après la guerre, la Grande-Bretagne perd sa prééminence au profit des Etats-Unis.

---

57 - Adam Tooze: « *The Deluge* » 2014.

Entre les deux guerres mondiales, le développement capitaliste se révèle difficile si on ne possède pas un empire. L'Allemagne, l'Italie, le Japon vont tenter de s'en constituer un avec l'établissement de l'Axe, alliance des pays capitalistes fascistes. L'Axe fasciste mène la course aux armements et à la Seconde Guerre mondiale mais l'alliance du pays socialiste, l'URSS avec les démocraties capitalistes finit par l'emporter sur les puissances de l'Axe.

La rivalité entre les deux camps suscite « *la guerre froide* » dont Andreï Gratchev ancien conseiller du président russe Gorbatchev estime qu'elle a fait plus de 50 millions de victimes[58] au cours de 147 conflits, ce qui la met sur ce plan au niveau des deux guerres mondiales. On a vu que « *les 30 glorieuses* » ont été des années de guerres continuelles qui n'ont fait que prolonger les agressions des décennies précédentes.

Aujourd'hui, aucune de ces guerres passées ne parait justifiée, mais on continue à justifier celles en cours. Car au XXIème siècle le capitalisme a toujours besoin de guerres. La lutte antiterroriste a remplacé le prétexte de devoir christianiser ou de civiliser les peuples « *barbares* »: guerres contre l'Irak, l'Afghanistan, la Syrie, la Libye, le Mali, le Yémen etc. Les prétextes changent, la volonté de piller le monde non. L'enjeu reste le contrôle des matières premières, du pétrole et du pouvoir mondial.

Les 1% ne se partagent pas les richesses du monde dans la sérénité. Non, ils s'entendent pour le pillage mais s'affrontent rudement pour le partage du butin. Les conflits entre pays impérialistes sont une constante qui a déjà mené à deux guerres mondiales. L'un des enjeux pour les travailleurs est de ne se laisser embarquer, ni au nom du nationalisme, ni au nom de la lutte religieuse, ni au nom de la lutte anti antiterroriste, dans ces conflits où ils ont tout à perdre.

L'importance de l'impérialisme dans l'accumulation de richesses et de puissances se mesure dans le fait que les grandes puissances

---

58 - Andreï Gratchev: *"Un nouvel avant-guerre?"* 2017.

impériales de la fin du XIXème siècle, les Etats-Unis, la Grande-Bretagne, la France, la Russie, plus d'un siècle après, à travers deux guerres mondiales, des dizaines de guerres « *locales* », des révolutions technologiques, des crises économiques innombrables, sont encore dans le groupe de tête des économies mondiales. A l'opposé, des puissances comme l'Allemagne, l'Autriche-Hongrie, l'Italie, l'Espagne, la Chine, le Japon, en manque d'empire colonial, (et ce n'est pas faute d'avoir essayé!) sont restés longtemps à la traîne. Le Japon, la Chine, l'Allemagne finissent récemment par ré émerger dans les économies de tête. Mais seule la Chine a recouvré un siège parmi les 5 sièges permanents au Conseil de sécurité de l'ONU, les quatre autres restent toujours aux mains des quatre puissances impérialistes « *d'origine* », alliées dans les deux guerres mondiales.

Après 1945, les Etats-Unis dominent le camp capitaliste, jusqu'au moment où, après la désagrégation du camp socialiste et l'émergence de certains pays du Sud, le monde devient multi polaire. La part de l'économie américaine dans l'économie mondiale est passée de 30% à 18% depuis la fin de la 2ème guerre mondiale. Celle de la Chine est aujourd'hui de 16% et l'ensemble de celle des pays émergents atteint 60%. Aujourd'hui, l'ordre économico militaire est par puissance décroissante: les Etats-Unis, la Chine, l'Inde, le Japon, l'Allemagne, la Russie, le Brésil, la France, la Grande-Bretagne, ... l'Europe, surtout après le Brexit ne constituant pas une entité unifiée. L'impérialisme expansionniste du XXème siècle est aujourd'hui sur la défensive, protégeant ses acquis et son pré carré, en particulier face aux nouveaux pays émergents.

Rapports troubles avec la démocratie

Lors de ses 6 ou 7 siècles d'existence, le capitalisme s'est développé sous plusieurs modes d'organisation sociale et politique. Il s'est très bien accommodé de l'esclavage, du servage, du mode démocratique limité (très!) qui excluait les femmes et les pauvres avec le scrutin électoral censitaire. Il s'est accommodé du fascisme et du nazisme. Il s'est épanoui dans les dictatures, en

Grèce jusqu'en 1973, au Portugal jusqu'en 1974, en Argentine jusqu'en 1983, au Brésil jusqu'en 1985, au Chili après l'assassinat d'Allende en 1973 jusqu'en 1990. Il s'accommode aujourd'hui des théocraties comme celles d'Arabie Saoudite, du Qatar, d'Iran et autres, des oligarchies qui lui sont cruciales pour lui assurer une énergie à bas coût. Les partis d'extrême-droite anti démocratiques qui sont au pouvoir dans les démocraties « *illibérales* » comme la Russie ou la Hongrie, ou ceux qui prétendent au pouvoir dans les différents pays occidentaux ne remettent pas non plus en cause le capitalisme.

Comme le note Jacques Attali, *« le marché est mondial, la démocratie ne l'est pas ».* Non seulement il n'y a eu qu'un lien ténu entre capitalisme et démocratie, mais aujourd'hui le capitalisme est un frein au développement de la démocratie. Une fraction importante des travailleurs n'a aucun droit démocratique, et en particulier pas le droit de vote (mais pas non plus les autres droits associés: niveau de salaire, protection sociale, logement, droit de circuler etc.). Les bonnes philippines et les ouvriers pakistanais dans les pays du Golfe, les ouvriers et serveurs mexicains et sud-américains aux Etats-Unis, les ouvriers arabes de l'automobile en France, les Mingmongs immigrés de l'intérieur en Chine qui vont travailler sur la côte Est et font tourner les immenses usines de « *l'atelier du monde »,* n'ont pas certains droits que les travailleurs « *nationaux* » ont acquis par leurs luttes.

Tortures et assassinats

La torture a été organisée par les Etats-Unis après le 11 septembre 2001, en externalisant les séances à l'échelle mondiale (programme SERE) en Pologne, en Egypte ou en Roumanie. Le président Donald Trump a pu réclamer l'officialisation de l'usage de la torture lors des élections américaines de 2016. Tous les mardis, le président des Etats-Unis décide, dans la liste fournie par les services type JSOC[59] ou CIA, les individus qui seront assassinés, par drone le plus souvent (mais pas uniquement), sans aucun contrôle, ni d'élus, ni d'aucune institution judiciaire. Pratique courante également de l'Etat démocratique d'Israël, à côté d'autres pratiques tel qu'achever des prisonniers désarmés ou s'attaquer aux familles des suspects de terrorisme, en détruisant leurs maisons. Les victimes sont ciblées ? Exemple d'entrefilet du New York Times International: « *70 personnes ont été tuées par un drone au Pakistan, dont 30 talibans* ». Sans parler de la véracité de la qualification de talibans, sans parler du droit de tuer sans jugement, qui sont les quarante autres ? Ces attaques meurtrières ont lieu dans un pays, le Pakistan, avec lesquels les Etats-Unis sont officiellement en paix! Ces assassinats peuvent aussi viser des citoyens américains. Que ceux-ci puissent être tués ainsi sans jugement[60] par les forces officielles de leur propre pays est ce qui choque le plus l'opinion américaine. La France rivalise, avec ses propres organisations terroristes gouvernementales comme « *La main rouge* »[61] ou le groupe *Alpha* qui assure les assassinats *extra judiciaires* pour les services de renseignements français, les « *opérations homo* » (comme homicides) décidées sans aucun contrôle, au plus haut niveau de l'Etat comme l'a reconnu François Hollande. A leur actif, notamment les assassinats de Félix Roland Moumié, leader de l'UPC (Union des populations du Cameroun) à Genève en 1960, celui du tchadien Outel Bonno à Paris en 1973, du photographe Fernando Pereira sur le Rainbow Warrior en 1985. Mais le plus souvent les interventions se font par le truchement d'intermédiaires locaux comme ce semble avoir été le cas pour l'assassinat de Thomas Sankara au Burkina Faso.

---

59 - JSOC, Joint Special Operations Command.

60 - Comme le citoyen américain Anwar Al Awlaki tué par un drone au Yémen en septembre 2011.

61 - « *La main rouge* », organisation armée, responsable d'assassinats, pilotée par les services de renseignements français dans les années 1950.

Le capitalisme démocratique respecte-t-il les élections ? On a vu que les travailleurs immigrés n'ont pas le droit de vote. La bourgeoisie internationale elle, obtient plus facilement la double nationalité et donc un droit de vote double! Un autre moyen d'exclure du droit de vote les classes laborieuses est de les mettre en prison. Aux Etats-Unis, reste de ce passé esclavagiste pas si ancien, 1/3 des noirs de 20 à 30 ans est en prison. 13% de la population noire est ainsi privée du droit de vote et autres droits démocratiques. Comme l'indiquait John Legend[62] lors de la remise des Oscars en 2015: « *il y a aujourd'hui aux Etats-Unis plus d'hommes noirs derrière les barreaux qu'il n'y avait d'esclaves en 1850* ».

Les démocrates anglais ne donnaient pas plus le droit de vote aux Indiens, citoyens de l'empire britannique, que les Français aux Algériens et Vietnamiens membres de l'empire français, ou que les dirigeants boers à la majorité noire d'Afrique du Sud.

L'argent et les lobbies pèsent sur toutes les élections. Aux Etats-Unis, il y a 1500 lobbyistes pour un membre du Congrès. L'armement, Google, l'industrie pharmaceutique, le pétrole étant particulièrement bien représentés à Washington. Le lobby du pétrole à lui seul dépense 400 000 $ par jour pour corrompre les élus américains. Bruxelles compte 20 000 lobbyistes pour 751 députés européens (26 par député). Bruxelles deuxième capitale du lobbying après Washington. A elle seule, la société Volkswagen maintient 200 lobbyistes à Bruxelles, notamment pour s'opposer aux mesures de contrôle du CO_2. C'était avant d'être prise la main dans le sac dans l'affaire du trucage des moteurs diesel! Jean Claude Juncker, le président de la Commission européenne, déjà compromis dans le LuxLeaks, impose la poursuite de la production de polluants chimiques générateurs des perturbateurs endocriniens par l'industrie allemande. Il le fait contre le

---

62 - Compositeur chanteur américain.

Parlement européen, contre la Cour de justice de l'Union européenne. Les lobbies l'emportent.

La Commission européenne, puisque non élue, est le modèle de direction qui convient le mieux au système. Ainsi Jean Tirole, le prix Nobel français d'économie déjà cité, promeut les Autorités Administratives Indépendantes, les AAI: « *La création d'autorités indépendantes constitue l'un des instruments qui permet à la démocratie de tempérer les excès de la tentation électoraliste* », confortant ainsi « la *démocratie représentative* [qui] *a pour objet de déléguer la prise de décision à des acteurs mieux informés que l'électorat* ».

Les remises en cause de la démocratie ne sont pas toujours aussi visibles. Plus efficace et plus scandaleux, le patronat intervient en amont du pouvoir législatif en fournissant les experts pour la rédaction des lois, décrets, règles, et en aval pour leurs interprétations et leurs applications.

Si toutes ces méthodes anti démocratiques subtiles ne suffisent pas, on fait comme en Irlande: voter en 2008, puis re voter en 2013 jusqu'à ce que le vote soit « *conforme* » aux souhaits du système. Le système remplace carrément le résultat du référendum européen de 2005 en France et aux Pays-Bas qui était un NON clair, par le OUI au traité de Lisbonne, discuté « *entre amis* », par Nicolas Sarkozy entre autres. Le système nomme un représentant de Goldman Sachs, Mario Monti à la tête du gouvernement italien pour faire face à la crise financière en 2011, sans aucun déguisement démocratique. Le système financier se permet, par le truchement des différents gouvernements « *démocratiques* » qu'il contrôle, de protester, à deux reprises, contre la tenue d'un référendum en Grèce. Trait typique de la manière dont la dictature des 1% s'impose à travers des formes démocratiques: ils ont voulu changer la question claire « *approuvez-vous le plan des créanciers ?* » par une question ambiguë « *êtes-vous pour ou contre l'Europe ?* » afin de diviser le peuple, dont la position est claire, l'Europe oui, la vôtre non!

John Kennedy bat Richard Nixon aux élections présidentielles américaines de 1964, en particulier sur le refus de faire la guerre au Vietnam, … qu'il poursuit et aggrave, une fois élu. Bill Clinton aux Etats-Unis, Jean Chrétien au Canada, font campagne et sont élus en 1992 et 1993 contre le traité ALENA (NAFTA en anglais), l'alliance commerciale entre les Etats-Unis, le Canada et le Mexique, auquel s'opposaient les organisations syndicales et écologiques… Traité que les deux chefs d'Etat signent en 1993, une fois élus! En 2012, François Hollande fait de la finance l'ennemi, lors de son discours du Bourget, et nomme le banquier Emmanuel Macron ministre de l'économie. Donald Trump fait campagne contre Wall Street et Goldman Sachs et une fois élu, nomme essentiellement des représentants de Wall Street et de Goldman Sachs au point de mettre un des représentants de la banque, Jay Clayton, à la tête de la SEC (Security and Exchange Commission) supposé être le gendarme du secteur financier. On sait comment Barack Obama a trahi les espoirs placés en lui. Le poids du système, des lobbies, l'emporte sur les meilleures intentions et les décisions démocratiques de la majorité.

Pourtant, dans les pays occidentaux, on prend encore des gants. Lorsqu'il y a « *urgence* », lorsqu'il s'agit des pays du Sud, le système ne s'embarrasse plus du tout de semblants de procédures démocratiques. En Iran, en 1953, Mossadegh est déposé lors de l'opération « *Ajax* », coup d'Etat monté par les Britanniques et les Américains, Churchill ayant refusé le compromis proposé par la Cour internationale de justice en 1951. Fait avoué par Obama en 2009. En Indonésie, en 1965, les militaires putschistes écartent Soekarno et massacrent les communistes du PKI en faisant 1 million de victimes. Au Chili, en 1973, Allende, le président régulièrement élu, est renversé par un coup d'état militaire. En Algérie, en 1991, la victoire des islamistes du FIS est annulée par un putsch militaire. En Egypte en 2013, les Frères Musulmans, vainqueurs des élections, sont écartés par les militaires menés par le maréchal Sissi… Tous événements soutenus par l'Occident démocratique.

Bien sûr, cet appui à tous les coups d'Etats anti démocratiques n'empêche pas le système mondial de critiquer le Venezuela de Chavez où, malgré les tentatives de coup d'Etat contre lui, plus de

11 élections seront successivement organisées, toutes gagnées par lui, certaines sous le contrôle de l'ancien président américain Bill Clinton.

Il n'est pas étonnant que le type de « *démocratie* » promu par l'Occident ait provoqué le rejet, le dégoût et la révolte dans de nombreuses régions du monde et fait le jeu des intégristes religieux.

Le capitalisme impérialiste a entraîné de nombreux paysans dans le circuit mondial, devenus ouvriers et employés. Il a ainsi accru le bien-être de milliards de gens. De même, sa tentative de brandir le drapeau de la démocratie laisse aussi certains acquis. Mais il est aujourd'hui un frein au développement d'une démocratie réelle. C'est aussi pour défendre les principes démocratiques, y compris formels, pour les développer, qu'une révolution est nécessaire et que les travailleurs doivent en reprendre le flambeau.

Les riches: héritage et razzia

Les tenants du système capitaliste - les riches - comme les dominants des systèmes précédents, féodalisme et esclavage, veulent faire croire que leur système date de tout temps, va durer toujours et que cet état de fait est dû à leur mérite. En vrai on devient riche: premièrement par héritage, deuxièmement en pillant les biens publics, et enfin, mais bien plus rarement, parce qu'on entreprend une activité nouvelle. Les *1%* trouvent bénéfique de se cacher derrière les entrepreneurs, le petit nombre d'entre eux qui innovent. Ceux-ci sont ainsi bien souvent les « *pigeons* » qu'ils se plaignent parfois d'être. Dans tous les cas l'extrême richesse provient de l'exploitation du travail des autres, des ouvriers, employés, techniciens, que ce soit évident (le pillage des biens publics), reporté dans le temps (l'héritage) ou masqué par la financiarisation (les créations nouvelles).

Avant tout par héritage

Une étude sur les données fiscales à Florence indique que les familles riches de 2011 étaient les mêmes que celles de 1427, il y a 6 siècles. En France la part des patrimoines hérités (successions et donations) était de 90% jusqu'à la Première Guerre mondiale, elle a baissé à 50% dans les années 70 pour remonter à plus de 70% depuis[63]. Autrement dit, sur un temps un peu long, l'essentiel des richesses est transmis par héritage ou donation. Or les héritiers, comme les versions 2 au cinéma, sont rarement à la hauteur des versions originales. Les richesses accumulées par les fondateurs se retrouvent aux mains des seconds dont trop souvent l'incompétence engendre un gâchis pour la société. Le système maintient en place les héritiers, au détriment du potentiel des 99%.

Les deux autres « *méthodes* » pour accéder à la richesse ne concernent donc que de 10 à 30% des richesses accumulées par génération. La phase initiale en est l'appropriation privée des biens communs.

La razzia sur les biens communs

Dans son livre « *Le Capital au XXIème siècle* », Thomas Piketty fait l'historique de l'accumulation du capital et indique « *nous excluons ici le vol et la rapine ... qui ne sont pas totalement absents dans l'histoire* ». Que cela est gentiment dit!

Quand Bill Gates devient-il riche, très riche ? Pas lorsqu'il fonde Microsoft, mais essentiellement lorsqu'il cesse de travailler, car sa fortune capte la valeur ajoutée par le travail de dizaines de milliers d'ingénieurs, techniciens, ouvriers, employés. Et au tout début? Quand il a bénéficié d'un monopole pour l'utilisation de Windows sur les PC. Comment le Mexicain Carlos Slim, actionnaire du New York Times, rivalise-t-il avec Bill Gates et Jeff Bezos, le patron d'Amazon au titre d'homme le plus riche du monde? Lorsqu'il accapare le monopole des bandes passantes pour la téléphonie mexicaine, jusque-là bien public. En France, les Bernard Arnault, Pinault, Tapie, Dassault etc. dépouillent, les uns le Crédit Lyonnais, les autres le budget de la défense, tous deux biens publics. Depuis 1989 avec les oligarques russes nous avons eu une

---

63 - Thomas Piketty: « *le capital au XXIème siècle* » 2013.

leçon accélérée de la constitution de richesses privées par le pillage et le dépeçage des biens communs.

Bien entendu, au fil du temps, l'accaparement des biens publics prend des formes plus policées que les gangs armés de kalachnikovs des oligarques russes. On parle alors de « *réformes nécessaires* », de privatisations, de « *plans d'austérité* », de dérégulations, qui comprennent tous des ventes de biens publics à prix bradés, très souvent aux copains. La razzia sur les biens publics prend bien d'autres formes: brevets pris sur le vivant, sur l'air, sur l'eau, qui deviennent payants au profit de quelques-uns. Le projet de voiture autonome promet déjà avec les infrastructures publiques nécessaires un énorme transfert d'argent public vers les actionnaires privés. Les Etats-Unis et le Luxembourg, rarement en retard sur une appropriation financière, ont déjà mis en place des mesures juridiques pour asseoir le contrôle privé des minerais provenant des astéroïdes. L'espace cybernétique, comme avant lui, la terre, la mer, le ciel est considéré comme un espace privatisable et devient donc aussi potentiellement un espace de conflits militaires. Lorsque l'air, l'eau, la mer, l'espace, les rivages, les fleuves, la montagne, les pôles, les astres, sont pollués au profit d'activités motivées par la cupidité, c'est une autre façon de s'approprier indûment le bien commun. Les dégâts sanitaires engendrés par la seule industrie chimique allemande (et son gouvernement qui, avec le soutien de la Commission européenne empêche toute régulation dans ce domaine), sont de plus de 200 milliards d'euros par an et ceci seulement pour les 7 produits toxiques qui ont été tracés. A comparer aux 1,25 milliards d'euros par an d'accroissement de la dette grecque pendant les 10 dernières années! Ces 1,25 milliards qui ont tant choqué l'establishment allemand! L'imagination des 1% pour s'approprier les biens publics est sans limite, depuis les 500 milliards de dollars annuels de subventions publiques aux énergies fossiles, jusqu'aux primes pour les moteurs propres et en réalité trafiqués de Volkswagen, Renault ou Fiat, en passant par les attributions de crédits européens ou français pour les aides à la recherche comme le CIR (crédit d'impôts recherche) ou le CICE (Crédit d'Impôt Compétitivité Emploi). Le tout étant validé par une justice capable de donner 403 millions d'euros d'argent public à Bernard Tapie. Dans ce dernier cas la justice se reprend, mais le remboursement de ces sommes s'annonce difficile! Aujourd'hui, avec l'argent public provenant des impôts (et de la planche à billets!), les banques centrales, telles que la BCE pour l'Europe, prêtent à des taux très faibles aux banques. Celles-ci prêtent peu aux particuliers et aux entreprises. Elles préfèrent investir dans les activités spéculatives plus dangereuses mais aussi plus lucratives qui permettent de se distribuer très hauts salaires, stocks options et autres primes et bonus. Ceci est un moyen de plus de capter ce bien commun, l'argent public, au profit d'intérêts privés. Cette captation de la valeur par le système financier, ainsi que par la richesse pré installée tel que l'immobilier, jette un voile sur l'extorsion de la plus-value générée par le travail des ouvriers et employés. Le rapport d'exploitation ouvrier / patron est ainsi moins directement perceptible alors même qu'il reste à la base du système.

Le paravent de la création d'entreprise

C'est souvent derrière l'entrepreneur que se cachent les possédants, bien que celui-ci ne représente réellement qu'une petite partie des riches. On a vu que ceux-ci sont des héritiers dans 70 ou 90% des cas, les 10 à 30% restant étant partagés entre les prédateurs actuels des biens publics et les véritables entrepreneurs. Ce n'est sans doute pas un hasard si le créateur d'entreprise emblématique, Xavier Niel (Free etc.) se trouve aussi être le gendre de Bernard Arnault le patron du luxe. Il est plus facile d'entreprendre lorsqu'on est déjà un héritier!

Le discours sur les entrepreneurs - les patrons qui travaillent - et les *startups* innovantes masque les intérêts des multinationales qui contrôlent l'ensemble de l'économie, et plus précisément encore, les intérêts des quelques personnes, héritiers ou pilleurs, qui contrôlent ces multi nationales. Contrairement à ce que proclamait Emmanuel Macron, comme ministre de l'économie d'un « *gouvernement de gauche* », le but ultime d'un jeune, débutant sa vie professionnelle, n'est pas forcément de « *vouloir devenir milliardaire* ». De même, la cupidité n'est pas forcément la motivation principale d'un entrepreneur. La fierté de réussir quelque chose, de créer des emplois, d'innover, sont des motivations fortes, justifiant la prise de risque et les initiatives. Non seulement la cupidité n'est pas la seule, ni la principale motivation des entrepreneurs, mais ceux-ci savent que si la richesse contribue au bonheur, celle-ci a des limites. Des études montrent qu'au-delà d'un certain seuil, de l'ordre de 5 000 € par mois en France en 2014, le surplus d'argent apporte plus de tracas que de bonheur! Une fois satisfaits les besoins vitaux, le bien-être est relatif. Il n'y a aucune raison de laisser les entrepreneurs à la remorque du système, de les laisser servir de paravents aux héritiers et aux pilleurs, alors qu'ils en sont parfois les victimes eux aussi.

Concurrence et prise de risques minimum

Immédiatement après la phase initiale d'innovation, la recherche du monopole est le but des financiers qui investissent dans les entreprises. Les fameux capitaux risqueurs, les C.V. (Capital Venture) qui apportent la finance nécessaire au développement d'une entreprise, ont une question clé avant d'investir dans un projet: « *Quelles sont les barrières à l'entrée ?*». Ce dont ils ne veulent à aucun prix, c'est de la concurrence! Risque de concurrence ? Pas d'investissement! Les *startups*, après les phases d'amorçage soutenues par le « *family money* » ou les « *business angels* », auraient pourtant besoin pour démarrer, que le critère principal de levée de fonds ne soit pas la certitude de bénéficier d'un monopole.

C'est une caractéristique du système capitaliste que de tendre au monopole et de se créer une rente. Même dans le secteur agricole, longtemps concurrentiel, il n'y a plus aujourd'hui à l'échelle mondiale que 3 compagnies qui contrôlent les semences, 3 les machines agricoles et 5 les engrais. Cependant, d'autres phénomènes vont à l'encontre de cette concentration et renforcent la concurrence: la mondialisation, les innovations techniques, Internet, la rivalité, les *egos*.

Au sein de l'écosystème Internet, des monopoles puissants se sont créés: les GAFA (Google, Apple, Facebook, Amazon) contrôlent la plupart des réseaux sociaux (YouTube, Instagram) même si en Chine, les BAT (Baidu, Alibaba, Tecent et autres Xiami ou Weibo), ou en Russie, Yandex, rivalisent avec eux.

Google (Alphabet), en contrôlant le moteur de recherche le plus utilisé, étouffe les initiatives autres que les siennes, en rachetant ou en tuant les entreprises innovantes. Il s'approprie ainsi une part croissante de la valeur, captant l'essentiel de la manne publicitaire dans son domaine, mais aussi dans les domaines annexes que sont le tourisme ou les productions intellectuelles. Les surprofits générés, encore accrus par « *l'optimisation fiscale* », lui permettent ensuite d'investir dans d'autres secteurs comme la robotique, les biotechnologies, la voiture sans chauffeur. Les entreprises comme Uber dans la mise en relation des courses de taxis, considèrent les lois des Etats comme trop contraignantes pour eux et les violent délibérément. Peter Thiel, le créateur de Paypal, un des premiers actionnaires de Facebook, membre lui aussi du groupe de Bilderberg, le groupe de dirigeants du capitalisme international, conseiller du président Donald Trump, l'affirme crûment: « *les monopoles alimentent le progrès* ». Le mot d'ordre de cette nouvelle économie est d'ailleurs « *The winner takes all* », le vainqueur prend tout. Les mêmes qui attaquent la propriété publique parce qu'elle créerait des monopoles néfastes à l'innovation, justifient les monopoles privés comme favorables justement à l'innovation!

Les manifestations de refus de la concurrence et de la collusion d'intérêts sont légions. L'une des plus symboliques en est celle de la fixation du taux du Libor, noté plus haut. La fiction voulait que ce taux, qui sert de calcul à de nombreuses transactions, soit fixé par la libre concurrence des banques, jusqu'au moment où il devint manifeste que c'était bidon et que les banques le manipulaient entre elles selon leurs propres intérêts. Barclays, HSBC, Royal Bank of Scotland côté britannique, l'allemande Deutsche Bank, la suisse UBS, les américaines JP Morgan, Citigroup, Bank of America, la française Société Générale subiront une amende symbolique pour cette entente de mafieux. La Banque d'Angleterre elle-même (une banque centrale!) également compromise dans la manipulation, échappe pour l'instant à toute poursuite.

Rassurez-vous! Aucun responsable de banque n'a été envoyé en prison malgré tous ces manquements à la propre loi capitaliste. Seuls des outsiders comme Madoff ou Kerviel[64] l'ont été.

Entreprises cannibales

La financiarisation de l'économie est directement liée à l'accroissement de l'inégalité et à celle du chômage: la cupidité, la recherche du profit à court terme, incitent les entreprises à racheter leurs actions en bourse, puis à licencier, à baisser les salaires pour faire monter la valeur de ces actions, objectif principal des possédants. Ceci entraîne un paradoxe: la bourse, supposée fournir aux entreprises les moyens de leur financement, joue un rôle inverse ; les entreprises y réinjectent l'argent des profits générés par leurs activités (celles de leurs salariés!), afin de faire monter le cours de leurs actions. Les actionnaires et les dirigeants, dont la part des revenus en actions est passée de 66% à 82% entre 2009 et 2012, captent, sous forme de dividendes, la valeur générée par les entreprises, non seulement au détriment de l'ensemble des salariés, mais aussi au détriment des investissements et de la recherche. Les deux tiers des profits vont aux actionnaires individuels et non aux investissements des entreprises. Leurs experts s'étonnent ensuite que le progrès technique soit en panne!

La baisse de productivité des industries pharmaceutiques par exemple pourrait être due à cette politique. Amgen et Pfizer les deux grandes entreprises américaines du domaine ont dépensé 108% et 126% de leur revenu net, en rachat d'actions pendant la période 2005-2014. IBM a réduit sa part de R&D de 7,1% à 5,6%

---

64 - Jérôme Kerviel, courtier de la Société Générale condamné pour des pertes de 4,82 milliards d'euros en 2008.

sur la même période, tout en rachetant des actions pour 113% de son revenu net. Hewlett Packard, tout en licenciant près de 70 000 personnes, consacre 133% de son revenu net au rachat d'actions... Aux Etats-Unis, entre 2005 et 2014, 4 000 milliards de dollars ont été apportés -et non récoltés- en bourse par les entreprises. Et ça s'accélère, dans la seule année 2015 les entreprises ont, pour le bénéfice de leurs actionnaires, consacré près de 1 000 milliards de dollars au rachat de leurs propres actions (30% de leurs ressources financières contre 28% à l'investissement). Le discours tenu par leurs experts n'a rien à voir avec la réalité, même la bourse ne joue pas le rôle qu'ils décrivent.

Le sens des affaires, le sens de l'état,

Dont se glorifie la cour des puissants, est très souvent l'art de ruser avec les lois, de frôler, sinon franchir la ligne jaune. C'est flirter avec le code pénal et la prison, à l'aide d'une batterie d'avocats, ces derniers étant utiles aussi pour s'approprier les biens publics en toute légalité.

Il ne faut cependant pas croire que le capitalisme tende à une structure unique. Au contraire, la rivalité est permanente entre monopoles et ou oligopoles. Il y a dispute pour le partage. Cette rivalité féroce est source de conflits pouvant aller jusqu'à la guerre. Contrairement aux contradictions qui traversent le camp des travailleurs, souvent suscitées artificiellement pour les diviser, ces contradictions sont inhérentes au capitalisme. Elles sont aussi irréductibles que la lutte de classe. Les travailleurs ont tout intérêt à profiter de de ces contradictions, à les aggraver même en profitant du moindre doute, de l'ombre d'une culpabilité qui peut freiner certains d'entre eux dans leur course au profit.

Le libéralisme est très souvent uniquement affiché. Tous ces tenants du « *libéralisme* » et du « *moins d'Etat* », n'y croient pas une seconde! Le « *moins d'Etat* » est abandonné dès qu'une crise ou une perte de bénéfices financiers apparaît. Banques et financiers appellent alors l'Etat à venir les sauver. Ce qu'il fait, les grandes banques étant considérées comme « *too big to fail* » (« *trop grosses pour mourir* ») c'est-à-dire que leur effondrement est jugé trop dangereux pour le système. Mais elles n'étaient pas trop grosses pour n'appartenir qu'à quelques-uns... et ces derniers sont considérés comme « *too big to jail* »: trop gros pour aller en prison.

Les tenants du libéralisme, les inconditionnels du merveilleux pouvoir de « *la main invisible* », supposée allouer les ressources à l'optimum, après avoir favorisé l'immigration lorsqu'ils en avaient besoin, n'hésitent pas à promulguer des lois et à ériger murs et barrières électroniques pour interdire la circulation des travailleurs. ... Faites ce que je dis, pas ce que je fais...

L'avenir du capitalisme

Aucune des trois qualités supposées du capitalisme démocratique: prospérité économique, liberté et paix, ne sont vraies.

Dès ses débuts, il y a 6 ou 7 siècles le capitalisme a été combattu par ceux qui en souffraient. Il a fait l'objet de critiques précises et détaillées par des théoriciens accompagnant ces luttes. Parfois même au sein de l'Eglise catholique, qui pourtant soutenait les puissants, des voix se sont élevées contre ce système, suscitant des mouvements qualifiés d'hérésies. Des penseurs accompagnent les révoltes que l'injustice du système a immédiatement suscitées. Thomas More[65] critique dans son livre « *Utopie* » (1516), la pratique des *enclosures* en faisant observer qu'elle réussit « *à transformer mêmes les paisibles moutons en animaux féroces* » pour les agriculteurs, car elle est la justification des expropriations et de leur expulsion de leurs terres.

Au XIXème siècle, des auteurs comme David Ricardo, Adam Smith, Malthus ont décrit les mécanismes économiques à l'œuvre dans le capitalisme pour le conforter et le justifier. Ils ont été suivis de

---

65 - Thomas More, chancelier, philosophe et théologien anglais que le roi Henri VIII d'Angleterre fait exécuter en 1535.

bien d'autres, plus ou moins critiques ou laudateurs, comme Keynes, Hayek, ou Friedman.

Au XIXème siècle, entre les deux révolutions industrielles, Karl Marx, soutenu par Friedrich Engels, dénonce les rouages du système, entre autres dans « *Le Capital* ». On a tenté d'enterrer ses critiques, présentées comme dépassées et concernant uniquement le XIXème siècle. Leur grande pertinence les fait néanmoins resurgir périodiquement, en particulier en période de crise. Ces crises inhérentes au système que certains prétendaient également dépassées. Les crises de surproduction, crises de l'accumulation sans fin du capital dans les mains d'un nombre toujours plus petit de capitalistes, génèrent une crise des investissements. C'est ce que l'on constate aujourd'hui dans la déshérence de sommes folles ne sachant où s'investir et qui suscitent des bulles financières artificielles dans des secteurs successifs.

La baisse de la part des salaires par rapport aux revenus du capital (encore celle-ci est-elle minimisée par la prise en compte de très hauts salaires qui relèvent plus des revenus du capital) est la manifestation de la tentative du capital de contrer la baisse tendancielle du taux de profit que Marx avait mis en lumière et qui explique les crises et soubresauts du développement capitaliste. « *Marx avait raison !* » écrit à ce sujet Patrick Artus l'expert économiste déjà cité dans la conclusion de son dernier livre.[66]

L'appropriation de la plus-value par les propriétaires des moyens de production se manifeste aussi dans le fait que, malgré les gains importants de productivité, la journée de travail ne diminue pas. La tentative française de semaine de 35H suscite l'hostilité de l'establishment financier français comme anglo-saxon.

Marx et Engels ne se contentent pas d'une analyse de type universitaire, soi-disant neutre et objective. Ils prennent parti pour les travailleurs. Ils participent à l'activité de leurs

---

66 - Patrick Artus : « *Et si les salariés se révoltaient ?* » 2018.

associations et rédigent leurs manifestes. Marx développe la nécessité historique, « *scientifique* », du dépassement du capitalisme par le prolétariat. On discutera plus loin de cet aspect scientifique.

D'autres penseurs ont critiqué également le système, sous d'autres angles parfois. Là où Marx considère que c'est le développement naturel des forces productives qui aboutit au capitalisme et crée ainsi inéluctablement le prolétariat exploité, Proudhon[67] pense que la force collective des travailleurs préexiste et que sa production est volée par les capitalistes propriétaires, d'où son fameux cri « *la propriété c'est le vol* ». Proudhon se méfiera autant de l'Etat que du capitaliste individuel. Il prétendra à une troisième voie entre communisme et capitalisme. On retrouvera ces deux courants dans le mouvement ouvrier lors de la Commune de Paris et jusqu'à aujourd'hui. Le mouvement des coopératives, l'anarchisme, les mouvements « *horizontaux* » ou de défense des « *communs* », qui voient une possibilité de dépasser le capitalisme « *sans prendre le pouvoir* », relèvent de ce courant de pensée. Proudhon, contrairement à Marx, sera fréquemment récupéré par les tenants du système, par le régime de Vichy de collaboration avec les occupants nazis par exemple.

Au fil du temps et des luttes, d'autres analyses diverses, complémentaires ou divergentes, émergent. Ces idées sont toujours vivantes, toujours ancrées dans les luttes et les réflexions révolutionnaires, prouvant à quel point le dépassement du capitalisme est une nécessité toujours renouvelée.

Lénine prolonge l'analyse de Marx, en particulier sur l'impérialisme et ses conséquences en retour dans les pays impérialistes eux-mêmes. Il souligne l'importance du concept d'aristocratie ouvrière, ainsi que la nécessité de la guerre pour le capitalisme. Lui aussi prend parti et arrête la guerre chauvine en 1917. D'un point de vue théorique Mao Tse Toung introduit les

---

67 - Pierre Joseph Proudhon, ouvrier, théoricien de l'Anarchisme et des Mutuelles, mort en 1865.

grandes masses paysannes du tiers-monde dans le contexte des luttes de libération nationale contre le colonialisme. Il tente ensuite de résister à la dégénérescence totalitaire en lançant la Révolution culturelle ce que l'on abordera au Chapitre 5.

Rosa Luxembourg[68] insiste sur la nécessité pour le développement capitaliste de territoires non encore capitalistes, à la fois comme source de main d'œuvre bon marché, et de débouchés pour ses produits. Récemment encore, le capitalisme allemand a eu besoin de l'exploitation de la main d'œuvre de l'Allemagne de l'Est. Le capitalisme européen s'appuie sur les travailleurs détachés d'Europe de l'Est. Le capitalisme israélien s'appuie sur l'exploitation de la main d'œuvre palestinienne, et les compagnies de la « *Silicon Valley*[69] » sur les cerveaux de la Terre entière. Aujourd'hui la mondialisation a imposé le système capitaliste sur la planète (sans y apporter la démocratie notons-le encore une fois!), ce qui accule le capitalisme à ses limites et met la planète en danger. Le système capitaliste happe toujours d'autres « *champs* » pour ses *enclosures*, d'autres mains-d'œuvre, d'autres secteurs non encore privatisés, qu'il intègre dans son développement, sans vision ni avenir.

Léon Trotski, parallèlement au marxisme « *canal historique* », défendait l'idée que le socialisme ne peut être victorieux dans un seul pays. Entre temps la mondialisation aura créé des conditions très similaires dans de nombreux pays, permettant d'envisager le dépassement du capitalisme dans plusieurs pays à la fois. Son concept de Révolution Permanente, comme sa dénonciation de la bureaucratie, fait écho à la Révolution culturelle de Mao Tsé Toung.

---

68 - Rosa Luxembourg, révolutionnaire allemande d'origine polonaise, assassinée par les sociaux-démocrates au pouvoir en 1919 lors de la révolution spartakiste à Berlin.

69 - « *Vallée du Silicium* », à côté de San Francisco où sont regroupés à la fois les grandes et petites startups du numérique américain et les investisseurs financiers.

D'autres experts récents ont étudié tel ou tel aspect du système. Thomas Piketty, dans son ouvrage précité « *le capital au XXIème siècle* », révèle l'ampleur des inégalités aujourd'hui et fait de R > G (le taux d'accumulation du capital R est supérieur au taux de croissance G) la raison essentielle de l'accroissement des inégalités. Le décalage avec l'analyse de la plus-value de Marx est sans doute dû à l'importance prise par le capital dormant (immobilier, œuvres d'arts) au détriment du capital productif. Piketty en déduit la nécessité d'une « *révolution fiscale* ». L'ancien chef économiste de la Banque mondiale, le prix Nobel d'économie Joseph Stiglitz, fustige en 2010 « *le triomphe de la cupidité* » et en 2012 « *le prix de l'inégalité* », pour citer deux de ses livres.

La théorie du dépassement du capitalisme est riche et documentée, elle s'appuie sur des luttes puissantes et diverses. Nous avons vu, au chapitre précédent, que nombre d'experts, en particulier économistes, occupant des positions personnelles importantes dans la gestion du système ont une vision très pessimiste de son avenir.

La révolution

Les révolutions ouvrières pour dépasser le capitalisme étaient attendues dans les centres industriels. Les marxistes ont longtemps pensé que la révolution débuterait en Grande-Bretagne ou en Allemagne. La première révolution ouvrière importante, la Commune de Paris en 1871, a bien lieu dans un centre industriel, mais dans une France encore largement paysanne, ce qui contribue à son échec. La deuxième en 1917, a lieu également dans les centres urbains et industriels de Saint Pétersbourg et Moscou. Mais là aussi, au sein d'un monde essentiellement paysan. Après avoir espéré en vain le soulèvement des ouvriers en Europe occidentale, le socialisme russe se replie sur la construction du socialisme dans un seul pays. A la fin des années 30, la marche des pays capitalistes fascistes vers la guerre oblige les communistes à réorienter leur activité vers la lutte antifasciste. Après 1945, les communistes participent aux luttes de libération nationales contre l'impérialisme. Dans les deux cas, il leur faut passer des alliances avec les fractions les moins dangereuses de la bourgeoisie, soit sa fraction démocratique contre le capitalisme fasciste, soit sa fraction nationale contre le colonialisme. Les communistes, Mao, Ho Chi Minh théorisent l'importance de la paysannerie et la nécessité de libérer les campagnes avant de libérer les villes. Le prolétariat ne peut vaincre isolé et minoritaire, il s'agit déjà de regrouper les 99%. A l'issue de la Seconde Guerre mondiale et des luttes de libération nationale, les communistes se retrouvent à la tête de nombreux pays, de la Yougoslavie à la Chine, où les paysans restent majoritaires.

Dans le même temps, l'URSS dévie vers le totalitarisme. Déviation favorisée par le fait que l'exercice de la dictature du prolétariat est minoritaire dans le pays, lui aussi encore essentiellement agricole. Dans les années 80, avec la Perestroïka, l'échec du socialisme totalitaire remet en selle le capitalisme classique, ses contradictions, ses guerres, ses conflits nationaux (comme la guerre en ex Yougoslavie, le conflit Russie / Tchétchénie ou le conflit Russie / Ukraine).

Aujourd'hui, le capitalisme mondialisé a imposé son emprise dans les moindres recoins du monde. Plus de la moitié de la population mondiale vit dans les villes. Pour la première fois dans l'histoire, la classe ouvrière est la classe dominante, non seulement par son rôle avancé dans le processus de production mais aussi quantitativement. Le nombre de paysans a diminué, leur rôle politique aussi. Le capitalisme mondialisé a créé, surtout en son centre, des couches moyennes importantes. L'enjeu d'une véritable alternative à un système qui s'écroule est donc:

1) De réunifier les prolétaires du Sud et du Nord. Ce prolétariat quasi invisible des usines du Sud et des zones périurbaines du Nord. Pour cela, l'immigration ouvrière joue un rôle charnière. Comme toujours, la première tâche est idéologique et cette unification ne peut se faire sans une démarcation des conceptions des classes moyennes, dont l'aristocratie ouvrière est le porteur le plus dangereux dans le mouvement ouvrier.

2) Si la classe ouvrière s'est quantitativement développée, elle n'est pas hégémonique, elle n'est pas constituée que des

ouvriers de l'industrie mais aussi des employés et des travailleurs divers. De plus, le but est de construire un monde meilleur pour les 99% de la planète. Il faut donc rallier au programme révolutionnaire, à la fois les paysans encore nombreux dans les pays du Sud et les classes moyennes surtout dans les pays du Nord mais qui se développent aussi au Sud.

Les tentatives, mêmes limitées, de s'émanciper du capitalisme ont toutes échoué jusqu'ici. Cependant les idées des penseurs et leaders du prolétariat, très en avance sur leur temps, reprennent consistance ; l'unification des luttes au-delà des frontières dessinées par le capitalisme redevient d'actualité. La mondialisation réactive le mot d'ordre communiste « *Prolétaires de tous les pays unissez-vous* ».

Les prédictions de Marx concernant le remplacement du système ne se sont pas encore produites ? Mais les révoltes ouvrières ont moins de deux siècles! Les révoltes de la bourgeoisie pour remplacer le système féodal ont couru du XIVème au XVIIIème siècle avant de triompher.

Malgré tout, il y a urgence. Les solutions que le système capitaliste engendre vont aggraver la situation. Pourquoi les travailleurs qui font tourner la machine supportent ils que leurs efforts, leurs sacrifices, soient pompés par les 1% ? Que les inégalités, origine principale de la crise, progressent ? Que les guerres s'éternisent ? Parce que TINA « *There Is No Alternative* ». Pourquoi ? Parce que les tentatives de dépasser le système capitaliste n'ont pas convaincu et ont été des échecs. L'analyse de ces tentatives, ainsi que les leçons à tirer de ces échecs sont largement déformées. Ce que nous allons voir maintenant.

2ème partie
L'échec des Révolutions Socialistes

Chapitre 4: Des échecs socialistes à réévaluer

Malgré les horreurs du capitalisme, ses guerres permanentes, ses contradictions insolubles, les luttes pour le remplacer ont été jusqu'à présent des échecs dans tous les pays du monde. Même si ces échecs ont été amplifiés, mis en scène par les 1% de façon à masquer leurs propres agissements, ces échecs sont réels. Mais le bilan erroné qui en est tiré, est le principal obstacle aujourd'hui à la convergence des luttes vers une alternative crédible.

La Première Internationale (1864 - 1870)

De nombreuses luttes et insurrections ouvrières accompagnent la première révolution industrielle, telles que les révolutions de 1830 et 1848 en France. Ces révolutions prolongeaient la Révolution française, en particulier dans son aspect égalitaire représenté par Robespierre et Saint Just, celle des Jacobins de 1793 et 1794, poursuivie plus tard par Babeuf[70]. La Première Internationale est créée par des ouvriers anglais et français en 1864 à Londres, l'« *Association Internationale des Travailleurs* », l'AIT. Le manifeste de cette association est écrit par Karl Marx[71], c'est la première tentative de regroupement international, non seulement des ouvriers, mais des humains en général, la première union technique - l'Union Télégraphique Internationale - ne se crée qu'un an plus tard! La Première Internationale préfigure déjà la nécessité de donner une réponse internationale aux maux de la planète, et c'est le prolétariat qui en prend l'initiative. Elle est l'œuvre des éléments les plus avancés de la classe ouvrière épaulés par Marx. Elle se dissout 4 ans après, suite à des dissensions, en particulier entre Bakounine et Marx, sur le rôle des

---

70 - Gracchus Babeuf, révolutionnaire français de la « *conjuration des égaux* » guillotiné en 1797.

71 - Ce manifeste fait suite au Manifeste du Parti communiste de 1848.

syndicats, sur la nécessité ou non de « *prendre le pouvoir* » et, déjà, sur les risques de bureaucratisation que dénonce Bakounine.

La Commune de Paris[72], contre la guerre

1871, il y a moins d'un siècle et demi! C'est la première révolution ouvrière qui, avec une dimension de soulèvement général, économique, politique, militaire, culturel, met en œuvre une réorganisation totale de la société. Nombre d'éléments constitutifs d'une révolution socialiste sont amorcés: coopératives ouvrières, limitation de la journée de travail à 10 heures, création d'une sorte de Pôle emploi, interdiction du travail de nuit et des retenues sur salaires, remise des dettes, solidarité sociale, égalité des salaires hommes / femmes, union libre, élections libres, désignation et révocabilité des élus, citoyenneté des étrangers, liberté de la presse (y compris pour les journaux qui critiquent la Commune), séparation de l'Eglise et de l'Etat, élection des fonctionnaires, interdiction du cumul des postes, habeas corpus vis-à-vis de la Sûreté Générale (la police de la Commune), inspection des prisons, enseignement laïque et gratuit, armée populaire etc.

Mais la Commune est écrasée lors de la « *semaine sanglante* » du 21 au 28 mai 1871: 30 000 communards sont assassinés par la répression versaillaise dirigée par un gouvernement de « *centre gauche* » présidé par Thiers. La Commune de Paris aura duré moins de trois mois.

Un épisode bien connu de l'histoire de France est nommé la Terreur. Lors de la Révolution française de 1789, des nobles et des religieux sont jugés, condamnés à mort et menés à la guillotine dans les fameuses charrettes. Le roi Louis XVI lui-même est décapité. 1700 condamnations à mort après jugement. S'y ajoutent les « *massacres de septembre* » en 1792 où 1300

---

72 - Prosper Olivier Lissagaray, participant et auteur du livre: « *La Commune de Paris* » 1896.

prisonniers sont assassinés dans les prisons, « *sommet de la violence révolutionnaire* » nous dit Wikipedia.

Mais les 30 000 assassinats de communards sans jugement, par le gouvernement bourgeois de Thiers, eux ne sont que le fonctionnement normal du capitalisme démocratique, et les victimes en sont oubliées. Les condamnés de la Révolution étaient des nobles ou des prêtres, des gens connus, des « *noms* ». Les victimes du capitalisme eux restent le plus souvent anonymes. D'autres épisodes cruels du capitalisme naissant, comme les 10 000 protestants tués lors de la Saint Barthélemy, le 24 août 1572, ne sont pas non plus considérés comme un épisode de terreur dont le capitalisme aurait à rendre compte...

Pour calomnier la Révolution française, on oppose à la « *terreur* » révolutionnaire, le fait que lors de la fameuse prise de la Bastille en 1789, symbole de l'arbitraire royal, elle ne contenait plus que 7 prisonniers. Ce procédé va être également utilisé contre la révolution russe : la relative mansuétude des relégations des révolutionnaires en Sibérie par le tsar est opposée à la violence de la révolution russe. On compare une fin de période où le pouvoir a déjà jeté du lest, avec la phase montante de la période suivante. Mais on fait l'impasse sur le nombre bien plus grand de victimes qui a précédé ces instants.

L'idée que s'en prendre au système, que toute alternative au règne des puissants n'est rien d'autre que de la terreur en marche, commence à être écrite. Les vainqueurs réécrivent l'histoire. Tout en commençant l'édification de l'église du Sacré-Cœur à Montmartre pour célébrer la restauration sanglante du système capitaliste, un premier Livre noir du communisme est écrit: « *Le livre noir de la Commune de Paris, l'Internationale dévoilée* » (1871), que les auteurs du « *Livre noir du communisme* »[73] prolongeront en 1997.

---

73 - « *Le livre noir du communisme* »: Stéphane Courtois et autres auteurs 1997.

Notons que cette première tentative « *socialiste* » a lieu dans un contexte de guerre entre deux des puissances capitalistes principales de l'époque, la France et l'Allemagne. C'est-à-dire que cet effort, cette audace, cette prise de risque énorme d'oser renverser le système n'a lieu que contraint et forcé, à la suite de souffrances terribles, et en tant que réaction aux conséquences du déroulement normal du capitalisme, la compétitivité et la guerre.

Le mouvement communiste tirera de l'échec de la Commune de Paris deux leçons principales. Premièrement, la trop grande magnanimité de la Commune vis-à-vis de ses ennemis et la nécessité de faire preuve de plus d'autorité et de décision pour asseoir le pouvoir ouvrier. De là s'imposera la nécessité de la « *dictature du prolétariat* », nécessité de la continuation de la lutte contre la bourgeoisie, même après la prise du pouvoir. La domination d'une classe au pouvoir depuis des siècles a des racines solides sur les plans économiques, culturels, politiques et militaires. Elle ne se renverse pas uniquement par une révolution ponctuelle.

La seconde leçon tirée de l'échec de la Commune de Paris, leçon que Lénine développera tout particulièrement dans son livre « *Que Faire ?* » en 1902, est la nécessité de l'organisation d'un parti communiste uni et discipliné. Cette nécessité de l'organisation « *de fer* » du parti, compréhensible dans une période de grande tension et de révolution, sera ensuite utilisée pour justifier l'emprise du parti sur l'ensemble de la société, y compris après que ce parti ait accédé au pouvoir.

La Commune de Paris, malgré son échec, trouvera des échos et des prolongements dans la révolution russe de 1917 et ses soviets, les conseils ouvriers dans de nombreux pays, et jusque dans la Commune de Shanghai de 1967 lors de la Révolution culturelle chinoise.

La Deuxième internationale, pour la guerre (1889-1914)

Créée avec la participation d'Engels, la Deuxième Internationale, dont Jules Guesde et Jean Jaurès font partie, sombre dans le chauvinisme lors de la Première Guerre mondiale, en votant les crédits pour alimenter la guerre impérialiste au nom de « *l'Union sacrée* ». Jaurès est assassiné le 31 juillet 1914 au café du Croissant, rue Montmartre à Paris. Il était le dernier rempart, avec les socialistes russes et serbes, au déferlement du chauvinisme meurtrier. La guerre est déclarée le lendemain, le 1ᵉʳ août. Guesde devient ministre dans le gouvernement de guerre français. Les travailleurs sont ralliés à leur capitalisme national et à la guerre par des concessions du pouvoir, comme les assurances sociales et l'extension des droits syndicaux. En Grande-Bretagne, les travailleurs obtiennent le droit de vote pour les pauvres et les femmes en 1918. La guerre se déroule sur le territoire européen, entre la Triple-Alliance (Allemagne, Autriche, Empire ottoman) et la Triple-Entente (Grande-Bretagne, France, Russie). Son enjeu est le partage du monde. Les prémisses du conflit ont lieu au Maroc, en Libye, en Egypte, en particulier autour du dépeçage de l'Empire ottoman (dont la Turquie est l'héritière) dans les Balkans. La guerre n'empêchera pas la Grande-Bretagne de poursuivre les répressions meurtrières aussi bien en Irlande (Pâques 1916), qu'en Inde ou en Mésopotamie (Irak) en 1915 pour contrôler le pétrole. Mais c'est l'impérialisme américain qui tirera les marrons du feu, et sortira vainqueur de la Première Guerre mondiale. Quelques socialistes seulement s'opposeront aux votes des crédits militaires pour alimenter cette guerre, comme Karl Liebknecht et Rosa Luxembourg en Allemagne en décembre 1914. Et bien sûr Lénine et les bolcheviks.

La social-démocratie impériale

La social-démocratie poursuivra la ligne entamée par les chauvins de la Deuxième Internationale. C'est-à-dire gérer le capitalisme au profit des actionnaires, et participer à toutes les entreprises de guerres inter impérialistes ou coloniales que le développement de ce capitalisme exige. Pour ce faire, la social-démocratie obtiendra pour les travailleurs des pays impérialistes quelques avantages qui les rallieront à leur impérialisme national et permettra de les enrôler en particulier dans la lutte contre les travailleurs des pays sous-développés.

De Jules Ferry et ses entreprises coloniales en 1881 au Tonkin, jusqu'à François Hollande et ses interventions au Mali[74], en Syrie, ou en Libye, en passant par Guy Mollet et François Mitterrand des guerres d'Indochine et d'Algérie, les sociaux-démocrates français sont de tous les mauvais coups contre les pays du Sud. Leurs équivalents anglais, Antony Eden et l'expédition de Suez, Tony Blair et la guerre d'Irak, ou américains, Kennedy et la guerre du Vietnam, font de même.

La social-démocratie, en accord avec les puissances d'argent, a bien plus de sang sur les mains que le mouvement communiste, mais l'essentiel de ses victimes n'étant pas blanches, cela ne compte pas aux yeux de l'histoire officielle.

La social-démocratie jouera, à des moments différents, le même rôle que le fascisme et le nazisme: diviser les travailleurs, les opposer entre eux ; la social-démocratie dans les périodes de prospérité, le fascisme dans les périodes de crise. Ceci ne veut pas dire qu'il faille les assimiler. Dans les périodes de crise en particulier, il peut être nécessaire de faire alliance avec elle, comme avec d'autres fractions démocratiques de la bourgeoisie, contre le pouvoir capitaliste particulièrement terrible que représente le fascisme. En 1928, lors du 6ème congrès du Komintern à Moscou, le mouvement communiste fit la faute d'assimiler social-démocratie et fascisme. Erreur qui fut vite rectifiée lors du 7ème congrès en 1935 sous la direction de Georges Dimitrov. Depuis le mouvement communiste n'arrête pas de faire

---

74 - Hubert Védrine ancien ministre socialiste des affaires étrangères: « *Ne justifier l'intervention française au Mali que par la défense de valeurs était partiel. Nous sommes intervenus … pour défendre nos intérêts.* » Le Monde 16 /1 /2017.

l'erreur inverse, se mettre à la remorque de la sociale démocratie et donc du système.

En Occident, le mouvement communiste s'est trop souvent déconsidéré en n'étant pas ferme vis-à-vis de son propre impérialisme et de ses conséquences: industries de guerre, aristocratie ouvrière, entreprises guerrières. Souvent ce nationalisme, ce chauvinisme est justifié par le fait de ne pas vouloir rompre avec la social-démocratie et rechercher « *l'union de la gauche* ». En conséquence le mouvement communiste s'est coupé des travailleurs du Sud qui, du coup, se sont laissés eux-mêmes embarquer dans des entreprises nationalistes ou religieuses.

Les dessous du modèle scandinave

Après la Seconde Guerre mondiale, le modèle « *suédois* », ou « *scandinave* », projetant le type de développement keynésien, basé sur la consommation, l'endettement et le système fordiste sera le porte-drapeau de la social-démocratie. C'est l'idéal des 30 glorieuses, financé par les surprofits de l'impérialisme.

On reproche au communisme, entre autres, sa soi-disant collusion avec le nazisme, mais lorsque, en avril 1939, le gouvernement social-démocrate suédois assure à Hitler la garantie d'approvisionnement en acier nécessaire à son énorme programme d'armement[75], programme décisif pour déclencher la Seconde Guerre mondiale, personne ne semble en vouloir à la social-démocratie dans son ensemble et encore moins à la démocratie suédoise! Démocratie suédoise appuyée sur une prospérité qui, on l'a vu, puise elle aussi ses racines dans l'esclavage.

Le Danemark est le pays où l'on est le plus heureux parait-il. Pays riche et développé qui, après avoir lui aussi bâti sa richesse sur l'esclavage, a été le premier à constater que celui-ci n'était plus

---

75 - Adam Tooze: *"Wages of destruction"* 2006.

un mode productif suffisamment rentable, et a été le premier pays à l'abolir en 1792. *« Ils accordèrent néanmoins à leurs colonies à sucre un délai de dix ans, jusqu'en 1803, pour adapter leur système productif et notamment développer la reproduction du stock d'esclaves présent sur place par accroissement naturel »* dixit Wikipédia. En confisquant les biens des réfugiés en 2016, la bourgeoisie danoise ne fait que renouer avec sa tradition! L'échec du modèle impérialiste dont ce modèle social-démocrate est dépendant, aboutit naturellement aussi à l'échec des partis de la social-démocratie dans ces pays, où l'on constate aujourd'hui une poussée des groupes d'extrême droite.

Réinventer la social-démocratie?

Les tentatives de réinventer le socialisme sont des impasses évidentes. Axel Honneth dans son livre *« L'idéal du socialisme »* 2017 prend acte de l'échec des propositions socialistes aujourd'hui et tente lui de donner de nouvelles bases à la social-démocratie. Selon lui le socialisme a puisé ses sources dans *« l'industrialisation »* et le capitalisme *« manchesterien »* du XIXème siècle or les conditions auraient changé dans le sens où le prolétariat se serait *« embourgeoisé »* et même *« auto dissous »*, nous serions dans une société *« post industrielle »*. Les caractéristiques passées du projet socialiste : contre l'appropriation privée des moyens de production, le marché, l'expropriation de la plus-value générée par le prolétariat, devraient être remplacées par l'objectif nouveau d'étendre *« la communication sociale »* dans les trois sphères, économique, politique et privée. Il s'agit d'un projet totalement hors sol, ignorant les guerres et l'impérialisme (compte tenu du rôle des socialistes à ce sujet dans le passé on s'explique cet *« oubli »*), mais ignorant aussi la mondialisation, l'immigration, la financiarisation, les inégalités, le terrorisme… un projet abstrait ignorant la lutte de classe, ignorant la réalité, une nouvelle impasse.

La révolution russe de 1917 à .... 1924 ? 1953 ? 1989 ?

La Troisième Internationale, contre la guerre

Contre le ralliement de la Deuxième Internationale à « *l'Union sacrée* » de la boucherie impérialiste, le mouvement communiste se crée. Il est initié à la conférence de Zimmerwald en Suisse en septembre 1915, en pleine guerre. La déclaration conjointe des délégués allemands et français déclare: « *après un an de massacre, le caractère nettement impérialiste de la guerre s'est de plus en plus affirmé ; c'est la preuve qu'elle a ses causes dans la politique impérialiste et coloniale de tous les gouvernements, qui resteront responsables du déchaînement de ce carnage* ». Après la révolution bolchevique de 1917, le mouvement communiste se consolide par la création, au congrès de Moscou, en 1919, de la Troisième Internationale: le Komintern. En France, la rupture au sein de la SFIO (Section française de l'Internationale ouvrière), se fait au Congrès de Tours en 1920, le Parti Communiste Français (PCF) est créé.

Pendant un temps, le mouvement communiste se distinguera de la social-démocratie. La SFIO en France, finira par s'appeler Parti Socialiste en 1969. La rupture du mouvement communiste avec la social-démocratie laissera une certaine ambiguïté dans les termes. Les « *socialistes* » ou « *sociaux-démocrates* » seront les tenants de la gestion du système capitaliste, ainsi que des formes démocratiques qui lui sont associées en Occident, tandis que les « *communistes* » seront les porteurs d'un dépassement du capitalisme vers le communisme. Cependant, la marche vers le communisme passant par la phase transitoire de la dictature du prolétariat, les pays connaissant une révolution communiste seront qualifiés de socialistes et non de communistes, le communisme impliquant la disparition de l'Etat.

La rupture entre sociaux-démocrates et communistes va diviser profondément et pour longtemps les travailleurs. Cette rupture actera le ralliement de la sociale démocratie au système capitaliste au nom de la démocratie d'un côté, et contribuera à la

117

dérive totalitaire des tentatives communistes de l'autre. Elle aura pour conséquences des défaites tragiques comme celle des travailleurs allemands lors de la révolution de 1918/1919 réprimée par les sociaux-démocrates, ou contre la montée du nazisme en 1933. Elle explique en partie l'échec des républicains contre le franquisme en Espagne en 1939. Elle aura divisé l'Europe de part et d'autre du « *rideau de fer* » pendant de nombreuses années. Cette fracture perdure aujourd'hui, même si les principales organisations communistes ont rallié la ligne sociale-démocrate et le chauvinisme. Elle masque encore les possibilités du communisme démocratique, elle freine le ralliement des classes moyennes au projet révolutionnaire du prolétariat.

La révolution russe arrête la guerre

La révolution russe[76] se déroule entre la conférence pour la paix de Zimmerwald de 1915 et la création de la Troisième Internationale en 1919. Comme la Commune de Paris, elle a lieu dans un contexte de guerre inter impérialiste. C'était la révolution prolétarienne ou la guerre. Ce fut d'abord la guerre.

En Russie, sous la direction de Lénine, la lutte contre la guerre est un succès, et dans la foulée la révolution prolétarienne l'emporte. Les bolcheviks prennent le pouvoir et arrêtent la guerre en signant le traité de Brest-Litovsk de mars 1918. Lénine dansa de joie, parait-il, lorsque la révolution soviétique dépassa les trois mois qu'avait à peine duré la Commune de Paris. C'est dire à quel point il savait la tâche difficile! C'est dire aussi que la révolution russe a été pour les travailleurs une revanche victorieuse de l'échec de la Commune de Paris.

Lénine tire, dans « *l'Impérialisme, stade suprême du capitalisme* » en 1917, les leçons du ralliement de la Deuxième Internationale au chauvinisme. En opposition, la Troisième Internationale aura comme pierre de touche le refus de se laisser embarquer dans les guerres inter impérialistes, et le soutien à la révolution russe. Ce

---

76 - John Reed: « *10 jours qui ébranlèrent le monde* » 1920.

pacifisme est illustré par Romain Rolland[77] à l'époque. Mais aussi par les mutineries des marins de la flotte française de la Mer Noire, en solidarité avec la révolution russe, mutineries auxquelles participeront André Marty et Charles Tillon en 1919. Ces trois noms seront des membres illustres du mouvement communiste français.

En 1939, des communistes, des anarchistes, ou encore l'écrivain Céline, vétéran de la guerre précédente, appliqueront ce pacifisme à la lutte contre le fascisme et le nazisme, ce qui entraînera une certaine confusion. Le mouvement communiste, après quelques cahots, choisira de faire l'alliance avec la fraction démocratique des pays capitalistes, social-démocratie incluse, contre l'axe capitaliste fasciste (Allemagne, Italie, Japon). Charles Tillon, ajusteur mécanicien, le pacifiste de 1918, sera en France le chef des FTP (Francs-Tireurs et Partisans) et l'organisateur de la résistance armée intérieure en 1944.

Lors de la révolution bolchevique, les nobles russes, tout en finançant la guerre civile menée par les armées « *blanches* » (les armées tsaristes), émigrent à l'ouest, venant renforcer le dénigrement du pouvoir des soviets en Occident.

Les Mencheviks, dirigés par Julius Martov, constituaient la minorité du parti socialiste russe, par opposition à la majorité, les Bolcheviks menés par Lénine. Les Mencheviks avaient participé à la révolution ratée de 1905, puis à celle, réussie, de février 1917, qui avait porté au pouvoir Alexandre Kerenski, leur allié du Parti socialiste révolutionnaire. Ces révolutions sont les révolutions bourgeoises qui renversent le tsar, avant la révolution socialiste d'octobre 1917. Les Mencheviks reprochaient aux Bolcheviks menés par Lénine, Trotski, Staline, de n'avoir pas compris que les conditions matérielles d'une révolution socialiste n'étaient pas réunies en Russie en 1917. La paysannerie était majoritaire,

---

77 - Romain Rolland: « *Au-dessus de la mêlée* » 1915.

comment aurait-elle supporté une révolution prolétarienne, autrement que contrainte et forcée ? Ce volontarisme des bolcheviks expliquerait la dérive vers une politique forcément élitiste car minoritaire, d'où découleraient le communisme de guerre, les dérives anti démocratiques, le goulag et finalement le totalitarisme. Aujourd'hui certains reprochent exactement le contraire au Parti communiste chinois: celui de développer les conditions d'un développement capitaliste qui lui-même pourtant crée les conditions matérielles d'une révolution socialiste !

En 1917, la Russie était déjà la 5ème puissance industrielle, même si le capital y était essentiellement français, allemand ou britannique. Elle comptait 3,5 millions d'ouvriers, elle était donc déjà un pays capitaliste même si elle était en retard sur les pays les plus avancés comme la Grande-Bretagne, l'Allemagne ou la France. 85% de la population vivait à la campagne. Le capitalisme russe était donc mâtiné encore de mode de production féodal, et de ce que Marx pouvait appeler « *le mode de production asiatique* »[78]. Penser que la révolution prolétarienne devait avoir lieu d'abord dans le pays le plus avancé, la Grande Bretagne, était sous-estimer le rôle de l'impérialisme dans sa capacité à étouffer en interne les velléités du prolétariat anglais. Il n'est finalement pas si étonnant que la seconde révolution ouvrière ait lieu dans un pays capitaliste plus faible, soumis à plus de contraintes que le pays leader. De plus si les Menchéviks avaient eu gain de cause, les conséquences auraient été dramatiques pour les ouvriers mais aussi pour les paysans, car ils voulaient la continuation de la guerre contre l'Allemagne, et de façon plus générale la participation de la Russie à la rivalité entre puissances impérialistes. Lénine prouvera que la classe ouvrière pouvait

---

78 - Un mode de production basé sur un état très centralisé, géré par une bureaucratie étatique qui mobilise les travailleurs directement autour de grands travaux d'infrastructure, comme la grande muraille en Chine ou ceux nécessaires à l'irrigation en Egypte et qui écrase ainsi le contour des classes sociales. Aujourd'hui la gestion du pétrole dans certains pays comme l'Arabie Saoudite joue le rôle qu'a pu avoir la gestion de l'eau dans le passé.

entrainer les paysans à dépasser une révolution bourgeoise. C'est la raison pour laquelle les Mencheviks ont été submergés par la révolution, dont les Bolcheviks exprimaient mieux les aspirations. La position des Mencheviks, en sociaux-démocrates, revenait à dire qu'au fond le capitalisme n'est pas dé passable.

A quel moment la révolution soviétique échoue-t-elle ?

Echec: à la mort de Lénine en 1924 ? Les « *crimes* » de Staline

La révolution russe sous la direction de Lénine, puis de Staline, a commis des erreurs qui, dans le contexte des guerres et du sous-développement de l'époque, ont causé beaucoup de victimes et a finalement débouché sur un échec. Tentons de faire la part des véritables erreurs et celle des calomnies.

Le Goulag

Le socialisme russe, le développement d'infrastructures très lourdes, dans un pays immense, dans un temps très court, à travers une guerre civile (de 1917 à 1923), des agressions étrangères, et deux guerres mondiales, se sera réalisé à un coût humain considérable. Les écrivains russes Soljenitsyne, Chalamov, Grossman[79] et d'autres ont décrit l'horreur des camps. Les millions de déportés, de zeks, incluant des partisans sincères de la révolution soviétique, accusés de tout, souvent de trotskisme, (et qui parfois continuaient à soutenir Staline en estimant être victimes d'une lutte de classes à l'intérieur du parti[80]), vont construire les canaux, les voies de chemins de fer, les usines de

---

79 - Alexandre Soljenitsyne: « *L'archipel du Goulag* » 1967. Varlam Chalamov: « *récits de la Kolyma* » 1966 ; Vassili Grossman: « *vie et destin* » 1960.

80 - Svetlana Aliexievitch, écrivain biélorusse Prix Nobel de littérature 2015. « *Il y avait davantage de communistes hors du parti que dans le parti, des gens qui étaient communistes de cœur* » Dans « *La fin de l'homme rouge* » 2013.

121

l'immense URSS, dans des conditions effroyables qui rappellent les débuts de l'accumulation capitaliste en Occident.

En 40 ans 18 millions de personnes seront passées au Goulag, qui aura compté en moyenne 1,7 million de prisonniers par an, prisonniers politiques et de droit commun confondus, avec une pointe de 2,5 millions en 1950, année où l'essentiel des prisonniers de guerre allemands sont libérés. 1,5% de la population adulte était enfermée, donc une proportion supérieure à celle des États-Unis aujourd'hui où 0,9% de la population adulte est en prison. Présenté différemment, on peut dire qu'un pays socialiste, placé dans le contexte de deux guerres mondiales et qualifié de totalitaire, avait une proportion de prisonniers à peine supérieure à celle d'un pays démocratique en temps de paix!

La mortalité y était très forte (49 000 décès par an en période de paix, 200 000 pendant les années de guerre), mais sans atteindre les 900 000 morts par an comme la propagande occidentale l'a maintenu jusqu'à l'ouverture des archives en 1990. Le goulag aura fait 1,6 millions de morts en une trentaine d'années.

Soljenitsyne, dans le Tome 2 de l'Archipel du Goulag écrit: « *Dans Leningrad assiégé, les rations étaient encore plus chiches que la ration du cachot du camp ... et le front du travail dans le pays valait n'importe quel camp. Qui aurait pu imaginer... que dans toute la Russie, les kolkhoziens envieraient encore cette ration du prisonnier ?* ».

Ou encore Vladimir Boukovsky[81] « *Combien de personnes au Goulag ? 250 millions!*» C'est-à-dire toute la population russe.

Le Goulag était un reflet de l'état de la société: sous-développement, guerres, famines, criminalité (la pègre y faisait trop souvent la loi). Sous des contraintes terribles, dans sa marche

---

81 - Vladimir Boukovsky dissident russe emprisonné et échangé en 1976 contre Luis Corvalan dirigeant du parti communiste chilien, emprisonné à la suite du coup d'Etat de Pinochet au Chili.

à l'industrialisation, le socialisme a mis en place des mesures de coercition parfois du même ordre que celles que le capitalisme avait utilisé pour transformer les paysans en ouvriers. Il faut comparer ce que dit Soljenitsyne des camps russes, où les victimes le sont en particulier parce que les camps ne sont pas prêts, où la logistique ne suit pas, reflétant le sous-développement russe, et les témoignages de David Rousset[82] , Primo Levi[83] ou autres, sur les camps nazis, qui eux n'étaient que trop prêts. Hannah Arendt[84] parle des camps du goulag où à la différence des camps nazis « *les prisonniers mouraient de négligence plus que de torture* ».

Dans une Allemagne bénéficiant d'un des plus hauts niveaux de vie à l'époque, les victimes des camps nazis sont évaluées à 10 millions (dont la moitié de juifs) en une dizaine d'années. 2,25 millions de prisonniers de guerre russes sont affamés à mort volontairement et 600 000 exécutés.

L'assimilation du Goulag aux camps de concentration nazis fait partie de la politique de dénigrement de la révolution russe. La comparaison entre la terreur instaurée par un capitalisme développé et un régime socialiste encore largement sous développé a d'autant moins de sens que seule la défaite des nazis les a empêchés de mettre en œuvre le plan prévu d'élimination physique de 20 à 30 millions de Slaves afin de dégager « *l'espace vital* » pour le « *peuple allemand* ».

S'il ne peut pas être assimilable aux camps nazis, le Goulag a cependant révélé des conceptions trop proches du développement capitaliste, à la fois dans le type de croissance quantitative recherchée, et dans les méthodes coercitives employées. Il a été une faute morale et politique au service d'un bénéfice économique douteux.

---

82 - David Rousset: « *L'univers concentrationnaire* » 1946.

83 - Primo Levi: « *Si c'est un homme* » 1947.

84 - Hannah Arendt: « les *origines du totalitarisme* » 1951.

La mise en avant d'un Stakhanov, héros de la productivité, participait à cette course au toujours plus, quand on attend d'une progression vers le communisme un toujours mieux! Il est stupide de se féliciter des dépassements du plan si celui-ci indiquait les quantités optimales! Tout cela participait à ces discours faux, langue de bois et propagande, qui ont contribué à déconsidérer l'expérience soviétique, dont l'erreur la plus grave aura été d'avoir divisé la classe ouvrière. D'abord en URSS, avec trop de travailleurs envoyés au Goulag, et ensuite dans les pays de l'Est, où encore aujourd'hui, une fraction importante d'ouvriers refuse le communisme, avec le sentiment de l'avoir déjà essayé et - c'est le moins qu'on puisse dire - ne pas avoir été convaincus. A noter que ces pays se sont voulus socialistes. Aucun n'a prétendu être communiste, n'ayant jamais approché le dépérissement de l'Etat que le communisme implique.

Le culte ridicule et tragique de la personnalité

Il est paradoxal de voir des gens défiler en chantant l'Internationale: « *Ni Dieu ni César ni Tribun* », devant un Staline tout puissant et qualifié de « *petit père des peuples* »… De nombreuses blagues combattaient ce culte. Svetlana Alexievitch dans « *La fin de l'homme rouge* » raconte: un étudiant écope de 10 ans de camp pour avoir raconté cette histoire: « *Il y a un portrait de Staline au mur, un conférencier fait un exposé sur Staline, un chœur chante une chanson sur Staline, un artiste déclame un poème sur Staline… Qu'est-ce que c'est ? Une soirée consacrée au centenaire de la mort de Pouchkine* ».

Paradoxalement, beaucoup de ceux qui critiquent le culte de la personnalité, feront remonter toutes les erreurs de la construction du socialisme au seul Staline, d'autres à Lénine ou à Marx, voire à Robespierre ou Rousseau. Les outrances du culte de la personnalité fonctionnent apparemment dans les deux sens.

Les famines

En quoi le socialisme est-il responsable des famines comme celle d'Ukraine en 1933 (3 ou 4 millions de victimes) et le capitalisme ne l'est pas de celle d'Irlande en 1845 ? Irlande qui pourtant ne subissait pas de blocus contrairement à l'URSS! Les famines irlandaises font plus d'un million de morts pour 6 millions d'habitants en 1845-1852, alors que l'Irlande faisait partie de la Grande-Bretagne, qui ne connaissait, contrairement à l'Ukraine et à la Russie, plus aucune famine depuis 2 siècles. Ce n'est qu'un des « *petits* » oublis des défenseurs et admirateurs de la démocratie anglaise. Pourquoi la famine en Ukraine est-elle reconnue comme crime contre l'humanité sous le nom d'Holodomor et attribuée au socialisme, et les plus de 30 millions de victimes des famines en Inde, toujours dans l'empire britannique au XVIIIème, XIXème et XXème siècle ne sont, ni considérées comme un crime contre l'humanité, ni imputées au capitalisme ?

Les Procès de Moscou

Ils se tiennent de 1936 à 1938, et visent une partie de l'élite du parti bolchevik et de l'appareil d'Etat, économique et militaire de l'URSS. Radek, Boukharine, Kamenev, Zinoviev, Toukhatchevski etc. de vieux dirigeants bolcheviks sont éliminés, y compris physiquement. La scandaleuse cérémonie des aveux où les accusés reconnaissent des crimes inexistants est l'expression de l'énorme pression faite sur eux comme des contradictions des différentes fidélités à la cause révolutionnaire. En 1940 Trotski sera assassiné au Mexique. C'est le pendant, le prolongement au sommet, de la division du peuple qu'a constitué l'envoi de millions de travailleurs au Goulag. C'est la mise en place d'un Etat policier où le KGB et les différents organes étatiques contrôlent le peuple, et non l'inverse, conduisant à un régime totalitaire.

Le pacte germano soviétique et la lutte contre le nazisme

Le Pacte germano-soviétique de non-agression entre l'Allemagne et l'Union soviétique d'août 1939 fait partie des crimes ou erreurs reprochés à Staline. Ce pacte a désarçonné les communistes en Europe face à la menace nazie. Rappelons dans quelles conditions il fut signé. Il fait suite au pacte franco-soviétique de mai 1935, signé à Moscou par Pierre Laval, ministre des affaires étrangères, président du Conseil, membre de la SFIO, futur président du gouvernement de collaboration avec les nazis. A son retour d'URSS (lors du même voyage!) Pierre Laval passe en Pologne rencontrer Goering, le numéro 2 nazi, chef de la Luftwaffe. Laval vide de son contenu le pacte qu'il vient de signer à Moscou! Staline avait de quoi douter de son allié français! Le mois suivant, en juin 1935 les Anglais signent l'accord naval anglo-allemand avec Ribbentrop, le futur signataire nazi du pacte germano-soviétique. Staline avait de quoi douter de ses alliés, les démocraties européennes! En septembre 1938 Daladier pour la France, Chamberlain pour l'Angleterre, signent les fameux accords de Munich avec Hitler et Mussolini, validant l'invasion de la Tchécoslovaquie. La proposition de Staline d'envoyer les troupes soviétiques défendre la Tchécoslovaquie est rejetée.

En novembre 1939, la Finlande refuse le droit à l'URSS de protéger Leningrad d'une éventuelle agression nazie. C'était 3 mois après le pacte germano-soviétique. Comme quoi Staline n'avait pas d'illusion sur les intentions d'Hitler, dont la Finlande était l'alliée, et se préparait, malgré la signature du pacte, à l'agression hitlérienne. Les Finlandais participeront, aux côtés des nazis, au siège de Leningrad qui à lui seul fera plus d'un million de victimes.

Au sujet de ce refus finlandais initial, qui entraîne le déclenchement par les Russes de la « *guerre d'hiver* » fin 1939, le président finlandais Urho Kekkonen déclarait en septembre 1963 : «*maintenant, plus de 20 ans après, si nous nous mettons dans la position de l'Union Soviétique, puis en considérant l'attaque allemande en 1941, alors les considérations qu'avaient, et que se devaient d'avoir les Soviétiques quant à leur sécurité à la fin des années 1930, deviennent compréhensibles* ».

Dès mai 1939, 4 mois avant la signature du Pacte germano-soviétique, les troupes russes sont déjà en guerre contre l'axe capitaliste fasciste ; à l'est, elles se battent aux côtés des Mongols contre le 3ème pilier de l'axe fasciste, les troupes japonaises qui ont envahi la Mongolie.

On a reproché à Staline d'avoir désorganisé la direction de l'Armée Rouge juste avant la guerre. Mais si l'armée Rouge a été désorganisée, constatons qu'elle n'a subi aucune défaite de l'ordre de la défaite franco anglaise de mai 1940 en France avec son record historique à ce jour de 1,2 millions de prisonniers!

On comprend la nécessité pour l'URSS de retarder le choc avec ce qui semblait être l'alliance de l'ensemble des pays capitalistes, démocraties occidentales et pays fascistes, et de la nécessité de casser cette alliance. Par contre, il n'y avait aucune raison pour que les communistes, ailleurs dans le monde, aient quelques complaisances pour les nazis! Tito en Yougoslavie, à la tête du parti communiste yougoslave, commence la lutte armée contre l'invasion allemande avant l'invasion de la Russie par Hitler, contrairement à bien des partis communistes occidentaux. Que Jacques Duclos et Marcel Cachin, les dirigeants communistes français demandent en 1940 aux autorités nazies occupantes à Paris le droit de publier le journal l'Humanité est une erreur. Cependant, cette erreur initiale ne peut faire oublier qu'ensuite, le Parti communiste mène la résistance intérieure contre l'occupant.

La Russie soviétique, envahie par Hitler, supportera l'essentiel des pertes de la Seconde Guerre mondiale. L'URSS perdra 11 millions de soldats, 16 millions de civils, 27 millions de morts au total, soit 16% de sa population. Les Etats-Unis perdront 417 000 soldats, moins de 2 000 civils, soient 0,32% de leur population. L'effort, le sacrifice en vies humaines de l'URSS pour vaincre le nazisme aura été, sur ce plan, 50 fois plus important que l'effort américain. L'URSS supportera également les pertes d'infrastructures les plus importantes de la Seconde Guerre mondiale. Néanmoins elle jouera un rôle décisif dans la victoire sur les nazis. En décembre 1941, Staline reste à Moscou organiser la résistance, alors que la ville semblait devoir tomber aux mains des nazis. C'est face à Moscou que s'arrête le Blitzkrieg victorieux d'Hitler. La résistance lors du siège de Leningrad (aujourd'hui Saint Pétersbourg) durant 900 jours, la victoire de Stalingrad (aujourd'hui Volgograd) en 1943, resteront comme les points de retournement de la guerre.

Staline a commis bien d'autres crimes, comme avoir couvert le massacre de Katyn, où plus de 4000 officiers polonais prisonniers sont assassinés en mai 1940. Il a pris des décisions dans la conduite de la guerre qui après coup peuvent paraitre injustifiées et criminelles comme la déportation des peuples Tatars, Balkars, Tchétchènes etc. sous prétexte que ces peuples étaient sollicités par les nazis contre l'Urss. Il a commis de nombreuses fautes politiques comme l'appel à la religion et au nationalisme plus qu'à l'internationalisme pour combattre le fascisme. Il a approuvé avec les puissances capitalistes la création d'Israël en novembre 1947, et ainsi poursuivi l'œuvre commencée par les nazis lorsqu'ils expulsent les juifs vers la Palestine de 1935 à 1939 (avant de passer à « *la solution finale* » à partir de 1941). Il a ainsi cautionné l'expulsion de près d'un million de palestiniens de leurs terres, et conduit de nombreux juifs européens ou du bassin méditerranéen dans une impasse au Moyen-Orient...

Décompte macabre

Soljenitsyne, comme les auteurs du « *Livre noir du communisme* », attribue à Staline toutes les victimes de la période, celles des famines comme celles de la Seconde Guerre mondiale, soient 20 millions. On affecte ainsi au socialisme les victimes de conflits inter capitalistes! C'est une pratique systématique des tenants du système, d'attribuer à la révolution les victimes des contre révolutions.

Mais soit! Considérons un instant ce chiffre de 20 millions. Ces 20 millions de victimes en 40 ans, ne représentent « *que* » 3 ans de victimes du déroulement normal du capitalisme pour les seuls enfants de moins de 5 ans: 6 millions de morts par an en 2015, et ceci au XXIème siècle! Et encore, le nombre de ces petites victimes s'est beaucoup réduit récemment. En 1990, 13 millions d'enfants de moins de 5 ans mouraient par an dans le monde! Donc en un an et demi le capitalisme faisait, chez les enfants de moins de 5 ans uniquement, autant de victimes que le socialisme en 40 ans. Il faudrait y ajouter ceux de plus de 5 ans, les adultes... et auparavant les victimes des génocides des Amériques, d'Australie, les victimes de la traite capitaliste des noirs évaluée de 50 à 100 millions, celles des guerres coloniales, des famines incluant celles du XXIème siècle en Ethiopie, en Somalie, au Soudan ou au Congo, les victimes de la spéculation sur les aliments, gérés à la Chicago commodity stock exchange (Bourse des matières premières agricoles de Chicago), les victimes du tabac et des trucages alimentaires dus à la cupidité, etc. On comptabilise les victimes des révolutions, en trichant sur leur nombre, en y ajoutant les victimes des contre révolutions, on ne comptabilise jamais les victimes des non révolutions, celles du capitalisme « *normal* ». Or le nombre de victimes du développement capitaliste est infiniment supérieur aux estimations les plus élevées que les antis communistes peuvent faire des victimes du socialisme.

Généralement ceux mêmes qui avancent des chiffres concernant les victimes du communisme ou des révolutions, s'offusquent ensuite de toute comparaison chiffrée. D'autres encore s'écrient *« même si ce n'est pas 20 millions, même si le capitalisme fait bien plus de victimes, il est cependant scandaleux que le communisme ait pu faire tant de victimes innocentes! »*. C'est vrai! Mais la dénonciation de ce scandale, puisque le communisme devrait être meilleur, ne doit pas conduire à soutenir le pire, le système capitaliste dominant.

Circonstances atténuantes pour Staline

Sur une période historique aussi longue, comprenant des événements aussi dramatiques, beaucoup de choses peuvent être reprochées à Staline, mais à moins de sombrer également dans le culte de la personnalité on ne peut croire que Staline ait été à lui seul responsable de tous les maux dont on l'accuse. Svetlana Alexievitch, toujours dans *« La fin de l'homme rouge »*, raconte cette anecdote *«Staline ce n'est pas moi, c'est lui* » dit Staline en montrant son propre portrait à son fils. L'exercice du pouvoir par Staline et la construction du socialisme en URSS couvre une période historique qui comprend, rappelons-le, une guerre civile, des agressions étrangères, un blocus, deux guerres mondiales, la construction et reconstruction d'un pays relativement arriéré, la tentative de construction du socialisme dans un seul pays. Sauf à tomber dans un culte de la personnalité *« à l'envers »*, il est difficile de croire que Staline puisse être tenu pour responsable de l'ensemble des décisions et conséquences dans un pays aussi immense et peu développé que la Russie de l'époque. Staline est autant l'expression de la difficulté des temps, du besoin de communistes assaillis de toutes parts de faire bloc autour d'un pays et d'un chef représentant la révolution, qu'il n'en est le chef d'orchestre.

A quel moment la révolution soviétique échoue-t-elle ?

Echec: à la mort de Staline en 1953 ? Une nouvelle bourgeoisie

L'organisation totalitaire de la société russe rentre, après la reconstruction d'après-guerre et la mort de Staline, en contradiction avec son formidable développement économique et social. Elle entraine une stagnation économique tout à fait à l'opposé du dynamisme réactif dont l'Urss avait fait preuve à la fois dans le développement du pays et dans la lutte contre le nazisme. Les revendications démocratiques, en particulier des classes moyennes, que le socialisme a développées et que « *le socialisme de caserne* » ne satisfait pas, les font loucher vers les démocraties occidentales, en perdant de vue que la prospérité de ces pays est largement due à leur soubassement impérialiste. Khrouchtchev, puis Brejnev, lancent l'URSS dans des agressions extérieures. Les invasions militaires de la Hongrie en 1956, de la Tchécoslovaquie en 1968, de l'Afghanistan en 1979, toutes après la mort de Staline, font basculer l'URSS vers le comportement d'un pays impérialiste classique.

Les dissidences yougoslave et roumaine elles, n'avaient pas entraîné d'agression russe sous la direction de Staline. « *Le coup de Prague* », en février 1948, a fait basculer la République tchécoslovaque dans le camp socialiste. Il a été mené par l'alliance des communistes et sociaux-démocrates de gauche tchécoslovaques, largement majoritaires aux élections de 1947, et sans intervention de troupes russes.

Avec Khrouchtchev et Brejnev, les couches privilégiées au pouvoir dans l'Etat socialiste totalitaire se constituent en une nouvelle classe bourgeoise, se partageant le contrôle de l'économie, sans posséder individuellement les titres formels de propriété des moyens de production. Cette nouvelle bourgeoisie peut jouir de façon privée de biens soi-disant communs, accaparés collectivement. Cette évolution était en phase avec celle du capitalisme d'après la Seconde Guerre mondiale en Occident, où les propriétaires du capital cédaient du terrain face aux managers qu'ils avaient embauchés pour diriger leurs sociétés. Ces managers avaient tendance à gérer les entreprises à leur propre profit (hauts salaires, primes et avantages divers, stock-options) au détriment des salaires de leurs employés mais aussi de la distribution de dividendes à leurs actionnaires. La forme collective de propriété privée, par laquelle la nouvelle bourgeoisie russe contrôle l'ensemble de l'économie et l'appareil d'Etat, jouit de privilèges (magasins spéciaux etc.), aura été une phase de transition vers le dépeçage de la propriété collective et la ré appropriation privée des moyens de production.

Que cette nouvelle bourgeoisie russe puisse gérer en commun ses privilèges, était sans compter sur le ressort principal de la bourgeoisie, la cupidité. Organiser l'exploitation du plus grand nombre, mais se disputer pour le partage, en est la conséquence inéluctable. De même qu'on a vu en Occident les actionnaires « *reprendre le pouvoir* » des mains des managers lors des « *contre révolutions* » menées par Thatcher et Reagan, le pouvoir en commun de la nouvelle bourgeoisie russe s'est fracassé sur les cupidités individuelles que les oligarques russes ont réglées à coup de kalachnikovs. Cette nouvelle bourgeoisie a fini par fusionner avec les restes toujours actifs de l'ancienne.

A quel moment la révolution soviétique échoue-t-elle ?

Echec: avec la Perestroïka des oligarques en 1989 ?

L'écroulement du mur de Berlin le 9 Novembre vient solder l'échec de la tentative révolutionnaire en URSS, paradoxalement au moment où la mondialisation du capitalisme crée les conditions et la nécessité de la révolution socialiste.

Parallèlement à la nouvelle offensive des actionnaires en Occident, on assiste en URSS à partir de 1991 au dépeçage des biens publics. Les oligarques, derrière Gorbatchev, Eltsine et Poutine font main basse sur le capital public russe.

Ousmanov et Abramovitch s'approprient la sidérurgie et certains médias (notamment le titre économique influent « *Commerçant* »), Goussinski et Onexim également des groupes de médias, Fedoulev la métallurgie, Setchine le pétrole avec Rosneft, Potanine la banque et le nickel, Prokhorov également des mines de nickel, Deripaska l'aluminium, Tchoubais, (l'ancien premier ministre de Eltsine) l'électricité et les nanotechnologies, Friedman (un des « *7 banquiers* ») Alfa Banque et le secteur des assurances, Berëzovski (ex président de l'Aeroflot) l'automobile, Khodorkovski (de Iouros / Sibneft, allié de Halliburton l'entreprise de Cheney l'ex vice-président des Etats-Unis) le pétrole, etc.

 Tous deviennent milliardaires. Pendant que la couche supérieure se partageait les biens publics russes, les classes moyennes fascinées par le luxe impérialiste et les libertés démocratiques laissaient faire, et se laissaient entraîner vers le modèle capitaliste occidental.

Il n'y eut pas de révoltes populaires d'envergure pour s'opposer à cet accaparement de l'économie publique russe. La fascination pour l'Occident, sa société de consommation, la qualité et la diversité de ses produits semblaient avoir conquis les populations des pays soviétiques: écouter du rock, porter des bas nylons, écrire avec des stylos à bille, manger des bananes, ... et la liberté de lire ce que l'on veut! Le socialisme russe n'a pas été capable de continuer à produire des objets et services de qualité. Il n'a pas non plus créé une alternative à l'obsolescence accélérée voulue par le modèle de société de consommation occidentale. Par certains côtés, l'objectif était le même que le capitalisme: la croissance quantitative, toujours plus! Concurrencer le capitalisme sur ce plan était à la fois illusoire et néfaste. Cette tentative, la création du premier pays socialiste, la plus longue expérience socialiste, sembla imploser sans réaction populaire. Les travailleurs se soumirent bon gré mal gré aux diktats du pouvoir des oligarques, aux normes du capitalisme, à la domination d'une minorité privilégiée. Le totalitarisme les avait préparés à subir le pouvoir des puissants. Parfois, l'Occident étonné pointe la nostalgie de Staline exprimée par certains travailleurs russes et le petit peuple. Ce n'est pourtant pas si étonnant lorsqu'on constate la régression qu'a constituée l'abandon du socialisme pour les masses de travailleurs russes. La désespérance, l'alcoolisme, la baisse de l'espérance de vie, la baisse de la natalité, la hausse de la mortalité, la fin de l'éducation gratuite: tout cela est ressenti par les travailleurs à la « *libération* » qu'ont soi-disant constituée la Perestroïka de Gorbatchev et le pouvoir des oligarques emmenés par Eltsine. Poutine, le représentant de la bourgeoisie russe actuelle, est obligé de concéder que « *Celui qui veut restaurer le communisme n'a pas de tête. Celui qui ne le regrette pas n'a pas de cœur* ». A noter que la nostalgie des travailleurs russes porte sur la période de Staline, pas sur celle de Khrouchtchev et encore moins celle de Gorbatchev.

L'échec du socialisme russe derrière ses murs et son rideau de fer a laissé immédiatement le champ libre aux mafias, aux guerres, aux agressions territoriales, aux terrorismes. Mais le socialisme russe était depuis un moment déjà une force et une espérance illusoire. Son échec aura laissé le champ libre à une réévaluation de l'expérience socialiste et à la dissémination d'idées révolutionnaires nouvelles.

Les acquis de la révolution russe

La Russie soviétique sera en permanence comparée aux riches pays occidentaux afin de la déconsidérer. Pourtant le socialisme aura fait de l'URSS, pays encore essentiellement agricole en 1914, une puissante nation industrielle en moins de 25 ans, de 1918 à 1939. De 1928 à 1940, le PIB russe s'accroît de 260 % contre 50% pour le PIB français, et ce, sans aide extérieure et malgré la guerre civile et le blocus. Cette accumulation presque primitive du capital se sera faite sans mettre les enfants de 5 ans dans les mines, sans déportation de millions d'africains en esclavage, sans pillages et guerres coloniales, mais avec le Goulag. Après 1945, l'URSS sera entourée d'un « *glacis* » de pays socialistes en Europe de l'est et connaîtra ce paradoxe, être un pays bénéficiant d'un niveau de vie inférieur aux pays « *dominés* », Pologne, Hongrie, Tchécoslovaquie etc.

La révolution russe aura été une force formidable contre la guerre de 14-18, pour arrêter cette tuerie invraisemblable. Elle aura donné au monde l'exemple, inégalé encore aujourd'hui, d'abandon des positions chauvines et nationalistes non seulement au profit de la paix mais aussi au profit des peuples qui étaient sous domination russe et à qui elle a donné la possibilité unilatérale d'émancipation. En 1937, l'URSS est le principal soutien au gouvernement démocratique espagnol et aux brigades internationales contre le putsch de Franco, appuyé par les pays fascistes. On a vu son rôle décisif en 1940-1945 pour vaincre le nazisme. L'URSS n'aura conduit le monde, ni à une crise économique majeure, ni à la guerre, contrairement aux principaux pays capitalistes.

L'URSS aura été une force de soutien à la décolonisation des pays du tiers-monde. A Cuba bien sûr, mais aussi en Afrique. La gauche arabe va s'effondrer avec la chute de l'URSS, et laisser les travailleurs du monde arabe aux mains de sectes nationalistes et religieuses, qui les entraînent depuis de malheurs en malheurs.

Par son existence même, l'URSS a influencé positivement le sort des travailleurs dans le monde. Après la Seconde Guerre mondiale, l'existence de l'URSS fut un puissant levier pour l'instauration de l'Etat-providence dans les pays occidentaux. Etat-providence mis en place en particulier pour barrer la route à l'exemple soviétique. A l'effondrement de l'URSS, idéologique d'abord avec Khrouchtchev, puis total au début des années 90, les capitalistes se déchaînent et mettent de nouveau à mal l'Etat-providence en Occident.

La tentative révolutionnaire russe se sera déroulée dans des conditions difficiles, elle aura été isolée, mais elle aura été une tentative temporairement victorieuse (plus longtemps que la Commune de Paris) de remplacer le système capitaliste. Elle a prouvé que les exploités pouvaient « *renverser la table* » et instaurer une alternative sur plus d'une génération. Les 1% qui se croient éternels sont remplaçables, il leur a fallu coexister avec le camp socialiste pendant des décennies.

Chapitre 5: de nombreuses tentatives révolutionnaires

Après la révolution russe, les communistes vont mener, diriger ou prendre part à beaucoup de luttes. Au lendemain de la Première Guerre mondiale Les révolutions socialistes auxquelles participent les communistes vont subir des défaites tragiques en Allemagne, en Pologne, en Chine. Mais ensuite souvent les communistes prennent la tête de mouvements de résistance nationale contre le fascisme ou de luttes de libération nationale contre le colonialisme, luttes qui elles seront victorieuses.

Hitler vaincu, l'Armée rouge soviétique impose le socialisme dans les pays de l'Est libérés du fascisme, Hongrie, Pologne, pays baltes, Bulgarie, Roumanie, Tchécoslovaquie (aujourd'hui les républiques Tchèque et Slovaque), même si dans ce dernier cas au moins, cela correspondait à l'aspiration des travailleurs. Les circonstances exceptionnelles de l'après-guerre auront forcé les conditions locales d'adhésion à une révolution socialiste, et auront établi « *un socialisme de caserne* » derrière le « *rideau de fer* ». Cependant les tentatives révolutionnaires ont lieu bien au-delà du périmètre d'action de l'Armée rouge, en Chine ou au Vietnam par exemple. Même dans ce périmètre, certains sauront s'extraire de l'influence soviétique comme la Roumanie de Gheorghiu-Dej puis de Ceausescu, ou l'Albanie d'Enver Hodja, preuve que l'on pouvait se sortir de l'emprise soviétique sous Staline.

S'appuyant sur l'apport décisif de la résistance yougoslave à la lutte anti nazie sous la direction de Tito, la Yougoslavie va promouvoir son propre modèle d'autogestion. La fin du socialisme yougoslave sous les coups du capital européen, allemand en particulier, qui utilise la bêtise religieuse, catholique, orthodoxe, musulmane fondue dans la bêtise nationaliste, croate, serbe, bosniaque, monténégrine, slovène, macédonienne se finira en guerre, pratiquement durant toutes les années 1990. Seule la perspective communiste était capable de contenir les affrontements qui accompagnent le retour du capitalisme! Les communistes participeront à développer des alternatives au capitalisme, en Albanie sous la direction d'Enver Hodja en 1945, en Chine en 1949 avec Mao et Chou en Lai, en Corée avec Kim il Sung en 1948, à Cuba en 1959 avec Castro et Guevara, en Algérie avec Ben Bella en 1962, au Vietnam en 1954 sous la direction d'Ho Chi Minh, au Cambodge en 1975 avec Pol pot, etc. Aujourd'hui encore la lutte du peuple kurde est animée par le PKK et incarnée par son dirigeant Abdullah Ocalan emprisonné en Turquie.

Certaines luttes sont des échecs comme au Congo avec Lumumba en 1960, en Indonésie en 1965, au Ghana avec N'kruma dans les années 60, au Brésil avec Joao Goulart en 1964, en Bolivie avec Che Guevara en 1966, au Chili avec Allende en 1973 ...

Les révolutions ne seront tentées que dans les pays du Sud, là où le développement économique atteint à peine le niveau de celui de la révolution industrielle du XIXème siècle en Occident. Le mouvement communiste joue essentiellement le rôle d'organisateur de la lutte de libération nationale dont les forces essentielles sont paysannes dans des pays encore sous-développés. Ceci est à mettre à son crédit.

Les « *révolutions* » sud-américaines récentes, au Venezuela, au Brésil en passant par le Pérou, l'Uruguay, l'Equateur ou la Bolivie, bien qu'en pointe contre les politiques ultralibérales du capitalisme mondial, ont montré les limites de changements politiques qui ne mettent pas en cause le modèle capitaliste et qui respectent les règles du jeu international édictées par les monopoles et les puissances financières. La pression des lobbies capitalistes « *extractivistes* » pour l'exploitation du parc Yasuni[85] en Equateur en est un symbole. Le manque de solidité idéologique, l'absence d'un projet communiste démocratique, soumettent les nouveaux pouvoirs en place, quelle que soit leur bonne volonté de départ, à la compromission et à la corruption, inhérente à un système où la cupidité reste le moteur. Une colonne vertébrale communiste, un approfondissement de la

---

85 - Le projet Yasuni ITT projetait de ne pas exploiter un gisement pétrolier, situé dans un parc naturel. Mais le président Correa en aout 2013 autorise les forages.

révolution socialiste jusque dans ses dimensions culturelles et idéologiques sont indispensables pour consolider les avancées politiques et économiques.

Les leçons de la Révolution culturelle chinoise

Le succès de la révolution chinoise de 1949 avait été précédé d'une longue lutte au cours de laquelle, lors de l'épisode fameux de la Longue Marche en 1935, Mao Tse Toung réoriente la lutte de l'Armée rouge chinoise contre l'occupant japonais, au lieu de continuer à cibler les troupes du Guomindang de Tchang Kaï-chek comme ennemi principal. Belle hauteur de vue alors que le Guomindang avait assassiné sa femme!

Ce faisant, Mao inscrit la lutte des communistes chinois dans la lutte antifasciste internationale et en prend la direction en Chine. La révolution chinoise triomphe, là aussi à l'issue d'une guerre que les fascistes japonais avaient déclenchée. Après la mort de Staline en 1953, Mao perçoit très tôt l'échec de la révolution en URSS et les risques pour la révolution chinoise de suivre la même voie. D'où la rupture entre les deux pays socialistes en 1964 et la critique par Mao Tse Toung des thèses de Khrouchtchev. Une anecdote prêtée à Chou en Lai: Khrouchtchev lui faisant remarquer que lui-même est d'origine ouvrière, alors que Chou en Lai est d'origine bourgeoise, celui-ci répond « *oui nous avons tous les deux trahi notre classe* ».

Mao Tse Toung va tenter de lutter contre la dégénérescence de l'Etat socialiste et la tendance de la bureaucratie d'Etat, issue de la lutte révolutionnaire, à se constituer en une nouvelle bourgeoisie. Ce n'est pas explicitement sur des principes démocratiques, mais cependant sur la mobilisation de tous, que Mao Tse Toung s'appuie pour lutter contre cette nouvelle bourgeoisie. Ce faisant, il tente d'amorcer une alternative révolutionnaire au totalitarisme.

D'abord en 1958 avec la politique du « *grand bond en avant* ». Il s'agissait de mobiliser le peuple, y compris les paysans, avec la constitution des communes populaires, et contrairement à la collectivisation russe, de déjà « *produire local* ». Ce fut une catastrophe économique et sans doute une des raisons d'une grande famine. Les médias occidentaux évaluent les victimes de 16 à 30 millions de morts. Il est difficile aujourd'hui d'avoir une vue objective, de faire la part des catastrophes naturelles dont la Chine était coutumière, comme les sécheresses qui frappèrent particulièrement ces années-là. Difficile aussi de valider des méthodes de calcul qui consistent à comptabiliser dans les victimes « *ceux qui auraient dû naître* » etc. Moins d'un siècle avant, dans les années 1860 et dans une Chine moins peuplée, les révoltes des Taiping avaient fait plus de 60 millions de victimes. Quoi qu'il en soit, même si l'étude objective de la période reste à réaliser, le « *grand bond* » fut une catastrophe, suite à une politique trop volontariste qui dut être rectifiée.

En 1966, toujours pour éviter la dérive bourgeoise de l'Union soviétique, Mao amorce la GRCP (Grande Révolution Culturelle Prolétarienne) en lançant les Gardes-Rouges, appuyés par des textes théoriques comme « *la déclaration en 16 points* », à l'assaut de la bourgeoisie au sein même du Parti et des administrations nationales, régionales et locales chinoises. Il s'agit d'allier la jeunesse aux ouvriers et paysans pauvres, et de désacraliser le rôle du Parti. La volonté est de renouer avec l'esprit de la Commune de Paris et de remettre en cause les nouveaux puissants. « *Médecins aux pieds nus* », « *aller au peuple* », établissement des jeunes urbains cultivés à la campagne, « *Les masses doivent contrôler le KGB et non le KGB contrôler les masses*, » faisaient partie des mots d'ordre de la Révolution culturelle chinoise, marquant la volonté de lutter contre l'embourgeoisement et la bureaucratisation des dirigeants.

La Commune de Shanghai en 1967 et 1968, tentera de s'inspirer de la Commune de Paris. L'alliance entre les Gardes rouges et les ouvriers précaires se heurtera à la puissance locale dont faisait partie les syndicats des ouvriers « *installés* ». Echo à la nécessité de se démarquer des positions de l'aristocratie ouvrière.

En 1976, Deng Xiaoping met fin à la Révolution culturelle et renverse la « *Bande des Quatre* » dirigeants qui la menait: Yao

Wen yuan, Zhang Chunqiao, Jiang Qing (la femme de Mao) et Wang Hongwen, ce dernier issu de la classe ouvrière de Shanghai.

Là encore il est difficile de faire le bilan complet de la Révolution culturelle, faute de connaissances de données locales objectives, faute de validation et de synthèse des différents témoignages. C'est vrai aussi bien de la Révolution culturelle elle-même, que de son arrêt. En raison aussi de l'intense propagande négative qu'elle a suscitée. Mettre en cause les puissants, mêmes issus de la lutte révolutionnaire ? Quel sacrilège! Par son ampleur, par sa durée, par la problématique soulevée: comment développer les motivations et les idéaux communistes dans un pays qui se veut socialiste ? la Révolution culturelle chinoise nécessitera encore des études et enquêtes objectives approfondies.

La Révolution culturelle a été critiquée, en particulier pour le manque de développement économique. Pourtant, l'administration Deng reconnaîtra elle-même que l'économie de Shanghai, après une période de flottement, se développait au taux de 10% par an de 1966 à 1970 et de 42% de 70 à 75, c'est-à-dire des chiffres de croissance semblables à ceux du « *miracle chinois* » attribué ensuite à Deng. Le calcul du nombre de victimes, comme d'habitude lorsqu'il s'agit d'une révolution ouvrière et populaire, cumulera des victimes d'origines diverses et en particulier imputera à la révolution, les victimes des contre-révolutions, comme les 300 victimes de la répression des Gardes rouges par l'armée au Qinghai le 23 février 1967.

Hongsheng Jian, professeur à la fois aux Etats-Unis et à Pékin, raconte comment sous l'emprise du discours dominant de ses professeurs de l'université de Pékin, il répétait machinalement lui aussi toutes les horreurs à l'égard de Mao Tse Toung et de la Révolution culturelle. Ceci avant de réaliser que sa propre famille de paysans et d'ouvriers Mingmong (immigrés de l'intérieur), affichait toujours chez elle la photo de Mao. Il décide alors, stimulé par les interrogations de ses professeurs américains, d'aller y voir de plus près, et finalement publie son livre sur la

Commune de Shanghai, reconsidérant de façon positive ses vues sur la Révolution culturelle[86].

La réorientation dirigée par Deng est-elle une contre révolution comme le pense Alain Badiou ? Autant qu'on peut approcher la réalité, on a cru percevoir un soulagement du peuple chinois lors du renversement de la « *Bande des Quatre* », on a cru percevoir que le peuple et les travailleurs étaient trop divisés, que les directives de ne s'en prendre qu'aux 5% de puissants dérivaient vers des affrontements au sein du peuple, que la volonté de s'en prendre aux « *4 vieilleries* » (idées / culture / coutumes / habitudes) poussait à l'extrême, au rejet de tout le passé, et semblait incohérent pour un mouvement qui, par ailleurs, s'appuyait sur l'exemple historique de la Commune de Paris et sur les savoirs populaires…

Force est de constater que Deng s'est imposé facilement après la mort de Mao Tse Toung. Difficile de penser que la Bande des Quatre, qui n'était pas une bande de guérilleros isolés dans une montagne reculée, mais qui au contraire détenait le pouvoir, était réellement soutenue par le peuple. Celui-ci ne semble pas avoir lutté, ni même protesté lors de leur destitution. Au contraire, la mise en cause de Chou En Lai par la Bande des Quatre, lors de sa mort en janvier 1976, avait suscité de nombreuses protestations. L'orientation volontariste de la Bande des Quatre fait un peu penser au volontarisme de Babeuf, et avant lui des hébertistes et des « *enragés* », que Robespierre et les Jacobins éliminent au printemps 1794 pendant la Révolution française. C'est Mao Tse Toung lui-même qui rappelle Deng Tsiao Ping en 1973, même s'il désigne Hua Guo Feng pour lui succéder, comme compromis entre la Bande des Quatre et Deng. Il semble que Mao également avait des doutes sur l'évolution de la Révolution culturelle dirigée par la Bande des Quatre. Là encore, même paradoxe que pour Staline et ses opposants. On peut concevoir l'intérêt et même la nécessité de la Révolution culturelle … et comprendre le coup d'arrêt de

---

86 - Hongsheng Jiang: « *La commune de Shanghai* » 2010.

Deng … et au-delà, comprendre la phase suivante du mouvement pour la démocratie et contre les inégalités en Chine.

Les leçons de l'échec de la Révolution culturelle

Les motivations de la Révolution culturelle sont claires. L'évolution de l'URSS et la mainmise des oligarques sur l'économie russe a montré que Mao Tse Toung avait raison de se préoccuper de l'évolution d'un Etat socialiste. L'avenir le dira, mais peut-être avait-il raison aussi de s'inquiéter de l'évolution de la Chine elle-même, où, à l'ombre du développement économique formidable, les inégalités atteignent aujourd'hui un niveau identique à celui des Etats-Unis. En Chine, les 10% les plus riches de la population contrôlaient 60% des richesses en 2000 ; aujourd'hui ils en contrôlent 75%, comme aux Etats-Unis et plus qu'en France (50%). En 2005, tous les membres du Bureau politique du Parti communiste chinois étaient ingénieurs de formation. Difficile de penser qu'ils représentent le prolétariat! On pense plutôt à une dérive élitiste à la Saint Simon[87], orientée exclusivement sur le développement industriel et technique, un « *gouvernement d'experts* » où la question de l'inégalité sociale n'est pas la priorité. Ces inégalités sont à la fois les conséquences et le moteur d'un type de développement identique à celui des puissances capitalistes avec, ce qui est déjà beaucoup, l'esclavage, les guerres coloniales et l'impérialisme en moins. Sur le plan écologique, ce type de développement met tout aussi dangereusement en cause la planète. Peut-être s'apercevra-t-on que le Grand Bond en Avant de 1958 qui a précédé à la fois chronologiquement et dans son esprit la Révolution culturelle et qui a été critiqué par exemple pour ses hauts fourneaux locaux, était une tentative réellement d'avant-garde de produire local ?

Néanmoins il est curieux qu'une Révolution culturelle initiée par le sommet, par Mao Tse Toung et Chou En Lai, mobilise les masses contre les dirigeants embourgeoisés, mais ne remette en cause ni l'armée, ni la désignation et la révocation des responsables par

---

87 - Saint Simon: « *Catéchisme des industriels* » 1823.

143

élections libres, contrairement à la Commune de Paris sur laquelle elle prétendait prendre modèle.

La Chine d'aujourd'hui

Tien an Men: la répression de Tien an Men en juin 1989 est mise en avant par les occidentaux pour critiquer la Chine, avec cette fameuse photo d'un jeune homme qui barre la route à une colonne de chars. Cependant dans quel pays, dans quel système politique une personne seule peut-elle arrêter une colonne de chars ? Dans quel pays, y compris occidental, des étudiants peuvent occuper la place principale pendant 7 semaines - du 15 avril au 4 juin 1989 - 15 jours après l'instauration de la loi martiale ? Ni à Washington, ni à Londres ni à Paris cela n'aurait été possible. Paris où, même en 68, les étudiants n'ont pu tenir un sit-in place de la Concorde! Les victimes de la répression du mouvement de 1989 à Pékin l'ont été, non sur la place Tien an Men elle-même, mais dans les rues adjacentes, et semblent davantage relever de l'incompétence et du manque d'expérience du maintien de l'ordre de l'armée et de la police chinoise, que de la volonté de faire des victimes.

A partir de 2010, de fortes grèves ouvrières se sont développées en Chine, dans les usines d'automobile Honda, Toyota, ou dans celles des fournisseurs d'électronique comme Foxconn, la grande entreprise taïwanaise, fournisseur de toutes les grandes compagnies d'informatique. Des augmentations salariales de 20 à 60% ont été obtenues par les travailleurs.

Le taux de profit de Foxconn peut être deviné par le fait que la direction, d'elle-même, suite à la fois à la vague de suicides dans son personnel et aux grèves, a proposé une augmentation de salaire de 60% en 2010. Certains économistes considèrent que cette année 2010 est charnière dans la mondialisation. La Chine ayant atteint son « *tournant de Lewis*[88] », le moment où les

____

88 - Du nom du prix Nobel d'économie Arthur Lewis originaire de Sainte Lucie qui étudia cette question.

réserves de paysans sont insuffisantes pour venir alimenter les besoins en ouvriers des usines. C'est donc aussi un moment où les ouvriers peuvent résister à la course aux plus bas salaires. Selon l'OIT[89] les salaires ont plus que doublé en Chine lors de la dernière décennie, contrairement à la situation en Occident ou dans les autres pays émergents (+30% uniquement). Entre 2005 et 2010, en 5 ans, le pourcentage de la population couverte par la protection sociale (santé, retraite, chômage, maternité et accidents du travail) est passé de 24% à 94%. L'avantage compétitif de la Chine par rapport aux Etats-Unis ne serait plus que de 4% par unité produite (mais la productivité par salarié reste elle, plus importante aux Etats-Unis). Le Bangladesh, le Cambodge, l'Inde ou l'Afrique se substituent à la Chine comme « *usine du monde* ». Mais les réserves d'agriculteurs acceptant de très bas salaires comme ouvriers y sont moins importantes qu'elles ne l'étaient en Chine. La prolétarisation de la planète se termine donc. La classe ouvrière va retrouver une capacité de lutte, ne serait-ce que par la grève. Les patrons des multinationales ne pourront plus lui opposer et lui substituer les travailleurs venus des campagnes, acceptant des conditions de travail digne du XIXème siècle. D'où l'enthousiasme des patrons pour les robots.

Pour la Chine, le passage d'une économie exportatrice « *d'atelier du monde* », à une économie plus équilibrée et capable de fonctionner essentiellement pour les besoins locaux, n'est pas gagné. Malgré l'amélioration du niveau de vie de l'ensemble de la population (plus d'un demi-milliard de personnes ont été sorties de l'extrême pauvreté en moins de 30 ans), la lutte pour réduire les maux actuels du développement chinois, depuis la pollution jusqu'à l'extrême inégalité va être difficile. Peu de pays, et des petits uniquement, ont été capables de sortir du piège de « *l'économie intermédiaire* ». Le Parti communiste chinois, avec Deng Tsiao Ping, a choisi, contrairement au parti de Khrouchtchev

---

89 - OIT, Organisation Internationale du Travail.

et Brejnev, de laisser des capitalistes individuels incarner le développement en dehors de l'appareil d'Etat. Cela n'empêche pas Liu Xiaobo[90], opposé au régime, d'avoir comme premier grief « *l'absence grave du droit de propriété privée* ». La lutte contre la corruption menée par campagnes successives, en particulier par Li Xi Ping, est peut-être une tentative d'éviter l'appropriation privée éhontée telle que l'Occident et la Russie l'ont connue. Mais menée du sommet, elle ressemble plus à des règlements de compte qu'à une maîtrise du peuple sur l'économie. Il sera intéressant d'observer si cela permet à terme de mieux contrôler ces nouveaux patrons. Mais il serait encore plus positif que le dépassement final du capitalisme débute par la Chine!

Il est paradoxal de voir qu'aujourd'hui le capitalisme le plus performant, le capitalisme chinois, doit se parer de l'habit communiste. Le développement de la Chine en une génération n'a pas d'équivalent dans l'histoire, à la fois par le nombre de personnes concernées 1,4 milliard, et par la rapidité des transformations. Comme le dit Lee Kuan Yew, l'ancien chef d'état de Singapour « *la Chine est la plus grande puissance de l'histoire du monde* »[91]. Son Produit National Brut est devenu le second du monde, s'accroissant du montant du PNB Indien tous les deux ans. En PPA[92] il a d'ores et déjà dépassé celui des USA. Alors qu'il n'arrivait pas à la moitié en 2005. La Chine pèse pour 40% de l'ensemble de la croissance mondiale. Son projet de « *Nouvelle route de la soie* » de Chine jusqu'en Europe engage un montant d'investissement équivalent à 12 plans Marshall, le plan qui aida à la reconstruction de l'Europe après-guerre. Il pourrait concerner 65 pays et 4,4 milliards de personnes. Si la tendance se poursuit, l'économie chinoise pèsera 2, 3, 4 fois celle des USA dans les 20

---

90 - Prix Nobel chinois de littérature: mais tout le monde n'est pas Soljenitsyne!

91 - Cité par Graham Allison: « *Destined to war* » 2017.

92 - PPA: Parité de Pouvoir d'Achat qui donne des évaluations indépendantes de la valeur des monnaies ce qui permet de comparer plus justement des économies différentes.

ans à venir selon l'augmentation de la productivité par travailleur, mettant forcément en cause l'hégémonie américaine. Cela changera le monde.

On ne considérera pas la Chine comme le modèle du communisme à venir, mais on l'appréciera comme un pays du Sud où l'orientation du Parti communiste a permis à 1/5 de l'humanité d'avoir accès à l'eau, à la nourriture, d'être sorti de l' extrême pauvreté. Cela s'est fait avec un accroissement des inégalités, qui reste pour l'instant supportable tant que les salaires des travailleurs augmentent de 10 à 15% par an... Cela s'est fait aussi avec beaucoup de pollution, mais on se félicitera du fait que malgré son retard économique la Chine soit néanmoins en pointe dans la prise de conscience des nécessités écologiques. La Chine a été aussi en pointe pour maitriser l'explosion démographique et peut dans ce domaine être un exemple en particulier pour l'Afrique. On fera confiance à la classe ouvrière chinoise pour dépasser le stade de développement actuel, et réessayer une avancée nouvelle vers le communisme. Communisme qui est sans doute, à l'échelle d'un grand pays comme la Chine, une nécessité pour crever le plafond de verre du « *revenu intermédiaire* ». Il serait naturel dans la foulée des luttes depuis 1989, grèves ouvrières et luttes pour la démocratie, que le communisme démocratique soit son étendard... Wei Jingsheng[93] réclamait dans un Dazibao signé et affiché sur le Mur de la démocratie le 5 décembre 1978 à Pékin, la 5ème modernisation, la démocratie (à côté de l'industrialisation, l'agriculture, la science et la défense nationale). Deng et ses successeurs auront peut-être créé les conditions pour cette phase suivante de la révolution chinoise !

Les Khmers Rouges calomniés ?

Les Khmers rouges sont un autre des repoussoirs que la réaction internationale utilise pour dénigrer tous les mouvements révolutionnaires. A l'égard du Cambodge aussi notre

---

93 - Wei Jingsheng, dissident chinois, ancien garde rouge, né en 1950.

connaissance est partielle. Nous laisserons là encore les historiens faire la part du vrai et du faux. On croit bien percevoir l'affinité des Khmers rouges avec la Bande des Quatre en Chine, un extrémisme où des notions comme « *peuple ancien* » et « *peuple nouveau* » sonnent dangereusement. On croit y percevoir le sectarisme et la division du peuple.

Cependant, des questions se posent face au déluge de propagande dont les Khmers Rouges ont fait l'objet, ainsi que sur le nombre de victimes qui leur est attribué:

- Le Cambodge est un pays qui a subi en 1975, du fait de l'aviation américaine, le plus fort bombardement au km2 qui n'ait jamais eu lieu dans l'histoire jusqu'alors. Ces bombardements n'ont officiellement fait aucune victime, puisque toutes les victimes de cette période sont attribuées aux Khmers rouges! curieux ?

- L'évacuation de la capitale Phnom Penh est souvent présentée comme la preuve de la paranoïa des dirigeants Khmers rouges. Or Hanoi au Vietnam était bombardée depuis des années par l'aviation américaine, et ce jusqu'en décembre 1972. Le Cambodge aussi était bombardé. Pourquoi Phnom Pen ne l'aurait pas été en avril 1975, moins de deux ans et demi après l'arrêt des bombardements sur Hanoi ? En fait c'est bien probablement l'évacuation de Phnom Penh qui a rendu ce bombardement inutile aux yeux de l'armée américaine.

- Les Khmers rouges maintenaient une armée de libération nationale de 50 000 hommes et femmes dans les années 70 face au régime pro américain de Lon Nol issu d'un coup d'Etat contre le roi Norodom Sihanouk. Les Khmers rouges n'étaient pas au pouvoir, n'avaient pas à leur disposition les moyens de l'appareil d'Etat, n'avaient aucun pays frontalier pour assurer leurs arrières. C'est, proportionnellement, comme si la résistance française avait été capable de maintenir une armée de 500 000 hommes pendant l'occupation nazie. Difficile de croire que les Khmers rouges n'avaient aucun soutien du peuple ?

- 60 000 personnes ont été tuées semble-t-il dans le terrible camp S21. En admettant que ce chiffre ne soit pas exagéré, il n'y a pas un deuxième camp de ce type. Comment arrive-t-on aux 2 millions de tués de la propagande anti Khmer rouges, relayée sans vérification par les médias ?

La cause initiale et principale des malheurs des cambodgiens était l'agression américaine. Mais au nom de la démocratie, les défenseurs des droits humains s'en prennent essentiellement aux victimes. Comme l'a souligné Noam Chomsky[94], aucun défenseur des « *droits de l'homme* » à l'époque ne se préoccupe au même moment, entre 1975 et 1999 des massacres de l'armée Indonésienne à Timor, qui tuent 25% de la population locale. Il est vrai que l'armée indonésienne est soutenue par les Etats-Unis, la Grande-Bretagne et la France. Personne ne semble réaliser que si les victimes des Khmers rouges sont à mettre au débit du socialisme, ceux de Timor sont à mettre au débit du capitalisme.

La Corée du Nord un idéal méconnu ?

Bien entendu la Corée du Nord de Kim Jong un ne fait rêver personne. Mais on constatera et regrettera de ne jamais avoir l'occasion d'entendre le point de vue de ses dirigeants dans les médias occidentaux. Son isolement est-il voulu ou provoqué par l'Occident ? Comment un pays aussi petit, 25 millions d'habitants, aussi en retard sur le plan économique semble-il, aussi isolé, peut-il développer des technologies aussi avancées que celles qu'il est soupçonné de posséder dans le domaine nucléaire ?

Des questions du même type se posent pour l'ensemble des mouvements révolutionnaires, comme le Sentier lumineux au Pérou par exemple. Nous laisserons les historiens nous éclairer sur

---

94 - Noam Chomsky, philosophe, linguiste et militant américain.

ces questions, faire la part du vrai, du faux, des calomnies. De nombreux exemples nous montrent que les médias occidentaux cachent les turpitudes du système et dénigrent toutes les tentatives de le dépasser. Bien sûr ils le font en s'appuyant sur les erreurs réelles de ces tentatives, mais en les exagérant, et surtout en ne les mettant jamais en perspective avec la situation désastreuse que ces tentatives essaient de dépasser. Rien d'étonnant, mais encore faut-il que les militants ne se laissent pas intoxiquer par ce matraquage et ne répètent pas machinalement cette propagande.

L'impasse de la révolution dans les pays occidentaux

En Occident, une certaine effervescence a lieu autour de Mai 68: la Gauche prolétarienne et Action Directe en France, Lotta Continua et les Brigades rouges en Italie, la Bande à Baader en Allemagne, les Black Panthers aux Etats-Unis, l'Armée Rouge Japonaise JRA, la IVème Internationale dans différents pays. Tous ces mouvements s'activent mais échouent. Aucun n'a débouché, non seulement sur une victoire, mais sur une perspective positive. Cette ligne qui court de Blanqui[95] à Che Guevara, attend ou prépare le « *Grand soir* » de la révolution, appelle à la grève générale en permanence, se soucie peu des conditions concrètes, et de ce que pense la majorité des travailleurs. Ils sont parfois en phase avec le mouvement, comme Blanqui lui-même lors de la Commune de Paris, Che Guevara à Cuba (mais ni au Congo ni en Bolivie), comme les organisations « *gauchistes* » diverses qui animent Mai 68. Divisés, ils ont en commun l'impatience et le refus de considérer que le mouvement révolutionnaire puisse être en reflux, et que les travailleurs puissent être épuisés et circonspects. Enfermés dans une démarche groupusculaire, ils en

---

95 - Auguste Blanqui, révolutionnaire français, « *le chef qui manqua à la Commune de Paris* » selon Karl Marx. (Thiers l'avait fait emprisonner). Ses obsèques en 1881 sont suivies par 100 000 personnes.

oublient l'essentiel, servir le peuple. Parfois une petite fraction d'entre eux, face à l'inertie apparente des luttes, dérape vers le terrorisme. Mais mêmes les plus patientes de ces organisations « *allant au peuple* », pratiquant « *l'établissement* », échouent. A la fin des années 60, les conditions ne s'y prêtaient pas. C'est l'apogée des trente glorieuses, de la société de consommation, du développement des classes moyennes en Occident, de l'intégration des noirs dans la société américaine. C'est une lutte au sein des pays riches, même si nombre d'organisations font le lien avec les luttes du tiers-monde, en particulier avec le Vietnam et Cuba. Les organisations « *révolutionnaires* » ne réussissent pas à « *secouer le vieux monde* » et s'étiolent. Les luttes des travailleurs elles, renaissent sans cesse.

Chapitre 6: Le totalitarisme en échec

Les différents échecs des tentatives révolutionnaires entament l'espoir d'un débouché positif des luttes, et rien n'entame plus cet espoir que la crainte d'une nouvelle dérive totalitaire.

Le totalitarisme est caractérisé par le rôle primordial que l'Etat central prend dans toute la société. L'Etat totalitaire avec son parti unique, prétend tout contrôler, la sphère publique et la sphère privée, jusqu'aux pensées de chacun, ce qui en fait un régime pire qu'un régime despotique classique. C'est Big Brother[96]. Les conceptions religieuses refoulées dans la société socialiste, se réintroduisent dans l'idéologie et le pouvoir dominant. L'oppression policière, l'omni présence de la propagande, le culte de la personnalité en sont les principaux aspects. Cette prétention à tout contrôler refuse un espace public démocratique qui soit le lieu d'expression des différences, des débats politiques, des critiques. Le totalitarisme s'oppose à la démocratie et, fondé sur l'arbitraire, refuse la notion d'Etat de droit. L'Etat totalitaire est surtout perçu par sa propagande, la bureaucratie et ses polices, comme les tristement célèbres Guépéou, Nkvd en URSS, ou Stasi en Allemagne de l'Est. Il est de façon exacerbée un état de classe où une minorité jouit de privilèges, passe droits et jusqu'à des magasins réservés. Le totalitarisme n'établit pas des rapports de production nouveaux. C'est une forme politique nouvelle émergeant dans les années 1930, dont Hannah Arendt par exemple a pu relever des caractéristiques communes au capitalisme fasciste et au socialisme soviétique. On l'a vu, le totalitarisme fasciste découle directement du capitalisme en crise, mais comment ces caractéristiques ont-elles pu se retrouver dans les expériences socialistes ?

---

96 - Georges Orwell: « *1984* » en 1949 et aussi Arthur Kessler: « *Le Zéro et l'infini* » 1941.

Hannah Arendt dans le livre déjà cité « *L'origine du totalitarisme* » fait un parallèle systématique et un peu laborieux entre l'expérience soviétique et le nazisme. Et plus spécialement même entre Hitler et Staline. Bien sûr des analogies peuvent sembler saisissantes, le problème est le choix arbitraire de cette comparaison. L'analogie entre le capitalisme démocratique et le nazisme aurait fait ressortir également des similitudes troublantes comme la propriété identique des moyens de production par les mêmes personnes ou, contrairement aux pays socialistes, la nécessité de guerres incessantes.

Raymond Aron dans le prolongement d'Arendt décrit le totalitarisme russe après la mort de Staline[97]. Tous deux notent l'importance de la terreur, de l'idéologie, de la propagande, du parti unique, du culte de la personnalité. Axés sur la description des similitudes entre nazisme et socialisme tous deux en alternative proposent l'ordre existant, l'impérialisme démocratique :

Arendt peut écrire dans la préface de son livre : « L'ère de l'impérialisme du dollar … est définitivement finie », ou encore « *La motivation du profit pour les politiques impérialistes, qui a beaucoup été surestimée dans le passé, a maintenant complétement disparu* ». Ceci en 1967, en pleine guerre du Vietnam !

Aron dénonce « La volonté de transformer fondamentalement l'ordre existant en fonction d'une idéologie », l'ordre existant ne s'appuyant selon lui sur aucune idéologie !

Le fait qu'Arendt et Aron défendent l'ordre existant, ou qu'Aron ai bénéficié du soutien de la CIA ne disqualifie pas totalement leurs analyses. Mais opposer au totalitarisme « *L'état de droit* » (Arendt) apparait comme insuffisant car l'état de droit a précédé le totalitarisme. Lui opposer (Aron) une société de liberté

---

97 - Raymond Aron : « *Démocratie et totalitarisme* » 1965.

caractérisée par « *la mobilité sociale* » et où « *ces sociétés peuvent atténuer progressivement non seulement les différences de condition… mais les différences dans les revenus* » relève d'une société capitaliste rêvée à l'opposé de la réalité vécue par des milliards de gens.

Aucun d'eux ne se pose réellement les questions essentielles : Pourquoi le totalitarisme apparait ? Comment l'éviter ?

Les conditions d'émergence du totalitarisme soviétique

Un reflet du capitalisme

Le socialisme soviétique, première tentative révolutionnaire conséquente après les 3 mois de la commune de Paris, a ensuite dérivé vers une forme totalitaire. Il a marqué de son empreinte les tentatives suivantes. Le socialisme soviétique trouve son modèle dans la grande entreprise moderne du début du XXème siècle en Allemagne et aux Etats-Unis. Taylorisme, fordisme prétendent à l'Organisation Scientifique du Travail (OST). Des patrons de droit divin, imposent une planification et une organisation quasi militaire dans leurs usines, appuyées sur une bureaucratisation et un caporalisme de petits chefs. Son efficacité a impressionné les révolutionnaires du début du XXème siècle. Face au capitalisme, il s'agit pour eux de faire preuve d'une efficacité au moins équivalente. Le socialisme russe aura projeté ce modèle capitaliste, aujourd'hui dépassé, à l'ensemble de la société, en faisant jouer à l'Etat le rôle du patron despote. Un patron dont l'emprise dépasse le seul cadre de l'usine et intervient dans toutes les activités de la vie.

La forme totalitaire qu'a prise le socialisme russe a aussi des caractéristiques liées au contexte de la révolution soviétique elle-même.

Une classe ouvrière minoritaire

Les cinquante années qui vont de la première révolution russe de 1905 aux années 50 sont celles d'un pays où subsistaient des

155

relations féodales, où le servage venait à peine d'être aboli et où la classe ouvrière était minoritaire. Le pouvoir de la classe ouvrière, s'exerçait dans un contexte où les masses paysannes non éduquées étaient largement supérieures en nombre. Cette situation n'incitait pas les révolutionnaires à respecter les décisions majoritaires et démocratiques. Un représentant aux soviets était élu par 25 000 électeurs dans les villes ouvrières et par 120 000 électeurs à la campagne. Le caractère non mature du capitalisme russe, sa proximité avec le mode « *de production asiatique* » qui induit un lien direct entre les individus et le pouvoir central a pu aussi contribuer à l'acceptation de dérives comme le culte de la personnalité.

La brutalisation

Le socialisme soviétique se développe entre deux guerres mondiales, à travers une guerre civile, des blocus, de nombreuses agressions étrangères. Les troupes anglaises, françaises (incluant celui qui allait devenir le général De Gaulle), polonaises, turques, tchèques, japonaises - 14 nations au total - interviennent au sud et au nord de la Russie pour soutenir les armées blanches, contre la jeune révolution russe. Elles organisent le blocus de la toute nouvelle Union des Républiques Socialistes Soviétiques (URSS). Néanmoins l'armée rouge l'emporte dans un contexte que l'on a pu appeler la « *brutalisation* [98]» de l'ensemble des sociétés européennes de l'époque. Tout le monde préférera la vie dans un pays démocratique riche, développé, en paix, à la rudesse de cette expérience. Il est facile d'oublier que ce confort, cette paix dans les pays occidentaux sont obtenus au prix d'oppression et de guerres à l'extérieur, de façon continue, pas uniquement dans le passé, mais aujourd'hui encore. Les défenseurs des privilèges établis affirment, depuis la Révolution française, que la terreur est concomitante à la volonté de changer les choses. Hannah Arendt

---

98 - George L. Mosse, historien américano allemand: « *De la grande guerre au totalitarisme, la brutalisation des sociétés européennes* » 1990.

soutiendra que c'est la lutte pour l'égalité qui mène à la terreur et au totalitarisme. On a vu que la terreur des puissants, de la répression de la Commune de Paris aux guerres coloniales, la terreur dont le but est le maintien ou l'aggravation des inégalités, bien qu'elle soit encore plus ample et plus cruelle, leur parait beaucoup plus supportable. Les anti-communistes opposent à la soi-disant terreur révolutionnaire, la démocratie pacifique des oasis occidentales, en tentant de faire croire que cette démocratie est induite par le capitalisme. C'est chronologiquement faux, mais de plus ils passent sous silence le fait que la démocratie occidentale ne s'est développée que sur une certaine prospérité, elle-même acquise, ou plutôt conquise, sauvagement, successivement par l'expulsion des paysans, la déportation des esclaves africains, l'oppression des ouvriers, de leurs familles et de leurs enfants, par l'oppression et les massacres des guerres coloniales. La brutalisation cachée.

Mais le totalitarisme soviétique a certaines caractéristiques qui ne s'expliquent pas uniquement par l'état de développement du capitalisme lors de la révolution, ni par le contexte d'une société majoritairement paysanne et les conditions historiques particulièrement violentes, il a aussi quelque chose à voir avec la théorie révolutionnaire elle-même.

La faute du marxisme ?

Trois éléments constitutifs de la théorie révolutionnaire marxiste ont pu jouer un rôle dans la dérive totalitaire.

Le communisme « *avenir radieux* »

Même s'ils s'en défendent, à la fois Marx et le mouvement ouvrier avaient besoin de croire en une alternative idéale à la société d'oppression qu'ils vivaient, et contre laquelle ils luttaient. Même s'il se refusait « *à décrire les gargotes du futur* », Marx considérait le communisme comme la fin des antagonismes de classe, la réunification de la pratique et de la théorie, de la liberté et de la nécessité, de l'existence et de l'essence, de l'homme et des autres espèces, la fin de l'histoire. On peut y voir comme l'accomplissement de la perfection, du paradis sur Terre, ce qui revient à introduire dans la théorie révolutionnaire des conceptions quasi religieuses, confortant des certitudes absolues. Dangereux! On se contentera d'un but moins idéal, le communisme démocratique, et tant mieux si dans son développement on a l'heureuse surprise de déboucher sur encore mieux!

Mais de plus la théorie marxiste indique aussi que ce but radieux est inéluctable, ce que veut démontrer le matérialisme historique.

Le déroulement même de l'histoire, la lutte pour la production économique, la recherche et la lutte de classe, fait que le communisme sera atteint inéluctablement par la victoire du prolétariat qui supprimera toutes les classes, rendant l'état inutile. Cette conception incitait les acteurs et plus encore les dirigeants à se sentir les détenteurs d'une vérité absolue. En même temps on aurait pu -on aurait dû- se dire que puisque le mouvement est inéluctable, qu'il est « *scientifique* », ce n'est pas la peine d'en rajouter, de faire preuve de volontarisme, d'étouffer à ce point les idées divergentes, même si on les considérait comme erronées. Nous discuterons au prochain chapitre de ce que pouvait signifier au XIXème et XXème siècle, au moment de l'émergence du marxisme, le fait de concevoir le matérialisme historique comme « *scientifique* ». Nous verrons que le scientisme, dans lequel baignait le marxisme naissant, a pu contribuer à cette vision totalisante de la société et imprégner la révolution à mener.

De plus, ce processus, le matérialisme historique, mène au communisme idéal parce que les humains peuvent changer de « *nature* ».

« *Ce n'est pas la conscience des hommes qui détermine leur existence, c'est au contraire leur existence sociale qui détermine leur conscience* » disait Marx. Donc en changeant les conditions

158

sociales, lors de la révolution socialiste, l'homme changera et pourra être en adéquation avec la société idéale communiste. Oui. Mais il ne faut pas confondre les échelles de temps. L'évolution biologique se fait sur des milliers, des centaines de milliers ou même des millions d'années, l'évolution des sociétés, comme on l'a vu pour le capitalisme, se fait sur des siècles, au plus sur quelques millénaires pour certaines des structures sociales précédentes. L'évolution qui se fait à l'échelle d'une génération se compte en années. Même si l'histoire s'accélère, il est tout à fait suspect de prétendre voir l'émergence d'un homme nouveau à l'échelle d'une vie humaine, ou, comme les khmers rouges le prétendaient voir apparaître un « peuple nouveau », différent d'un « peuple ancien » en si peu de temps. Cette conception impatiente peut amener à des politiques volontaristes dangereuses entraînant toutes les dérives.

Ces trois caractéristiques, le communisme comme perfection, le matérialisme historique comme science et enfin l'homme comme malléable, ont contribué à une vision totalitaire des révolutions et sociétés communistes. D'autant plus lorsqu'elles étaient interprétées étroitement et au mot à mot. Le développement économique, la généralisation de l'éducation, l'évolution des sciences qui façonne la théorie révolutionnaire, l'expérience politique de ces échecs socialistes, permettent aujourd'hui de se dégager de ces erreurs de jeunesse. Le totalitarisme aura été la maladie infantile des premières expériences révolutionnaires ouvrières.

Revenons sur la dérive totalitaire de la révolution russe qui a ses spécificités au-delà des caractéristiques historiques et des lacunes de la théorie révolutionnaire.

Staline et Trotski responsables ?

Le pouvoir corrompt

Ecartons l'analyse psychologique selon laquelle la dérive totalitaire serait due à la personnalité de Staline. Les personnalités de Staline et de Trotski étaient différentes, mais les critiques qui leur sont faites sont en grande partie les mêmes. Les analyses psychologiques sont faites *a posteriori* et les mêmes caractéristiques, le volontarisme, la dureté, vont servir aussi bien à expliquer qu'on devient dictateur, pilote de formule1 ou chirurgien. Non seulement ces analyses n'expliquent rien, mais elles tendent à sous-estimer le problème en n'en dégageant ni les causes véritables ni les solutions.

Pour Rudolf Bahro[99] « *l'intérêt historique général se trouve être leur intérêt particulier* » (aux chefs révolutionnaires). Mais c'est l'inverse qui est vrai. Les classes sociales font émerger les chefs dont elles ont besoin. Des pays aussi différents que l'Allemagne, l'Italie ou le Japon ont basculé dans le fascisme et ont fait émerger des personnalités différentes pour en prendre la tête. Ces personnalités ont imprimé leurs marques, mais pour l'essentiel les mêmes caractéristiques du fascisme se sont imposées dans les trois pays aux conditions pourtant différentes. Aujourd'hui ce ne sont pas les gourous révolutionnaires qui manquent, et pourtant les mouvements n'ont pas réellement de chefs unificateurs. En lien avec les conceptions qui cherchent à expliquer les dérives totalitaires par la personnalité des dirigeants, il y a l'idée que le pouvoir corrompt et que « *le pouvoir absolu corrompt absolument* ». On glisse d'une critique du système, vers une critique du pouvoir en soi. Bien entendu les manifestations de pouvoir dont on est le plus conscient sont celles qui sont les plus proches. On finit par critiquer essentiellement les manifestations de pouvoir, mêmes minimes, qui se font jour dans son propre camp. On substitue à la lutte de classe, les conflits avec le parti rival voisin, ou avec les responsables de sa propre organisation quand ce n'est pas avec son compagnon de vie. Ce faisant on dissout la cible, on divise le camp des 99%, on finit par conforter le système et on laisse les travailleurs toujours dans la même impasse.

---

99 - Rudolf Bahro, dissident d'Allemagne de l'Est: « *L'Alternative* » 1977.

L'une des caractéristiques du totalitarisme a été la dérive bureaucratique. On a vu la critique que faisait déjà Bakounine à Marx sur ce plan. Cette critique sera renforcée à l'égard de Lénine et bien sûr de Staline. Comme si l'enseignement tiré de l'échec de la Commune de Paris (le manque d'organisation) se retournait, et que l'accent mis sur la nécessité de l'organisation pour le succès de la révolution, comme la nécessité de la dictature du prolétariat pour sa pérennité, menaient forcément à la bureaucratie d'abord, au totalitarisme ensuite.

En fait les appels répétés de Lénine à la discipline d'organisation se faisaient dans un contexte très laxiste. Ainsi Zinoviev[100] exclu du parti lors d'une réunion en 1917, préside la réunion suivante...

Trotski critiquera également la dérive bureaucratique du pouvoir soviétique sous la direction de Staline. Mais les critiques faites à Trotski lorsqu'il faisait partie de l'équipe bolchevique au pouvoir étaient du même ordre que ce qu'il reprochera plus tard à Staline: militarisation des syndicats, bureaucratisation de l'Armée rouge dont Trotski était le chef, écrasement de la révolte des marins de Cronstadt[101]... Il est probable que la position volontariste de Trotski n'aurait pas plus permis d'éviter les dérives totalitaires. « *Pire encore...* » Dit de lui Soljenitsyne dans l'Archipel du Goulag.

Lorsque Zinoviev et Kamenev (autre dirigeant de la révolution russe) veulent exclure Trotski du parti bolchevique pour ses méthodes brutales en 1924, Staline s'y oppose en expliquant que si les bolcheviks se lancent dans cette voie, ce sera sans fin, et ils finiront par tous s'exclure mutuellement. C'est pourtant ce que Staline lui-même finira par faire! Staline non plus ne voulait pas ça! C'est-à-dire qu'indépendamment des hommes, de leur conscience ou de leur volonté, des forces étaient à l'œuvre qui

---

100 - Zinoviev, l'un des dirigeants de la révolution russe, condamné à mort lors des procès de Moscou en 1937.

101 - Révolte des marins de Cronstadt en mars 1921 contre la révolution soviétique.

161

menaient à cette dérive. Il est important d'en comprendre les raisons sinon les mêmes causes pourraient produire les mêmes effets. Les réactionnaires, tout en faisant l'impasse sur leurs propres crimes, affirmeront que la dérive est inévitable, que cela remonte à Lénine, Marx, Robespierre ou Rousseau, tous les dirigeants de l'émancipation des « *petites gens* ».

La bureaucratie n'a pas pour justification uniquement le contrôle, elle prétend aussi à l'efficacité. Nous savons maintenant que cette efficacité à court terme se paie par une dévitalisation du projet lui-même. Un peu comme une démocratie qui, pour se défendre, prendrait des mesures d'exception, déclarerait un état d'urgence permananet, ferait usage de la torture, et abandonnerait l'Etat de droit, perdant ainsi son âme et sa justification. Ou encore comme le cumul et le renouvellement immodéré des mandats électifs transforment l'élu en potentat local, toujours au nom de l'efficacité.

Bien entendu il faut combattre la bureaucratie. Bureaucratie qui est une caractéristique aussi du capitalisme avec une explosion sans précédent des normes techniques et administratives. La solution ne peut pas être purement technique. Les mesures à prendre concernant les modes de représentation et de fonctionnement de l'Etat (le pouvoir aux comités de base, la révocabilité des élus, le non cumul des mandats, les limites dans le temps de ces mandats etc..) n'auront de sens et de crédibilité que dans un projet plus ambitieux.

Une autre critique de Trotski au stalinisme, qu'il liait d'ailleurs à celle concernant la bureaucratie, était la volonté de construire le socialisme dans un seul pays.

Le socialisme dans un seul pays

En 1919 en Allemagne la défaite de la révolution spartakiste et l'assassinat de leurs leaders Karl Liebknecht et Rosa Luxembourg, en 1920 en Pologne l'échec de l'offensive soviétique, en 1926 l'échec de la grève générale anglaise, en 1927 le massacre par Tchang Kaï-chek de ses alliés communistes en Chine, ont convaincu à la fin des années 1920, les communistes russes et l'Internationale Communiste, le Komintern, que la révolution ne s'exporterait pas à partir du succès de la révolution russe. D'où la contrainte de poursuivre la construction du socialisme d'abord en URSS.

Est-ce que Trotski n'avait pas raison de penser que le socialisme ne peut triompher dans un seul pays ? Qu'il nécessite une révolution mondiale ? Ceci devient d'autant plus vrai aujourd'hui que la mondialisation a imbriqué les économies comme jamais. Les capitalistes « *punissent* » par l'évasion des capitaux, les sanctions économiques, les offensives contre la monnaie, le blocus, l'isolement, les guerres, tout pays qui remet en cause leur gouvernement du monde. C'est ce que montrent aussi bien l'embargo contre Cuba de 1962 à 2016, le plus long embargo de tous les temps, l'organisation de la grève des camionneurs contre Allende au Chili, les pressions sur le premier gouvernement Mauroy en 1983 en France, ou sur la Grèce de Tsipras en 2015. Sans parler de tous les coups d'Etats mentionnés précédemment. Une simple mesure fiscale de justice sociale, un changement de taux d'imposition, un impôt sur les grandes fortunes, entraînent des effets de bords, fuite des capitaux, évasion fiscale etc. qui mettent en péril l'économie du pays.

En retour, le pays révolutionnaire, subissant le blocus, isolé, secrète une suspicion qui dégénère jusqu'à la paranoïa, ce qui provoque des contrôles infinis et contribue au glissement vers la corruption et/ou le totalitarisme. Les mesures censées défendre le socialisme, les murs et autre « *rideaux de fer* » le dénaturent, affadissent son exemple, son pouvoir de conviction, son « *soft power* », et réduisent les soutiens dont il peut bénéficier de la part des travailleurs du monde entier, donc au final elles l'affaiblissent.

La position de Trotski dans les années 1930 était qu'il fallait exporter la révolution à partir de l'URSS, c'est-à-dire imposer la révolution à des gens qui n'en voulaient pas (pas encore…). C'était un peu l'erreur inverse des Mencheviks qui se satisfaisaient du capitalisme, y compris de ses guerres, en attendant que son développement crée les conditions matérielles de la révolution socialiste. Trotski, lui, ne souhaite pas attendre que les conditions matérielles soient mûres pour la révolution. Si ailleurs dans le monde les conditions avaient été réunies pour une révolution, pourquoi n'aurait-elle pas eu lieu, en dépit de l'opposition de Staline ? C'est l'erreur du trotskysme de rêver à une révolution mondiale tout en étant critique, très critique, avec toutes les révolutions réelles, comme à l'égard de la révolution chinoise. La Quatrième Internationale, que les trotskistes essaieront de mettre en place, ne débouchera sur aucune avancée révolutionnaire même si, ici ou là, les trotskistes auront préservé la flamme révolutionnaire, « *l'hypothèse communiste* », dirait Alain Badiou. Apparemment, si la révolution ne pouvait être victorieuse dans un seul pays, elle ne pouvait pas non plus l'être dans plusieurs.

Staline, à la suite de Lénine, dans les conditions d'un pays arriéré, va tenter la construction du socialisme dans un seul pays. Même si les conditions de l'échec sont peut-être là dès le début, Lénine et Staline essayent, tentent quand même. Que pouvaient-ils faire une fois portés au pouvoir, en particulier par le refus de la guerre, et une fois récusée l'idée de promouvoir artificiellement la révolution dans d'autres pays ? Ils ont tenté de poursuivre la révolution au-delà des 3 mois qu'avait duré la Commune de Paris. Ce faisant ils ont permis aux travailleurs une expérience, certes douloureuse comme tous les échecs, - son arrêt est encore plus douloureux!-, mais qui permet de mieux préciser le projet communiste à venir.

« Patauger dans le sang » ou choisir la liberté ?

Au-delà des critiques plus ou moins virulentes que l'on peut faire à la dérive totalitaire, un constat s'impose: le totalitarisme, y compris dans sa version socialiste, a échoué. Cette forme de pouvoir politique entre en contradiction avec le développement formidable des forces productives que le socialisme a libérées. Après la reconstruction qui a suivi la guerre, après les années 1950, l'URSS stagne, tout en se lançant dans des agressions militaires à l'extérieur. Une nouvelle bourgeoisie se constitue et le système finit par s'effondrer dans les années 1990. Les oligarques imposent un capitalisme classique. Avec Poutine il reste cependant de larges traits du totalitarisme, comme quoi ce dernier n'était pas lié intrinsèquement au socialisme.

Le regain immédiat de la religion et du nationalisme dès la fin du socialisme est une autre manifestation de son échec même si religion et nationalisme étaient à l'œuvre bien avant. Face à l'invasion hitlérienne Staline veut rassembler toutes les forces, y compris arriérées. Pour cela, il fait appel à la religion et au nationalisme dont on retrouve les caractéristiques dans la conception religieuse du parti, le culte de la personnalité, la prétention à gérer dans le détail la vie de chacun. L'échec de la révolution russe n'est pas tant économique, domaine où elle a prouvé jusqu'aux années 50 son efficacité ; cet échec est avant tout moral, culturel et finalement politique.

La dérive totalitaire de la révolution russe, loin de la consolider, a contribué à son échec. Sur le territoire même de l'URSS les travailleurs ont été divisés, avec une fraction d'entre eux au Goulag. L'échec moral du Goulag, les entraves à la liberté, ont donné prise à la critique et à l'isolement de l'URSS sur le plan international. On a pu rétorquer, en réponse à l'alternative d'un « *socialisme à visage humain* » que proposait Dubcek en Tchécoslovaquie, « *Je me contenterai du visage humain* ».

Le totalitarisme soviétique est condamnable non seulement pour ses « *crimes* » qui sont en partie relatifs à la période, mais parce qu'il va échouer sur le plan économique, militaire, moral, culturel, sur le plan des libertés individuelles, du progrès social et démocratique, pour finalement s'effondrer sur lui-même et ramener au capitalisme. Ce qui a pu faire dire à Michnik[102] « *Le pire dans le communisme, c'est ce qui vient après* ».

---

102 - Adam Michnik, directeur du quotidien Polonais Gazeta Wyborcza, militant de Solidarnosc.

Les crimes attribués au communisme se comptent par millions: le communisme de guerre de 1917, la collectivisation et l'élimination des koulaks - les paysans « *riches* » -, le Goulag, la famine en Ukraine pour l'URSS, le grand bond en avant et la famine, les désordres de la Révolution culturelle pour la Chine, les aberrations des Khmers rouges au Cambodge...

Ceci permet aux idéologues du système capitaliste comme Guy Sorman[103] de répandre des idées comme "*sous toutes les latitudes le communisme réel patauge dans le sang*". Le problème est que le capitalisme réel aussi patauge dans le sang, en pire, et depuis bien plus longtemps. Guy Sorman prolonge sa critique du communisme: "*bien que le communisme réel ait tué ou dégradé plus de victimes que le nazisme et le fascisme réunis...*". En fait c'est le capitalisme « *normal* » qui a fait beaucoup plus de victimes même que le nazisme et le fascisme réunis, ne serait-ce que parce qu'il a duré plus longtemps. De plus ces derniers ne sont que du capitalisme exacerbé, capitalisme qu'ils n'ont jamais remis en cause et dont ils sont une des manifestations. C'est le communisme qui essentiellement nous débarrasse du fascisme.

Nous laisserons les historiens faire la part de ce qui relève des exagérations, des confusions entre événements climatiques, guerres, décisions politiques, comme l'hypocrisie d'organiser le blocus d'un pays socialiste puis de faire mine de s'apitoyer sur les disettes provoquées...

On peut refaire l'histoire, souhaiter que le développement économique et le développement social se fassent dans la sérénité, mais cela n'a jamais été vrai. On aimerait croire que l'accumulation du capital se soit faite en douceur ; ce n'a été le cas nulle part. La lutte pour la production, comme les luttes de classes qui découlent du mode de production d'une époque, ont entraîné à tout moment et en tout lieu des victimes, et d'abord chez les

---

103 - Guy Sorman, écrivain politologue franco-américain, chantre du libéralisme.

travailleurs. On peut rêver d'un développement plus harmonieux, moins « *à l'arrache* », avec moins de victimes et de drames, mais cela n'a jamais eu lieu dans l'époque moderne, que ce soit dans le cadre capitaliste ou socialiste.

Bien entendu aucune personne sensée ne choisira une option constituée de liste de crimes contre une douce société pacifique et démocratique favorable au shopping. Mais le choix n'a jamais été celui-là. Chacun des systèmes réels a eu son lot d'erreurs, de victimes et de ce que l'on peut effectivement considérer comme des crimes. Si le lot du socialisme a son explication - et non sa justification - dans le fait qu'il s'agissait de sociétés particulièrement arriérées, dominées, plongées dans des guerres qui n'étaient pas de leur fait, le lot de crimes du capitalisme, y compris sous sa forme démocratique, est bien plus lourd, ne serait-ce encore une fois que par la durée. Les crimes du capitalisme, qui se perpétuent aujourd'hui alors qu'il est hégémonique, apparaissent comme inhérents à son existence.

L'émergence du capitalisme, avec l'expropriation et la famine des paysans, l'esclavage, les journées de travail sans fin, les guerres coloniales et impérialistes, a été horrible. Même le capitalisme mûr, « *les Trente glorieuses* », a été l'horreur pour une grande partie de la planète, comme on l'a vu plus haut. La lutte pour la production est une lutte ardue, difficile, faisant tous les jours des victimes: deux morts au travail par jour aujourd'hui encore dans la France du XXIème siècle. En ce moment même, le capitalisme triomphant tue par milliers silencieusement: les famines, les accidents du travail, l'épuisement, dans les mines, les usines, les plantations du Sud, ou bruyamment: les milliers de morts en Méditerranée, 1 million de civils tués dans les guerres menées contre le terrorisme pour « *venger* » les 3000 morts du World Trade Center. Si Katyn est attribué au communisme, Srebrenica[104]

---

104 - Srebrenica, lieu du massacre de plus de 8000 bosniaques par les milices serbes en juillet 1995 pour lequel leur commandant, Ratko Mladic sera condamné à la perpétuité par le Tribunal pénal international pour l'ex-Yougoslavie en Novembre 2017.

doit l'être au capitalisme. Si la famine en Ukraine est attribuée au communisme, les famines d'aujourd'hui au Soudan, Ethiopie Bangladesh doivent l'être au capitalisme car le sous-développement de l'Afrique, est, pour beaucoup, dû au développement capitaliste qui exigeait esclavage et pillage colonialiste. Les 4 millions de morts au Congo de 1996 à 2006 pour contrôler le coltan, le cuivre, le cobalt, le génocide des Tutsis pour le contrôle des terres qui a fait environ un million de victimes en 1994 au Rwanda, avec la complicité d'une banque française, la BNP, et de l'armée française commandée par son « *chef des armées* » socialiste, François Mitterrand, sont à mettre au compte du capitalisme. La famine au Yémen depuis le début 2017 est très directement due à l'intervention de l'Arabie Saoudite, pilier du capitalisme d'aujourd'hui. L'holocauste, perpétré par les capitalistes nazis, est également à mettre au débit du capitalisme.

L'alternative au communisme n'est pas une pacifique société de consommation démocratique. Celle-ci n'est accessible qu'à une toute petite minorité privilégiée de la population du monde. L'alternative pour la majorité c'est le capitalisme qui patauge dans le sang, et qui n'a pas l'excuse, comme les tentatives communistes, de l'être pendant des périodes historiques de guerres, toujours déclenchées par les puissances capitalistes. Ce sont des crimes en temps de paix! Une trentaine d'années de construction du socialisme en Russie, hors de l'emprise du système dominant dans le monde, aura correspondu aux 5 ou 6 siècles d'accumulation capitaliste, ses drames et ses guerres. Bien sûr on peut regretter le coût humain dans les deux cas. On peut regretter le coût qui aura été nécessaire pour sortir du mode féodal, ses famines et ses épidémies, le coût pour atteindre un certain développement et une certaine prospérité. Mais il est vain de prétendre refaire l'histoire. Ça s'est passé comme ça! Au final on ne peut que constater que le développement socialiste se sera fait à un coût humain bien moindre que le développement capitaliste.

Pendant la coexistence pacifique entre les camps capitaliste et socialiste, des personnes comme Kravtchenko en 1943 ont « *choisi la liberté* »[105] en fuyant les pays socialistes pour se réfugier à l'ouest. Toujours aux Etats-Unis ou en Europe, c'est-à-dire dans les pays riches. Personne, à l'exception du Dalaï Lama, n'a choisi l'Inde, pourtant proclamée « *la plus grande démocratie du monde* ». N'est-ce pas dire qu'au fond, derrière le choix, démocratie contre socialisme, le choix était en fait, préférer être riche qu'être pauvre ? Tout le monde préférera richesses et libertés, à pauvreté et contraintes. Seules les périodes héroïques, de conscience et d'abnégation politique élevée, forcément de courte durée, peuvent inverser ce choix.

En Occident, les alternatives proposées sont toujours biaisées. On demande aux visiteurs qui se rendent à Cuba de prendre position sur les prisonniers politiques, aux visiteurs en Chine de prendre position sur le Tibet (qui était chinois bien avant que la Bretagne ne soit française) mais on ne demande pas aux visiteurs aux Etats-Unis de prendre position sur les 2 millions de Noirs en prison, les 30 000 assassinats par arme à feu par an, les assassinats de Noirs par des policiers qui suscitent le mouvement « *Black lives matter* ».

Les droits humains n'ont pas émergé d'un développement pacifique mais ont été imposés par les révolutions violentes anglaises, américaines et françaises. On veut le résultat mais on ne veut pas le prix de la gestation.

L'alternative, le communisme démocratique

Les opposants avaient raison

On peut comprendre et défendre la volonté de Lénine et de Staline de construire le socialisme en URSS, et en même temps comprendre et donner raison à beaucoup de leurs opposants. Les

---

105 - Victor Kravtchenko: « *j'ai choisi la liberté* » 1947.

opposants à Staline, « *dissidents* », diffuseurs de *Samizdats* et autres ont eu raison de dénoncer, dans le pays comme au Goulag, les erreurs ou les crimes qui se commettaient. Ceux qui ont lutté pour la justice, la démocratie contre le totalitarisme ont participé avec grand courage et de grands sacrifices au mouvement démocratique qui régénère le communisme. Il peut sembler contradictoire de donner raison à la fois à Staline et à ses opposants (certains d'entre eux!). C'est que leurs combats politiques ne couvrent pas la même période historique. Leurs horizons et propositions politiques sont différents. Staline intervenait dans la situation historique décrite plus haut, à la fois dépendant du passé et gérant comme il pouvait le présent, les guerres et la reconstruction. Ses opposants démocrates, luttaient dans le présent et préparaient le futur, en indiquant la nécessité du caractère démocratique de la révolution communiste.

Il est étonnant que malgré ses insuffisances et ses échecs, l'expérience socialiste russe ait laissé une telle nostalgie dans la classe ouvrière et les peuples de Russie. Cela prouve à quel point le socialisme répond aux aspirations du peuple, à plus forte raison si ce socialisme était dégagé à la fois des guerres, des temps difficiles, et de ses principales imperfections. Même si l'on repère le côté arriéré des sociétés où les révolutions ont eu lieu, les conditions de guerre, si l'on rectifie les exagérations de la propagande hostile, si l'on est conscient que le capitalisme est encore plus meurtrier que les révolutions, les crimes commis sous le socialisme, la peur ressentie par nombre de travailleurs sous le totalitarisme sont inadmissibles. Ces crimes paraissent d'autant plus odieux qu'ils se font au nom du socialisme. On a raison d'être plus exigeant avec les tentatives socialistes et de s'assurer que les prochaines tentatives ne tomberont pas dans les mêmes travers.

Des conditions historiques spécifiques

-   Une révolution socialiste n'a jamais eu lieu qu'en réaction à une situation abominable générée par le système capitaliste, la guerre et en particulier les guerres mondiales.

- Les révolutions qui n'ont pas été vaincues immédiatement, ont eu lieu à la périphérie du système et non dans son cœur industriel avancé. Il s'agissait de populations essentiellement paysannes pas tout à fait le prototype d'une révolution prolétarienne. Aujourd'hui cœur et périphérie sont plus diffus.

- Les révolutions ont eu lieu dans des pays où les prolétaires ne constituaient pas la classe sociale majoritaire comme ils le sont aujourd'hui, ce que nous préciserons au chapitre 11. Néanmoins ces révolutions auront contribué à créer une situation où aujourd'hui la classe ouvrière est présente de façon significative dans un grand nombre de pays, et où la nécessité d'une alternative au capitalisme se pose pratiquement avec la même acuité partout dans le monde.

- Les révolutions se déroulaient en opposition, mais en même temps dans le prolongement d'un capitalisme de grandes usines caporalisées. Le capitalisme a compris depuis longtemps que l'organisation militaire de la production n'était pas la plus efficace. D'où la « *coolitude* » des firmes de la Silicon Valley. Le « *toyotisme* » - du nom de la firme automobile -, l'organisation en flux tendu, le zéro stock, et au-delà l'enrichissement des tâches, la direction par objectifs, la réintroduction du collectif, la gestion plus sophistiquée des ressources humaines, tous ces développements nouveaux se révèlent plus efficaces que le taylorisme et sont venus diversifier l'organisation des usines du capitalisme. Cependant, pour maintenir leur pouvoir, ces firmes maintiennent des organisations de production de type totalitaire chez leurs partenaires du Sud. Apple peut être cool, Foxconn son fournisseur taïwanais l'est beaucoup moins dans ses usines en Chine.

- L'objectif des révolutions socialistes a souvent été de rivaliser avec le capitalisme pour le même type de croissance quantitatif, en négligeant souvent la qualité, à la fois des produits et des modes de production, contribuant ainsi au désastre écologique. Aujourd'hui au sein du système capitaliste, avant même la révolution socialiste, la nécessité d'un autre type de croissance, plus soucieux de la nature s'impose et vient conforter le projet alternatif.

- L'alliance pour rassembler les *99%* comprend les classes moyennes dotées d'un niveau d'éducation sans comparaison avec les participants des révolutions précédentes. Elles ont souvent fait l'expérience de certaines libertés ce qui contribuera à éviter les dérives totalitaires.

- Les tentatives d'établir le socialisme se sont faites successivement dans un seul pays, voire une seule ville. Successivement Paris, la Russie, la Chine, le Vietnam, Cuba, … pays aux structures de développement différentes mais en général peu avancées, pays qui se sont vite trouvés isolés. Contraints, les communistes ont été amenés à construire successivement le socialisme dans un seul pays. Quand le « *camp socialiste* » a existé, ce fut quelques années après 1945, il a très vite été divisé. Il n'a jamais été dominant dans le monde. Non seulement ces tentatives de socialisme dans un seul pays se trouvaient en butte à l'hostilité du reste du monde contrôlé par l'impérialisme, mais le fait même d'être dans un seul pays, de faire face à l'hostilité extérieure, déformait l'expérience socialiste et contribuait à ce « *socialisme de caserne* » dont l'échec est manifeste. Or les conditions là aussi ont changé: beaucoup de pays font partie de zones ou regroupements économiques comme la CEE, la zone euro, le Mercosur, l'Alena en Amérique, l'Asean et le TPP en Asie qui tendent à créer un contexte capitaliste commun. Un certain nombre de pays se trouvent dans des conditions économiques et sociales très proches. L'idée que des révolutions simultanées puissent avoir lieu et se consolider mutuellement est beaucoup moins théorique qu'auparavant. La mondialisation, stade suprême du capitalisme.

- La nécessité de ne pas recommencer les erreurs de la Commune, sa trop grande mansuétude, ses divisions et finalement son échec dans la terrible répression versaillaise, donne en URSS en 1917, 50 ans plus tard, le parti bolchevik, avec ses erreurs inverses, son système hyper centralisé, sa dérive vers le totalitarisme. Ces deux expériences opposées sont derrière nous et permettent de concevoir la voie à suivre.

- Les révolutions ont échoué d'abord idéologiquement, au point de faire apparaître parfois la démocratie comme une alternative et non comme leur prolongement. L'expérience du désastre totalitaire oblige à consolider le projet communiste en développant son caractère démocratique, sa défense d'un Etat de droit. De ce point de vue, il faut renouer avec l'expérience de la Commune de Paris qui, on l'a vu plus haut, accordait de l'importance à l'inspection des prisons ou à une sorte « *d'habeas corpus* » contre sa propre « *Sûreté Générale* ». Faire que la période de transition socialiste, la dictature du prolétariat, soit un Etat de droit est une des leçons importantes à tirer de la révolution russe.

- Lutter plus fermement, idéologiquement et non par décrets, contre le nationalisme et la religion, composantes du totalitarisme, est une leçon perdue de la Commune de Paris, et une des leçons à tirer de l'échec de la révolution russe. La volonté de Mao Tse Toung de conjurer le péril du retour au capitalisme qu'il pressentait, l'amène à mobiliser les masses, à tenter un retour au peuple, un appel à la base, pour développer la révolution. Mais la Révolution culturelle finit, elle aussi, par diviser le peuple et les travailleurs. Au pouvoir, Mao Tse Toung n'aura pas appliqué son enseignement de « *se battre à l'intérieur des lignes* ». Se battre à l'intérieur de son territoire, au propre comme au figuré. Faire ainsi que la légitimité de la lutte soit indiscutable, que les soutiens soient les plus larges possibles, servir le peuple, être au service des 99%.

- Tout cela dégage le programme du communisme démocratique que l'organisation de la lutte elle-même doit refléter. Après l'échec de la Commune de Paris, dû à sa trop grande magnanimité, à son organisation trop lâche, le mouvement ouvrier avait braqué la barre fortement dans l'autre sens: méfiance à l'égard de la spontanéité, de la diversité, de la confiance dans le peuple, instauration du parti unique, conception policière de la dictature du prolétariat. D'où la nécessité aujourd'hui d'un mouvement réellement efficace, c'est-à-dire non seulement reflétant dans son organisation interne le but de libération, mais n'altérant pas ce but au nom d'une efficacité immédiate illusoire. Une organisation évoluant dynamiquement de la centralisation à la décentralisation suivant les nécessités, sans parti unique, permettant la révocabilité des dirigeants etc.

Ces conditions historiques nouvelles, ces leçons des expériences passées seront des garde-fous à la dérive totalitaire. D'autant plus que les révolutions à venir seront menées par une classe ouvrière pas aussi analphabète que ne le croit Emmanuel Macron. Classe ouvrière de plus appuyée par des classes moyennes elles aussi plus cultivées que ne l'était la paysannerie dans le passé.

Les révolutions russe et chinoise auront contribué à un développement formidable des forces productives, et cela à un coût humain tout compte fait moindre que le développement du capitalisme « *normal* » (mais il n'est pas souvent « *normal* »!). L'échec des tentatives socialistes est avant tout manifeste parce que le monde fait face toujours aux mêmes problèmes non résolus. L'échec principal du communisme est là. Ne pas être reconnu comme l'alternative au capitalisme au moment où une alternative est indispensable. Le fait que les tentatives passées n'aient pas été victorieuses ne doit pas faire oublier qu'elles ont été en même temps la preuve qu'il était possible de bousculer les puissants. Ces tentatives ont été portées par la nécessité, et non par la volonté de quelques idéologues. Les expériences ont été terribles, douloureuses mais parce qu'elles étaient une alternative à une situation encore plus terrible, encore plus douloureuse.

La réponse aussi bien à la crise capitaliste qu'à l'échec du totalitarisme est le communisme démocratique. Cette composante démocratique du projet communiste n'est ni une clause de style, ni un attrape-nigaud, mais une nécessité. La démocratie implique la reconnaissance de l'individu. Sorti des périodes révolutionnaires particulières, il faut un Etat de droit où l'individu s'y retrouve. La démocratie est un acquis de l'espèce humaine depuis la démocratie esclavagiste grecque, en passant par les déclarations des droits de l'homme du capitalisme triomphant. Elle n'est pas liée à ce capitalisme. Au contraire, on l'a vu aux chapitres 1 et 2, le capitalisme devient un frein à la démocratie. Il est nécessaire que les communistes reprennent à leur compte l'exigence de la démocratie, la défendent, la développent et l'approfondissent.

Contradictoire « *communisme démocratique* » ? Un oxymore ? Pas plus que « *Liberté, Egalité, Fraternité!* ». Liberté et égalité peuvent être opposées, la liberté de chacun peut renforcer l'inégalité plus que l'égalité. Mais c'est dans l'articulation, la tension entre ces deux buts que les sociétés démocratiques et les droits des humains ont progressé. Le communisme démocratique y ajoute la fraternité pour en faire un projet à trois dimensions.

Le communisme démocratique dessine le but, nécessaire à l'évolution de la société humaine aujourd'hui. Le communisme parce que sans s'attaquer à l'extrême inégalité et donc à l'appropriation par une toute petite minorité de l'appareil productif, les solutions alternatives sont vouées à l'échec. Démocratique parce que le totalitarisme a échoué et, à juste titre, personne n'en veut.

Le communisme exige la dissidence

Il reste à développer la théorie révolutionnaire pour unifier les luttes. Il faut réhabiliter les tentatives révolutionnaires précédentes. Elles sont critiquées puisqu'elles ont échoué, mais il ne faut pas que ces critiques masquent l'enjeu principal, qui est de ne pas laisser le système hyper élitiste en place.

Les tentatives socialistes ont été étouffées par les manœuvres du système capitaliste impérialiste dominant bien sûr, mais surtout par l'immaturité des conditions où elles se sont déroulées: faiblesse de l'appareil productif, de la classe ouvrière, de l'éducation de masse, de la théorie révolutionnaire.

L'échec auquel aboutit le capitalisme aujourd'hui est tel que, quels que soient les échecs des tentatives pour le remplacer, il suscite en permanence de nouvelles tentatives. Dès lors la question qui se pose est, comment faire pour que les prochaines tentatives soient victorieuses ? Il faut mesurer les échecs, hors propagande des 1%. Repérer en quoi ce sont des échecs. Quel peut-être le contour de la proposition nouvelle pour ne pas se contenter, comme dit Zizek[106], de « *rater mieux* » la prochaine fois...

La révolution russe ne ressemblait pas à la Commune de Paris dont elle voulait s'inspirer, la révolution chinoise a été également différente de la révolution russe. La révolution communiste démocratique sera différente de toutes celles qui l'ont précédé. Lénine était à son époque considéré comme un marginal du marxisme, Mao Tse Toung un marginal du communisme soviétique, le communisme exige la dissidence.

La théorie révolutionnaire nécessaire aujourd'hui pour éviter la dérive totalitaire s'appuie, comme par le passé, sur l'état et le développement des sciences. Les sciences se sont dégagées du scientisme du XIXème siècle qui imprimait ce caractère péremptoire à la théorie marxiste. En quoi une tentative nouvelle sera-t-elle adaptée au monde et à la connaissance que nous en avons aujourd'hui ?

---

106 - Slavoj Zizek, philosophe et militant Slovène né en 1949.

3ème partie
Le Monde a changé

Chapitre 7: Ce que nous dit la science

A partir des luttes ouvrières du XIXème siècle, le mouvement communiste s'est inspiré essentiellement du marxisme. Les œuvres de Marx sont publiées de 1840 à 1890, certaines à titre posthume par Engels (Marx meurt en 1883). Marx est contemporain des deux révolutions industrielles (la machine à vapeur et l'électricité), de l'explosion des découvertes, de l'essor de la science. La science initie et accompagne des développements qui semblent continus, dans les transports, la métallurgie, la mécanique, ce qui en retour conforte la confiance absolue dans les innovations qu'elle permet et permettra.

Avant même les révolutions industrielles, la première révolution scientifique, initiée par Copernic au début du XVIème siècle, est appelée aussi révolution mécaniste. L'époque est marquée par le déterminisme qu'exprime entre autres Pierre Simon de Laplace[107] au début du XIXème siècle. Dans cette conception non seulement tous les événements sont déterminés par une relation stricte de cause à effet mais cette relation peut être entièrement connue. Avant lui, au début du XVIIème siècle, au début du capitalisme commercial et financier en Angleterre, Francis Bacon proposait déjà de considérer la Terre comme une machine. Un peu plus tard, en France, René Descartes[108] voyait les humains «*comme maîtres et possesseurs de la nature* ». La science remplace Dieu, elle est sans limite. La science, encore mal dégagée des visions religieuses, va prétendre comme elles, expliquer le monde dans tous ses détails de façon exhaustive. Ce « *scientisme* » qui imprègne toute la société, va aussi influencer le marxisme. Il est remis en cause aujourd'hui par le développement de la science elle-même.

Aujourd'hui, que nous dit la science ?

---

107 - Pierre Simon de La Place, scientifique français de l'époque napoléonienne mort en 1827.

108 - René Descartes, mathématicien et philosophe français mort en 1650.

Une science relative

Un « *Big Bang* » il y a plus de 13 milliards d'années initie notre univers, qui depuis serait toujours en expansion. Pour l'instant notre connaissance du passé ne va pas plus loin dans le temps. Il y a 4,6 milliards d'années, la Terre se constitue à partir des matières et des forces libérées par ce Big Bang.

Les humains ont longtemps pensé que le Soleil et les planètes tournaient autour de la Terre. Nous savons, grâce à Copernic, que la Terre n'est qu'une des planètes tournant autour du Soleil, lui-même un des astres d'une galaxie, la Voie lactée, qui n'est qu'une, parmi des milliards de galaxies. Notre galaxie devrait rencontrer « *prochainement* » (4 milliards d'années!) la galaxie « *voisine* » d'Andromède, sans trop de dégâts paraît-il...

Une trentaine de constantes précises caractérisent notre univers, l'ensemble des forces et éléments qui le constitue: masse du Soleil et de la Terre, leur distance réciproque, la vitesse de la lumière, 300 000 km/s, la constante de Planck h= $6{,}62607004 \times 10^{-34}$ m^2 kg / s, la constante de gravitation G= $6{,}67 \times 10^{-11}$ N·m2·kg-2, la vitesse de l'expansion de l'univers 67,9 km/s/mégaparsec etc. La précision et l'interaction de ces constantes semblent être des conditions de l'émergence de la vie. Ce fait a été utilisé par certains pour défendre l'idée d'une création divine. Ces contraintes seraient trop précises pour ne pas avoir été décidées par une divinité supérieure. Elles seraient la preuve d'un « *dessein intelligent* ». Les scientifiques objecteront que la probabilité d'arriver aux conditions de notre univers et de notre vie est certaine, puisque le nombre de galaxies et de planètes étant infini, les possibilités sont elles aussi infinies, et parmi elles les contraintes citées plus haut. Des scientifiques ont calculé que 10 000 planètes suffisent pour rendre la probabilité de vie supérieure à 60%... et il y aurait plus de 100 milliards d'exoplanètes pour notre seule galaxie! De nombreuses planètes hors du système solaire (les exoplanètes), sont découvertes chaque année et parmi elles certaines sont susceptibles d'abriter de la vie.

La vie

La vie est apparue sur Terre, soit à partir des matières qui y étaient présentes, en particulier l'eau, soit apportée par une météorite. La vie apparait après la constitution de la Terre il y a 4 milliards d'années. Elle est constituée d'éléments de base, des agglomérations de molécules. Elle comprend des éléments vivants de toute nature du plus simple, cellules, bactéries, au plus sophistiqué, nous (puisque c'est nous qui le définissons!). Par ailleurs les cellules s'agglomèrent (notre organisme est constitué de milliers de milliards de cellules) pour constituer notre enveloppe (la peau), nos viscères (cœur, poumons, intestin etc.), notre squelette, nos outils de locomotion (les membres), notre système nerveux (cerveau, moelle épinière, mais auquel participe aussi l'intestin) constituant un échafaudage du vivant structuré par la double hélice de l'ADN. Cet échafaudage se poursuit par l'émergence (grâce au système nerveux en particulier) des sentiments, de l'intelligence, de la conscience, qui produisent la culture. Pour l'instant les humains n'ont pas été capables de créer ou recréer la vie à partir des éléments de base dont nous disposons.

La caractéristique du vivant au plus petit niveau, celui d'une cellule, comme au notre, est ce qu'Antonio Damasio[109] appelle l'homéostasie: la faculté de chaque organisme vivant à se réguler (la température, la pression, la luminosité, l'entrée et la sortie des aliments etc.) pour survivre en fonction de son environnement. On peut retrouver là un ensemble de contraintes du même type que celles vues ci-dessus pour permettre à la vie d'exister. La même « *volonté* » de survivre, de se prolonger amène tout élément vivant à tirer parti de l'environnement en y puisant l'énergie nécessaire à son développement, à se nourrir et à se reproduire, que ce soit par la division cellulaire pour les éléments

---

109 - Antonio Damasio: « *L'ordre étrange des choses* » 2017.

les plus simples, ou la reproduction sexuée pour les plus sophistiqués de façon, pour les humains par exemple, à donner naissance aux enfants.

D'où provient cette « *volonté* », cette « *énergie* », cet élan vital du vivant à toujours tenter de survivre et à se projeter vers le futur ? En effet ce développement de la vie, cette construction d'un ordre, cet accroissement du complexe, semble contraire à cette connaissance que nous avons que tout système fermé tend vers l'équilibre, le désordre, l'entropie, qui semble équivalent au calme et à la mort. Cette vitalité vient que nous ne sommes pas dans un système fermé. A travers bien des étapes qui ont duré une dizaine de milliards d'années, les énergies libérées par le Big Bang et dont font partie aussi bien l'éloignement des galaxies que l'énergie solaire continuent d'animer l'univers. La science a rétabli la relation dialectique entre le corps et l'esprit que beaucoup de religions, mais que la science également avec Bacon et Descartes avait séparée. La science vient renforcer la conception matérialiste dialectique du monde à partir de laquelle le marxisme s'est développé.

La physique d'Einstein et de Planck

Nous réalisons que nous percevons le monde à travers nos sens imparfaits: notre vue, notre ouïe, notre mémoire sont des reconstructions complexes, nous permettant d'approcher le monde réel, mais de manière approximative. Si notre œil perçoit les longueurs d'onde de la lumière émise par le soleil, c'est que la sélection naturelle et l'évolution ont sélectionné ces caractéristiques pour l'espèce humaine. Nous n'avons pas tous la même perception des couleurs, les daltoniens confondent le rouge et le vert, ni la même perception que les animaux, les chats voient la nuit. Nos témoignages, oculaires, auditifs, comme ceux de la mémoire sont des reconstructions et non de simples photos du passé. Ils sont incertains. Si nous percevons le monde à travers nos sens imparfaits, c'est cependant à partir d'eux que nous forgeons nos conceptions les plus péremptoires! Pensons à la fiabilité si faible des témoignages humains que de nombreuses affaires de faits divers révèlent. Aujourd'hui, contrairement au XIXème siècle, nous savons que nous sommes faillibles.

Nombre de découvertes échappent à nos sens: le fait que la Terre n'est pas plate, que le Soleil ne tourne pas autour d'elle, mais également l'infrarouge, l'ultraviolet, l'électricité, les rayons X, la radioactivité, qui exigent des instruments de plus en plus sophistiqués pour être appréhendés. Ces phénomènes ne sont pas perceptibles d'emblée par nos sens ou notre entendement. Or ces phénomènes permettent des réalisations concrètes dont nous bénéficions. Il nous faut donc bien admettre qu'ils existent! Il ne faut pas forcément « *le voir pour le croire!* »

Aujourd'hui, nous savons que nous ne percevons, parce que sensible à nos sens et à notre intelligence, que 4% de la matière de l'univers. Le reste est ce que l'on appelle matière, ou énergie noire - on devrait plutôt dire invisible à nos yeux - même si nos yeux sont « *augmentés* » de tous les instruments élaborés par l'espèce humaine à ce jour (lunettes, microscopes, télescopes, robots, drones …).

Les 4 forces qui régissent notre univers seraient: l'interaction nucléaire forte (qui maintient les atomes, elle est constituée de quarks et de gluons), l'interaction nucléaire faible (la radioactivité et la fusion nucléaire avec les bosons), l'interaction électromagnétique (qui constitue la lumière avec les photons) et la gravitation (qui explique la constitution des galaxies, des planètes, et qui serait portée par le graviton, mais l'existence de ce dernier n'a pas encore été prouvée). Ceci constitue le modèle de physique qui explique notre monde, le « *modèle standard* ». Il n'a émergé qu'il y a 50 ans mais il semble conforté par la découverte du boson de Higgs en 2014. Ce modèle ne donne une explication unifiée que des trois premières forces, à l'exclusion donc de la gravitation. Le fait que « *le modèle standard* » ne « *colle* » pleinement ni avec la relativité générale ni avec la physique quantique, ni avec Einstein ni avec Planck, crée une incertitude. La difficulté de la physique à développer une théorie cohérente pour l'infiniment grand et l'infiniment petit, l'oblige à envisager des théories contradictoires comme celles de la super

183

symétrie, des Cordes, de la « *gravité quantique à boucle* », des multivers (par opposition à un-ivers), des théories « *du tout* » etc.

Les physiques, la relativité restreinte, puis générale, développées par Einstein au début du XXème siècle, comme la physique quantique, initiée par lui, mais développée partiellement en opposition à ses thèses, par Max Planck et ses successeurs comme Werner Heisenberg ou Niels Bohr, ont relativisé le rôle du témoin humain comme critère de vérité. Si la présence de la force gravitationnelle prévue par Einstein a bien été révélée début 2016, c'est grâce à la collusion de deux trous noirs… trous noirs auxquels Einstein ne croyait pas! Les développements de la physique quantique et ses réalisations sont bien réels, malgré le caractère non intuitif qu'elle peut avoir: le chat de l'expérience de Schrödinger à la fois mort et vivant, le passage du même électron par deux fentes distantes… Le fait d'avoir comme principe central le principe d'incertitude d'Heisenberg, de concevoir la réalité, une particule, comme une fonction d'onde et de ne l'approcher que par probabilités, le fait qu'il soit impossible de calculer à la fois la vitesse et la position d'une particule, la troublante « *intrication* » (le fait que deux phénomènes soient dépendants l'un de l'autre alors même qu'ils sont dans des contextes apparemment indépendants), toutes ces thèses contre- intuitives, sont cependant à la base de réalisations techniques: transistors, lasers, cryptographie en attendant les ordinateurs quantiques…, réalisations déterminantes pour le développement de la société de l'information. En même temps la réalité devient plus floue, elle « *n'est qu'interaction* » entre des particules fugitives. « *C'est de ce floutage du monde que provient notre perception de l'écoulement du temps* » nous dit le physicien Carlo Rovelli[110] bousculant en passant aussi la notion du Temps.

Aujourd'hui, le consensus des physiciens semble penser que la nature est « *non locale* », que le « *vrai hasard* » existe, par opposition au fait de considérer comme hasard, un « *hasard*

---

110 - Carlo Rovelli: « *7 brèves leçons de physique* » 2014.

local », celui dont on n'est pas encore capable de comprendre tous les ressorts mais dont on pourra avoir l'explication un jour. Il semble que, pour contredire la célèbre formule d'Einstein, sinon Dieu, du moins la nature « *joue aux dés* ». Ces nouvelles connaissances contribuent à secouer les certitudes et convictions assurées du début de la révolution industrielle, et avec elles les théories telles que le marxisme qui se sont développées dans ce contexte scientiste. Notons que les théories de la relativité comme la physique quantique ont déjà plus d'un siècle d'existence, mais les idées se répandent lentement, ou, comme le disait Max Planck, les idées nouvelles finissent par convaincre surtout parce que les tenants des idées anciennes meurent...

La physique est obligée de développer des théories qui ne sont « *vraies* » que dans des contextes délimités, le très petit, le très grand etc. De plus, ses lois ne sont « *fondamentales* » que temporairement, ou de façon limitée. Mettre « *vrai* » entre guillemets, comme nous le faisons dans la phrase précédente pour exprimer le « *consensus* » des physiciens, est révélateur de la prudence dans l'approche des vérités scientifiques. Les lois fondamentales ne sont qu'émergentes et approchées. « *Nous n'avons pas encore résolu le problème* » écrivait Paul Dirac l'un des grands physiciens de la physique quantique. « Rien *ne va plus en physique* » peut écrire Lee Smolin[111].

Signe sans doute de son ébranlement, la physique, science majeure du XIXème siècle, voit sa suprématie battue en brèche par la biologie. Même si la distinction devient ténue, car la biologie elle-même révèle de plus en plus les réactions physico chimiques sous-jacentes à son activité.

Les mathématiques, placées au centre de la science par Isaac Newton, paraissent être capables d'exprimer le cœur rationnel de la réalité. Mais pour ce faire, elles intègrent des notions comme la complexité, le hasard, le chaos, les probabilités, les jeux,

---

111 - Lee Smolin, physicien américain: « R*ien ne va plus en physique* » 2007.

185

l'instabilité, l'incertitude, la brisure de symétrie, à l'encontre souvent, là encore, de lois et de principes qui furent fondamentaux et semblaient intangibles. Des théorèmes peuvent être démontrés à « *99%* » comme celui de Thomas Hales concernant la conjecture de Kepler (en particulier parce qu'une partie du raisonnement s'appuie sur des résultats d'ordinateur). Exemple cité par Jordan Ellenberg qui nous dit aussi que « *Les mathématiques sont un moyen de raisonner sur l'incertain, de l'apprivoiser, faute de le domestiquer totalement* ».[112] Le débat entre matérialistes, entre scientifiques, se poursuit et peut prendre des tours inattendus et inaccessibles aux profanes, comme de remplacer Dieu par les mathématiques[113] pour en faire un « *magimathics* » ou un « *mathimagic* » proche des délires postmodernes.

Pas de marxisme quantique!

En progressant, les sciences ont également introduit une grande part d'incertitude dans les réflexions sur la société. La science, moins déterministe aujourd'hui, plus modeste dans les attentes qu'elle suscite, rend moins tentant pour une théorie, ou une politique, de se prétendre « *scientifique* ».

Nos sens sont imparfaits, nous ne percevons qu'une toute petite partie de la réalité, 96% de la matière ou de l'énergie du monde nous échappe, nous savons que l'observateur perturbe lui-même l'analyse de la réalité qu'il observe, la physique est incapable de fournir une explication unifiée du très petit et du très grand, les lois de la physique ne sont plus fondamentales, gravées dans le marbre, mais ne sont que des probabilités, au point de se dissoudre dans un « *paysage de lois* », soumis lui-même à « *l'érosion* » voire à « *l'évolution* » comme l'écrit Lee Smolin.

---

112 - Jordan Ellenberg: « *How not to be wrong, the hidden Maths of everyday life* » 2017.

113 - Max Tegmark, cosmologiste suédois: « *L'univers est mathématique* » 2014.

Ronald Aylmer Fisher biologiste et statisticien britannique dont les travaux servent à évaluer la probabilité qu'une affirmation scientifique soit vraie, ou qu'une expérimentation soit probante, écrit: *« Un fait scientifique ne devrait être considéré comme établi expérimentalement seulement si, l'expérience étant correctement menée, elle échoue rarement à donner ce niveau de résultat »*. Quelle prudence!

Karl Popper[114] définit une démarche scientifique par sa notion de réfutabilité. Cette démarche permet de tester une théorie et d'éliminer les théories erronées, mais elle ne permet pas d'en positionner une bonne avec certitude. Elle contribue ainsi à maintenir une grande quantité de possibles et à instiller un doute sur les connaissances établies.

Cette nouvelle compréhension du monde favorise une vision plus humble que celle des révolutions scientifiques et industrielles triomphantes du temps de Marx. Le matérialisme dialectique et historique, le marxisme, se concevait alors comme une science, et concevait la science comme une vérité absolue. Ceci amenait à faire de la théorie révolutionnaire également une vérité absolue. Cette conviction a été une des racines de la dérive totalitaire. Aujourd'hui, le contexte scientifique différent, plus enclin au doute, éloigne des idées mécanistes, simplistes, marquées de scientisme, qui accompagnaient le développement du capitalisme, et influençaient aussi ses critiques.

Certes le marxisme est encore une *« science »* utile à l'émancipation du plus grand nombre, mais à la manière de la physique de Newton ou autres lois *« fondamentales »* … et néanmoins relatives.

Notre vision plus incertaine de la réalité est renforcée par les conditions économiques chaotiques du capitalisme en crise. Depuis Marx, le capitalisme s'est développé par crises successives.

---

114 - Karl Popper, philosophe des sciences britannique d'origine autrichienne: « La *logique de la découverte scientifique* » 1934.

Les taux de croissance ne sont plus ceux du XIXème siècle. Ceci peut doucher l'enthousiasme et susciter un doute sur le développement continu, le progrès, la croissance. Cette perception du monde plus incertaine est accentuée en Occident depuis la crise du milieu des années 70 qui, on l'a vu, a marqué un tournant dans le développement du capitalisme. La crise, renforcée par l'instabilité politique, le terrorisme, la pollution, les changements climatiques, l'apparition de nouveaux virus ou les dangers du nucléaire suscite un doute concernant le futur.

Il ne s'agit pas de plaquer les enseignements scientifiques et de concevoir un « *marxisme quantique* », intégrant le hasard, l'indéterminé, le doute, l'essai, l'échec, l'erreur, le pardon, la pitié, l'initiative, la tolérance, et l'humour … et de tomber sous les coups d'un Sokal[115] pourfendant les ridicules du post modernisme. Cependant ces avancées scientifiques, tout en consolidant une vue « *matérialiste dialectique* » du monde, imprègnent aussi la théorie révolutionnaire, et l'obligent à se débarrasser de son caractère péremptoire et dogmatique. Elles nécessitent de concevoir l'alternative au capitalisme avec une prudence et une humilité que l'on peut associer à la démocratie.

Il ne faudra cependant pas jeter le bébé avec l'eau du bain et, sous prétexte de relativité, perdre de vue que la rationalité est bénéfique aux travailleurs et à tout le genre humain. L'irrationalité, la « *post-vérité* », les « *fake news* » dont sont si friands, à la fois les religions et l'extrême-droite, sont le combustible de ces sectes où le gourou ramasse tout. Le gourou étant aujourd'hui, les 1%, les bénéficiaires du système actuel.

---

115 - Alan Sokal et Jean Bricmont: « *Impostures intellectuelles* » 1997, où les auteurs piègent et ridiculisent les applications hasardeuses des sciences « *dures* » aux sciences sociales.

La nature dont nous faisons partie

Ce que nous pensons savoir de la nature

La vie sur Terre a toujours été impactée par les phénomènes extérieurs comme les astéroïdes qui viennent la percuter, et qui ont pu contribuer à faire disparaître les dinosaures il y a 65 millions d'années. Elle est impactée aussi par l'activité de la Terre elle-même, comme celles du super volcan Toba en Indonésie il y a 70 000 ans qui a pu réduire drastiquement le nombre d'humains sur terre, ou, plus près de nous, il y a 39 000 ans l'irruption du super volcan des champs Phlégréens en Italie (à l'Ouest de Naples, le Vésuve étant à l'Est) qui a pu contribuer à faire disparaître les néandertaliens, ou encore au VIème siècle l'éruption du volcan Ilopango au Salvador qui eut des conséquences jusqu'à Constantinople (Istanbul), et encore plus près de nous, en 1783, l'éruption du volcan Laki en Islande dont les cendres, projetées dans l'atmosphère, masquèrent le soleil, plongèrent de nombreuses régions d'Europe dans des années de froid et de famines, au point que l'on a pu y voir l'une des prémisses de la Révolution française de 1789. Cette éruption a même eu des conséquences au-delà de l'Europe, puisque son impact a pu être mesuré dans le niveau des inondations du Nil en Egypte. Les événements sur la Terre sont interdépendants. L'impact du tremblement de terre de Sumatra en 2004, déclenche un tsunami qui atteint l'Inde et la Thaïlande en faisant 250 000 victimes. Quel serait l'impact de l'éruption du super volcan du parc de Yellowstone aux Etats-Unis qui serait paraît-il mûr -à l'échelle des temps géologiques- pour une explosion ?

Nous sommes les premières générations à atteindre les limites de la biosphère[116] (la Terre et les vies et écosystèmes qui la composent). Il est clair aujourd'hui que l'activité humaine interfère sur l'ensemble de la biosphère et la modifie. Cette période, l'Anthropocène, commence à la révolution industrielle du XIXème siècle, lorsque les activités humaines ont eu un impact

---

116 - Hervé Kempf : « *Fin de l'Occident, naissance du monde* » 2013.

189

global significatif sur l'écosystème terrestre. Le rejet de carbone dans l'atmosphère, dû aux activités humaines, à l'utilisation du charbon en particulier, crée ou accentue le réchauffement climatique. Notre espèce modifie le climat, donc la géographie ; elle impacte toutes les espèces vivant sur Terre, parfois en les tuant volontairement, le plus souvent par inadvertance. Il n'y aura bientôt plus un être vivant (y compris les humains!) vaquant sur terre, en mer ou dans les cieux, sans une puce électronique traquant ses activités.

Hors de l'eau, la vie se réfugie sur les 2% de la surface de la Terre habitable (hors des océans, déserts, montagnes). Le poids total des humains sur Terre est d'environ 300 millions de tonnes, celui de l'élevage contrôlé par l'homme, de 700 millions de tonnes. Les animaux sauvages ne pèseraient déjà plus que 100 millions de tonnes[117]. Aujourd'hui, les poissons de l'aquaculture sont plus nombreux que ceux en liberté dans la nature.

Le dérèglement du climat par l'homme se reflète de façon spectaculaire aussi bien par le nombre de déplacés provoqués par des événements climatiques dramatiques, que par la disparition annoncée de pays menacés par la montée des eaux due à la fonte des glaciers. Des pays exotiques comme les îles Kiribati, le Tuvalu, Nauru, les îles Marshall sont menacés, mais aussi des villes comme New-York, Tokyo ou Venise, des pays comme le Bangladesh ou les Pays-Bas, des lieux emblématiques comme la banquise des pôles, les neiges du Kilimandjaro, la forêt amazonienne ou la grande barrière de corail d'Australie...

Depuis le XVIIIème siècle, notre société « *extractive* », est basée sur l'exploitation d'énergies fossiles non renouvelables. Le charbon, qui assure une énergie à bas coût, a permis la révolution industrielle du XIXème siècle. Auparavant, l'espèce humaine utilisait des énergies renouvelables, les humains eux-mêmes

---

117 - Yuval Noah Harari: « *Sapiens, une brève histoire de l'humanité* » 2014.

(esclaves et serfs), les espèces animales, bœufs, chevaux, éléphants, chameaux, et les moulins à eau et à vent. Le pétrole prend le relais du charbon après la Seconde Guerre mondiale et jusqu'à aujourd'hui, où il représente 33 % de l'énergie consommée. Son importance se mesure à l'évolution du prix du baril: inférieur à 40$ jusqu'à la Seconde Guerre mondiale, descendant à 20$ dans la période d'après-guerre jusqu'à la crise de 1973, et oscillant depuis entre 15$ et 150$ (en $ constants). Cette oscillation reflète l'instabilité depuis le milieu des années 70. Le gaz, le nucléaire (12% de l'électricité mondiale) viennent compléter le charbon et le pétrole. Le fait que l'énergie soit pour l'essentiel d'origine fossile, vient renforcer le caractère non renouvelable du développement industriel, qui exige par ailleurs bien d'autres minerais: cuivre, fer, tungstène, bauxite, uranium, terres rares, sable pour le bâtiment...

Les énergies renouvelables, basées sur le soleil, l'air, l'eau, la mer, la biomasse prennent lentement le relais (2% aujourd'hui de l'énergie mondiale). Contrairement aux énergies fossiles extrêmement concentrées (même si le pétrole et le gaz de schistes le sont moins), les énergies renouvelables sont dispersées mais exigent des investissements lourds, avec parfois, comme le montre l'Allemagne dans son refus du nucléaire, un recours paradoxal au charbon, ou pire, au lignite. Rappelons que les subventions publiques aux énergies fossiles sont de l'ordre de 500 milliards de $ par an!

Cette industrie extractive renforce la présence de gaz à effets de serre dans l'atmosphère, le CO2 entre autres, et renforce le réchauffement climatique. L'objectif de réduire les émissions afin d'éviter que la température n'augmente pas de plus de 2°C paraît hors d'atteinte. Cet objectif fixé à Copenhague en 2009 dans le prolongement du protocole de Kyoto de 1997, est celui retenu par les scientifiques afin que l'augmentation de la température terrestre n'entraîne pas d'effets de seuil, ni de bouleversements imprévus, telle que la réémergence de l'anthrax, « *la maladie du charbon* », dans le permafrost, le sol qui se dégèle en Sibérie. 15000 scientifiques ont lancé en Novembre 2017 un cri d'alarme

« *Il sera bientôt trop tard…* » Où ils rappellent le cri d'alarme de leurs homologues 25 ans plus tôt en 1992: « *les dégâts … parmi lesquels la diminution de la couche d'ozone, la raréfaction de l'eau douce, le dépérissement de la vie marine, les zones mortes des océans, la déforestation, la destruction de la biodiversité, le changement climatique et la croissance continue de la population… ».* A l'exception de la couche d'ozone tout s'est aggravé depuis 25 ans.

La croissance quantitative, que tous les partis politiques, droite, sociaux-démocrates, extrême-droite, souhaitent, à l'exception des écologistes et des communistes, génère des effets négatifs sur l'espèce humaine. C'est la « *coca colonisation* »: obésité, diabète, pollution, hypertension généralisée, semence humaine en diminution, etc.

« *Demain ce sera mieux* » était une conviction teintée de réalité dans les pays développés, mais ce n'est plus vrai. La prise de conscience de l'impasse où nous sommes, suscite des mouvements de retour à une nourriture saine (engouement pour le bio, la spiruline, le refus des OGM), pour le végétarien ou le *vegan* (critique des conditions d'élevage et d'abattage), pour une remise en cause de la consommation massive de viande, pour une consommation plus locale afin de limiter le transport de produits hors-saison qui aggrave le réchauffement climatique etc.

 Se répand l'idée, sinon de décroissance, au moins d'une croissance différente, mieux maîtrisée, qui suscite l'émergence d'une protestation politique purement écologique, dans les classes moyennes en particulier.

Après la Seconde Guerre mondiale, « *la révolution verte* » dans l'agriculture avait été initiée, en particulier par les fondations américaines Rockefeller et Ford, afin d'essayer de nourrir la planète, avec l'espoir que cette révolution verte contiendrait la *révolution rouge* et l'expansion du communisme. Elle comprenait de nouvelles semences de riz, de maïs, de blé, de nouvelles pratiques agricoles, l'utilisation massive des engrais, de la mécanisation, de l'irrigation. Cette *révolution verte* donnera effectivement des résultats en particulier à partir des années 70:

la production alimentaire mondiale progresse. Mais au prix d'une agriculture chimique qui produit par ailleurs des effets négatifs. Elle révèle aussi un paradoxe, davantage de nourriture par habitant, et pourtant davantage d'affamés. Pas pour des raisons démographiques, mais en raison de l'accroissement des inégalités qui a élargi le fossé entre petits et gros producteurs. La production a été orientée vers les cultures d'exportation au détriment des cultures vivrières. Ce sont les crises connues de surproduction et le stockage des denrées, quand ce n'est pas leur destruction pour « *soutenir les cours* ». L'agriculture chimique, la production de canne à sucre et de coton en Inde, ou celle du maïs en France génère une pénurie d'eau. Le discours des Monsanto (Bayer), Novartis, Dupont, Syngenta, et autres grandes firmes OGM, qui prétendent qu'elles vont réduire la faim dans le monde, est une resucée de cette « *révolution verte* », qui a surtout démontré que le problème de la faim n'est pas technique, mais qu'il dépend de l'organisation sociale, de la propriété des biens de production, du niveau des inégalités. L'activité des firmes comme Monsanto a pour résultat d'enlever aux paysans un élément décisif de leurs biens de production, les semences.

Le pire n'est pas sûr

Le Club de Rome publiait en 1972 un document intitulé « *Halte à la croissance* », qui mettait en garde contre l'épuisement des ressources et la difficulté de gérer les déchets. Ce rapport, comme les positions de Malthus auparavant, va sous-estimer à la fois les possibilités de l'espèce humaine à réagir, et les potentialités de la planète. La vision pessimiste d'un monde épuisé n'est pas plus certaine que l'insouciance béate.

Ainsi l'oxygène, qui a été la première « *pollution* » sur Terre, a permis la vie telle que nous la connaissons. Vers 1200 ans avant JC, l'impossibilité, pour des raisons d'instabilité politique, d'accéder aux mines d'étain d'Afghanistan, étain nécessaire à la production du bronze, a initié « *l'âge du fer* ». Le fer, matériau plus solide que le bronze, a permis un développement prodigieux de l'agriculture, à travers des innovations comme celle de la charrue (-300 avant JC). L'industrie nucléaire, les énergies renouvelables, solaires, éoliennes, marines, biomasse etc., les techniques nouvelles d'extraction, la capacité à utiliser des pétroles ou des charbons de moins bonne qualité[118], les économies d'énergie pour éviter le gaspillage (les moteurs de voiture ont un taux de rendement de 27%, autrement dit 73% de l'énergie consommée est perdue), l'isolation des bâtiments, la possibilité d'exploiter des ressources ou des passages nouveaux dans le grand nord ou en Sibérie, le fait que des planètes nouvelles deviennent accessibles etc. tout cela ouvre des perspectives dont on peut penser que plusieurs seront positives.

Il a fallu l'industrie du charbon pour assurer la transition des moulins à vent aux éoliennes. L'élevage bio aura nécessité le passage par les poulets en batteries et les porcheries industrielles avant de s'imposer. Si les énergies renouvelables deviennent capables de fournir toute l'énergie dont le monde a besoin, paradoxalement cela prouvera que l'utilisation pendant quelques siècles de l'énergie fossile n'était pas si catastrophique! Réchauffement climatique mis à part!

Les communistes partagent avec les travailleurs, les chercheurs et les entrepreneurs, l'allant, la foi dans les initiatives, incluant les prises de risques, vers de nouvelles « *terres* » et de nouvelles « *frontières* ».

Le monde a changé, mais ce que nous connaissons de la nature n'a fait que confirmer que l'espèce humaine doit maîtriser son développement et ses conséquences. Le développement actuel, profite à une minorité qui dirige le pillage et la destruction de la planète par l'espèce humaine. Pendant ce temps, les risques s'accroissent pour tous et les bonnes décisions ne peuvent être prises. Maîtriser le développement, respecter la nature, les autres espèces, sont des impératifs que les écologistes ont longtemps portés seuls. Ceci implique aussi une conception solidaire,

---

118 - Même si en l'occurrence l'extraction par fracturation hydraulique libère du méthane, gaz encore plus dangereux pour le réchauffement climatique que le CO2!

internationaliste, que le mouvement communiste est le premier à avoir proposé à l'espèce humaine.

L'espèce humaine et ses penseurs, Darwin et Marx

Ce que nous pensons savoir de l'espèce humaine

Dès le début du XIXème siècle, le géologue Charles Lyell avait repoussé l'âge de la Terre à quelques millions d'années au lieu de 4 000 ans avant JC, comme l'affirmaient les églises. Ce recul de l'âge de la Terre renforçait la théorie de l'évolution de son ami Darwin. La théorie de l'évolution des espèces impliquait un âge très ancien de la Terre pour être crédible.

Les échelles de temps et de durées sont difficiles à concevoir. L'univers est vieux de plus de 13 milliards d'années, la Terre de 4,6 milliards d'années, la vie sur Terre, ou plus précisément dans l'eau, de 4 milliards. La vie sur la Terre a failli disparaître à plusieurs reprises, et nous, l'espèce humaine avec. Nous assistons aujourd'hui à la 6ème grande extinction repérée dans l'histoire des espèces.

Au Cambrien, il y a 550 millions d'années, se produit une explosion de vie, une éclosion d'espèces dont la plupart ont disparu mais dont les survivantes sont à l'origine de toutes les espèces vivantes aujourd'hui. Les dinosaures s'éteignent il y a 65 millions d'années. Des espèces pré humaines émergent il y a environ 8 millions d'années en se séparant des singes, avec qui elles partagent néanmoins 98,5 % de leur ADN. Nous sommes déjà ici dans le millième le plus récent de l'âge de la Terre. Les hommes apparaissent il y a 3 millions d'années, le langage et la parole suivent il y a 1,7 millions d'années chez Homo erectus notre ancêtre. Le feu est contrôlé il y a 500 000 ans. Puis la culture humaine laisse des traces comme les outils, l'utilisation des pigments, les signes sur les outils et ustensiles, les parures, les traces d'habitation, les sépultures.

L'homme de Neandertal a émergé il y a plus de 300 000 ans. L'homme moderne, c'est-à-dire nous, probablement au même moment, nos lignées ayant divergé il y a 700 000 ans. D'Afrique nous avons gagné la Terre entière il y a 200 000 ans en cohabitant (plus ou moins bien) avec d'autres espèces humaines. L'Homo sapiens, toujours nous, survit à l'homme de Neandertal (tout en ayant sur le continent eurasiatique récupéré quelques-uns de ses gènes) et laisse ses traces, comme les sculptures de Vénus, la sculpture de « *l'homme lion* » de la grotte de Holhenstein-Stadel en Allemagne il y a 40 000 ans, les peintures dans les grottes ornées, telles que celles de la grotte Chauvet il y a 32 000 ans en France, celles des grottes d'Indonésie et d'Australie il y a plus de 30 000 ans, de Lascaux il y a 18 000 ans, d'Altamira en Espagne il y a 15 000 ans, de « *la grotte aux mains* » en Argentine il y a 7 000 ans.

Après avoir été pendant les neuf dixièmes de son existence, chasseur-cueilleur, notre espèce entame la révolution néolithique, l'agriculture et l'élevage il y a 10 000 ans. Nous sortons alors de la Préhistoire pour entrer dans l'Histoire.

Evolution verticale ou horizontale ?

Dans « *l'Origine des espèces* » (1859), Charles Darwin le grand naturaliste britannique éclaire l'émergence des différentes espèces, dont l'homme. Déjà Anaximandre[119] avait observé finement 6 siècles avant Jésus Christ: « *le nouveau-né est sans défense, le premier homme ne peut donc pas avoir été un nouveau-né* », ce qui laissait penser que l'humain moderne avait nécessairement émergé lentement de l'espèce qui le précédait.

L'évolution est mise à jour par Darwin et Wallace. Elle vient prolonger et compléter l'homéostasie, l'élan vital de la vie. Elle nous apprend que:

- les espèces procèdent l'une de l'autre par un phénomène qui les affecte toutes, l'évolution ;
- les êtres vivants diffèrent tous les uns des autres même au sein d'une même espèce ;

---

119 - Anaximandre, savant grec mort en 545 avant J.C.

- certaines de ces différences peuvent être transmises à la descendance ;
- l'environnement crée un contexte de manque, de contrainte, pour l'accession à la nourriture, aux partenaires sexuels, pour échapper aux prédateurs etc. qui entraîne une sélection naturelle, où les mieux adaptés survivent, se reproduisent, et ce faisant transmettent leurs caractères dont ceux qui leur ont permis de survivre.

Il n'y a pas de frontière absolue entre les espèces vivantes, le chaînon manquant[120] entre deux lignées est souvent retrouvé. Ceci est vrai pour l'homme parmi les espèces animales et sa proximité avec les grands singes. La frontière est aussi ténue avec les plantes, comme le montrent les plantes carnivores ou les champignons, les plus grands organismes vivants connus. La souffrance ou le stress des arbres peut être perçu y compris par les humains[121]. Dans la lutte pour survivre et se nourrir, il est injustifié, comme le dénonce Pete Singer[122] ou l'association L214, que l'homme massacre, fasse souffrir inutilement les autres espèces, celles en liberté comme celles qu'il élève.

L'espèce humaine est Une, même si elle a coexisté avec d'autres espèces humaines, comme l'homme de Flores ou Neandertal durant une longue période. Elle fait partie d'un continuum avec le reste de la nature, vérité parfois perdue au cours de l'histoire des civilisations occidentales, en particulier par les religions, mais heureusement conservée par des civilisations humaines restées plus en phase avec la nature, et vérité retrouvée par la science. L'évolution biologique se fait sur un temps très long, des milliers,

---

120 - Pierre Desproges: « *on a retrouvé le chaînon manquant entre le singe et l'homme civilisé: nous!* ».

121 - Peter Wohlleben: « *la vie secrète des arbres* » 2017. Mais déjà Claude Bernard en 1897: « *Leçons sur les phénomènes de la vie communs aux animaux et aux végétaux* » (cité par Damasio).

122 - Peter Singer: « *La libération animale* » 1975.

voire des millions d'années, temps qui est totalement différent, 100 fois plus long que le temps de l'histoire humaine.

L'évolution décrite par Darwin, nous indique que chaque individu dans une espèce donnée, donc aussi dans l'espèce humaine, est unique. Les théories, les politiques qui le nieraient, nieraient une caractéristique décisive de l'humain. On pense bien sûr à l'uniformité obligatoire de certaines des tentatives du « *socialisme de caserne* » et de ses dérives totalitaires. Les spécificités uniques de l'individu ont des racines scientifiques solides! Les droits démocratiques individuels aussi.

Si l'hérédité nous fait tous différents, le milieu social est déterminant pour faire émerger des caractéristiques communes. La langue, la culture, la discipline, les symboles, les arts, les mythes, la politesse, la solidarité de classe, les idéaux, la proximité géographique (village, région, pays…) rassemblent les individus par ailleurs différents.

A Brno, ville aujourd'hui en République Tchèque, le moine catholique Gregor Mendel découvrait dans les années 1860, le processus à l'œuvre dans le phénomène de l'évolution, la transmission génétique, complétant ainsi la théorie de Darwin. Les transformations ne se font pas par la pression de l'environnement comme le pensait Lamarck[123]. Les caractères acquis ne sont pas héréditaires, ils ne se transmettent pas.

L'apparition de caractéristiques nouvelles chez un individu est dépendante de la combinaison des gènes qui se transmettent par l'activité sexuelle. Ces mutations génétiques, cassures sur un chromosome, erreurs de réplications, se font au hasard (au moins en apparence pour l'instant!) et semblent fournir des potentialités infinies. Le milieu, l'environnement, ne font que favoriser ou non ces potentialités proposées par cette dérive génétique. Couver une pierre ne donnera jamais un poussin. Un œuf non couvé ne donnera pas non plus un poussin. Il faut que les possibilités soient présentes. Dès lors, les circonstances peuvent favoriser ou non

---

123 - Jean-Baptiste de Lamarck, biologiste français mort en 1829.

leur développement. Les situations (traditions comprises), ont une histoire qu'il faut comprendre et ne bousculer qu'avec pertinence en évaluant si possible les conséquences et effets pervers éventuels.

La connaissance de ce processus constitue un antidote à une vue totalisante et mécaniste du monde. Le fait que les thèses transformistes de Lamarck, telle que l'influence directe du milieu sur les espèces vivantes, aient été invalidées, exclue l'idée qu'une révolution engendrerait un homme nouveau et encore plus à l'échelle de temps d'une génération.

Dans les années 1930, Trofim Lyssenko, agronome en URSS, avait obtenu des résultats dans l'agriculture. Cette efficacité semblait basée sur l'hérédité des caractères acquis, induits par les modifications de l'environnement. A l'encontre donc des thèses de Mendel qui étaient accusées de ne pas avoir l'efficacité des sélectionneurs pragmatiques à l'œuvre dans l'agriculture. Si Lyssenko, s'opposait aux thèses de Mendel, il était cependant un partisan de Darwin.

Notons au passage que certains de ceux qui ricanent sur les prétentions de Lyssenko à transmettre héréditairement des caractères acquis, défendent quant à eux l'héritage, la transmission des fortunes à des héritiers pas forcément les mieux placés pour faire fructifier ces « *acquis* »!

Lyssenko poussera ses idées jusqu'à prétendre à une « *science prolétarienne* ». Cette idée viendra renforcer les dérives totalitaires, avec l'idée que « *tout est politique* ». Si la politique peut intervenir utilement dans la science, cela justifie qu'elle peut intervenir dans toutes les sphères, y compris, l'art, l'intime, le privé. Paradoxalement sans doute pour beaucoup, Staline (entre autres!) dénoncera cette idée de « *science prolétarienne* » dans son article sur la linguistique[124] en 1950. Mais Lyssenko sera

---

124 - Staline: « *du Marxisme en Linguistique* » 1950

199

soutenu par Khrouchtchev et continuera de sévir dans l'agriculture russe jusqu'en 1965.

Darwin a principalement raison contre Lamarck, en faisant dépendre l'évolution d'un processus plus complexe que celui de la transmission des caractères acquis. En même temps le schéma darwinien va renforcer au XIXème siècle l'idée d'une évolution linéaire, hiérarchique. Ce schéma père-fils, « *en arbre* », renforcera le caractère déterministe, voire « *autoritaire* » de la science et des schémas sociaux prétendant s'en inspirer.

L'inné et l'acquis, l'épigénétique,

La discussion sur les conséquences sociales de l'évolution porte, depuis la fin du XIXème siècle jusqu'à aujourd'hui, sur ce qui relève de l'inné et ce qui relève de l'acquis.

Dans ce domaine aussi la science a avancé. « *L'épigénétique* », constate des changements dans l'activité des gènes sans qu'il y ait mutation ou modification de l'ADN, mais par l'effet de l'environnement. Ces changements seraient de plus héréditaires, ce qui redonnerait à Lamarck un point dans le débat. Le « *transfert horizontal* » ou « *latéral* » des gènes, oblige à concevoir un schéma plus complexe que le schéma en arbre, vertical, hiérarchique de Darwin, plus complexe aussi que la transmission des mutations à la descendance dans un schéma père / fils, comme celui de Mendel. Lorsque l'homme de Neandertal transmet une partie de ses gènes à l'Homo sapiens (nous), il ne s'agit plus d'un modèle de séparation continue des espèces, mais un modèle de convergence, d'emprunts, d'hybridation, d'osmose, de contagion, de coopération. Dans un couple humain, les partenaires influencent mutuellement leur immunité biologique, qui n'est donc pas purement innée. La coopération, et pas seulement la compétition, va jouer un rôle dans l'évolution.

Le cerveau est un exemple d'organisation non hiérarchique. Les neurones du cerveau sont multiples, redondants pour les mêmes fonctions. Ils donnent l'occasion d'erreurs, « *d'accidents* » mais assurent ainsi une solidité de connexion plus grande, un « *feutre* » de connexions, au lieu d'une transmission unique qui serait plus fragile. L'évolution a sélectionné ce mode de transmission car il se révèle capable de reconstituer les liens, de recréer un chemin, après un traumatisme ou une rupture accidentelle, parce qu'il ne dépend pas d'une seule connexion linéaire hiérarchique. Les neurones miroirs qui simulent ou représentent l'action sans qu'elle ait lieu renforcent encore ce processus non hiérarchiquement mécanique.

Les modèles mathématiques s'inspireront au fil du temps plus de la biologie que de la physique pour élaborer des concepts nouveaux tels que les réseaux neuronaux.

Les études qui ont suivi le débat entre Darwin et Lamarck ont montré que l'inné et l'acquis sont plus imbriqués que les premières discussions à ce sujet ne le laissaient penser. Ils ne se confondent pas non plus avec le débat biologique / inné d'une part, et culture / acquis de l'autre. L'épigénétique qui peut expliquer la transmission des acquis relève du biologique. Inversement le milieu, la culture, vont aussi participer à la sélection des gènes qui seront ensuite transmis par l'hérédité biologique.

Les tenants des privilèges insistent sur l'inné, leurs qualités justifiant à leurs yeux, leurs richesses et leurs avantages. De façon générale, la « *gauche* » privilégiera la possibilité de transformer le monde, et même l'humain. L'inné ne serait que de l'acquis dont on ne comprend pas encore le processus. Nous pourrions dire aux partisans exclusifs de l'inné: laissez-nous agir sur l'environnement, sur le contexte social puisque selon vous il n'intervient pas! Si l'essentiel est inné pourquoi vous opposez-vous si farouchement à donner les mêmes chances à tous ?

Le darwinisme social un contre sens

Engels a eu quelques réticences vis-à-vis des thèses de Darwin, d'abord parce que l'évolution darwinienne semblait remettre en cause un principe central en physique, le 2ème principe de la thermodynamique, qui indique qu'un système fermé tend vers l'entropie, le désordre, alors que l'évolution semble aller vers une complexification croissante, un *progrès*. Cette contradiction apparente est surmontée en rappelant que la Terre, incluant la vie sur Terre, n'est pas un système fermé et reçoit de façon continue le flot d'énergie solaire. La photosynthèse réalisée par les plantes, d'espèces en espèces, finit par irriguer toute la vie.

Les réticences aux thèses de Darwin viendront surtout du fait que des auteurs comme Herbert Spencer prétendront plaquer les thèses de l'évolution biologique décrites par Darwin aux sociétés humaines. Seuls les « *meilleurs* » doivent survivre. C'est le « *darwinisme social* ». L'idée est que dans la société il est normal et sain que les forts -les riches- dominent, voire éliminent les plus faibles. La sélection naturelle étant à l'œuvre sur le plan biologique, il faudrait l'appliquer sur le plan social. A partir de l'inégalité naturelle - on est petit ou grand, fort ou faible, intelligent ou stupide, handicapé ou non, beau ou laid - ces positions prétendent justifier les inégalités sociales. Notons qu'assimiler « *meilleur* » à « *riche* » est subjectif et égocentrique. La notion de meilleur est dépendante du contexte: le meilleur face à un tigre est celui qui court le plus vite!

Tout en s'appuyant sur Darwin, Spencer remet au goût du jour la vieille thèse de Thomas Hobbes[125] selon laquelle « *l'homme est un loup pour l'homme* », ou celle de Malthus[126] expliquant que, compte tenu des ressources limitées sur Terre, seules les famines, les épidémies et les guerres peuvent empêcher la surpopulation. Ces vieilles thèses pré marxistes sont encore aujourd'hui au cœur de l'idéologie justifiant le pouvoir et les privilèges des 1%.

Les thèses de Malthus ont été contredites par le fait que la planète est visiblement capable de faire vivre un nombre bien plus important d'humains que Malthus ne l'avait envisagé. Si la « *révolution verte* » en agriculture l'a démontré, elle a prouvé en même temps que le problème n'est pas « *technique* », mais qu'il

---

125 - Thomas Hobbes, philosophe, théoricien du capitalisme anglais mort en 1679.

126 - Thomas Malthus, économiste britannique mort en 1834: "E*ssai sur le principe de la population* » 1798.

vient de l'inégalité, or c'est cette inégalité que le *darwinisme social* prétend justifier.

En 1975, un scientifique américain, O. Wilson, publie « *Sociobiologie nouvelle synthèse* ». Un an plus tard, le livre « *Le gène égoïste* » de Richard Dawkins[127] est diffusé à plus d'un million d'exemplaires. Biologistes, ils prolongent les thèses de Darwin en précisant le rôle des gènes, et en appliquant les enseignements de la biologie à l'ensemble des espèces, y compris à l'homme, ce qui est justifié, mais aussi à ses comportements sociaux, individuels et collectifs ce qui est plus problématique. La sociobiologie se voulant une méta science, elle prétend prendre en compte toutes les sciences. Elle s'appuie en particulier sur l'éthologie (l'étude du comportement animal) développée par Karl Lorenz[128]. Le prix Nobel donné à Lorenz en 1973 fit scandale en raison de sa proximité passée avec les nazis. En France, ses thèses seront utilisées par la « *Nouvelle Droite* », nom de la nouvelle extrême-droite. Nous sommes au milieu des années 70, dans un contexte qui précède l'arrivée au pouvoir de Thatcher et Reagan et la grande remise en cause des acquis sociaux en Occident.

Les sociobiologistes insistent sur la stratégie des gènes au-delà de leur « *véhicule* », pour ce qui nous concerne, le corps humain. Celui-ci ne serait que l'abri temporaire des gènes. Les sociobiologistes assimilent les caractéristiques de la biologie aux sociétés humaines. Les mutations sont assimilées aux innovations, la transmission génétique à la vie des idées, les gènes aux « *mèmes* » culturels.

L'erreur, aussi bien du darwinisme social que de certains sociobiologistes, est de tenter d'appliquer une thèse, issue du champ biologique, aux sociétés humaines. Appliquer les règles de l'évolution, dont l'échelle de temps, en ce qui concerne l'espèce

---

127 - Richard Dawkins, biologiste britannique: « *Le gène égoïste* » 1976, « *Pour en finir avec Dieu* » 2006

128 - Karl Lorenz, éthologue autrichien: « *L'agression* » 1963.

humaine, est celui de plusieurs milliers ou millions d'années, à la gestion politique de sociétés humaines, qui se joue sur quelques années ou siècles tout au plus, est forcément une impasse. On pourrait prendre les sociobiologistes à leur propre jeu. Puisqu'il s'agit de défendre, protéger ou développer un pool génétique, c'est la défense de l'espèce qui doit nous guider. Celle-ci exige diverses stratégies. L'internationalisme est l'une d'elles, il correspond à la nécessité pour l'espèce humaine de défendre son stock génétique. L'altruisme va aussi dans ce sens, par opposition à l'individualisme qui ne contribue à l'optimisation que d'un seul individu or celui-ci est mortel! ...

Nous avons tendance à considérer l'homme comme étant au sommet de l'évolution, mais quel est notre critère ? En poids, il semble que ce soient les vers de terre qui dominent sur Terre. L'organisme vivant individuel le plus lourd est un champignon de 600 tonnes! En rapidité pure, le guépard est le plus rapide, en quantité d'individus ce pourraient être les virus. Le pou, au sommet de la tête de l'humain serait peut-être aussi un bon candidat à être le top de l'évolution ?

Notre évolution biologique et culturelle

Notre évolution biologique nous échappe... On peut percevoir des changements, comme l'accroissement de la taille (puis sa stagnation), du poids, la perte d'efficacité du sperme, l'accroissement puis la stagnation des performances sportives, l'allongement puis le plafonnement de l'espérance de vie. La taille du cerveau humain est limitée par la taille du vagin, par lequel il doit passer pour venir au monde, même si césariennes et autres techniques l'en affranchissent biologiquement, et les mémoires numériques et l'intelligence artificielle l'en affranchissent en capacité cognitive et mémorielle.

L'homme court plus vite, saute et vole plus haut, nage plus profond qu'avant, mais il sera difficile à notre échelle de distinguer ce qui relève d'une évolution biologique qui a lieu sur des millions d'années, de phénomènes purement culturels. L'évolution est non linéaire, le développement biologique ne se résume pas à un algorithme ou à une série d'instructions incluses dans l'ADN, d'autres phénomènes comme l'intégration du système nerveux à tous les éléments du corps, viscères, squelette, réseaux sanguins, endocriniens, immunitaires entrent en ligne de compte.

La continuité de l'espèce humaine avec le monde animal a été établie par Darwin. Il y a aussi continuité entre le monde animal et le monde végétal. Les droits des animaux, en particulier à ne pas souffrir, sont de plus en plus reconnus. Dans le droit des sociétés humaines les plus « *civilisées* », ils ne sont plus considérés juridiquement comme des objets inanimés.

Si l'homme s'inscrit en amont dans le règne animal, il se prolonge en aval par ses propres créations: non seulement l'homme « *augmenté* » avec ses prothèses, mais aussi avec des entités indépendantes telles que machines, voitures, robots. Cela fait plus d'un siècle, depuis le vol de Clément Ader en 1890, que l'homme peut voler, grâce à une machine, contrairement à ses capacités naturelles. Pour la première fois, une machine sans chauffeur Google a commencé à être reconnue comme un conducteur à part entière, avec les conséquences et les bouleversements que l'on devine entre autres sur le plan juridique.

La culture, l'éducation, les arts, les sciences, les techniques, toutes ces productions du cerveau humain paraissent le prolongement ultime de notre évolution biologique. Culture et biologie sont réciproquement liées, ne parle-t-on pas des intestins comme d'un « *deuxième cerveau* » ? Réduit au seul biologique l'humain meurt immédiatement. L'interdépendance entre biologie et culture est plus complexe que « *la biologie permet, la culture interdit* ». L'une dépend de l'autre.

La culture, comme les sentiments matériaux de base de la conscience, a été sélectionnée, promue par la sélection naturelle car elle assurait le développement de l'espèce humaine.

La question se pose de savoir si l'énergie de la vie, la course à la sophistication, à laquelle participe l'espèce humaine, en se prolongeant, débouchera à travers le développement culturel et scientifique sur une Conscience Artificielle dont l'Intelligence Artificielle n'aura été qu'une brique ?

On a pu considérer que Darwin expliquait la phase biologique de l'homme et Marx la phase culturelle, celle où l'homme rentre dans l'histoire et où ses sociétés peuvent être étudiées. L'enjeu politique est de dire que Darwin explique la phase de l'humain soumis aux dures lois de l'évolution biologique, essentiellement la compétition, et Marx ouvre les possibilités, grâce à la culture, de changer l'homme, de mettre en œuvre la coopération dont le communisme est l'expression ultime.

Mais la science a réintroduit des éléments de collaboration au sein d'une même espèce ainsi qu'entre espèces. L'évolution ne se réduit donc pas à la compétition, et l'histoire des sociétés humaines ne se réduit pas non plus à la coopération!

La durée des phénomènes étudiés par Darwin et Marx ne sont pas du tout les mêmes, millions d'années pour l'un, milliers tout au plus pour l'autre. De plus elles ne se juxtaposent pas, elles se recouvrent. L'espèce humaine continue à être soumise aux lois de l'évolution, y compris quand elle atteint la période historique. Pour Joseph H. Reicholf[129] l'évolution est orientée vers l'émancipation des contraintes environnementales. Le cerveau prend le contrôle des gènes. Si la sélection naturelle adapte une espèce à son milieu, quelles sont les conséquences quand une espèce transforme à ce point son milieu comme le fait l'espèce humaine ? La question se pose d'autant plus que cette dernière est capable de modifier directement ses propres gènes, y compris héréditaires, avec des outils de manipulation génétique relativement simple comme le Crisp-cas9. Le contrôle des mutations pourrait être considéré comme l'extrême du totalitarisme!

L'enjeu de cette discussion / opposition entre Darwin et Marx est de savoir s'il y a des invariants dans l'humain, relevant de

---

129 - Joseph H. Reicholf, zoologiste allemand: « *l'émergence de l'homme* » 1991.

l'évolution mais déterminant aussi des parts importantes de sa culture. Tels que les rapports homme / femme, les interdits concernant l'inceste ou l'adultère, le respect des parents, l'importance du caractère réciproque du don, etc. de savoir aussi si des comportements égoïstes seraient « *dans la nature humaine* » et interdiraient de « *changer l'homme* ». Dans ce cas, même avec les meilleures intentions du monde, toute tentative de changement serait vouée à l'échec, car comme disait Pascal[130] « *qui veut faire l'ange fait la bête* » et le totalitarisme serait alors le débouché inévitable des tentatives de révolutionner la société.

Cependant, tout le monde se rend compte que les sociétés évoluent. Le fait que les femmes soient en général plus petites que les hommes, d'une part n'empêche pas des exceptions, d'autre part n'empêche pas les femmes de conduire, contrairement à ce que des sociétés ont cru, ou croient encore. Enfin cette différence biologique n'empêche pas le rapport homme / femme d'évoluer en profondeur, y compris sur le plan biologique comme le démontrent les différents modes nouveaux de procréation.

Les tenants de « *la nature humaine* » immuable font la même erreur que Spencer ou les sociobiologistes. Définir cette nature humaine issue de l'évolution sur des millions d'années, à travers le prisme des connaissances ou préjugés (de genre, de classe) d'une toute petite époque déterminée. Ceci ne sert toujours qu'à justifier le pouvoir de la classe dominante et le maintien des inégalités.

---

130 - Blaise Pascal, mathématicien, philosophe, théologien français mort à Paris en 1662.

Chapitre 8: notre civilisation

Ce que nous pensons savoir des civilisations humaines

L'émergence de l'espèce humaine actuelle, celle d'Homo sapiens, la nôtre, commence il y a 300 000 ans ou peut-être plus, puisant son évolution dans une longue lignée d'hominidés (il y a 10 millions d'années) en passant par Homo erectus il y a une ou deux millions d'années. Jusqu'à la fin de la dernière période glaciaire, il y a 11 000 ans, notre espèce a vécu de chasse, de pêche et de cueillette.

La connaissance que nous en avons révèle de tous temps des migrations. Les premiers humains modernes, issus d'Afrique de l'Est, se répartissent sur toute la Terre, Australie comprise. Apparemment il était plus facile de migrer à l'époque qu'aujourd'hui! Preuve que la technique n'est pas l'essentiel. A l'origine nous sommes tous des migrants.

L'agriculture naît il y a 10 000 ans en Anatolie (Turquie), dans la vallée du Jourdain, en Syrie, au nord de l'Irak, et de façon indépendante en Chine et en Amérique centrale, alors que la planète comptait moins de 10 millions d'humains. Accompagnant l'agriculture, la domestication des animaux nous apporte une aide mais aussi des maladies comme la variole, la rougeole et la tuberculose.

La période « *historique* », ne porte donc que sur 3 ou 4% de l'histoire de l'homme moderne. La civilisation sumérienne située dans ce qui est aujourd'hui l'Irak, invente l'écriture 3 500 ans avant notre ère. Les grands repères de civilisation ou de religion datent de: -2 600 ans pour les pyramides égyptiennes et les Mayas, -2 000 ans pour l'histoire mythique des débuts de la Chine, -1 000 ans pour Moïse, -700 ans avant notre ère pour l'Ancien Testament, (200 ans après pour le Nouveau Testament), -600 ans pour Bouddha. L'année 0 pour Jésus Christ, il y a un peu plus de 2 000 ans, nous sert de repère. Mahomet et le Coran surgissent 600 ans après JC.

C'est dire que les religions, qui se veulent de toute éternité, sont en fait des créations très récentes à l'échelle de notre espèce. Sans même parler des contradictions qu'elles ont entre elles, ce qu'elles ont à dire ne remonte pas à si loin et ne peut passer pour une vérité absolue.

Notre espèce utilise des milliers de langues (6 000 environ) pour s'exprimer, les langues ayant le plus de locuteurs étant dans l'ordre décroissant: le mandarin, l'anglais, l'hindi, l'espagnol, l'arabe, le français, etc. De nombreuses langues disparaissent, conséquence du type de développement et des idées dominantes, le mépris des petits peuples. Conséquence aussi de la prédominance de l'Etat-nation, carcan qui lamine les langues non « *officielles* ».

Toute occasion étant bonne pour diviser les peuples entre eux, on a essayé, comme pour les races, d'établir une hiérarchie entre les langues, prétendant qu'elles subissaient une évolution vers le progrès ; On allait de langues « *arriérées* », les langues isolantes comme le chinois ou agglutinantes comme le turc, le japonais, le basque, le breton, vers les langues flexionnelles comme les langues européennes. Le top de l'évolution étant bien sûr l'anglais de la City ou de Wall Street!

L'origine, supposée ou prétendue, « i*ndo-européenne* » des langues occidentales a été mise à profit par le nazisme pour justifier la suprématie des germains, nordiques, blonds aux yeux bleus. Tout ce fatras, soutenu à la fois par des sectes ésotériques et par l'extrême-droite, est contredit par les recherches croisées de la génétique, de l'archéologie, de la linguistique. La supercherie sautait pourtant aux yeux, avec un petit autrichien brun, héraut de la suprématie du grand allemand blond...

Les « *indo-européens* » ne sont pas ceux que l'on croit, à l'image de ces pères vérifiés par des tests ADN dans une maternité aux

Etats-Unis, et qui dans 25% des cas n'étaient pas ceux qui étaient censés l'être!

Les langues ne se diversifient pas suivant un processus d'évolution/ progression mais sur un schéma plus complexe, avec contagion et emprunts aux langues voisines. On applique trop souvent indistinctement les lois d'évolution de la technique, là où le progrès cumulatif est indéniable, aux êtres vivants et aux sociétés. Erreur parallèle à celle du darwinisme social et des sociobiologistes appliquant mécaniquement les lois de la biologie aux sociétés humaines.

Les écritures sont moins nombreuses que les langues, quelques centaines tout au plus (latin, chinois, arabe, cyrillique etc..). Depuis l'épopée sumérienne de Gilgamesh (-2 600 avant JC) de nombreuses traditions orales et mythes ont été reprises par écrit dans d'autres « *grands livres* », tels que les védas hindouistes, la Bible, ou le Coran. Ce sont des récits réécrits par divers auteurs (900 ans de décalage pour la Bible!), rassemblés pour en faire des textes prétendument attribués à des divinités.

La plus longue tradition écrite continue est la production littéraire chinoise qui court sur 3 500 ans au total, de -1500 avant JC à nos jours.

« *Nous autres civilisations nous savons maintenant que nous sommes mortelles* » écrivait Paul Valery[131] en tirant l'enseignement de la Première Guerre mondiale. De brillantes civilisations ont disparu comme la civilisation mycénienne, les Mayas ou celle de l'île de Pâques.

L'histoire de la lutte des classes ...

Les sociétés se développent mues par trois moteurs essentiels: 1) le travail des humains pour leur survie et la production des biens qui leur sont nécessaires 2) l'éducation, l'apprentissage, l'innovation technique, la recherche 3) les conflits politiques, dont

---

131 - Paul Valery, écrivain français du début du XXème siècle.

souvent le soubassement est la lutte des classes. Les conflits internes aux classes dirigeantes, marquent aussi ces luttes politiques, et elles n'ont que trop tendance à y entraîner les peuples.

Le développement des forces productives (accroissement de la population, meilleure éducation, utilisation d'outils, de machines, de services de plus en plus sophistiqués, émergence d'une nouvelle classe de travailleurs) entre en contradiction avec le régime politique qui fige les rapports sociaux à un moment donné. Ainsi la bourgeoisie entraîne artisans et ouvriers dans des révolutions pour l'aider à renverser le féodalisme. Féodalisme qui avait lui pour fondement l'exploitation des terres par des serfs. L'organisation mondialisée de l'économie d'aujourd'hui, à laquelle participent aussi bien la finance internationale que les ouvriers immigrés, rentre en contradiction avec la division en états, contrôlés par les différentes bourgeoisies nationales. Cette contradiction s'exprime principalement par la lutte de classe. Ce processus est souvent masqué par des conflits internes aux différentes classes elles-mêmes. En particulier les classes dirigeantes tentent de dévier la lutte de classe principale en divisant et en entraînant à leur suite une partie des 99% dans des conflits nationalistes ou religieux. Si la lutte des classes est la conséquence de la contradiction entre l'évolution des forces productives (aujourd'hui principalement la création d'une classe ouvrière mondialisée) et l'organisation économique et sociale des sociétés (la concentration de la propriété privée des biens de production dans un nombre de plus en plus limité de mains, organisée sur une base nationale), elle est en retour un moteur puissant de l'évolution des sociétés, à côté du travail pour la production et des avancées technologiques et scientifiques. Plus précisément elle est porteuse d'un projet d'organisation de la société plus solidaire, plus avantageux économiquement pour l'ensemble des humains, plus libre: le communisme démocratique.

L'espèce humaine, des chasseurs-cueilleurs des débuts, à la société mondialisée d'aujourd'hui, est passée schématiquement par des étapes telles que: le communisme primitif des chasseurs-cueilleurs, la naissance de l'agriculture et de l'esclavage, le féodalisme et le servage des paysans, les deux révolutions industrielles, liées au développement de la machine à vapeur puis de l'électricité et la transformation des paysans occidentaux en ouvriers d'usines, le capitalisme et la formation de la classe ouvrière occidentale, la mise en esclavage de l'Afrique, la phase colonialiste impérialiste et l'oppression du tiers-monde, la constitution de l'aristocratie ouvrière et des classes moyennes dans les pays occidentaux. Aujourd'hui la phase mondialiste du capitalisme transforme les paysans du Sud également en ouvriers d'usine, soient sur place, soient déplacés comme migrants. Chaque phase et chaque classe opprimée fait écho à la situation des classes opprimées précédentes. Si l'organisation des chasseurs-cueilleurs est du communisme primitif, cela ne signifiait pas une société idyllique pour autant. Les conflits entre groupes de chasseurs-cueilleurs étaient proportionnellement plus meurtriers que les conflits récents, même ceux de la Seconde Guerre mondiale, y compris pour l'URSS et l'Allemagne pourtant les deux pays les plus touchés[132] .

La dernière phase, la mondialisation, entraîne tous les peuples du monde dans les échanges mondiaux. Elle développe les classes moyennes des services, employés, cadres, principalement dans les économies avancées. L'un des enjeux est de savoir de quel côté pencheront ces classes moyennes, alors même que la mondialisation les met à mal dans les pays occidentaux. Les transitions numérique et énergétique qui marquent les évolutions économiques récentes, se jouent toutes deux des territoires. Elles renforcent la mondialisation de l'économie et les contacts sociaux internationaux.

L'espèce humaine est passée de près de 10 millions d'individus avant l'agriculture, à 1 milliard en 1800 (100 fois plus) au moment de la révolution industrielle, et à 7,6 milliards aujourd'hui. Les

---

132 - Jared Diamond: « *Effondrement* » 2006.

projections indiquent que nous serons, vous serez, 10 milliards vers 2050, date à laquelle la population de notre espèce devrait plafonner. Le vieillissement avec un contrôle des naissances plus efficace, est l'un des changements profonds auxquels notre espèce doit s'adapter. Ce vieillissement, sensible en particulier dans les pays occidentaux, est un phénomène en partie masqué par l'immigration. Il a et aura des conséquences importantes: l'accroissement des dépenses de santé, de retraite, la crainte de prendre des initiatives, la peur d'investir, ce qui pourrait réduire les capacités d'adaptation de l'espèce humaine face à des événements inédits. D'autant plus que c'est la partie vieillissante de la population qui est la plus fortunée (par l'épargne cumulée) et donc la plus à même de financer les investissements innovants. Il y a là un piège à éviter, le conflit des générations est un des dérivatifs que les 1% adorent mettre en scène, pour masquer la lutte principale. Mais ce sont essentiellement les 1% qui accaparent les richesses, pas les vieux!

Types de sociétés, cultures, phases, sont des créations des observateurs, des théoriciens. Il s'agit d'approcher la réalité, mais bien sûr, ceci est sujet à beaucoup de subjectivisme et aux préjugés culturels et politiques de chaque époque. Si la description de l'évolution des sociétés, ci-dessus, reste globalement pertinente -elle doit beaucoup à Marx- elle est sujette à des contre-exemples. L'évolution de chaque société n'est pas identique, ne passe pas par les mêmes phases, partout au même moment. On a noté plus haut les caractéristiques spécifiques du « *mode de production asiatique* » évoqué par Marx. Lénine, on l'a vu, saisit le moment, et accompagne la tentative de révolution socialiste dans une Russie encore largement paysanne et féodale. Il reste aujourd'hui encore des traces d'esclavage partout dans le monde, des siècles après que ce système ait disparu comme forme d'organisation dominante. Ce relativisme s'applique aussi à l'analyse de classe qui est bien plus subtile que celle souvent décrite, y compris ici, avec des interpénétrations, des glissements, des continuités d'un groupe à l'autre. De plus, il n'y a pas de déterminisme mécanique entre la position sociale et les positions politiques. Engels était un patron et Chou En Lai aussi a trahi sa classe bourgeoise! A l'inverse les forces de répression sont le plus souvent d'origine populaire, ce qu'aiment à faire remarquer les tenants du système.

Les classes dominantes de chaque époque tentent de faire croire que leur domination est naturelle et date de toujours. Elles ont intérêt à rendre les choses confuses, à susciter et exacerber des divisions, des oppositions entre des groupes aux intérêts parfois marginalement opposés, mais qui appartiennent fondamentalement aux 99% face aux 1%. Diviser pour régner!

On nous répète que nous serions dans des sociétés « *post industrielles* ». Il s'agit de faire croire que les biens immatériels ont dépassé les biens matériels, que le capitalisme est « *cognitif* »[133], que nos sociétés ne sont plus essentiellement industrielles et finalement que les ouvriers ont disparu. Ces thèses sont prisonnières d'une vue biaisée occidentale, propres aux pays avancés qui concentrent la finance, l'administration, la direction de la R&D (Recherche et Développement) de l'économie mondialisée. Les usines sont largement délocalisées dans les pays émergents, ou occupent des immigrés dans les pays avancés, immigrés rejetés à la marge des statistiques et des analyses. Les extrapolations des tendances perçues dans les étages de direction et les quartiers généraux occidentaux ne sont pas pertinentes pour l'ensemble du monde. La nouvelle économie numérique connectée et verte permettant le développement des services serait le soubassement de cette société postindustrielle. C'est oublier que les puces de nos smartphones comme celles des objets connectés, les aimants des éoliennes comme ceux des panneaux solaires, exigent une énorme activité extractive de matériaux rares[134], parmi lesquelles les fameuses « *terres rares* ». Nous allons extraire plus de métaux en une génération que les 70 000 générations qui nous ont précédés. Bien qu'il s'agisse de métaux rares il ne faudrait pas croire que l'exploitation en est

---

133 - Michael Hardt, Antonio Negri: *"Commonwealth"* 2011.

134 - Guillaume Pitron: « *La guerre des métaux rares* » 2018.

215

délicate: Il faut extraire 1,2 million de kg de roches pour obtenir 1 Kg de Lutecium (nécessaire à la production des rayons gamma). De plus la quantité d'eau nécessaire pour le traitement de tous ces minéraux n'est pas sans lien avec le déficit d'eau potable un peu partout sur la planète. Bien entendu tous ces métaux extraits du sol sont travaillés, transformés dans des milliers d'usines employant des millions d'ouvriers.

L'idée que nous serions dans une société post industrielle fait partie de la « *post-vérité* » qui consiste à décrire un capitalisme hors sol et, pour les privilégiés dans leur bulle, à nier la réalité du monde.

De même que la culture est le prolongement de notre évolution biologique tout en ayant sa trajectoire propre, l'histoire des civilisations humaines et la lutte des classes impriment leurs marques sur l'art.

Histoire ...et futur de l'art

Tout est politique ? Y compris l'art, la littérature ? Certainement. Mais d'une telle façon que cet aspect politique du « *tout* », échappe à la compréhension, et encore plus aux velléités d'intervention, y compris du plus brillant des politiques. La volonté d'intervenir « *politiquement* », dans tous les domaines, est une prétention qui mène au désastre totalitaire. Il est compréhensible que dans les phases aiguës de crise on fasse feu de tout bois. L'art est alors au service de la lutte. « *L'Affiche rouge* », le poème d'Aragon de 1955, chanté par Léo Ferré, célébrait les immigrés du groupe de résistance de Manouchian contre le nazisme et il nous émeut toujours. A l'inverse, il est inévitable de fustiger Louis Ferdinand Céline comme un collaborateur des nazis. Mais ensuite, la guerre finie, Céline peut réintégrer la culture universelle, pour la part d'humanité qu'il a su exprimer mieux que tout autre dans « *Voyage au bout de la nuit* » en 1932. Il nous touche malgré la politique odieuse qu'il a soutenue. Comme peuvent nous toucher des œuvres d'inspiration religieuse malgré l'absence de Dieu. Comme les tragédies grecques, les Perses, Antigone, Œdipe etc. nous parlent encore, 2

500 ans plus tard, malgré un contexte radicalement différent[135]. On a raison de ne pas suivre Dalí dans son soutien à Franco, ou Soljenitsyne dans son soutien à Pinochet, mais pour autant, ce serait une perte de ne pas percevoir leur génie artistique et leur apport à la culture de l'humanité. On peut ne pas suivre Michel Houellebecq dans ses divagations politiques, mais cependant saluer l'auteur capable de saisir et d'exprimer bien des aspects de « *l'air du temps* ». La position politique d'un artiste n'est absolument pas une garantie de sa qualité. Ainsi Marx préférait les œuvres du bourgeois Honoré de Balzac, sa « *comédie humaine* » où il détaille les comportements de la bourgeoisie, à celles du révolutionnaire banni Eugène Sue (« *Les mystères de Paris, le Juif errant* »[136]). La position révolutionnaire sur l'art n'a rien à voir avec le conformisme politique et le « *politiquement correct* ».

Une vue utilitariste de l'art est contre-productive. La domestication des animaux d'agrément a précédé la domestication de rendement. L'art peut être « *utile* » à condition de ne pas s'en servir étroitement! Il faudra la conquête spatiale, pour donner aux vers du poète Paul Eluard « *la Terre est bleue comme une orange* » l'apparence d'une fulgurance réaliste... mais des décennies plus tard...

Ne considérer à chaque époque que les œuvres des classes « *montantes* » est aussi une vue trop étroite. Les arts comme les rires, les larmes, l'humour, le plaisir, la sensibilité ne s'embrigadent pas. Ils sont aussi indépendants de la lutte de classe, que la recherche scientifique, l'activité économique ou l'amour (donc pas totalement...).

Comme les erreurs de réplication de l'ADN sont source de création de vie nouvelle, les dissidents en art, comme en recherche scientifique, sont source de création. La prétention à régenter art et recherche est contre-productive. Sans liberté de l'art on obtient

---

135 - Cité par Alain Badiou: *"Quel communisme?"* 2015.
136 - Cité par Peter Weiss: « *l'Esthétique de la résistance* » 1981.

la littérature clandestine aussi sûrement que sans marché on a le marché noir, ou sans acceptation de la sexualité on a la pornographie et tous les comportements déviants possibles.

Comme l'écrit Soljenitsyne, l'art ne fait pas de progrès, le contraindre entraîne des « *effets de bord* » négatifs. L'art refuse de suivre le sens de l'histoire ? Mais quel est le sens de l'histoire de l'art ? S'en prendre au piano, instrument de musique « *bourgeois* » comme le fit la Révolution culturelle chinoise, n'a pas de sens. Sinon symboliquement dans des conditions particulières à un moment précis. S'en prendre aux académies conservatrices peut avoir un sens ponctuellement, mais l'art se révolutionne tout seul. Bien entendu l'art n'est pas totalement indépendant de son époque, (ne serait-ce que par l'allocation des crédits!). A chaque moment l'art ou plutôt des artistes ont su refléter ou exprimer les tensions de leur époque. Ainsi si aujourd'hui des critiques croient percevoir un accroissement de la présence de l'actualité politique dans l'art, c'est probablement que celui-ci, de façon diffuse, pressent et exprime les tensions de la crise.

Les experts ... du système

Le numérique, juste un outil

Ces dernières années ont été marquées par un *tsunami numérique*. Les 5 plus grosses capitalisations de la bourse américaine viennent de l'économie du numérique. Le nombre de firmes du secteur valant plus de 1 milliard de $, les fameuses *licornes,* est passé de 20 à 130 en moins de 5 ans. Il n'est pas exclu qu'il s'agisse d'une nouvelle bulle spéculative qui ferait suite à l'éclatement de la bulle Internet des années 2000, et dont la source serait l'actuelle expansion monétaire sans limite. Néanmoins l'impact du numérique est manifeste. Il est difficile aujourd'hui de se passer des services des GAFA: Google, Apple, Facebook, Amazon et autres Twitter, Ebay, Spotify, Deezer, Adobe… ou de leurs concurrents chinois des BAT: Baidu, Alibaba, Tencent, Wechat, Weibo… Au-delà de la simple gestion du contenu numérique du monde de l'information, avec les standards de communication (ASCII, PDF, Raw, JPEG, MP4, IPTC, HTML, XML, IRQ, NFC etc.), qui nous deviennent à tous plus ou moins familiers, le numérique bouscule aussi la vieille économie. Il affecte à la fois l'industrie avec la robotique, mais aussi les services comme les banques de détail avec les banques en ligne, les transports avec Uber ou Blablacar, l'hôtellerie avec Airbnb, la médecine avec les diagnostics numériques ...

Cette révolution est menée par des firmes pour la plupart américaines, ce qui permettait à Barack Obama de déclarer en 2015: « *nous sommes propriétaires de l'Internet* ». S'attirant la réplique de Stéphane Richard, PDG d'Orange: « *c'est le retour de l'impérialisme dans sa version la plus crasse* ». C'était avant que le même n'invite Barack Obama comme conférencier aux « *Napoléons[137]* ».

L'Arpanet, à l'origine d'Internet, créé par les militaires américains en 1972, est un bon exemple d'investissements publics à coûts partagés, mais aux profits privatisés. Ces technologies de réseaux et de moteurs de recherche, ont été financées par les services de renseignements et les budgets militaires américains, israéliens, français, ... sur fonds publics. Les liens révélés d'espionnage systématique de la population par la NSA et autres services de renseignements ont des racines lointaines. Comme le dit le jeune expert des technologies américain d'origine biélorusse Evgeny Morozov: « o*n devrait traiter la Silicon Valley avec la même suspicion que Wall Street* ». Et en partie pour les mêmes raisons, comme le montrent les opérations d'optimisation fiscale d'Apple, Alphabet (Google) et autres. En se développant à la fois vers le *Big Data* (la capacité, avec le *deep dearning,* de tirer des informations d'une collecte massive et centralisée des données), vers l'extrêmement petit avec les nanotechnologies, la décentralisation des activités telles que l'impression à distance et l'impression 3D, le numérique révolutionne à la fois les modes de production et nos vies. Cette période rappelle l'agrandissement

---

137 - « *Napoléon* », un des clubs où se pense et se gère le système capitaliste français.

de la perception du monde, dû à l'invention du télescope et du microscope, tous les deux autour de 1600. A noter cependant que le numérique, s'il crée du chômage (les études évaluent de 10 à 40% les emplois qui seront détruits par le numérique dans la décennie à venir), n'apporte pas -pour l'instant- de réels gains de productivité comme le constatent, à leur grande surprise, les américains Robert Solow, prix Nobel d'économie, et Robert Gordon l'universitaire cité plus haut.

Il n'est pas systématique que des progrès scientifiques entraînent des progrès techniques, et encore moins qu'ils constituent une révolution industrielle comme l'ont été celles du XIXème siècle avec la vapeur et l'électricité. Il ne suffit pas de technologies de rupture, de « *disruption* » comme on dit dans la Silicon Valley, Il y faut aussi des conditions sociales et politiques favorables. Mêmes si des « *Silicon valley* » émergent, aussi bien à Bangalore en Inde, qu'à Pékin, l'organisation sociale actuelle bride le développement des forces productives que représente la révolution numérique. Elle bride aussi le niveau d'éducation qui l'accompagne, l'implication et l'interactivité de tous qu'elle permet. L'organisation sociale élitiste et le frein qu'elle constitue expliquent peut-être ce mystère: les formidables développements techniques du numérique ne se transforment pas en 3ème révolution industrielle. Il est possible qu'il faille une révolution socialiste et démocratique pour tirer pleinement partie des potentialités de la révolution numérique. Robert Gordon note d'ailleurs que « *la hausse des inégalités est un des facteurs alimentant l'érosion de la productivité.* »

Internet permet une formidable participation du plus grand nombre à l'échange d'idées, d'outils, d'objets. Il permet un rassemblement et des échanges à l'échelle mondiale. Le partage des connaissances donne, avec Wikipedia, un aperçu du bond que le travail collectif permet, et permettra encore plus demain. Internet permet de mobiliser et de faire contribuer les amateurs dans de nombreux domaines, la recherche, la santé etc. Le DIY « *Do It Yourself* » (« *faites le vous-même* »), tel que l'usage des imprimantes 3D le permet, se combine avec le DIWO, « *Do it With*

Others » (« *faites-le avec d'autres* »), c'est-à-dire en réseau... ces activités exigeant bien sûr des sigles anglo saxons pour fonctionner[138]!

Les méthodes de développement informatique tel que « *Agile* » s'imposent. Cette méthode comme son nom l'indique, consiste à développer plus rapidement, au plus près des besoins, au plus près des utilisateurs, en partant d'un POC « *Proof of Concept* », c'est-à-dire d'un pilote fait au plus vite. Ensuite on rectifie rapidement les erreurs, on intègre les évolutions, et par des méthodes d'itération, on atteint le résultat de façon plus pragmatique, plus humble et plus efficace que par de lourdes méthodes de conception théorique.

Une technologie comme la *blockchain*, (qui est à la base de l'utilisation de la monnaie virtuelle le Bitcoin) utilise les avancées de la cryptologie, et permet d'envisager des solutions de confiance pour les transactions, basées sur la multitude et non sur quelques banques ou gouvernements centraux qui aujourd'hui suscitent à juste titre la méfiance.

La notion de gratuité qui irrigue le Web, l'Open source, les logiciels libres, le partage des développements, sont un juste retour des investissements publics ayant permis l'établissement d'Internet et du Web. Cela renforce la tendance de fond à la mise en commun démocratique des ressources. L'usage intensif croissant des objets connectés exigera un approfondissement du contrôle démocratique que le système actuel est incapable de promouvoir.

Ce combat de réappropriation des biens publics, comme la gratuité sur le net, ne signifie pas le non-respect des droits des usagers y compris des droits d'auteurs. Un acteur monopoliste comme Google se retrouve à la pointe de la privatisation des profits, en monétisant par la publicité, des contenus générés par d'autres, par des millions d'auteurs, journalistes, écrivains, photographes, vidéastes, graphistes, artistes, pour qui la production de contenu est le métier et la seule source de revenus.

---

138 - Gilles Babinet, digital champion: « *L'ère numérique* » 2014.

Facebook, Grindr et d'autres n'hésitent pas à revendre les données personnelles récoltées auprès de leurs usagers rappelant qu'en système capitaliste « *Si c'est gratuit c'est que c'est toi le produit* ».

Les Google, Facebook, Arianespace, SpaceX etc. font des investissements importants pour connecter à Internet les 2 milliards d'humains qui ne le sont pas encore, renforçant l'unité de la société humaine. Le développement des transports, de la culture, des médias à l'échelle internationale, le fait qu'aujourd'hui la majorité de la population humaine vit dans des villes, a accès à Internet ou au téléphone mobile, ont pour conséquence que dans tous les pays les gens acquièrent peu à peu la même connaissance de la réalité du monde. L'image et la vidéo, langages plus universels que l'écrit ou la langue, permettent à tous les habitants de la planète de communiquer un minimum.

Le numérique est le champ également de luttes spécifiques et finalement d'une lutte de classe. La lutte contre un Internet à deux vitesses, pour la liberté des accès, pour le partage et le logiciel libre, relève d'un combat pour ce communisme de proximité sans lequel la vie humaine ne serait pas possible. A l'international aussi la lutte de classes traverse le numérique. Les GAFA participent au pompage des ressources du Sud ne serait-ce qu'en drainant les jeunes éduqués du monde entier dans leurs centres de recherche, « *Le brain drain* ». D'où leur opposition à Trump lorsqu'il interdit l'intégration des étrangers dans les labos de la Silicon Valley.

Pour autant, si on peut voir en Internet une sorte d'infrastructure technique de l'Internationalisme, le numérique en lui-même n'est pas une solution aux problèmes du monde contemporain. Pas plus que la révolution verte en agriculture, malgré ses succès, n'a résolu la question de la faim, la révolution numérique ne solutionnera les problèmes de l'humanité, et déjà visiblement pas celui du chômage.

Le trans humanisme des élites…

La pointe avancée des conceptions technocratiques élitistes est le trans humanisme, prôné par les fondateurs de Google, Larry Page et Serguei Brin pour qui, « *l'homme qui vivra 1000 ans est déjà né.* » Ils ont embauché comme gourou technique, Ray Kurzweil, spécialiste de l'intelligence artificielle, conseiller de l'armée américaine. La « *singularité* », l'idée de Vernor Vinge[139] reprise par Kurzweil est que le cerveau humain sera dépassé par les machines, aussi bien par les capacités de stocks d'informations - c'est déjà vrai- que par les capacités de traitement de ces informations. Ces idées s'appuient sur les prédictions ou « *lois* » de Moore, qui indiquent que la puissance des calculateurs double tous les ans. Elles s'illustrent notamment par les ordinateurs capables de battre les meilleurs humains, comme le programme d'intelligence artificielle de Google Deepmind « *Alphago* », qui a battu le champion du monde de jeu de Go.

La « *Singularity University* » conçue par Kurzweil, mais aussi par Peter Thiel, l'un des fondateurs de Paypal cité plus haut, a pour vocation de former et de repérer les talents non conventionnels pour les drainer vers les institutions américaines. Niel, le fondateur de Free, copropriétaire du journal Le Monde, les copie un peu avec « *l'école 42* » à Paris.

Proche de ces conceptions, le Future of life Institute (FLI) a été créé par Tegmark, scientifique, celui qui est persuadé que « *l'univers est mathématique* », avec l'un des fondateurs de Skype, Jann Tallinn, et l'entrepreneur américain d'origine sud-africaine Elon Musk (SpaceX, lanceurs et satellites, Tesla, batteries et voitures électriques).

En France, ces idées sont relayées en particulier par Laurent Alexandre[140] (chirurgien, créateur du site Doctissimo) qui défend et promeut une humanité basée sur le QI, le Quotient Intellectuel. Les riches sont riches parce qu'ils sont plus intelligents. Cela s'étend aux nations toutes entières: « *75% des différences*

---

139 - Vernor Vinge, auteur de science-fiction américain né en 1944.

140 - Laurent Alexandre: « *La guerre des intelligences* » 2017.

économiques entre les pays … s'expliquent par le QI moyen de la population ». Donc la Chine, qui pèse environ pour 1/5 de l'humanité, quand elle était au plus bas, avait un QI moyen faible, aujourd'hui qu'elle devient la première nation économique elle aurait un QI moyen fort ? Tout ça avec un QI qui est supposé être inné car « *L'intelligence s'hérite plus qu'elle ne s'acquiert* ». Toute intelligence normale en conclurait: c'est la richesse qui fait le QI et non l'inverse! Mais Alexandre insiste: « *Quelques gamins au QI de 165 créent plus de richesses qu'un million de travailleurs au QI de 95* ». Les gamins en question sont Bill Gates, Karl Zuckerberg, Musk, Thiel, Brin, Page, Macron, etc. la fraction moderne du système qu'Alexandre porte aux nues. Pourtant il note aussi : « *Au sein des grandes écoles, seuls 9% des étudiants sont aujourd'hui issus des classes socioprofessionnelles modestes contre 30% dans les années 1950* ». Si le QI détermine la réussite, et qu'il est inné, d'où vient cette exclusion des gens modestes en 60 ans? D'autant plus que cela vient à l'encontre de « *l'effet Flynn* » qui veut que le QI s'améliore tendanciellement avec le progrès ?

Laurent Alexandre affirme que l'usage de l'application Waze par les chauffeurs de taxi Londoniens a modifié leurs cerveaux. S'il s'agit de dire que, compte tenu de la plasticité du cerveau et de la dynamique des connexions de neurones, toute activité humaine modifie le cerveau, cela est une lapalissade, mais l'auteur vient plutôt flirter avec l'idée de modifications, d'un retour sur le corps biologique dues aux activités humaines. Dans ce cas il se rapproche des thèses vues plus haut, celles des darwinistes sociaux, des socio biologistes et même de Lyssenko.

L'Intelligence Artificielle, à côté de ses atouts comme le diagnostic médical, la conduite automobile, les robots etc. fait parfois peur comme l'ont mis en scène des films de science-fiction. Peur qu'elle soit un nouveau Frankenstein échappant à ses concepteurs. Mais l'intelligence humaine n'est pas que cérébrale, n'est pas un algorithme et l'intelligence artificielle semble encore loin d'intégrer à l'intelligence l'apport des intestins par exemple !

Tout ce fatras incohérent des tenants de la primauté du QI serait simplement ridicule s'il ne venait pas consolider le pouvoir des auto proclamées élites et ne revendiquait pas explicitement la filiation avec les thèses eugénistes, d'amélioration du patrimoine génétique humains, telles que celles de Francis Galton[141]. Scientifique dont les idées ont débouché sur des pratiques « *d'hygiène raciale* », non seulement par les nazis mais aussi par les pays démocratiques comme les pays scandinaves, les USA ou la Grande Bretagne.

Les communistes reconnaissent tout à fait les différences entre les humains, différences qui ne se réduisent pas au visible: la taille, la couleur de la peau, des yeux ou des différences plus subjectives comme la beauté et certainement aussi des différences dans les intelligences. Mais il y a aussi de nombreux types d'intelligence et non un seul comme le prétend Alexandre. Les tests, du genre QI, sont forcément conçus par le type d'Intelligence que leurs concepteurs privilégient. En affirmant « *De chacun selon ses capacités, à chacun selon ses besoins* »[142] les communistes reconnaissent que les humains sont porteurs de capacités différemment utiles ou efficaces selon les circonstances. Mais cela ne justifie pas les inégalités de revenus, de richesse et de pouvoir des dominants d'une époque. Preuve en est d'ailleurs que tout mode de production, y compris le capitalisme, a connu des degrés d'inégalité différents, ce qui n'aurait pas lieu d'être s'ils dépendaient de QI innés. Et aujourd'hui le niveau d'inégalités est sans précédent et insupportable!

L'humain augmenté

Alphabet, la société holding de Google, est basée dans le Delaware, Etat américain ayant les caractéristiques d'un paradis fiscal. Elle concourt avec Apple comme première capitalisation mondiale. Alphabet investit dans les biotechnologies, les

---

141 - Francis Galton, scientifique britannique mort en 1911.

142 - Selon la formule de Louis Blanc, journaliste, participant à la révolution de 1848, puis député de gauche après la Commune de Paris de 1871.

nanotechnologies, la robotique, la santé, la voiture sans chauffeur etc. pour « *augmenter* » l'humain.

Le mot « o*rgane* » vient d' « *organon* », mot grec qui signifie outil. Après tout, que « *l'humain augmenté* » le soit par des techniques numériques, l'intelligence artificielle, les nanotechnologies, l'appel au « *cloud* » (stockage extérieur des informations et des applications), n'est que le prolongement des lunettes, des appareils auditifs, des prothèses, des implants dentaires, des cœurs artificiels, du téléphone mobile. Avant encore, les chaussures, les vêtements, la montre, les microscopes, télescopes, voitures dépassant le guépard en vitesse, avions qui volent plus haut que les aigles, sous-marins qui plongent plus profond que les dauphins avaient augmenté les capacités humaines depuis l'époque des pierres taillées. L'humain est aussi « *augmenté* » par les ondes radios, les rayons X, l'électricité, la radioactivité tout ce qui n'est pas directement perceptible mais néanmoins mis en œuvre par lui.

L'homme « *augmenté* » est peut-être la solution au plafonnement de nos capacités physiques et intellectuelles, comme au quasi suicide que constitue la dégradation par nous-mêmes de notre milieu écologique. Mais faire croire comme le font les transhumanistes que l'augmentation des intelligences par ces techniques est le seul moyen de lutter pour l'égalité, n'est qu'une façon de consolider l'idée que les inégalités ne sont dues qu'aux différences d'intelligence, elles sont donc normales et doivent être acceptées. Le dépassement des limites humaines se fait par les manipulations génétiques, le contrôle de l'ADN, l'intelligence artificielle, les robots, les objets connectés, la réalité virtuelle. Toutes ces activités exigent le *cloud*, les batteries de serveurs et de stockage qui sont la propriété d'un tout petit groupe de personnes. Faire que ces ressources sophistiquées soient contrôlées par la communauté, fasse partie des « *communs* », est une exigence. La nécessité du communisme démocratique s'impose avec d'autant plus d'urgence que ces développements nouveaux ne génèrent pas d'eux-mêmes les contrôles démocratiques nécessaires, et visiblement le capitalisme, même démocratique, non plus.

Aujourd'hui, le danger vient du fait que les développements numériques sont pensés, orientés, dirigés par une petite minorité, qui a accaparé la richesse de millions d'humains. Ce petit groupe de gens est intégré aux pouvoirs existants au plus haut niveau, jusque dans la sphère militaire comme on le voit avec Kurzweil, et ils font fonctionner à fond la « *revolving door* », la « *porte tambour* » du passage privé / public sans aucun contrôle démocratique.

Sous le couvert de nouveautés technologiques, il s'agit d'une très vieille idéologie, pré marxiste. La vieille idée que les experts et ingénieurs seraient la solution aux problèmes des humains remonte pratiquement au début du capitalisme, et aux problèmes d'inégalités qu'il a immédiatement engendrés. C'est une vue technique et élitiste bien exprimée au tournant du XIXème siècle par Saint-Simon. Saint-Simon, décrit « *comme le dernier des gentilshommes et le premier des socialistes* », proche de l'école Polytechnique de Paris, a promu le rôle des élites scientifiques et techniques. Sa politique a été plus ou moins mise en œuvre par les deux Napoléon. La leçon de l'histoire est claire: les travailleurs n'ont rien à tirer de telles théories élitistes.

Ces idées technocratiques soi-disant « *nouvelles* », « *pragmatiques* », « *efficaces* » resurgissent périodiquement pour rafistoler le système capitaliste. Deng Tsiao Ping, l'ancien leader chinois disait: « *qu'importe qu'un chat soit blanc ou gris pourvu qu'il attrape les souris* ». Phrase que cite Emmanuel Macron, alors ministre des finances d'un gouvernement « *de gauche* », (même s'il attribue faussement la phrase à Mao Tse Toung). Il s'agit de promouvoir le « *gouvernement des experts* », de faire croire que ces experts sont apolitiques, « *ni de gauche, ni de droite* » ou « *et de gauche et de droite* » et qu'ils seraient, pour cette raison, efficaces. Or la faillite de ces experts à éclairer la voie est patente. L'Allemagne pré nazie était riche de scientifiques, d'experts, de personnes cultivées. La grande majorité d'entre eux a soutenu les folles agressions et les crimes du régime. Ces idées élitistes expriment les souhaits et intérêts des scientifiques, ingénieurs et techniciens ainsi que ceux de l'aristocratie ouvrière. On les retrouve chez des scientifiques comme le prix Nobel Jacques Monod[143] ou chez des penseurs socialistes comme Rudolf Bahro cité plus haut. Si les experts critiquent le capitalisme, s'ils semblent vouloir parfois le dépasser, de nombreux liens, en particulier financiers, les ramènent à conforter un ordre capitaliste dont ils dépendent et qu'ils finissent par tenter de consolider.

Pour certains, la lutte pour le contrôle des matières premières, l'eau, les minerais, les terres arables, à laquelle participent de nombreuses puissances en Afrique ou ailleurs, serait le nouvel « *lebensraum* » des nazis, la nouvelle lutte pour « *l'espace vital* ». Cette lutte, et non l'inégalité et la mainmise des 1% sur le monde, serait le motif principal des conflits à venir. Cette idée, proche des thèses de Malthus, était à la base de la politique d'Hitler et a été à la source du génocide des juifs européens. Elle vise à rallier les travailleurs à la politique de conquête de leur bourgeoisie nationale, politique qui les divisera et leur fera oublier la lutte des classes. Timothy Snyder, professeur américain, nous annonce que le prochain génocide se fera autour du contrôle des terres arables, et il prétend lui aussi que l'alternative est la science: « *aujourd'hui nous sommes confrontés aux mêmes choix cruciaux entre science et idéologie que les Allemands avant nous* »[144]. Justement, le ralliement des savants allemands à Hitler montre que la science à elle seule n'est pas une alternative. Le choix n'est pas entre science et idéologie comme le prétend Snyder, ni en faveur d'une efficacité prétendument hors de toute « *idéologie* » comme le prétend le banquier président Macron, mais dans la lutte de classes: un monde pour les 99% ou pour les 1% ? Toute tentative

---

143 - Jacques Monod: "*Le hasard et la nécessité* » 1970.

144 - Timothy Snyder, historien américain: "*The next genocide*" 2015.

d'embrouiller la question, de masquer cette contradiction se fait au profit des 1%.

« Il n'est pas de sauveurs suprêmes

Ni dieu, ni césar, ni tribun »

chante l'Internationale. Ajoutons, ni de scientifique ou d'expert sauveur!

Les milliardaires philanthropes comme Bill Gates, Richard Branson (le patron de Virgin), Warren Buffet (oui celui qui se croit le vainqueur définitif de la guerre des classes) se penchent également sur le peuple souffrant. La fondation Gates, soutenue par Buffet, a un budget supérieur à celui de l'OMS et s'investit surtout dans la lutte contre les maladies et l'analphabétisme dans les pays du Sud. Bien sûr on ne peut que se réjouir qu'une partie de l'argent capté revienne (un peu…)[145] au peuple. Mais d'une part, rien ne dit que des ressources ainsi orientées suivant la fantaisie de milliardaires aillent vers le plus urgent, et d'autre part ces mêmes milliardaires sont ceux qui investissent dans les industries polluantes, les armements, les produits financiers, les banques, qui désorganisent notre monde et sont à la source des problèmes qu'ils prétendent ensuite régler en philanthropes.

Pas non plus de milliardaire sauveur suprême!

Progrès ou « régrès » ?

Y-a-t-il progrès ? Oui pour une part, nous sommes plus d'humains sur terre, qui vivons plus longtemps et en meilleure santé. Les insatisfactions pointées dans les deux premiers chapitres de ce livre, sont liées essentiellement aux inégalités. Dans la société, industrielle comme soi-disant « *post industrielle* », le progrès est lié à la croissance, et en particulier à la croissance de la consommation dont on sait qu'elle peut, au-delà d'un certain

---

145 - Les dotations aux fondations se comptent au mieux en quelques milliards de $, « l'éva*poration fiscale* » de ces grandes compagnies est évaluée à 350 milliards de $ par an.

seuil, être source de malaise, y compris physique, ainsi que de frustrations qui éloignent du bonheur. De plus ce type de croissance n'est pas soutenable à terme, et est d'ores et déjà en ralentissement sur le long terme.

Si la machine à vapeur a permis le prodigieux développement de la révolution industrielle, les aspects négatifs de ce progrès nous rattrapent sous forme de pollution ou de réchauffement climatique. De même, la deuxième révolution industrielle basée sur la « *fée électricité* » amène avec elle des problèmes non résolus comme la pollution générée par les centrales à charbon ou la gestion des rejets nucléaires. La société de consommation débouche sur l'extrême difficulté à gérer l'ensemble des déchets, pas seulement ceux du nucléaire. Si le progrès technique, à l'encontre d'autres évolutions de nos sociétés, parait toujours cumulatif, l'idée de progrès elle, a subi un coup et est relativisée. Nous ne sommes plus très sûrs que certains des progrès qu'a accomplis l'espèce humaine ne soient pas des grands pas en avant vers le gouffre. Qu'a représenté l'idée de progrès pour les dinosaures ? Elisée Reclus[146] tout en soutenant l'idée de progrès, pointe les retours négatifs que le progrès génère en parlant de « *régrès* ».

Le progrès passe par des à-coups, des apparences de retour en arrière. A leur début, les automobiles vont moins vite que les chevaux. Les échanges commerciaux mondiaux qui étaient très importants en 1913, proportionnellement au PIB, avaient beaucoup baissé avant la mondialisation du début du XXIème siècle.

Chaque société humaine ne marche pas obligatoirement vers le progrès. Beaucoup ont disparu sans avoir laissé place à une société supérieure. De grandes régressions ont eu lieu. L'écriture a disparu et a été réinventée. La civilisation de l'île de Pâques a disparu. Les élites religieuses y ont orienté la société vers la

---

146 - Elisée Reclus, géographe, anarchiste, membre de la commune de Paris: « *L'homme et la Terre* » 1905.

construction des célèbres statues, toujours plus gigantesques. Le bois, nécessaire à leur édification a été consacré à cet usage, ce qui a orienté l'ensemble de la civilisation de l'île dans une impasse écologique mortelle. Qui sait si nos églises, temples, mosquées, centres commerciaux, tours, stades de football toujours plus nombreux et plus grands ne sont pas nos statues de l'île de Pâques ? Il est nécessaire de se poser la question et ne pas laisser une soi-disant élite nous amener dans l'impasse. L'urbanisation, l'alimentation, la santé, basées sur la technologie, fragilisent la société. Le développement économique basé sur la science, n'est-il pas une ultra spécialisation qui, à terme, nous fragiliserait en tant qu'espèce ? Ou au contraire nous donne-t-il les moyens de surmonter une trop grande spécialisation, par exemple en nous donnant les moyens de vivre sur une autre planète ?

L'objectif de croissance tous azimuts parait aujourd'hui contradictoire avec un monde aux ressources limitées. Les humains ont cependant montré des capacités de rebonds. Bien des prédictions se sont révélées fausses: l'accroissement exponentiel de la population que prédisait Malthus semble tendre vers une stabilisation à 10 milliards d'humains dans les décennies à venir. Le nombre d'enfants par femme a beaucoup baissé et a ainsi contredit les prédictions trop linéaires. La pénurie de pétrole, avec un prix qui devait grimper sans fin a été contredite par les extractions nouvelles provenant du schiste, etc. L'espèce humaine est capable d'activer de nouvelles ressources régulièrement.

Il reste cependant qu'à un horizon prévisible, jusqu'à ce que l'on soit capable d'exploiter d'autres planètes, sans promouvoir une décroissance qui laisserait penser que tous les besoins de l'humanité sont satisfaits, la croissance doive être réorientée. L'alimentation aussi, la viande consommant trop de ressources, sans parler du fait que près de la moitié de la production agricole est aujourd'hui gâchée, perdue. L'état des lieux réels n'est pas connu, car biaisé par des lobbies qui trompent l'opinion au profit de leurs seuls intérêts, comme l'ont fait régulièrement ceux de la finance, du tabac, de l'armement, du lait, du ciment, de la pharmacie, de la chimie, des industries extractives, de l'automobile…

En 1888, dans son livre sur Feuerbach, Engels écrivait: « *l'humanité, tout au moins pour le moment, se meut, d'une façon générale, dans le sens du progrès* ». Ça manque d'enthousiasme! On sent comme une réticence déjà à parier sur le progrès continu, même dans ce XIXème siècle où le progrès paraissait évident et sans fin, et ses effets pervers encore mal connus.

Derrière l'idée de progrès, il n'y avait pas que l'idée de croissance économique. Depuis le siècle des Lumières et les révolutions du XVIIIème siècle, l'idée était également -et surtout- d'un progrès sur les plans politiques et moraux. Ce à quoi devaient participer en particulier, la scolarisation, l'éducation, la science. Certes on peut considérer comme un progrès le fait que la démocratie américaine fasse torturer à l'étranger et n'assume pas ouvertement de le faire sur son territoire (bien que le président américain Trump le réclame). De même on peut considérer comme un progrès que les nazis d'aujourd'hui nient l'élimination des juifs et les fours crématoires (le négationnisme), plutôt que de les revendiquer. Les guerres modernes sont moins meurtrières proportionnellement que celles du passé, on peut donc considérer le comportement des humains aujourd'hui comme plus amical et constituant un progrès.

On a vu plus haut que le progrès en art n'a pas de sens, même s'il bénéficie des progrès techniques, matières et outils nouveaux. En sport, si les performances sont en progrès, c'est qu'elles bénéficient de l'évolution du corps humain, plus élancé… mais aussi des progrès techniques (la perche, les combinaisons de natation, etc.).

La psychanalyse a-t-elle progressé depuis Freud, voire depuis Lacan, décédé depuis bientôt 40 ans ? À moins de considérer que le progrès dans les recherches sur l'inconscient se poursuit dans l'activité des neurosciences ?

A l'idée de progrès est souvent associée l'idée que le monde va vers la complexification. En réalité, cela vaut pour le progrès technique mais pas forcément pour les sociétés humaines. Les progrès techniques et scientifiques eux-mêmes émergent parfois grâce à une simplification géniale qui remplace un montage ou une explication compliquée. C'est un peu ce que l'on retrouve avec la notion « *d'élégance* » en mathématique. Comparons la légèreté d'une expédition sur l'Everest aujourd'hui, avec les lourdes expéditions du passé. Les expéditions légères d'aujourd'hui ne réussissent qu'en tenant compte, autant que faire se peut, des conditions naturelles, climatiques. Moins forcer la nature, contrairement à ce que Bacon et Descartes voulaient, mieux s'y adapter, et mieux « *faire avec* ».

Le peuple et la science

Les 1% mettent souvent en avant les scientifiques, les entrepreneurs, les sportifs ou les artistes, toujours des individualités. Ainsi la science qui fait avancer les sociétés est présentée comme étant le fait de quelques grands savants. Si d'Archimède à Einstein en passant par Marie Curie, le rôle des individus est indéniable, la science avance aussi grâce à l'activité de millions de travailleurs.

Clifford Conner[147] donne de nombreux exemples de la participation des travailleurs à l'avancée des sciences. Artisans, fondeurs, forgerons, marins, menuisiers, constructeurs de moulins à vent, à eau, horlogers etc. Les sacrifices du peuple sur l'autel des découvertes sont innombrables, comme les 2 millions de marins morts, entre autres du scorbut, lors des entreprises maritimes d'exploration du monde au XVIème siècle.

Lors de la révolution scientifique qui a précédé la révolution industrielle du XVIIIème siècle, des savants comme Galilée s'appuient sur l'expertise des artisans et des ouvriers. Les inventions de la lentille ou de la lunette par des artisans ne déclenchent pas immédiatement et par elles-mêmes des découvertes, mais elles sont le terreau sur lequel des esprits

---

147 - Clifford Conner: « *l'Histoire populaire des Sciences* » 2005.

brillants comme Galilée pourront, aidés parfois par le hasard, faire leurs découvertes.

La connaissance et l'expérience concrète des choses sont indispensables. La prise en compte des connaissances populaires a fait émerger une classe de savants, médecins, architectes, ingénieurs. La bourgeoisie, aidée par ces experts, a accaparé les innovations et les connaissances populaires développées par les ouvriers et artisans.

Francis Bacon, scientifique, partisan d'un contrôle humain sur la nature, est aussi un des ministres de la bourgeoisie anglaise du début du capitalisme industriel du XVIIème siècle. Il s'est fait une spécialité de minimiser les apports populaires dans les sciences, tout en amorçant pour la première fois la fusion entre science et technologie. Le latin, langue savante, incomprise de la majorité en Europe, sera utilisé jusqu'au XIXème siècle pour tenir le peuple à l'écart des avancées scientifiques. Les chirurgiens sont à l'époque des artisans considérés comme inférieurs aux docteurs, qui parlent latin eux! Molière l'a immortalisé dans sa dernière pièce *Le malade imaginaire*.

Malgré tout, les connaissances se diffuseront peu à peu dans la société. L'invention de l'imprimerie favorisera à la fois l'essor des sciences et leur diffusion. L'imprimerie évitera la perte des connaissances en permettant leur conservation et leur accumulation sur des supports transmissibles. Elle permettra également à davantage de gens de participer aux développements scientifiques. Les connaissances, au lieu d'être cantonnées aux auditeurs comme du temps d'Aristote, pourront être partagées par un plus grand nombre, sans contraintes ni géographiques, ni de générations.

Un saut qualitatif

Il n'y a pas de lien direct et linéaire entre l'expérience des travailleurs et la science. La théorie ne découle pas en droite ligne de l'expérience comme semble le suggérer Conner. L'expérience, le bon sens peuvent être trompeurs: la Terre n'est pas plate, le Soleil ne tourne pas autour de la Terre. Et que dire de la matière ou de l'énergie « *noire* » invisible ? La connaissance n'est pas strictement liée à la connaissance immédiate ; plus nous nous éloignons de la préhistoire, plus nous la connaissons. Comme l'indiquait Einstein, la théorie ne découle pas des faits et « *est librement inventée* ». Il faut un saut qualitatif entre l'expérience, les faits, pour exprimer une vérité scientifique. Le savoir empirique des artisans, ouvriers, paysans, a besoin des éclairs de génie des Galilée, Copernic, Newton, Einstein, Marie Curie pour se cristalliser dans la science. De même une expression politique ne découle pas directement des luttes revendicatives syndicales. Elle passe par la compréhension d'une théorie d'ensemble de la société. A l'inverse, des modèles sophistiqués, des théories semblant donner des résultats, peuvent être faux. L'astronome Ptolémée, au IIème siècle, calcule la position des astres sur des bases théoriques fausses, mais approche cependant un résultat satisfaisant qui sera utilisé pendant des siècles pour la navigation. On a vu plus haut le cas de Lyssenko, qui obtenait certains résultats malgré l'erreur de sa théorie concernant l'hérédité des caractères acquis. Parfois le scientifique va figer les choses et créer une barrière difficile à dépasser. Ce fut le cas d'Aristote[148] ou de Gallien[149] pour ce qui concerne la médecine. Leur redécouverte figera les développements car, mis sur un piédestal au Moyen-âge, leurs avis seront considérés comme indépassables. Cependant il se trouvera toujours un médecin au service du peuple comme le Suisse Paracelse pour faire avancer les choses, allier l'expérience et l'étude et dire en 1527: « *Qui donc ignore que la plupart des médecins de notre temps ont failli à leur mission de la manière la plus honteuse, en faisant courir les plus grands risques à leurs malades ? Ils se sont attachés, avec un pédantisme extrême, aux sentences d'Hippocrate, de Galien et d'Avicenne [...]. Ce sont donc l'expérience et la raison, et non les autorités qui me guideront lorsque je prouverai quelque chose.* » L'expérience et la raison.

---

148 - Aristote, philosophe grec décédé en 322 avant JC.

149 - Claude Gallien, médecin grec décédé en 216.

La Révolution culturelle chinoise de 1968 était une tentative, forcée, de réconcilier les experts et le peuple, de réhabiliter l'expérience des « *manuels* », en minimisant le rôle nécessaire des « *génies* ». Elle mettra en avant « *les médecins aux pieds nus* », c'est-à-dire ceux qui, tout en ayant la formation de médecins, sont en même temps capables d'être proches du peuple. Cette orientation était dans le prolongement « *du grand bond en avant* » de 1958 qui avait tenté l'idée que chaque entité, même toute petite, pouvait se doter d'un haut fourneau. L'erreur était du même ordre -mais aux conséquences plus graves!- que celle que commet Conner en minimisant le saut qualitatif nécessaire à la qualification de scientifique, et le bond que représente le passage de la pratique à la théorie. L'extension de la pratique ne crée pas la théorie.

Aujourd'hui Internet élargit encore les possibilités qu'avait données l'imprimerie. A la fois en faisant communiquer plus de la moitié de la population de la planète, et en permettant un retour, une participation, une réactivité quasi immédiate, une interaction de tous. La connaissance ne vient pas uniquement de l'expérience pratique individuelle mais d'un corpus global. Nous dépendons les uns des autres. L'échange entre les experts et le commun des mortels est accéléré.

C'est l'essence du web 2.0, c'est-à-dire un web permettant l'interactivité, qui produit une encyclopédie comme Wikipédia ou des projets collaboratifs comme Foldit pour analyser les protéines et une meilleure approche des problèmes de santé, ou encore le « *crowdfunding* » pour le financement coopératif de projets.

La science objective et biaisée

La façon dont les crédits sont alloués, et le fait que le militaire soit le premier commanditaire de la science en système capitaliste, interfère bien sûr avec les résultats scientifiques, mais pas de façon mécanique. Les résultats acquis au cours d'une recherche pour « *mauvaise raison* » restent des résultats acquis. Darwin faisait partie de l'expédition militaire de la Royal Navy sur les côtes d'Amérique du Sud. Jean-François Champollion, le découvreur des hiéroglyphes en 1822, était dans le corps expéditionnaire de Napoléon en Egypte. Il n'est pas vrai que la recherche soit totalement biaisée par les points de vue de classe, de genre etc. Ne serait-ce que parce qu'il n'est pas vrai que l'on ne trouve que ce que l'on cherche. La tarte Tatin va être inventée par accident. Dans les années 1490 en Europe, de grandes ressources financières, humaines, techniques sont concentrées pour trouver une nouvelle route, plus courte, vers les Indes et ses épices ; c'est le but de l'expédition de Christophe Colomb en 1492. Mais finalement c'est l'Amérique son or et ses pommes de terre qui ont été « *découvertes* » ... par l'Occident, car les Amérindiens eux, étaient déjà au courant... c'est la sérendipité. La science fourmille ainsi de découvertes qui n'étaient pas celles que l'on recherchait, la découverte de la pénicilline en est un autre exemple. A l'inverse, des découvertes ne trouvent parfois leur utilisation que bien plus tard. La forme icosaèdre, un objet tridimensionnel à 20 faces défini par Euclide 300 ans avant JC ne trouve son application qu'au XXème siècle avec les ballons de football...

La science, comme la culture, n'est pas apolitique mais si la recherche pour l'instant est pilotée par des militaires, hommes, blancs, au service des classes aisées, le résultat n'en est pas moins un acquis pour tous. On peut préférer la recherche agronomique (quoique Monsanto et son glyphosate! ...) à la recherche militaire, mais les acquis de cette dernière n'en sont pas moins des acquis. Les scientifiques qui travaillent pour les industries du tabac, du luxe, de l'armement font des découvertes qui appartiennent à la science universelle. C'est ce que ne semble pas bien comprendre un certain féminisme, relayé par des vues post modernes, ou « *théorie du genre* », qui considère que les résultats d'une entreprise « *macho* » sont dévalorisés pour cette raison ou que, toujours pour la même raison, une partie des mathématiques est irrecevable. Il n'y a pas plus de science féminine ou masculine que de science prolétarienne ou bourgeoise. Le développement des sciences et de la technique est une force autonome de l'évolution des civilisations humaines, à côté du travail pour la production et de la lutte politique des classes sociales. C'est pourquoi même idéologiquement biaisé c'est un développement sinon toujours positif du moins un élément dont il faut tenir compte.

Ceci n'empêche pas de tenter d'orienter la recherche de façon plus productive. Compte tenu de ce que la recherche militaro-masculine-blanche-experts au profit des 1% a été capable de trouver, on peut espérer beaucoup d'une recherche mobilisant les civils, les femmes, les gens de « *couleur* », les travailleurs, on peut espérer beaucoup d'une recherche démocratique!

Le socialisme, issu des révoltes contre les méfaits du capitalisme industriel du XIXème siècle, a été marqué par le contexte scientifique, culturel, moral de l'époque, par un certain « *scientisme* » en particulier, qui a contribué à sa dérive totalitaire. Si le monde a changé, l'analyse marxiste est encore, celle qui colle le mieux à ce monde transformé. Elle a permis d'analyser en profondeur la nature du capitalisme, son origine, de prévoir son évolution: les crises, la financiarisation, l'impérialisme, les guerres, la concentration des richesses dans un nombre de mains toujours plus restreint, le chômage et encore des crises... Surtout elle est opérationnelle pour l'émancipation du plus grand nombre, et ce n'est pas par hasard ; Marx et autres théoriciens et leaders politiques de la classe ouvrière l'ont conçue à cet effet.

 La conception d'une alternative à l'impasse où mène le système actuel, ne repose pas sur un calcul politique. Il ne s'agit pas de repeindre l'hypothèse communiste au goût du jour. La proposition de l'unité, de la mise en commun, de la collaboration des travailleurs comme la promotion de la démocratie, la prise en compte de la spécificité de chaque individu, font partie d'une conception du monde renouvelée. Cette prise en compte est basée sur ce que nous dit la science aujourd'hui, sur ce que nous connaissons de l'évolution aussi bien du monde physique que de l'histoire de notre espèce, sur ce que nous dit l'histoire des civilisations et des divers modes de production et de luttes, sur la critique constructive des tentatives révolutionnaires socialistes du siècle dernier. Elle est fondée sur la conscience que le capitalisme a eu son rôle dans l'histoire, mais qu'il est aujourd'hui dépassé. La nécessité de faire face aux crises économiques, aux inégalités, aux désastres écologiques, aux risques de terrorismes et de guerre, exige une meilleure unité de l'espèce humaine, une meilleure coopération, et donc une égalité plus grande, une mobilisation des ressources physiques, intellectuelles, morales de tous et non d'une petite élite. C'est le contenu du projet, le communisme démocratique, écologique, internationaliste.

Chapitre 9: Quelques traits du projet communiste démocratique

Le communisme porte la revendication d'égalité. Ne pas laisser le pouvoir économique et financier aux mains d'une toute petite minorité opaque. L'inégalité n'est pas qu'un concept, cela veut dire dormir dans la rue pour des millions de gens, mourir de faim, de soif, de noyades, de tueries, d'absence de soins ou, moins dramatiquement, subir les injustices, la fatigue, l'angoisse des fins de mois…

Il s'agit d'une question de justice, mais pas uniquement, car l'inégalité et la cupidité sont à la source de la crise. Elles sont le facteur bloquant qui empêche d'en sortir. La lutte contre les inégalités est donc aussi un programme économique pour lutter contre le chômage, les crises et pour la paix. Elle implique le contrôle démocratique des moyens de production. La revendication d'égalité est aussi, d'emblée, un soubassement fort au caractère démocratique du projet. Elle attaque frontalement le totalitarisme caractérisé par des privilèges pour une petite minorité. Elle soude l'unité des 99%. C'est pourquoi le projet communiste est le plus consistant pour dégager un avenir. Le projet communiste se construit au cours des luttes et en interaction avec la réflexion révolutionnaire. Il ne s'agit pas ici de prétendre le définir, mais de pointer quelques traits utiles pour en faire le projet mobilisateur de demain.

Démocratie et dictature du prolétariat

Appuyé sur le libéralisme économique, le système capitaliste se défend en mettant en avant la démocratie, comme valeur, modèle politique et rempart au projet égalitaire du communisme. Comme si la démocratie était consubstantielle au capitalisme!

Droits formels, droits réels

Le capitalisme s'est accommodé de systèmes politiques très différents. La démocratie, quant à elle, a traversé beaucoup de systèmes économiques différents. Imparfaite à l'origine, très élitiste dans la Grèce esclavagiste, la démocratie a bénéficié des approfondissements réalisés au cours des siècles. Sous le régime féodal, l'abandon de l'esclavage et même du servage, ont été une grande avancée. En Angleterre, face au roi dès 1215, *le conseil des barons* impose la « *Magna Carta* », la charte qui pose les bases de « *l'habeas corpus* ». Une fraction de la population (la noblesse) commence à être représentée. Sous le capitalisme s'est imposé le droit de vote, d'abord seulement pour les riches, puis pour tous les hommes, puis pour les femmes, puis pour les jeunes (on n'en est pas encore à tous les travailleurs!). La démocratie capitaliste a amené l'idée de l'Etat de droit, avec ses normes que chacun peut, dans une certaine mesure, connaître et vérifier: l'égalité devant la loi, la séparation des pouvoirs -exécutif, législatif, judiciaire-, les médias constituant le « *4ème pouvoir* ». De grandes avancées ont eu lieu, même si elles restent relatives, car la maxime de Jean de La Fontaine « *selon que vous serez puissant ou misérable, le jugement de cour vous rendra blanc ou noir* » reste malheureusement d'actualité encore aujourd'hui.

Si la plupart des pays capitalistes n'ont pas été, et ne sont toujours pas des démocraties, l'usage -même tronqué- de certains principes démocratiques par le capitalisme a montré son efficacité, y compris sur le plan économique. La mobilisation d'un plus grand nombre de personnes, basée sur les motivations individuelles et non sur l'ordre et l'autorité, s'est révélée efficace, en particulier pour la mise en œuvre des innovations.

Les tentatives socialistes, tout en prenant parfois l'appellation de « *démocraties populaires* », n'ont guère été convaincantes jusqu'ici sur ce plan. Cependant la démocratie a encore de belles marges de progression. Le socialisme a amené une idée féconde: ne pas se contenter de la démocratie formelle, mais mettre en place une démocratie réelle. A quoi sert le droit de vote si c'est l'argent qui détermine les candidats et qui de fait, par le contrôle des médias, désigne l'élu ? A quoi sert l'indépendance de la presse si celle-ci appartient à quelques oligarques ? Lorsqu'aux Etats-Unis, une partie importante des jeunes noirs est en prison et est privée du droit de vote, le principe « *un humain = une voix* » n'est plus respecté. Même chose pour les immigrés, privés du droit de vote. Ces deux catégories étant constituées pour l'essentiel d'ouvriers, leur mise à l'écart crée un biais qui fait que la classe ouvrière a, de fait, un droit de vote inférieur à celui des autres classes, même là où ce droit de vote est formellement reconnu. C'est l'une des raisons qui fait que la classe ouvrière, plus que d'autres, a la volonté et le besoin de changer les choses.

Ce n'est pas un hasard si le « *camp démocratique* » comprend l'Arabie Saoudite dont le mépris des éléments les plus élémentaires de la démocratie sont connus. En maintenant un pétrole à bas prix l'Arabie Saoudite est (a été ?) le pilier du capitalisme impérialiste démocratique. C'est pourquoi elle reçoit en échange toutes les attentions, en particulier quand elle achète les « *Rafales* » du groupe Dassault, ce qui vaut à son prince héritier de recevoir la Légion d'honneur des mains du « *socialiste* » François Hollande.

Que les classes moyennes soient les principaux soutiens de la démocratie est une idée qui doit être inversée: c'est pour conforter leur prépondérance que les 1%, isolés, minoritaires, concèdent aux classes moyennes une part de la richesse extorquée aux pays du Sud, et avec elle une partie de leur pouvoir. C'est pourquoi la démocratie à l'occidentale ne s'exerce réellement que dans la partie riche des pays capitalistes. On sait tout ce que cache d'atroce « *la plus grande démocratie du monde* », l'Inde, que ce soit vis-à-vis des femmes, des castes d'intouchables, des très grandes inégalités de classes. C'est le pays où travaillent la plupart des 46 millions d'esclaves encore recensés dans le monde.

Ce n'est pas essentiellement sur les classes moyennes que les idéaux démocratiques peuvent s'appuyer à long terme. Ces classes, trop dépendantes des rapports inégaux à l'échelle mondiale, se font laminer par la mondialisation, par la crise, par la numérisation des services, par la polarisation des richesses dans les mains d'une frange toujours plus étroite de la population. La crise de l'impérialisme, l'émergence des pays et des masses de travailleurs du sud, entraînent la remise en cause de leurs acquis.

Cela risque, avec une image idéalisée et nostalgique d'un passé révolu, de les crisper sur ces avantages perdus, et non de les porter vers une ouverture sur une société plus juste, ouverte et démocratique. Ces classes moyennes restent fascinées par le luxe et le pouvoir des 1%. Les rallier à la défense d'une réelle démocratie exigera des efforts! Le risque existe, comme le prouve les résultats de quelques élections dans les pays riches, de les voir basculer vers une forme nouvelle de populisme « *identitaire* ».

Pour progresser, les idéaux démocratiques doivent être portés par l'ensemble des travailleurs, ceux des pays émergents comme ceux des pays riches et rallier les 99%. Les idéaux démocratiques nécessitent de balayer les règles qui laissent toujours les travailleurs dans une position d'infériorité, qui permettent aux partis du système de se maintenir au pouvoir en toutes circonstances, de faire élire des Trump ou des Macron comme des candidats anti système, qui permettent aux riches et puissants de jouer avec les règles, de les pervertir à coups de lobbies, de cabinets d'avocats, et de juristes.

La loi et les règles formelles, mêmes apparemment démocratiques, sont nécessaires mais ne suffisent pas. Il faut une véritable révolution démocratique. D'un autre côté, les expériences totalitaires et leurs échecs nous ont appris que l'absence de droits formels éloignait encore plus des droits réels. L'engagement pour la démocratie se fait sur trois axes: réaffirmer les droits formels afin de lutter contre les dérives totalitaires, leur redonner de la consistance les rendre réels, et les étendre.

Lorsque les communistes réclament un élargissement de la démocratie, ce n'est pas circonstanciel, mais pour des raisons de fond. Même si les caractéristiques de l'Etat de droit ont été mises en place par des régimes par ailleurs esclavagistes, impérialistes, racistes à l'extérieur de leurs frontières, cela reste un acquis que les communistes prennent en compte.

« Pour les citoyens, le défaut de démocratie signifie ne pas être écoutés, voir des décisions prises sans consultation, des ministres ne pas assumer leurs responsabilités, des dirigeants mentir impunément, un monde politique vivre en vase clos et ne pas rendre assez de comptes, un fonctionnement administratif rester opaque »[150] . Constat très partiel de Pierre Rosanvallon, car il ne vise que les distorsions du système démocratique capitaliste. Le pire, dans le quinquennat Hollande, n'est pas d'avoir nommé un fraudeur menteur, comme Jérôme Cahuzac, ministre du budget (auprès du ministre de l'économie), mais de l'avoir remplacé plus tard par un banquier comme Emmanuel Macron, qui se propulse lui-même ensuite à la tête de l'Etat, avec l'aide de l'essentiel des médias. Le pire a été de poursuivre une politique au profit du système financier et des 1%. Rosanvallon ne s'attaque qu'aux déviations marginales sur lesquelles surfent les populismes, *« dégagismes »* et autres demandes de *« coups de balai »*, mais il élude l'essentiel. A aucun moment on ne peut croire que les solutions se trouvent, comme semble le préconiser Rosanvallon, dans des règles d'organisation différentes, dans de simples appels à l'intégrité, à la transparence, ou à la responsabilité de nouveaux types de responsables politiques. Il a suffi d'un début de crise économique en Europe pour passer outre à la désignation démocratique des dirigeants et nommer en 2012 à la tête de l'Italie, Mario Monti, venu de Goldman Sachs, ou en Grèce, Papadimos venu de la BCE, des hommes non élus, issus des banques. Il a suffi de quelques attentats en Occident pour installer des prisons hors de toute légalité, instaurer la torture, des Patriot Act, des états d'urgence permanents, des réformes constitutionnelles. Changer les lois et les constitutions à chaque événement est le contraire d'un Etat de droit, lequel exige la stabilité et la connaissance préalable des règles qui vont s'appliquer. L'instabilité de la loi camoufle l'arbitraire. *« Entre le*

---

150 - Pierre Rosanvallon: *« Le bon gouvernement »* 2015.

faible et le fort, c'est la liberté qui opprime et la loi qui protège »
disait Lacordaire[151]. Le mouvement communiste dénonçait quant
à lui *« le renard libre dans le poulailler libre »*! L'état d'exception
banalisé, comme après les attentats en France, est un boulevard
ouvert à l'extrême-droite et son projet de régime dictatorial. Très
rapidement, les libertés, au nom de la lutte contre le terrorisme,
sont grignotées: camps d'internement, tortures, assassinats
d'Etat sans jugement comme l'avoue François Hollande[152]. Au seul
Pakistan, Etat avec lequel nul autre pays n'est en guerre, le
programme Skynet[153], qui prétend pourtant n'avoir que 0,008 %
de taux d'erreur, a tué, essentiellement par drone, entre 2 500 et
4 000 personnes dont, paraît-il, 1 500 étaient des terroristes
« confirmés ». Qui sont les autres ? Nul doute qu'un simple afflux
de réfugiés, ou un attentat terroriste un peu plus dévastateur que
les autres, suffirait à submerger les règles et les bonnes intentions
de tous les « Etats de droit » capitalistes. Il devient raisonnable, si
l'on veut réellement un Etat de droit, de vouloir la révolution! La
lutte pour l'égalité est le pendant et le correctif indispensable de
la lutte pour la liberté.

La responsabilité individuelle

En même temps que nous participons de la même espèce
humaine, nous sommes tous différents et notre personnalité doit
être respectée ainsi que l'ensemble des libertés individuelles qui
la protègent. Les acquis du développement démocratique
capitaliste doivent être consolidés: *« habeas corpus »*, abolition
de la peine de mort, droit à une justice indépendante, respect de
la vie privée en laissant les consensus et les compromis s'établir

---

151 - Henri Lacordaire, religieux dominicain, un des initiateurs du
catholicisme social, favorable aux révolutions du XIXème siècle, mort en
1861.

152 - Gérard Davet et Fabrice Lhomme: « *Un président ne devrait pas
dire ça* » 2016.

153 - Skynet, programme d'assassinats de la NSA, l'agence d'espionnage
américaine.

246

entre respect de la vie privée et liberté. Mais il faut aller au-delà: droit de manger à sa faim, d'étancher sa soif, droit au logement, droit de circulation sur Terre pour tout être humain. Il faut exiger que partout, en toute circonstances *« un humain = une voix »*. Cette dernière exigence est une revendication démocratique qui semble évidente mais pourtant seuls les communistes semblent la porter, en exigeant le droit de vote pour les étrangers.

Souvent, dans le passé, la lutte pour défendre un individu victime d'oppression a été symbolique de la lutte du camp du progrès contre la raison d'Etat. Ce fut le cas de Voltaire lorsqu'il se saisit de l'affaire Calas en 1762 (Jean Calas, accusé -à tort- du meurtre de son fils, est supplicié), ou de Zola luttant contre l'antisémitisme dans l'affaire Dreyfus en 1898. Aujourd'hui, nous devons prendre la défense des lanceurs d'alerte persécutés par les pouvoirs en place comme Assange, Snowden, Manning etc. Les communistes soutiennent tous ceux qui se révoltent contre l'oppression.

La défense des droits individuels implique la responsabilité individuelle. Chacun est responsable d'accepter, de tolérer ou non une situation, on ne peut se décharger de sa responsabilité en rejetant la faute sur *« les politiques »*, *« la finance »*, *« l'Etat »*, voire *« l'organisation »* ou *« la cause »*. Cependant, responsabilité individuelle ne veut pas dire que tout le monde est responsable au même niveau. Il y a une hiérarchie de la responsabilité qui dépend du pouvoir et des informations que l'on possède. Mais il y a toujours obligation, d'une façon ou d'une autre, de se désolidariser des actes que l'on condamne. Les aveux contrefaits ne font pas partie des outils des communistes. Communiste démocratique signifie ne pas s'en remettre à l'Etat, au parti, à la cause, mais assumer personnellement son adhésion et ses actes. C'est une des conditions pour éviter la dérive totalitaire. Aux droits individuels s'ajoutent les droits collectifs (droits d'association, de manifester, de grève etc.) et les droits liés à la représentation (élections libres, droit de révocation, d'alternance, mise en place à tout niveau utile de comités ou conseils issus des luttes et des désignations démocratiques). Concernant l'exercice de ces derniers, les moyens de communication, tel qu'Internet, peuvent aider à consolider le fonctionnement démocratique à la base, en donnant bien d'autres possibilités que celle de voter une fois tous les 5 ans.

Si on n'a pas la possibilité de s'exprimer, de voter, on vote avec ses pieds, c'est-à-dire qu'on déserte, élections, associations, partis, groupes, territoires, pays. On s'abstient aux élections sachant qu'elles ne donnent aucun moyen réel de changer les choses. Le fait que de larges fractions des couches populaires, dans de nombreux pays, n'utilisent pas leur droit de vote est compréhensible. C'est l'expérience! La connaissance du fait que rien ne change, que les dés sont pipés. Et ils le sont! Les riches et leurs lobbies gagnent à tous les coups. « *Élections piège à cons!*» criaient les manifestants de Mai 68. Paradoxalement, dans l'état où est le système électoral des démocraties occidentales, l'abstention aux élections est la principale manifestation démocratique possible.

Il est cependant parfois utile que les travailleurs participent aux élections, pour deux raisons au moins:

1) parce que les élections, les désignations et révocations des élus font partie des modes de fonctionnement de la démocratie formelle mais aussi réelle. Il s'agit d'instaurer, dès le début, des garde-fous aux dérives totalitaires.

2) parce que si beaucoup de travailleurs connaissent l'inanité des élections, de larges fractions des classes moyennes ne l'ont pas encore compris et « *y croient* » encore. Il peut donc être utile de participer aux élections pour accompagner leur expérience, les rallier et ne pas laisser le champ libre aux soutiens du système.

Que le vote ne soit pas l'expression ultime d'une vraie démocratie est évident: les régimes totalitaires eux aussi ont couvert leur pouvoir par des élections. L'émergence de démocraties « *illibérales* », comme en Hongrie ou en Pologne où le suffrage universel mène à une remise en cause de l'état de droit en est un exemple actuel.

Il n'y a aucune raison pour que les travailleurs ne soient représentés que par un seul parti. Chacun peut avoir des opinions différentes sur la politique à suivre sans être un traître pour autant. L'alternance au pouvoir est justifiée, contrairement aux expériences socialistes passées. Là encore, il s'agit d'un antidote aux dérives totalitaires.

A côté de l'Etat de droit, l'idée des contrepouvoirs est à retenir de la démocratie capitaliste (justice et médias indépendants des pouvoirs exécutifs et législatifs), à condition que ces contrepouvoirs ne dépendent pas, de fait, tous d'un seul: le pouvoir de l'argent. Bien entendu, les formes de la démocratie capitaliste ne sont pas les seules sources d'inspiration du projet révolutionnaire. Les mouvements populaires ont su développer des formes d'organisation différentes, communes, soviets, conseils, commissions, comités, occupations d'entreprises, de places etc. avec des formes de démocratie directe et différentes modalités de démocratie représentative: élections par consensus, à la majorité avec respect de la minorité, doses de proportionnelle, tirage au sort, révocabilité des élus etc.

Une dictature du prolétariat sereine

A partir de la dérive de la révolution soviétique, le concept de « *dictature du prolétariat* » a été réduit à la dictature d'un parti ou d'une bureaucratie. Quelques chars prétendaient établir « *la dictature du prolétariat* » à Prague ou en Afghanistan. Aujourd'hui « *dictature du prolétariat* » fait peur et semble aussitôt annoncer la dérive vers le totalitarisme. De nombreux communistes ont cessé d'utiliser le terme, faute souvent d'être capables d'en expliciter le contenu et de le démarquer du totalitarisme.

Pourtant il s'agit de révéler l'hypocrisie de la démocratie bourgeoise qui, au moment même où elle développait les différents principes démocratiques qui la constituaient, pratiquait l'esclavage, le colonialisme et une dictature de fer dans ses usines[154]. La dictature du prolétariat n'est pas l'alternative à la démocratie bourgeoise et à la paix, mais l'alternative aux guerres, aux crises et aux drames inhérents au capitalisme. Le concept de dictature du prolétariat a émergé des luttes et des débats, qui révélaient que le pouvoir d'une époque n'est au fond que la dictature d'une classe, quelle que soit la forme politique qu'elle prenne, royauté, dictature, oligarchie, démocratie.

La notion découlait de ce constat: voilà comment fonctionne le capitalisme ! Sous les apparences de certaines formes démocratiques c'est la dure dictature des capitalistes financiers qui s'impose. Il s'agissait de révéler la réalité de la dictature bourgeoise sous le masque du pluralisme des partis et de la démocratie.

La dictature du prolétariat trouve sa nécessité dans le constat que la classe dominante, par son expérience et son savoir, parvient trop souvent à maintenir ou rétablir ses privilèges, l'un des moyens étant de corrompre, et intégrer les dirigeants du camp des travailleurs.

Yannis Varoufakis, l'ancien ministre des finances de Syriza raconte dans son livre cité plus haut « *Conversations entre adultes* », comment Larry Summers, représentant du système, ancien secrétaire du trésor américain, ancien président de Harvard etc. le convoque en quelque sorte à Washington en avril 2015 au beau milieu de la lutte que mène Syriza et Varoufakis contre la troïka, pour lui poser la question cruciale : est-il un « *insider* » ou un « *outsider* » ?   C'est-à-dire est-il du côté des décideurs « *à l'intérieur* », ou du côté des dénonciateurs « *à l'extérieur* » ? La réponse de Varoufakis scellait son sort comme ministre d'un gouvernement d'un pays capitaliste, donc dans l'esprit du système, un gouvernement chargé d'appliquer sa politique quelles que soient les divergences idéologiques, les différends politiques et les résultats des élections.

---

154 - Der Spiegel (magazine allemand) octobre 2015: « *Volkswagen c'est la Corée du Nord, les camps de travail en moins* ».

Modifier une domination aussi profondément ancrée dans la société capitaliste exige donc un inversement radical. S'il est vrai comme le dit Laurent Alexandre que « *84% des familles des élites chinoises de 2017 faisaient en effet déjà partie de l'élite avant la révolution maoïste* » c'est qu'effectivement les élites s'accrochent à leurs privilèges de 1 000 façons possibles.

Pour changer la situation, la dictature du prolétariat c'est imposer la « *discrimination positive* » en faveur des travailleurs. De la même façon que la lutte pour l'égalité de genre homme / femme nécessite de limiter momentanément les règles d'égalité et de liberté en exigeant la parité ou des quotas, le projet communiste nécessite que pendant une période, la liberté, l'égalité, la démocratie, ne soient pas absolues pour les anciens exploiteurs… mais le soient pour les travailleurs.

Pour autant, cela ne signifie pas qu'il y ait davantage de totalitarisme dans le contexte de la dictature du prolétariat que dans celui de la dictature bourgeoise: il n'y a aucune raison pour que la dictature du prolétariat n'ait pas des formes aussi sophistiquées et encore plus démocratiques que la dictature de la bourgeoisie, avec un état de droit, la séparation des pouvoirs, la présence de contre-pouvoirs, l'alternance, le respect des libertés individuelles etc.

La tolérance

L'engagement des communistes démocratiques contre le totalitarisme est profond. Pas uniquement pour des raisons morales mais en prenant acte du manque d'efficacité du totalitarisme.

Il y a dans des circonstances données, une idée principale qui est juste, et des êtres humains qui la portent. Il faut percevoir, en fonction des intérêts de classe qu'on défend, quel est l'aspect principal, faire, agir, décider, tout en sachant garder en tête la possibilité d'une erreur (pour cela déjà garder les têtes!). Bonne raison d'être contre la peine de mort! Il faut conserver la possibilité de changer d'avis. Mao, malgré ses critiques virulentes à son égard, conserve Deng Tsiao Ping et le fait revenir au pouvoir en 1979. Les Khmers rouges conservent le roi Sihanouk. Ceci donne la possibilité de réagir face à des problèmes nouveaux, des contextes nouveaux, ou dont la prise de conscience est nouvelle. Garder les idées qui paraissent erronées (et qui peuvent l'être réellement à une époque), comme on conserve des anciennes espèces végétales, des « *légumes oubliés* », pour le futur, « *au cas où* ». La tolérance comme principe d'un communisme démocratique afin de garder ouvert le maximum de possibilités.

Ceci impacte aussi la direction de la lutte avant même le succès de la révolution. Il faut une direction de type 2.0 fondée sur le « *wiki* », la participation collaborative et efficace.

L'une des raisons pour lesquelles les horreurs des expériences totalitaires suscitent davantage d'indignation que les horreurs capitalistes, qui sont pourtant plus amples et de plus longue durée, c'est le fait que la révolution dévore ses propres enfants. Malgré ses bonnes intentions (ou à cause d'elles!), la révolution conduirait à la terreur. La course à la « *pureté idéologique* » pousserait à considérer que le moindre désaccord est une déviation qui conforte l'ennemi, ce qui fait que les plus proches sont vite considérés comme les ennemis les plus dangereux.

Il est vrai que lorsque l'on observe la façon de régler les désaccords qu'ont trop souvent les groupuscules qui se veulent communistes, cela laisse penser que si d'aventure ils arrivaient au pouvoir, ce serait une catastrophe! En réalité il y a là une confusion entre la nécessité de mener une lutte intellectuelle précise et affûtée pour dégager une ligne politique juste et efficace au service du plus grand nombre, et le fait de porter des sanctions contre les « *déviants* ». On peut toujours argumenter que la « *déviation* » supposée aide « *objectivement* » « *l'ennemi* » désigné. Mais régler le désaccord de façon autoritaire, même en cas de « *ligne juste* » (qui reste à prouver! et ne le sera qu'avec l'expérience, *a posteriori*), a démontré son caractère encore plus néfaste que de laisser le point de vue « *erroné* » s'exprimer.

Il vaut mieux laisser échapper un coupable que de condamner un innocent. Il y va, à l'encontre d'un succès politique tactique immédiat, de la préservation du but, de la préservation de la motivation et de l'unité de la grande majorité, sans laquelle le combat révolutionnaire perd de son sens.

Le marché: à développer!

Les tenants du système font de l'économie de marché la garante, non seulement de la liberté d'entreprendre, mais de la liberté en général. L'économie de marché serait non seulement constitutive du développement du droit, nécessaire pour organiser les contrats entre acheteurs et vendeurs, mais serait ainsi aussi garante de la liberté individuelle. Même si l'économie de marché entraîne quelques effets « *secondaires* » connus, et notamment inégalités et gaspillage, mieux vaudrait laisser jouer librement les règles de la sélection par la réussite et le profit. L'adaptation aux besoins, aussi bien des consommateurs que des autres entreprises, se ferait au mieux par le marché et la concurrence. Les innovations seraient intégrées à la production bien plus rapidement qu'avec la lenteur bureaucratique de la centralisation socialiste. Au final, ce serait le système le plus performant, ce que prouve le succès des Etats-Unis face aux pesanteurs bureaucratiques de la planification « *à la russe* », qui a échoué. Toutefois, si le marché libre est une condition nécessaire de la démocratie et de la liberté, il n'en est visiblement pas une condition suffisante. Le marché a existé depuis des centaines, voire des milliers d'années sous de nombreux systèmes sociaux différents. Le marché capitaliste a lui-même existé sous des régimes politiques différents, dictatures comprises: l'Allemagne nazie, le Chili de Pinochet ou l'Arabie saoudite d'aujourd'hui étaient ou sont des économies de marché. Le marché unique, sur lequel l'Europe se construit, va à l'encontre de la démocratie, celle-ci y étant bafouée en permanence. Mais à l'inverse, pratiquement partout l'interdiction du marché a entraîné la mise en place d'un marché noir, facteur d'injustices, puisque seuls quelques privilégiés y ont accès et que les « *règles* » qui l'organisent sont opaques et injustes. La prétention de gérer tous les besoins à partir d'un plan centralisé a failli, et a démontré ce qu'elle était, au mieux une naïveté inefficace, au pire une arrogance dangereuse. Personne, même dévoué et sincère, ne peut prétendre dépasser l'intelligence collective de milliards d'humains. Le marché a prouvé son utilité pour adapter les ressources aux besoins humains.

Mais le capitalisme a montré son incapacité à faire fonctionner le marché, en en faussant les règles et en le déséquilibrant avec ses monopoles, la mainmise des institutions financières, le contrôle unilatéral des médias, le rôle grandissant des lobbies masqués. Le marché, s'il est orienté par la seule cupidité, mène, comme le prouve la situation d'aujourd'hui, à une économie où les secteurs dominants sont l'armement, la drogue, les industries du sexe, qui ne sont pas les activités optimales au service de la population. La cupidité comme seul moteur du marché mène au trucage systématique, y compris des règles idéales du marché. Pas le trucage par des acteurs marginaux et isolés qui laisseraient penser que « *le marché a de simples défaillances de régulation* », mais un trucage systématique, mené par les acteurs principaux: l'industrie du tabac qui a produit si longtemps des études « *scientifiques* » intentionnellement falsifiées; Volkswagen le n°1 mondial des constructeurs de voitures, truquant, comme bien d'autres, ses moteurs ; l'industrie alimentaire trafiquant les aliments à coup de surcharge de graisses, de sel, et de substances qui finissent par être interdites car générant de graves problèmes de santé publique; le laboratoire Servier, condamné en justice, non seulement pour le mortel Mediator, mais pour d'autres médicaments comme l'Isoméride ou le Perindopril… reste le deuxième laboratoire pharmaceutique français. Nous avons vu plus haut les malversations des banques. Les révélations quasi quotidiennes dans l'économie de manipulations, de mensonges, de pressions diverses sont tellement nombreuses, qu'elles ne peuvent être considérées comme des exceptions, mais comme la règle de fonctionnement du marché dans le capitalisme actuel.

La cupidité débridée conduit à enfreindre les lois et pousse finalement aux crimes. Les monopoles, en particulier financiers, orientent les activités à leurs seuls profits, aspirent la valeur ajoutée des plus petites entreprises et finissent par étouffer les initiatives. Avez-vous le choix de votre moteur de recherche sur

Internet ? De votre abonnement de téléphonie mobile, sachant que les 3 ou 4 « *oligopoles* » s'entendent sur les prix ? L'allocation des ressources, supposée être optimum dans un marché transparent, ne l'est plus. La fixation des prix par entente, les prêts à taux zéro, voire à des taux négatifs, les limites à l'immigration, la consommation exacerbée par la publicité, sont aussi des manifestations du mauvais fonctionnement du marché. Ce dernier, comme la démocratie, est trop précieux pour être laissé entre les mains de la finance et du système.

L'optimum est évidemment l'articulation du marché et du plan. D'un côté, les capacités d'initiatives et de prise de risques de la part de quelques entreprenants, pour servir les besoins, exprimés ou non, des consommateurs, et de l'autre, l'appropriation collective -ce qui ne veut pas dire forcément nationalisation étatique- de la finance et des grands moyens de production. Le plan, articulant les deux, fixe les grandes orientations pour une répartition juste des infrastructures et des services publics efficaces.

Les tenants de l'entreprise privée qui critiquent si fortement le plan, en tant qu'expression de la volonté collective, en sont des partisans acharnés pour eux-mêmes dans l'organisation interne des grandes entreprises.

Il faut des entrepreneurs socialistes

Tout se joue sur l'équilibre, qui ne peut-être que dynamique, non figé, susceptible de souplesse et de réajustement, entre plan et marché. Le plan lui-même doit se savoir faillible, il doit donc laisser libre cours à la création d'entreprises par des entrepreneurs individuels, y compris dans des domaines semblant aller à l'encontre des orientations générales.

Articuler centralisation et décentralisation, plan et initiative, tombe sous le sens, et les moyens sophistiqués de la société numérique doivent aider à implémenter cette synthèse évidente. L'entrepreneur doit pouvoir trouver des fonds, acheter des équipements, embaucher et débaucher avec une garantie de ressources pour les travailleurs momentanément au chômage. Le plan lui-même doit prévoir des ressources mobilisables « *hors plan* », hors secteur public.

Une fois une idée défrichée, une entreprise réussie, cette entreprise, en fonction de certains critères -tels que taille, chiffre d'affaires, nombre d'employés, caractère critique pour le reste de l'économie- peut revenir dans la propriété collective. Soit que le fondateur continue à la gérer, ou mieux encore qu'il s'en soit libéré pour aller vers de nouvelles aventures s'il a les capacités et l'énergie d'un « *serial entrepreneur* ». Cet entrepreneur a droit à l'échec, à renouveler ses initiatives, dans des limites à fixer.

L'appropriation collective générale des moyens de production peut passer par des propriétés temporairement privées dans certains secteurs. Même si la Chine a braqué la barre excessivement vers le capitalisme libéral, et a laissé se développer de trop grandes inégalités, son expérience et ses succès doivent, comme ceux des Etats-Unis, être source d'inspiration.

Il faut des entrepreneurs socialistes. Ce serait faire injure aux entrepreneurs que de les penser mus uniquement par la cupidité. Lancer un nouveau produit, un service, une technique, une machine, une procédure nouvelle, créer des emplois, diriger une équipe, satisfaire son goût du risque, être reconnu par la société et par ses pairs, être utile, sont des motivations plus puissantes que de gagner davantage d'argent. Davantage que quoi d'ailleurs ? Pour cela il faut que la société dans laquelle on vit, n'ait pas comme aujourd'hui l'argent pour seul étalon.

Et quand bien même, si des entrepreneurs veulent être reconnus par l'argent, il reste de la marge pour une société plus égalitaire qu'aujourd'hui! L'écart des revenus est de 1 à 1 000 ou plus. Si elle n'était que de 1 à 10, certains auraient encore la satisfaction de gagner plus que d'autres!

Le communisme démocratique peut être le garant d'un véritable marché et le défenseur des entrepreneurs! « *De chacun selon ses capacités, à chacun selon ses besoins* », la devise communiste n'est pas celle d'un égalitarisme, d'un rabotage absolu, stupide et niveleur.

Les services publics ont souvent été le cheval de bataille de la gauche, en partie à juste titre, dans la mesure où ils constituent des moyens de redistribution pour fournir à chacun le minimum: la sécurité, l'enseignement, l'accès aux soins, les possibilités de se déplacer et de communiquer. Les services publics peuvent eux aussi être satisfaits par l'articulation entre les propositions du marché et celles des administrations centrales.

L'aristocratie ouvrière s'était fait une chasse gardée, et de la défense des services publics, et des embauches dans ces services, avec notamment l'interdiction d'embauche des immigrés, « *privatisant* » en quelques sorte déjà ces services. La défense des corporatismes, liée au fait que ces services publics sont souvent gérés à partir d'administrations centralisées, ont favorisé la bureaucratie et freiné l'adaptation rapide des services aux besoins des usagers. Trop souvent derrière les infirmières, les enseignants, les conducteurs des transports ou les gardiens de la paix, se cache un gonflement du nombre de bureaucrates, travaillant pour des administrations centrales coupées des réalités, amenant à une défense des intérêts de privilégiés, dépendants du pouvoir central, facilitant des dérives bureaucratiques et constituant une clientèle pour un pouvoir totalitaire. Ceci va à l'encontre du « *gouvernement bon marché* » que souhaitent les communistes selon l'expression de Marx.

Les services publics aussi doivent bénéficier de « *la destruction créatrice* » décrite par l'économiste autrichien Joseph Schumpeter[155:] les secteurs, entreprises, services, procédures obsolètes disparaissent et font place aux innovations.

---

155 - Joseph Schumpeter: « *Capitalisme, socialisme et démocratie* » 1942. Ce fils d'industriel est lui aussi un partisan de la primauté de l'intelligentsia technique à la Saint Simon.

La Nation dépassée

L'espèce humaine, dont les individus ne peuvent survivre isolés, est passée par différents types de gestion des territoires et d'organisation sociale. Jared Diamond dans son ouvrage « *L'effondrement* », déjà cité, décrit l'organisation successive de bandes, de chefferies, d'Etats religieux, puis d'Etats séculiers, laïques. Des empires regroupant plusieurs peuples de différentes langues et traditions précédent très souvent les Etat-nations, comme les empires d'Alexandre le Grand, de Charlemagne (dont faisait partie ce qui allait devenir la France), de Gengis Khan, l'empire ottoman, celui d'Autriche-Hongrie etc. Après la formation des États-nations au XIX-XXème siècles, on observe des regroupements de nations entre elles, comme l'Europe, et des coopérations dans des organisations supranationales comme l'ONU, précédée de son ancêtre la SDN, (l'OMS pour la santé, l'OMC pour le commerce, etc.), ainsi que des regroupements internationaux comme les fédérations sportives (la Fifa pour le football) ou les organisations non gouvernementales (La Croix Rouge ou le Croissant Rouge) et historiquement la première de toutes, la première Internationale, l'Association Internationale des Travailleurs...

Les obscurantistes qui croient que « *la nation est de toujours* » sont du même acabit que ceux qui croient que le monde a été créé il y a 6 000 ans. La nation n'existe pas depuis toujours et n'a pas vocation à exister toujours. Les nations, comme les autres formes d'organisation qui les ont précédées ont fait leur temps.

Les tentatives de baser la nation sur des éléments soi-disant « *éternels* » comme le territoire, la langue, le peuple, la race, la religion, sont vouées à l'échec. Chacun trouvera très facilement des contre-exemples. Le territoire ? Tous les territoires ont connu, et pendant bien plus longtemps, des formes d'organisation autres que la nation. Ni la France ni la Russie n'ont une continuité de territoire. La France a existé avec ou sans la Bretagne, avec ou sans l'Alsace Lorraine, avec ou sans la Savoie. A l'inverse, un territoire comme l'île de Saint-Domingue est divisé entre deux Etats: la République Dominicaine et Haïti. La langue ? Les Etats-Unis parlent anglais et espagnol, mais l'anglais est aussi la langue de nombreuses autres nations. L'allemand est parlé en Allemagne, en Suisse et en Autriche. L'Inde utilise non seulement plus d'une centaine de langues, mais aussi des dizaines d'écritures différentes. Le peuple ? Shlomo Sand[156] décrit le côté artificiel de la création du peuple juif. Les migrations qui marquent depuis toujours l'espèce humaine, les brassages de populations que révèlent aujourd'hui les traçages d'ADN, ne laissent plus de place aux délires qui prétendent qu'il y aurait des nations et des identités nationales fondées sur des « *racines* » millénaires. La tribu germaine des Allamani, qui donnera le nom français de l'Allemagne, veut dire « *hommes de toutes origines* », pour mentionner un pays qui à un moment de son histoire s'est voulu particulièrement nationaliste. La France doit son nom à celui de la tribu des immigrants du Vème siècle, les Francs, qui ne contrôlaient au départ que la Belgique et le nord de la Gaule. Ridicule ensuite de célébrer « n*os ancêtres les gaulois* » qui n'étaient pas des Francs! Et pourquoi ne pas célébrer « *nos ancêtres Cro-Magnon* » ? La race ? Il est vraisemblable qu'en France, si le typage de « *race* » était utilisé, les nord-africains ne seraient pas catégorisés « *blancs* », comme ils le sont aux Etats-Unis, où par ailleurs on peut être de plusieurs races à la fois! La religion ? L'islam sunnite est la religion quasi exclusive de nombreux pays différents, et n'a pu être la base d'une nation unique, même si elle a été rêvée, l'Umma[157]. Dans tous les pays, des religions différentes existent, même si elles sont parfois très minoritaires...

La royauté anglaise a une devise française « *honni soit qui mal y pense* ». Yuval Nora Harari moque dans son ouvrage « *Sapiens...* », déjà cité, ceux qui voient dans le steak frites (les « *french fries* »), le plat typiquement français depuis toujours, alors que la pomme de terre n'arrive d'Amérique du Sud qu'au XVIème siècle, avec d'ailleurs la tomate, « *typique*» elle de l'Italie!

---

156 - Shlomo Sand: « *Comment le peuple juif fut inventé* » 2008.

157 - La nation mythique commune à tous les musulmans.

Ernest Renan[158] tente de défendre une définition « *française* » de la nation face à la conception « *allemande* » reflétée par les éléments abordés ci-dessus. Il en fait un « *principe spirituel* », constitué d'une histoire commune et de la volonté de vivre ensemble. La nation se constituerait sur une base contractuelle, ce qui est historiquement faux comme le montre le rôle de la violence et des armes lors de la création des nations, et surtout n'éclaire ni le périmètre géographique ni la période de l'histoire pris en compte qui restent tout aussi subjectifs. « *Les racines* » que croient percevoir Renan font partie de ce que l'historien anglais Hobsbawm[159] appelle « *les traditions inventées* ». L'idée de nation aujourd'hui est utilisée pour tenter de masquer la lutte de classes et ramener les travailleurs à accepter et défendre « *leur* » capitalisme national.

Les frontières du capitalisme national

L'Etat-nation n'est basé sur aucune structure fondamentale qui traverserait les âges. Il accompagne le capitalisme. Ce sont les traités de Westphalie, en 1648, qui dessinent approximativement la carte des nations européennes dont le capitalisme a besoin pour se développer. Bien des firmes capitalistes sont plus vieilles que les Etats. Opel précède la création de l'unité allemande, comme la firme d'armement Beretta ou la banque Monte di Pasco l'unité Italienne, et JP Morgan accompagne l'indépendance des USA.

Du côté des pays développés, les nations émergent au XVIIIème siècle (France, Etats-Unis) et au XIXème siècle (Allemagne, Italie). Ailleurs dans le monde, l'impérialisme et la rivalité entre les nations colonialistes ont tracé des frontières nationales artificielles sur la plupart des continents, frontières que la décolonisation n'a pas effacées. C'est le cas en Israël comme sur le continent africain au XXème siècle. Le capitalisme a eu besoin de cadres nationaux pour l'accumulation primitive des capitaux

---

158 - Ernest Renan: « *Qu'est-ce qu'une nation* ?» 1882.

159 - Eric Hobsbawm: « *l'âge des extrêmes* » 1994.

nécessaires à la révolution industrielle. L'Etat national était utile pour l'appropriation des biens des églises, imposer les *enclosures* pour rassembler la main d'œuvre dans les industries naissantes, pour l'organisation du commerce colonial. La promotion de l'éducation, qui devait se faire dans une seule langue, était nécessaire au développement des sociétés industrielles. C'est François 1er au début du XVIème siècle qui fixe l'usage du français en France, langue qui mettra cependant du temps à s'imposer contre les langues minoritaires comme le breton, et ce jusqu'au XXème siècle. L'idée de nation est datée.

Longtemps les travailleurs ont pu voyager en Europe, d'un pays à l'autre, sans passeport. Les différents contrôles avaient été supprimés par la révolution de 1789, mais ensuite Napoléon avait imposé le « *Livret ouvrier* » pour contrôler les classes « *dangereuses* ». C'est finalement le gouvernement de Pétain qui imposera des papiers d'identité pour tous.

Le passeport, les « *papiers* », sont restés des outils anti travailleurs, comme on le voit dans la lutte contre les travailleurs immigrés. La Commune de Paris avait su faire appel à tous, sans distinction des origines et des nationalités, en faisant du général polonais Jaroslaw Dombrowski le chef de toutes ses troupes armées, ou du hongrois Leo Frankel son « *ministre du travail* ». L'italien Garibaldi sera élu député de la 3ème République dans plusieurs circonscriptions françaises …

Les nations n'existent pas de toujours, ni pour toujours: le Royaume Uni, la Belgique, l'Espagne ou la France peuvent éclater demain, comme l'URSS, la Tchécoslovaquie ou la Yougoslavie l'ont fait hier, et comme avant eux l'empire austro-hongrois, l'empire anglais ou l'empire français. Lorsque la cupidité domine, les rivalités sont sans fin, les peuples et nations peuvent se fractionner à l'infini, les régions les plus riches veulent sortir du cadre national. Aujourd'hui la Catalogne met à mal l'unité de l'Espagne, la Ligue du Nord celle de l'Italie, l'Ecosse celle de Grande-Bretagne, la Flandre celle de la Belgique, la Corse celle de la France, comme à la fin des années 1960 la sécession du Biafra divisait le Nigéria, sécession déjà suscitée par le contrôle de la richesse pétrolière. En Amérique du Sud également l'émergence des peuples indigènes met à mal les nations dessinées lors de la colonisation.

Le monde étouffe sous des frontières nationales trop étroites et artificielles. D'abord sur le plan économique: la société numérique et Internet, la pollution et les risques écologiques, comme la mondialisation des échanges se jouent des frontières. Mais aussi sur le plan culturel: exemple la culture celtique, qui regroupe quatre parties de trois nations européennes: la Bretagne, inclue dans la France depuis 1532, le pays de Galles et l'Ecosse, au Royaume Uni, et enfin l'Irlande. Le lien avec un peuplement celte dont l'origine se situe en Autriche et en Suisse est par ailleurs controversé! De même, la culture juive transcende les frontières et malgré le caractère théocratique d'Israël, des cultures différentes y coexistent. Sur le plan religieux, les cadres nationaux ne sont pas plus satisfaisants. Les chiites du Liban, de Syrie, d'Irak, d'Iran, constituent des regroupements transnationaux. Daech, à cheval sur plusieurs pays, a tenté de créer le Cham pour les sunnites. Les conflits politiques et les guerres mettent à mal les frontières, comme l'ont fait récemment les millions de réfugiés syriens ou autres en Turquie, au Liban, en Europe.

L'argument de ceux qui justifient les frontières pour contrôler les terroristes parce que certains d'entre eux ont traversé des frontières est particulièrement stupide. Parce que des terroristes peuvent être du pays et n'ont nul besoin de traverser des frontières, parce qu'une frontière n'empêche pas un criminel de passer, enfin lorsque qu'un terroriste va de Chelles (93) aux Champs Elysées, pour y assassiner un policier début 2017, on dresse une frontière entre Chelles et Paris?

Les raisons économiques et écologiques sont des agents puissants de l'obsolescence des nations. Les transfrontaliers, les migrants, les réfugiés, les expatriés bousculent les frontières.

La nation est un mythe, comme beaucoup de créations culturelles humaines. Ce mythe a joué un rôle à certaines périodes de l'histoire, mais il est urgent aujourd'hui de le remplacer par l'internationalisme, mythe nécessaire face aux défis que l'espèce humaine rencontre. Les revendications régionales, basques, corses, bretonnes pour ce qui concerne la France ont montré leurs limites. Au pays basque, en Espagne, la fin de la guerre de l'ETA qui a fait près d'un millier de morts en témoigne. Ce sont des impasses. Les revendications légitimes, la langue, la spécificité, un développement qui ne soit pas inégal, certaines traditions enrichissantes pourront être prises en compte dans un projet communiste internationaliste qui peut satisfaire les aspirations les plus diverses car il ne fait pas de la nation un carcan obligatoire.

Les travailleurs sont trans frontières

Lorsqu'il en a besoin, le capitalisme financier sait dépasser les cadres nationaux, signer des traités comme ceux qui régissent l'OMC ou la construction européenne. Traités qui s'imposent aux lois nationales. Ce que tentent de faire également les ALENA, TPP, TAFTA, TISA, CETA [160] et autres. Les grandes banques et entreprises transnationales ont aujourd'hui moins besoin des Etats-nations, qui leur servent désormais surtout à diviser les travailleurs.

Les 1% font de l'optimisation fiscale à travers les frontières. Les Etats-Unis font torturer leurs victimes dans différents pays, constituant un archipel des tortures, de Guantanamo à la Pologne en passant par la Roumanie, l'Afghanistan ou l'Egypte. Les frontières et les lois nationales qui empêchent de torturer ne comptent plus. Ne parlons pas des données personnelles numériques du monde entier, mails, conversations téléphoniques, stockées on ne sait où (Etats-Unis ? Ecosse ?), mais à coup sûr ne respectant pas les frontières nationales !

---

160 - ALENA: Accord Etats-Unis / Canada / Mexique de 1994 que Trump remet en cause ; TPP: accord commercial entre certains pays d'Asie et d'Amérique du nord signé en 2016 ; TAFTA: Accord commercial en discussion entre les Etats-Unis et la Communauté Européenne ; TISA: négociations particulièrement secrètes (révélées par Wikileaks) concernant les services entre une cinquantaine d'Etats ; CETA: accord entre le Canada et l'Europe signé en septembre 2017.

Les lois nationales n'ont pas toujours existé et n'ont aucune vocation à toujours exister. Les VIP bénéficient de tous les accès privilégiés pour passer les contrôles de frontières dans les ports et les aéroports, pour accéder à leurs yachts et à leurs jets. Ils ont toute facilité pour obtenir visas et passeports de diverses nationalités, vrais, ou « *vrais faux* » passeports, pendant que les travailleurs doivent, même dans un pays qui se dit civilisé comme la France, piétiner dans des files d'attente humiliantes, dehors, par tous les temps, pour accéder aux préfectures, pour faire renouveler une carte de séjour, quand ils ne sont pas emprisonnés sans jugement dans des camps de rétention, sans avoir commis le moindre crime.

Pourquoi les travailleurs seraient-ils particulièrement attachés et appelés à se sacrifier pour une « *nation* » incapable de leur procurer du travail et qu'ils sont bien souvent incités à quitter pour cette raison ?

Réduire sa personnalité à la nationalité ne correspond à l'expérience de personne, et est totalement artificiel. On peut se sentir de la ville d'Ajaccio, corse, français, européen, citoyen du monde et habiter Paris. On peut être en même temps d'un lieu-dit, d'une ville, d'une région, d'une nation, d'un continent. Chacun de nous fait partie de cercles différents qui ne se superposent pas forcément (être breton et habiter dans le « *neuf trois* »). Ces contextes, ces différents espaces, nous influencent, nous forment. On peut en être nostalgique, comme on peut en être fier. Comme le disait l'écrivain américain John Steinbeck[161] « *on peut être fier de n'importe quoi si c'est tout ce que l'on a* ». On peut aussi être plus « *fier* » de la grotte Chauvet que de Jeanne d'Arc ou de Clovis, le premier roi Franc…D'autres cercles nous influencent également: le milieu professionnel, le sport, la culture, les activités artistiques. On peut, de plus, changer de

---

161 - John Steinbeck: « *Les raisins de la colère* » 1939.

cercle: déménager, changer de profession, de nationalité, pratiquer un autre sport, un autre hobby.

Beaucoup d'entre nous ont une « *identité nationale* », une culture nationale, mais il n'y a aucune raison de privilégier uniquement cette identité. Ce serait une amputation de notre personnalité que de nous réduire à la nationalité. Ce serait un handicap de croire que la nationalité est la seule ou la principale dimension humaine. Se savoir du local, du régional, du national, du monde c'est comme avoir 4 membres plutôt que de n'en posséder que 1, 2 ou 3!!! N'être « *que français* » c'est être handicapé.

Le capitalisme a amorcé la construction européenne, pour créer un grand marché, lever les bannières douanières, accroître ses profits, comme il a su supprimer les contraintes de l'époque féodale l'octroi (frais de douane à l'entrée des villes) ou la gabelle (l'impôt sur le sel). L'Europe devait assurer la libre circulation des biens et services, des capitaux, des hommes. Cette construction répondait aussi, après les deux guerres mondiales, au désir des peuples d'éviter les guerres. L'Europe a à peu près réussi pour les capitaux et les biens, mais très mal pour la circulation des hommes, comme le montre les polémiques sur les travailleurs détachés ou le rejet des réfugiés et des migrants économiques venant d'Afrique ou du Moyen-Orient.

L'Europe, derrière sa façade démocratique, son parlement, est essentiellement une structure bureaucratique aux mains des patrons et de leurs lobbies ce que renforce la délégation de pouvoir des gouvernements nationaux à une Commission européenne non élue. En fournissant les cadres et les experts techniques à l'élaboration puis à la mise en œuvre des traités, règlements, directives, décisions, normes, recommandations, avis, le patronat contourne les décisions démocratiques. A elle seule l'industrie chimique maintient en permanence à Bruxelles 150 experts et lobbyistes. C'est David Saltmiras, toxicologue en chef de Monsanto qui écrit le rapport de l'EFSA, l'agence européenne de sécurité des aliments qui déclare le Glyphosate de Monsanto non cancérigène. La triche de Volkswagen sur les moteurs diesel avait été validée par les différents comités techniques officiels de certification. Et pour cause! Ces comités de certification sont aux mains de l'industrie de l'automobile! Comme le disait drôlement à ce sujet un expert cité par le journal Le Monde: « *c'était comme confier la banque du sang à Dracula* ». La Banque centrale européenne, la BCE, comme les autres banques centrales dans le monde, n'a de compte à rendre à personne. Le système l'a conçu comme indépendante de tout contrôle démocratique.

La politique de concentration financière et d'austérité de l'Europe telle qu'elle est menée mérite une ferme opposition. C'est ce qu'ont exprimé le « *Non* » au referendum de 2005 en France et aux Pays Bas, comme le « *Non* » au referendum de l'été 2015 en Grèce. Le peuple grec s'est trouvé dans cette contradiction: une volonté d'Europe, mais une opposition à l'austérité imposée par le système politico-financier européen. Le parti politique Syriza a exprimé cette contradiction en demandant le « *Non* » au referendum le 8 juillet 2015, tout en signant le mémorandum des financiers européens un mois après. Pour le peuple grec, seul face à un adversaire aussi puissant, la défaite était sans doute inévitable, et excusable si on ne cherche pas à la faire passer pour une victoire.

Cependant l'Europe, même créée par le système, est, comme la recherche, même menée par les militaires, la démocratie, même mise en œuvre dans des pays impérialistes, les grandes entreprises, même crées par le capitalisme, un acquis pour l'ensemble des européens et même des humains. Elle est la preuve que les conflits soi-disant éternels, comme ceux entre la France et l'Allemagne, sont artificiels, dépendants d'un système économique et de ses contradictions à un moment donné, et qu'ils peuvent être surmontés.

S'en prendre à l'Europe, sous prétexte qu'elle a été créée et qu'elle est dirigée par des financiers, ce serait comme s'en prendre à l'entreprise parce qu'elle est créée et dirigée par un patron. C'est se tromper de cible, c'est le patron l'adversaire, pas l'entreprise. C'est le système financier l'adversaire, pas l'Europe.

Aujourd'hui, les capitalistes se révèlent incapables de continuer la construction européenne, comme le montrent l'absence de projets, les divisions sur l'accueil des réfugiés ou le Brexit. Les travailleurs doivent prendre le relais. Les travailleurs n'ont pas à s'opposer à l'Europe, mais à lui appliquer ce que disait Lénine à propos des trusts: « *en avant, à travers les trusts et au-delà vers le socialisme.* » En avant, à travers l'Europe et au-delà vers le socialisme!

Seule une vision communiste, internationaliste de l'Europe sera en mesure de surmonter les différentes contradictions nationalistes comme de surmonter la césure qui se fait jour entre les pays de l'Est, Hongrie, Pologne, Tchéquie etc. et ceux de l'Ouest en prenant en compte la part de nostalgie du communisme qui sous-tend les crispations nationalistes pro russes des premiers.

L'Europe peut être un exemple de l'unité des peuples, que le mouvement ouvrier doit porter et même élargir à la Turquie et à d'autres pays.

La défense de l'idée européenne par les travailleurs est différente de la position défendue par une fraction du capital européen, relayée entre autres par le philosophe allemand Jurgen Habermas, qui récuse le nationalisme étroit, mais au profit d'un supranationalisme européen, l'euro patriotisme, dans le but de défendre les intérêts de l'Europe contre les Etats-Unis, la Russie, la Chine et les pays émergents. Cette position n'est que du « *méta* » chauvinisme. Le communisme démocratique défend la poursuite de la construction européenne, mais sans en faire un instrument de rivalité contre les autres pays.

Par contre, défendre un communisme européen, avec son drapeau comme celui qui fait la couverture de ce livre, peut donner l'exemple du dépassement des rivalités nationales. Dépasser les affrontements nationalistes est l'enjeu majeur des luttes à venir que générera l'approfondissement de la crise. Le dépassement des nations dans la construction européenne est déjà une étape du dépérissement de l'Etat-nation.

La lutte contre le capitalisme mondialisé est juste. Mais on rejette le capitalisme et on garde le monde. La véritable opposition à la mondialisation capitaliste n'est pas le capitalisme nationaliste mais l'internationalisme des travailleurs, l'alliance des 99% contre les 1%, présents à plus ou moins haute dose, dans tous les pays. Il n'y a qu'un domaine où les communistes ont un devoir national: celui de s'opposer à leur propre bourgeoisie, à leur propre 1% national!

Une morale sans Dieu

Les premières expériences socialistes ont toutes échoué à éradiquer « *l'opium du peuple* », la religion, comme le prouve le retour en force de l'orthodoxie en Russie, de l'islam dans les républiques du sud de l'ex-URSS, l'étendue des croyances en sorcellerie et des superstitions en Chine, la ferveur autour d'un voyage du pape à Cuba, le remplacement de l'idéologie des kibboutz par le fanatisme religieux en Israël… L'échec du socialisme à l'égard de la religion est tel qu'en Pologne, l'Eglise a pu être un soutien à l'émancipation ouvrière, soutenant Solidarnosc, dirigée par Lech Walesa, lors des grèves ouvrières sur les chantiers navals de Gdansk dans les années 80. Grèves porteuses à la fois de revendications syndicales et de dénonciation du totalitarisme.

Beaucoup sont conscients du rôle négatif des religions, bien repérées comme des parasites, mais distinguent ce rôle de l'idée de Dieu, détachée de celle des religions qui sont des organisations humaines, souvent corrompues par « *les marchands du temple* ».

Ne pas croire en Dieu

Croire en un Dieu relève bien sûr de la liberté de chacun. Les communistes n'ont pas de raison de s'y opposer, d'autant plus que le volontarisme à cet égard s'est révélé totalement contre-productif. Cependant, les communistes ne croient pas en Dieu et développent une position matérialiste sur le plan philosophique.

A la question « *pourquoi y aurait-t-il quelque chose au lieu de rien si Dieu n'existait pas ?* », nous répondons: « *pourquoi y aurait-il un Dieu plutôt que rien* ?». Nous comprenons que, dans les difficultés de la vie, les humains aient besoin de transcendance, de se projeter au-delà du présent. Les croyances répondent en partie à ce besoin de dépasser sa propre individualité. Chacun souhaite d'une façon ou d'une autre dépasser la mort. Se percevoir comme membre de l'espèce humaine y participe. L'espèce humaine est une espèce collective. Nombre de sentiments humains expriment ce fait, l'empathie, la sympathie, la générosité, le dévouement, le besoin de se dépasser. Pour satisfaire ce besoin légitime de transcendance, nul besoin de croyances irrationnelles. Les idéaux communistes satisfont à la fois les besoins de reconnaissance individuelle de son prochain, et les besoins de se surpasser pour une cause plus grande, universelle, ancrée dans l'histoire de l'humanité.

Le fait que des millions (milliards ?) d'athées puissent vivre sans l'idée de dieu, prouve que cette idée n'est pas nécessaire pour vivre. Elle présente par ailleurs un danger: à partir de l'idée de dieu, peu à peu se glissent des idées irrationnelles, farfelues, ou pires, qui divisent les travailleurs. Ces idées irrationnelles sont un support à toutes les thèses complotistes qui dévient vers une multitude de boucs émissaires, secondaires ou imaginaires, la colère contre le système.

Les croyants du « *dessein intelligent* » aux Etats-Unis prétendent prouver l'existence de dieu à partir des constantes nécessaires à l'existence de la vie (voir le Chapitre 7). Il est cocasse de voir comment les tenants d'une foi qui serait, de nature, extérieure à la science, se précipitent néanmoins sur n'importe qu'elle prétendue « *preuve* » scientifique de l'existence de dieu!

Historiquement, l'idée de dieu, que les humains voyaient initialement dans tout: le feu, l'eau, les animaux, les plantes, passe au ciel, « *réellement* », puis métaphoriquement, puis se disperse et se dissout dans des notions de plus en plus vagues. On ne peut pas dire que l'évolution des religions ait été positive. L'animisme - tous les phénomènes de la nature sont des dieux — a été remplacé par le polythéisme - plusieurs dieux comme les dieux grecs et romains - enfin le monothéisme - un dieu unique - comme l'islam ou le catholicisme qui met l'homme au centre de l'univers, mais a coupé les humains de la nature. La science heureusement l'y ramène. Dieu disparait des sociétés humaines au cours de leur développement. Les sociétés qui prétendent revenir vers un dieu sont un tel contre-exemple, qu'elles contribuent au bout du compte à le faire disparaître de notre horizon. Les fous de dieu apparaissent de plus en plus pour ce qu'ils sont, des fous tout court.

Cependant face à la dévalorisation des religions, des tentatives de les réhabiliter ont lieu en permanence sous forme de « *meta religion* ». Pour citer l'un d'eux qui a eu un succès international et sert de base à bien des « *coachs* » du développement personnel: « *Votre tâche principale n'est pas de chercher le salut en créant un monde meilleur … La réalité première est à l'intérieur (de vous) et la réalité secondaire à l'extérieur … L'instant futur n'existe que dans le mental, jamais dans la réalité* »[162]. Tout en faisant appel à toutes les religions et en ayant pour but la recherche du bien être personnel, il s'agit de faire accepter la situation comme elle est, de prôner la passivité et l'individualisme.

Le communisme lui n'est pas une religion et prône l'unité, l'action, « *prolétaires de tous les pays unissez-vous!* ». Cependant, l'emprise de la religion se révèle tellement puissante que le mouvement communiste a pu lui-même en être imprégné de l'intérieur, et a parfois eu tendance à se transformer lui-même en « *religion* ». Cela remonte à loin, aux idées éclairées du « *siècle des lumières* », à Robespierre et son culte de l'être suprême. Le culte de la personnalité en est un des exemples les plus spectaculaires et négatifs. La façon de gérer les contradictions et les divergences par des anathèmes et des scissions en est un autre. Comme dit Zizek, plus on tolère la religion, plus elle fait pression et crée la culpabilité. La critique du fait religieux est un

---

162 - Eckhart Tolle: « *Le pouvoir du moment présent* » guide d'éveil spirituel 1997.

aspect de la lutte contre le totalitarisme. Il ne concerne pas que les religions proprement dites, mais les conceptions religieuses qui pourraient se faire jour dans le projet communiste lui-même.

Nul besoin de Dieu pour fonder une morale. Le fait de constater que les humains ne peuvent vivre qu'en société, ce que chacun peut expérimenter, donne une base solide à une morale humaine. Cette morale dépend de l'état des sociétés et évolue dans le temps. L'histoire ne nous montre pas que les tenants de Dieu aient porté une morale particulièrement estimable, ni que celle-ci ait su s'adapter à l'évolution des sociétés. Des sacrifices humains des anciens Egyptiens ou Aztèques jusqu'aux égorgements de Daech, en passant par les croisades, l'inquisition catholique et ses dizaines de milliers de femmes brûlées comme sorcières, la pédophilie trop répandue dans l'église catholique, et trop systématiquement couverte par la hiérarchie pour ne pas y voir un environnement favorable, le « *Gott mit uns* » de la Wehrmacht, l'armée nazie, les Allah Akbar des terroristes, le « *God* » des billets de banque américains, non décidément aucune leçon de morale à recevoir des tenants de Dieu!

Les communistes en Occident se sont laissés influencer par la morale traditionnelle bourgeoise catholique ou protestante. A l'accusation de « *vouloir introduire la communauté des femmes* », Marx répondait dans le Manifeste du Parti communiste: « *les communistes n'ont pas besoin d'introduire la communauté des femmes. Elle a presque toujours existé.* ». Mais Jeannette Thorez Vermeersch, l'épouse de Maurice Thorez secrétaire général du PCF après-guerre, va lutter contre l'émancipation des femmes, contre la contraception et le droit à l'avortement, au nom de la morale dominante traditionnelle, issue de l'Eglise catholique. L'appel de Staline à la religion pour mobiliser contre l'invasion nazie lors de la Seconde Guerre mondiale, a baissé la garde du mouvement communiste et a renforcé les effets négatifs du religieux sur la pensée communiste.

Karl Lorenz, l'éthologue déjà mentionné, voulait « *défendre les traditions sacrées contre les incursions prématurées d'une rationalisation incomplète* ». Il est vrai que le mouvement de la raison semble infini et, comme le mouvement des sciences, à l'échelle humaine, ne sera jamais « *complet* ». Mais quant à savoir si les incursions contre les traditions sont prématurées, seule la lutte entre le nouveau et l'ancien et, dans le domaine politique, la lutte de classe, en décide. Les propres choix de Lorenz compromis politiquement avec les nazis, montrent les limites de la défense des « *traditions sacrées* ».

Les religions aident à mourir

Au final, de la même façon qu' « *il n'y a pas d'amour, mais des preuves d'amour* », il n'y a pas de Dieu, mais des sectes ou des religions. Ces dernières étant des sectes qui ont réussi, même si les religions établies n'aiment pas être assimilées aux sectes, qui en sont en quelque sorte la caricature.

Les religions ont été une première tentative de compréhension du monde par les sociétés humaines. Elles ont pu être, comme l'astrologie, une approche de la science, mais au fil du temps, elles prônent une morale artificielle, toujours en retard et qui ne correspond pas à la biologie de l'espèce humaine. Elles obligent chacun à se sentir coupable, fautif, en particulier les femmes. La religion est une burqa étroite par laquelle on tente, plutôt mal que bien, de percevoir le monde.

Cependant, les Eglises, en tant que forces politiques, peuvent parfois aussi jouer un rôle positif, poser des questions de société, face au rouleau compresseur de la cupidité capitaliste ou l'oppression totalitaire. C'est le rôle qu'a eu l'Eglise en Pologne dans les années 1980. En Amérique du Sud la « *théologie de la libération* » des archevêques Helder Camara au Brésil et Oscar Romero assassiné au Salvador en 1980 par l'extrême droite a su aussi mobiliser contre l'impérialisme nord-américain. Le pape François a su témoigner sa solidarité à l'égard des réfugiés et des migrants. C'est aussi le rôle de défense des opprimés qu'ont eu les islamistes dans certains pays arabes, avec le travail social du

FIS en Algérie ou du Hamas en Palestine. Dans tous les cas, ce rôle ne vient que compenser l'activité déficiente des communistes.

Car pour l'essentiel, les religions, la plupart du temps, endorment les travailleurs, quand elles ne les martyrisent pas. Elles font supporter le pouvoir des puissants comme une calamité inévitable. Aujourd'hui, elles sont le supplément d'âme nécessaire pour supporter le capitalisme. Peut-être est-ce la raison de la grande emprise des églises aux Etats-Unis ? Le capitalisme réel est tel que, faute d'une alternative crédible à portée de main, il faut croire en l'au-delà ?

Les travailleurs doivent réaliser que s'ils sont supposés être hindouistes à Calcutta, catholiques à Sao Paulo, juifs à Tel Aviv, protestants à Détroit, musulmans au Caire (et encore sunnites!), mais chiites à Téhéran, c'est pour les diviser. Les milliers de victimes des conflits entre chiites et sunnites en témoignent, comme le font les 200 000 morts de la guerre en Bosnie, au nom du catholicisme de certains Croates, l'orthodoxie de certains Serbes, l'islam de certains Bosniaques, tous parlant le serbo-croate, tous issus du même pays, la Yougoslavie. C'était en Europe, c'était le retour du capitalisme, c'était il y a moins de 20 ans! Si les religions aident à vivre, elles contribuent encore plus souvent à mourir prématurément!

L'Islam populaire

L'Islam est la plus récente des religions monothéistes. Judaïsme, catholicisme et protestantisme ont accompagné le développement des pays capitalistes impérialistes et en particulier leurs entreprises coloniales, où leurs missionnaires et évangélistes étaient à la pointe et le sont encore en Afrique en particulier. Les banques ont souvent eu, et aux Etats-Unis encore aujourd'hui, une étiquette confessionnelle. La finance islamique fait de même.

L'islam s'est répandu dans des pays soumis au colonialisme qui se sont moins développés, et sont restés de ce fait longtemps agricoles. L'islam a pu apparaître comme la religion des opprimés dans des pays traversés par des contradictions de classes entre, d'une part des représentants coloniaux soutenus par des dirigeants locaux, et d'autre part, les masses populaires. Lorsque les paysans issus de ces pays ont rejoint les usines et les banlieues du monde impérialiste, ils ont amené l'islam dans leurs bagages. Les deuxièmes et troisièmes générations, lorsqu'elles se sont révoltées contre la trop grande soumission de la première génération d'immigrés, n'ont pas trouvé d'accueil dans les organisations communistes, qui avaient trop souvent versé dans le chauvinisme et la défense d'intérêts dont les immigrés ne bénéficiaient pas. Une frange de cette deuxième ou troisième génération a rivalisé de cupidité avec le système, et s'est investie dans les trafics divers, de drogue, d'armes, suivant en cela les grandes orientations du capitalisme. En prison, où leurs activités criminelles les ont parfois menés, une partie d'entre eux a trouvé dans l'islam une façon de se racheter, de donner une couleur politico-religieuse plus noble à leurs trafics et crimes. « *Les intégristes, trafiquants d'opium du peuple* » comme le dit Gilbert Achcar[163].

Une laïcité offensive

Les « *origines chrétiennes* » de la France, vaste blague! « *La France* » a été depuis bien plus longtemps et pour beaucoup plus longtemps, animiste ou chamaniste (les grottes ornées). Depuis près de 4 siècles déjà, la France a surtout des « *origines* » cartésiennes et athées. Comme disait Voltaire au XVIIIème siècle, « *si Dieu n'existait pas, il faudrait l'inventer* »! Le catholicisme n'est en France ni très ancien, ni très moderne, mais très daté!

Les communistes sont les défenseurs d'une laïcité totale, en récusant tout biais en faveur d'une « *France chrétienne* ». Tout en laissant les croyants d'une religion construire leurs églises, mosquées, ou temples, ils ne soutiendront en aucun cas ces activités, et en particulier refuseront que de l'argent public soit détourné à leur profit. Ils saluent la lutte de tous ceux qui osent

---

163 - Gilbert Achcar, chercheur et écrivain franco-libanais, « *Le peuple veut* » 2013 sur les mouvements dans les pays arabes.

se lever contre l'obscurantisme religieux comme le font les Pussy riots[164] ou les Femen, groupes de femmes de Russie et d'Ukraine. Les communistes ne feront pas preuve du mépris qui consiste à considérer que les masses, arabes en particulier, sont trop arriérées pour ne pas être soumises à la religion.

Les signes religieux ostensibles seront traités avec finesse, en distinguant la femme nouvellement arrivée de la campagne, l'ado exaspérant qui veut exhiber sa kippa, sa croix, son voile, ses piercings ou son burkini pour provoquer l'entourage, des offensives politiques réactionnaires sous le masque de la religion.

Une révolution violente ?

Toutes les tentatives pacifiques de changer les règles et les lois au profit des 1% se sont révélées des échecs, comme le vote du referendum grec à près des deux tiers des votants, contre l'austérité. Tsipras et son gouvernement appellent à voter non, et finalement sont obligés de se soumettre aux diktats de la Troïka. Suivre la légalité et les règles du système mène à sa logique, et donc à l'exploitation des travailleurs, aussi sûrement que suivre la logique d'un criminel mène à son crime.

Le système ligote les travailleurs et les peuples, en particulier par un endettement impossible à solder. Il faudra bien un jour que les dettes ne soient pas remboursées aux usuriers, qu'ils soient locaux, nationaux ou internationaux. Il faudra bien un jour que l'argent manquant soit pris là où il est, parce qu'extorqué depuis longtemps aux travailleurs. Il faudra bien se réapproprier la nature, l'air, l'eau, la terre, les biens de production, privatisés, concentrés de plus en plus entre quelques mains.

Il faudra donc sortir des lois et des règles du système. C'est la révolution. Même aux Etats-Unis, l'idée d'une « *révolution*

---

164 - Nadeja Tolokonnikova, Pussy riots: « *Désirs de révolution* » 2016.

politique » grâce à Bernie Sanders finit par percer la chape de plomb que constitue une campagne électorale américaine.

Les 1% ne seront pas contents. Il faut la production de plusieurs terres pour assurer le revenu moyen occidental, indépendamment du niveau d'inégalité à l'intérieur même de ce monde occidental. Le risque existe que les 1% mobilisent l'appareil policier et militaire pour défendre leurs intérêts. Ce qu'ils ont fait en Irak, en Libye et ailleurs, pour contrôler ne serait-ce que le pétrole, laisse peu de doute sur ce qui se passera lorsque leurs intérêts fondamentaux seront remis en cause.

Il ne s'agit pas de pendre les 1%. Les communistes ne veulent pendre personne, et sont contre la peine de mort, comme ils sont contre la torture. Mais il s'agit de se préparer à riposter à des agressions massives que l'histoire récente annonce.

La question de la violence est abstraite dans un contexte d'acceptation de la soumission aux diktats du système financier. Mais si révolution il y a, et si elle apparaît nécessaire à l'immense majorité -elle n'a aucun sens et n'aura pas lieu sinon- ce sera probablement à la suite d'événements dramatiques dont on a déjà une petite idée avec les guerres incessantes, l'agressivité montante entre nationalismes, l'augmentation des budgets militaires, le terrorisme, les drames humains des réfugiés, l'extrême pauvreté, l'accroissement des inégalités, le nombre de gens acculés à la faim, à la soif, à la noyade. La révolution n'est pas un acte unique mais un long processus répondant aux bouleversements générés par un système en faillite.

L'utilisation de la violence révolutionnaire n'est pas souhaitable, mais ne peut être exclue. Si nécessaire, elle ne peut se concevoir « *qu'à l'intérieur des lignes* » comme l'indiquait Mao, c'est-à-dire que contrainte et forcée, et après avoir beaucoup subi. Il ne s'agit pas de répondre « *dent pour dent* », d'être systématiquement et de façon permanente en position offensive avec des arguments du type « *la meilleure défense c'est l'attaque* », mais d'être au contraire en position d'autodéfense. Ceci veut dire beaucoup de souffrances à subir dans le camp des travailleurs, mais il les subit déjà aujourd'hui. Il faut rassembler la très grande majorité des humains. La lutte est pour les 99%, il s'agit de rallier de larges majorités à chaque lutte ponctuelle. Les 99% sont dans leur bon droit, il faut le prouver et le prouver encore et encore, et le faire savoir à chaque étape. Ceci exclut non seulement le terrorisme (bien sûr), mais aussi les politiques volontaristes ou « *gauchistes* » qui parcourent le mouvement ouvrier depuis Babeuf, Blanqui, ou Che Guevara.

Les révolutions n'ont jamais eu lieu jusqu'à présent qu'à l'occasion de guerres. Elles sont nécessaires pour s'opposer à ces dernières. Seule la révolution peut faire l'économie de la guerre. Personne de sensé ne choisira à froid le chaos de la révolution. Mais la révolution n'apporte pas le chaos. Au moment où elle a lieu, elle est la réponse la plus efficace, sensée, économe de destruction et d'abord de vies humaines, face au chaos créé par les guerres capitalistes.

4ème partie
Que faire ?

Chapitre 10: Forces politiques et lutte des classes en France

Dans la première partie, nous avons vu que le système capitaliste est non seulement injuste, mais qu'il mène au chaos et aux conflits. Partout dans le monde, des luttes de tout type ont lieu, menées par des classes et des groupes divers. Bien qu'en crise, le système et les 1% qui en profitent sont puissants. Ils ont 6 siècles d'expérience, d'enracinement, de contrôle du système économique mondial derrière eux. Ils croient et tentent de faire croire qu'ils ont toujours existé et qu'ils existeront toujours. Seule une alternative puissante et ambitieuse peut s'y opposer. C'est l'objet de la lutte de classes qui se déroule aujourd'hui.

Le credo du système: croissance, compétitivité, nationalisme

Bernie Sanders le rappelait lors de sa campagne pour les élections présidentielles de 2016 aux Etats-Unis: 0,1% de la population possède autant que les 90 %. La richesse de ces 0,1% s'est encore accrue au cours de la crise, quand tous les autres s'appauvrissaient. Les 0,1 % sont donc ultra minoritaires et doivent rallier d'autres forces pour soutenir leur système. Comment consolident-ils leur pouvoir ? Dans tous les pays, les 3 mots d'ordre communs à leurs différentes organisations politiques, droite, gauche sociale-démocrate et extrême-droite, sont: croissance, compétitivité, nationalisme.

Pour que les 0,1 % les plus riches puissent rallier à eux une fraction significative des classes moyennes, il leur faut de la croissance quantitative, afin de masquer leur accaparement d'une fraction toujours plus grande de la richesse mondiale. Or, on sait que, dans l'histoire du capitalisme, la croissance n'a été qu'exceptionnellement en moyenne au-dessus de 1%. Ces dernières années, 45% de la croissance mondiale était le fait des pays émergents. Les gains de productivité stagnent malgré la révolution numérique. De plus, le type de croissance voulu et nécessaire est quantitatif, constitué de consommation stimulée par la publicité et l'endettement d'un côté, et d'investissements non coordonnés de l'autre. Le tout est basé sur le travail des 99 % et toujours, pour l'essentiel, sur l'exploitation des énergies fossiles non renouvelables. Une telle croissance, nécessaire pour rallier les classes moyennes et diviser les travailleurs est artificiellement basée sur l'endettement et le crédit peu cher, elle n'est pas soutenable à terme.

Pour l'instant, le système réussit à rallier les entrepreneurs, les cadres, les classes moyennes. A l'échelle de chaque pays, il s'agit de refaire le coup que l'industrie agroalimentaire a su faire en France: rallier les petits paysans et les amener dans des luttes où ils se faisaient écraser, au nom de la défense de la paysannerie elle-même! Symbole jusqu'à la caricature, feu M. Xavier Belin, à la fois patron du syndicat agricole FNSEA supposé défendre les paysans, et patron du groupe Avril, de l'industrie agroalimentaire qui les lamine! De même, la transformation du « *Conseil National du Patronat Français* » le CNPF en « *mouvement des entreprises de France* » le MEDEF en 1981, avait pour but de mettre les millions de petites et moyennes entreprises à la remorque des groupes du CAC 40 et du 1% qui les dirige. En Occident, les 1% tentent de remettre en cause ce qui reste d'acquis sociaux au nom de la compétitivité. Il s'agit de faire tendre les conditions de travail vers celles des pays les moins développés, comme le Bangladesh ou Madagascar, afin de rivaliser avec les pays émergents. D'où dans un premier temps le désastre industriel et social. Dans un second temps, le système dévie la colère légitime des travailleurs contre ceux des autres pays. C'est la marche vers des conflits nationalistes qui prennent de multiples formes: guerre des monnaies, droits de douane, guerre commerciale, course au dumping fiscal pour les grandes compagnies etc. Londres abaisse son taux de fiscalité des grandes entreprises pour rivaliser avec l'Irlande où il est de 12,5% au lieu de 30% en moyenne dans l'Union européenne. La Hongrie le passe à 9%. La réforme fiscale de Trump le ramène de 35% à 21%. Macron annonce vouloir le ramener de 35 à 25%. Cette rivalité permanente présente le risque de mener à des conflits ouverts. Cameron, lors de sa campagne pour éviter le Brexit, évoquait déjà que des rivalités exacerbées pouvaient mener à des risques de guerre.

L'objectif de compétitivité oppose les travailleurs des différents pays entre eux. De plus au sein de chaque pays le nationalisme oppose les travailleurs nationaux et immigrés. Le nationalisme oblige à trouver à l'intérieur des frontières nationales des solutions aux problèmes. Comme c'est impossible, la conviction s'ancre que le système est indépassable et que rien ne peut changer. Le système financier mondialisé ne le souhaite pas encore, mais il maintient en réserve l'alternative d'un régime d'ordre, autoritaire, voire dictatorial, porté par l'extrême-droite. Extrême droite qui se fait les dents d'abord contre la fraction immigrée de la classe ouvrière.

Le système capitaliste n'est pas monolithique: il est traversé par des contradictions qui sont fondamentales, et non secondaires. Des lignes de fractures nouvelles apparaissent, y compris au sein des partis. Rivalités entre capitalisme financier mondialisé et capitalisme national, entre ceux qui acceptent de donner plus de place aux pays émergents et ceux qui s'y opposent. Les différents lobbies se combattent: le nucléaire ou celui des énergies renouvelables contre le lobby du CO2 constitué des industries pétrole, charbon et automobile. Le lobby du gaz prétendra surmonter les aspects négatifs de ceux du pétrole etc. Le trans-humanisme s'appuyant sur les industries nouvelles, le numérique, le Big Data, la robotique, les objets connectés, les nanotechnologies, tente de donner un visage nouveau à l'idée de progrès capitaliste.

Croissance, compétitivité et nationalisme prétendent être la réponse à la crise, mais masquent le problème principal: l'aggravation des inégalités et des privilèges. Ces positions sont le socle commun des principales forces politiques dominantes dans tous les pays capitalistes. C'est le cas des Républicains[165], du PS,

---

165 - Bel hommage de la droite, qui fut monarchique tant qu'elle le put, à la gauche qui était la seule à défendre la République.

de LRM et du Rassemblement national en France. On retrouve plus ou moins ces forces dans tous les pays ainsi qu'au Parlement européen. Qu'elles aient un socle commun ne signifie pas qu'elles n'ont pas de différences ou d'opposition entre elles. Elles peuvent représenter des lobbies différents. Elles se différencient aussi sur le fait de vouloir ménager plus ou moins les classes moyennes, faire plus ou moins de concessions aux pays émergents, représenter plutôt le capitalisme mondialisé, européen ou le capitalisme national etc. Ainsi dans les élections américaines, comme dans les élections françaises, on retrouve ces hésitations du capital entre droite dure et droite plus souple (sociaux-démocrates, centristes), entre capitalisme mondialisé (Hillary Clinton, Emmanuel Macron) et capitalisme national et anti européen (Trump, Marine Le Pen) … Les fractures ne se recouvrent pas exactement et sont le reflet d'intérêts contradictoires, d'hésitations qui justifieront les regroupements de demain.

Les républicains, le PS, En Marche!

La droite classique

 Autrefois monarchique, aujourd'hui « *républicaine* », elle est la représentante traditionnelle des possédants, des dirigeants financiers et économiques. Dernière nomination des Républicains au Conseil Constitutionnel en France: Michel Pinault, ancien dirigeant d'Axa, dont on a vu plus haut que ce groupe est une des structures majeures du capitalisme français et international. Le principal conseiller de François Fillon, candidat du parti des Républicains à l'élection présidentielle de 2017, était Henri De Castries l'ancien président d'Axa. Cette droite prétend aussi parler pour le peuple. Peuple qui est, pour elle, principalement constitué des couches moyennes, petits patrons, artisans, commerçants, cadres, tous plus ou moins ralliés aux propriétaires du capital. Cette droite aime mettre en avant sa toute petite fraction innovante, les entrepreneurs. Elle a elle-même laminé la paysannerie qu'elle a souvent entraînée à sa suite. Aucun doute, c'est l'ennemi.

Dans les pays occidentaux, il est compréhensible que les travailleurs, bénéficiant des miettes des richesses engrangées par l'impérialisme, votent d'abord pour les réformes douces, intégrables au système, prônées par la social-démocratie. D'autant plus lorsque les guerres, inhérentes au capitalisme même démocratique, sont cantonnées à l'extérieur et ne se déroulent -ne se déroulaient- pas sur le sol de la métropole.

Le courant social-démocrate -représenté par Guy Mollet, François Mitterrand, Lionel Jospin, François Hollande- aura cogéré le capitalisme français d'après-guerre. François Mitterrand aura été au pouvoir 14 ans, de 1981 à 1995. Les nationalisations en 1981 échouent, actant que ces nationalisations n'ont pas de sens quand des secteurs entiers de l'économie française sont enracinés dans le capitalisme mondial. La fuite des capitaux s'organise, obligeant à des dévaluations successives. Confronté à la nécessité, soit de la collectivisation des moyens de production, avec son caractère forcément révolutionnaire, soit de se soumettre aux règles du système capitaliste, la social-démocratie capitule. C'est « *le tournant de la rigueur* » du gouvernement Mauroy dès 1983, actant l'échec des espoirs mis dans la victoire de François Mitterrand. Ensuite la logique de la gestion du système s'impose. Laurent Fabius organise la course à la financiarisation du capitalisme français presque aussi bien que Margaret Thatcher en Grande-Bretagne.

Hollande, après avoir trompé ses électeurs avec « *l'ennemi c'est la finance* », n'essaiera même pas quoi que ce soit. Il ira faire sa génuflexion à la finance, à la City de Londres, avant même son élection. Symboliquement, il sera remplacé par le banquier Macron, qu'il a lui-même appelé au pouvoir. Après l'effondrement du PASOK, le parti social-démocrate grec, Tsipras, le leader de Syrisa sera confronté en Grèce en 2015 au même dilemme, se soumettre au système financier ou rompre. En Grèce, les armateurs menaçaient de s'expatrier s'ils étaient taxés.

Le problème des solutions sociales-démocrates est que, lorsqu'elles essaient d'aller à l'encontre du système, elles ont réellement des effets pervers. Les critiques du patronat et de la droite aux politiques menées par les gouvernements socialistes sont très souvent pertinentes: la réduction du temps de travail, la protection sociale entraînent une perte de compétitivité, qui elle-même déclenche une pression sur la monnaie. La fuite fiscale des riches vers les pays voisins, comme celle des riches français vers la Suisse, le Luxembourg, la Belgique, ou le Royaume-Uni, provoque une baisse des revenus fiscaux en France. Les sièges sociaux des sociétés s'installent en Irlande, Luxembourg ou Pays-Bas pour payer moins d'impôts, d'où une chute des investissements locaux, des rentrées fiscales et de l'activité économique, une aggravation du chômage, et au final la nécessité d'une austérité impliquant la restriction des services publics etc.

Mais cette soumission de la social-démocratie laisse non résolus les problèmes auxquels nous faisons face aujourd'hui: financiarisation hystérique, inégalités accrues, crise économique, fracture avec le Sud, guerres continues, flux de réfugiés et de migrants économiques, terrorisme. D'où la déception, l'abstention aux élections ou, pire, comme dans le nord de la France, le basculement à l'extrême-droite de nombre d'électeurs de la social-démocratie. Que reste-t-il des 14 ans de Mitterrand au pouvoir ? L'abolition de la peine de mort ? Des 5 années de Hollande ? Le mariage pour tous ? Mais des 7 années d'une présidence de droite, celle de Giscard d'Estaing, il reste le droit à l'avortement et le droit de vote à 18 ans... Inutile de se bouger pour voter social-démocrate!

Pour être adoubés par le capital, qui s'en méfie toujours un peu, les sociaux-démocrates sont souvent amenés à faire pire que la droite. Les gouvernements de Hollande, Valls, Macron, ont multiplié les cadeaux au patronat: le crédit impôt compétitivité emploi (CICE), la loi El Khomri, la remise en cause du code et de la durée du temps de travail. La campagne de Manuel Valls lors des primaires socialistes de 2017 était claire: « *je veux gouverner, je suis réaliste* ». Sous-entendu, toute remise en cause du système m'empêche d'arriver au pouvoir, donc ce n'est pas réaliste.

« *La gauche* », a perdu de son aura avec la crise ; n'ayant plus grand-chose à distribuer, ayant beaucoup déçu, elle représente encore des couches moyennes, ouvriers aisés, cadres, fonctionnaires, enseignants ou employés des services publics. Son expression favorite de « *peuple de gauche* » montre à quel point elle a abandonné toute prétention à représenter le peuple tout court. Encore une ânerie pour nous diviser, comme s'il y avait un « *peuple de droite* »! Si aujourd'hui une partie du peuple vote à gauche, une autre à droite, et une autre s'abstient, c'est que le peuple est divisé. Le consensus social reposait sur l'exploitation des colonies et le saupoudrage du « *surprofit* » (dont parlait Lénine) au bénéfice de toutes les classes « *nationales* ». Or ce surprofit n'est plus aussi disponible aujourd'hui pour rallier les classes moyennes et populaires dont les avantages se font laminer, entre autres, par la pression fiscale. A l'échelle internationale, ce surprofit est aujourd'hui partagé avec la bourgeoisie des pays émergents. Au niveau national, la cupidité et l'aveuglement des 1% leur font conserver une part de plus en plus importante du gâteau. Les inégalités progressent et les classes moyennes régressent, pour la première fois depuis la Seconde Guerre mondiale. Aux Etats-Unis, les classes moyennes, qui comptaient pour 60% de la population active dans les années 70, n'en représentent plus que 40% aujourd'hui. La mobilité sociale, la capacité à grimper dans l'échelle sociale est figée, y compris aux Etats-Unis. Cette limitation des moyens pour acheter le consensus social explique que la social-démocratie n'a pas le vent en poupe. Après un quinquennat, la ligne Hollande-Valls ne peut même pas se représenter aux élections présidentielles. C'est le pacte maudit initial entre la social-démocratie et son impérialisme qui explique qu'en France, même les timides positions sur le droit de vote aux étrangers dans les élections locales, n'aient jamais abouti, tant avec Mitterrand qu'avec Hollande. Il explique la honteuse position de Manuel Valls à Munich en 2016, le refus de prendre la part du quota français de réfugiés syriens fuyant les guerres.

Cependant, ces trahisons suscitent des réactions. Les partis sociaux-démocrates sont en crise, dans chacun d'eux, le clivage se fait entre les tenants du système et les partisans de sa remise en cause. Bernie Sanders face à Hillary Clinton aux Etats-Unis, Jeremy Corbyn face aux pontes du Labour en Grande-Bretagne, Jean-Luc Mélenchon, Benoit Hamon face à François Hollande et Manuel Valls en France, Linke face au SPD en Allemagne, Syrisa en Grèce et Podemos en Espagne face aux PS locaux…

Les propositions sociales-démocrates peuvent émerger sous des formes nouvelles et contradictoires, comme l'ont montré les candidatures de Macron, Hamon et Mélenchon aux élections présidentielles françaises de 2017. N'ayant pas une ligne de classe claire, les sociaux-démocrates se divisent entre ceux favorables à l'Europe sans remettre en cause l'Europe financière, et ceux qui ne veulent pas d'Europe. En Grande-Bretagne, le Labour est incapable de défendre l'Europe car divisé sur la question de l'immigration. Malheureusement, bien souvent, les opposants à la ligne de collusion avec le système le sont sur une ligne chauvine et nationaliste qui contribue à la division des travailleurs.

Le revenu universel, revendication portée par Benoit Hamon, pour essayer de sauver le Parti Socialiste est caractéristique: proposer une solution technique, au-delà de la lutte des classes, masquer la nécessité de s'attaquer aux inégalités sociales, éluder la nécessité d'aller chercher l'argent là où il est. Cette revendication paraît irréaliste dans le cadre du système. Or elle ne pourrait s'appliquer que dans le cadre de la prospérité d'un pays impérialiste, elle n'aurait alors rien d'universel et devrait au mieux s'appeler le « *revenu occidental* ».

En retour de leurs bons et loyaux services, les leaders sociaux-démocrates sont remerciés par le système avec l'octroi de postes, fonctions, rémunérations démesurées, comme Blair, Schroeder, Clinton, nous l'ont montré.

Le système fait confiance et utilise principalement ces deux forces, la droite et les sociaux-démocrates, selon les circonstances et les possibilités du jeu démocratique électoral. Il a besoin des deux, afin de créer une alternative qu'il contrôle. La rapidité avec laquelle l'oligarchie française a suscité une alternative à l'effondrement de Hollande et du PS, en promouvant Emmanuel Macron et son mouvement En Marche!, est révélatrice de cette nécessité pour le système de ne pas sembler réduire le choix à la droite et à l'extrême-droite.

Droite et sociaux-démocrates gouvernent facilement ensemble, comme en Allemagne ou en France. Tous les deux ont trempé dans la terreur des guerres coloniales, tous les deux sont en faveur du système financier, de l'Europe financière, de la mondialisation financière. Le couple Merkel-Macron, comme avant eux les couples Merkel-Hollande ou Mitterrand-Kohl, soi-disant de « *bords* » politiques différents, illustre bien le manque de différence sérieuse de ces deux forces.

Deux leçons sont à en tirer: 1) Dans une économie de marché très ouverte et mondialisée comme aujourd'hui, trouver une solution juste socialement et efficace économiquement est très difficile dans le cadre d'un seul pays 2) Si gérer le système en tentant de l'amender est impossible et ramène aux mesures les plus réactionnaires, si les solutions « *réformistes* » sociales-démocrates ne fonctionnent pas, c'est qu'il faut la révolution.

Souverainisme et chauvinisme « *de gauche* »

Certains à gauche, voulant s'opposer à l'Europe des financiers, s'opposent à l'Europe en tant que telle. Ils disent « *non à l'Europe, retour vers notre boutique nationale* ». Jean-Luc Mélenchon a publié en mai 2015 « *le hareng de Bismarck, le poison allemand* » où il dénonce nommément les Allemands les plus riches, en particulier les patrons du hard discount, Albrecht le propriétaire d'Aldi et Schwartz le propriétaire de Lidl. On aimerait de sq part autant de précision et de virulence vis-à-vis du capitalisme français! Mélenchon célèbre le domaine maritime français, le deuxième du monde selon lui. Il assume que ce domaine soit basé sur les restes des conquêtes coloniales en précisant que 97% de ce domaine maritime l'est « *outre-mer* ». Sa remise en cause des travailleurs détachés européens est aussi très ambiguë.

Mélenchon substitue aux travailleurs, la notion de peuple, il n'est pas certain que ce peuple ne comprenne pas aussi les capitalistes français dont il reprend les emblèmes, Marseillaise et drapeau tricolore. La priorité donnée aux questions institutionnelles (la 6ème République) sur les questions sociales et la lutte contre les inégalités, ainsi que l'élimination des drapeaux rouges et de l'Internationale ne présageaient rien de bon.

On retrouve ces positions chez Arnaud Montebourg, Jean-Pierre Chevènement, ou des économistes de gauche comme Frédéric Lordon ou Jacques Sapir. Souhaitons que leurs convictions « *de gauche* » l'emportent au final sur le chauvinisme. Les crises révèlent les désaccords, mais aussi les accords profonds qu'il peut y avoir entre des points de vue apparemment opposés. L'alliance brun rouge parfois évoquée, sur la base d'un chauvinisme commun et qui irait de Marine Le Pen à Jean-Luc Mélenchon en passant par Dupont-Aignan, De Villiers, Montebourg, Chevènement (courant politique d'où vient Florian Philippot, l'ex n°2 du Front national), alliance qu'illustre aussi Alain Soral[166], serait une impasse totale pour les travailleurs.

L'extrême-droite du système

Ces forces, appelées populistes, ne le sont que jusqu'à « *la nuit des longs couteaux* » où elles se débarrassent alors de leur fraction populaire. Aujourd'hui, ces forces montent en Occident: le Fidesz de Viktor Orban en Hongrie, Le Rassemblement (ex Front) national en France, le Pis en Pologne, l'Ukip en Grande-Bretagne, Pediga et l'AFD en Allemagne, le FPO en Autriche, le Tea Party et Trump aux Etats-Unis. Elles partagent le même socle de programme économique que la droite classique et la social-démocratie: croissance, compétitivité, nationalisme. Elles ont, elles aussi, des racines dans les guerres coloniales et ses exactions (pensons à Jean-Marie Le Pen), condition nécessaire mais pas suffisante pour être adoubé par le système. Elles ne sont pas – pas

---

166 - Alain Soral, idéologue d'extrême droite qui se prétend ancien membre du PCF.

encore ?- la force dominante, car leur nationalisme les oppose, pour l'instant à la mondialisation financière. Ainsi, Cameron, en Grande-Bretagne, s'est laissé coincer entre les besoins de la City financière qu'il représente, et les positions anti Europe de l'extrême-droite de l'Ukip qui ont conduit au Brexit. La crise s'approfondissant, l'extrême-droite grignote peu à peu les positions de la droite classique, soit en se posant comme l'alternative politique, soit en subvertissant la droite classique de l'intérieur comme la reprise des thèmes d'extrême droite par Laurent Wauquiez chez Les républicains.

Le Rassemblement national fait partie du système

Critiquer le Rassemblement (ex Front) national à partir du point de vue de la droite et de la social-démocratie est inefficace: les racines idéologiques dans l'Occupation et la fascination pour le nazisme, la haine des juifs et des immigrés, le caractère non démocratique, les milices masquées, tout cela est vrai mais n'est pas l'essentiel.

Le Rassemblement national est critiquable essentiellement parce que 1) Il fait partie du système, 2) Il divise les travailleurs pour conforter ce système et empêcher toute réelle alternative. Evidemment, ces critiques ne peuvent pas être faites par les autres forces politiques tenantes du même système.

Marine Le Pen, comme tout le monde, sait que la crise qui frappe les classes populaires est due à la finance internationale, au « *système* ». Elle n'est pas avare de phrases générales contre la Finance, mais les mesures concrètes, c'est contre les immigrés qu'elle les propose! C'est-à-dire essentiellement contre les victimes de ce système!

Marine Le Pen ne s'en prend jamais aux patrons ou gros actionnaires français, aux Lagardère, Dassault, Brandicourt (Sanofi), Bébear, De Castries (ex Axa), Arnault (LVMH), Bolloré (Vivendi), Pinault, Bouygues, Mestrallet (Engie), Prot (ex BNP, Boston consulting Group), Bonnafé (BNP), Bettencourt, Agon (L'Oréal) , Potier (Air Liquide), Riboud, Faber (Danone), Ranque (Airbus), Pouyanné (Total), Oudea (Société générale), Richard

291

(Orange), Frerot (Veolia). On ne sait jamais... En cas de difficultés majeures du capitalisme français, peut-être feront-ils appel à elle ? Les reports des voix aux élections ne laissent pas de doute, l'opposition du Front national à la droite classique n'est qu'une rivalité pour représenter les intérêts de la classe dirigeante. Lorsque le Front national s'en prend à Sarkozy, Wauquiez ou Macron, c'est qu'il est en concurrence avec eux pour s'attirer l'appui des riches.

Le Rassemblement national divise les travailleurs

L'extrême-droite attire une partie des couches moyennes et intermédiaires frappées par la crise et qui ont le sentiment d'être déclassées. Puisqu'elle en partage les positions fondamentales, elle ramène au système ceux qui s'en écartent. Elle consolide le système en divisant les travailleurs par nationalités, en agitant la peur « *du grand remplacement* » selon lequel les immigrés, en particulier musulmans, viendraient « *remplacer* » les populations chrétiennes d'Occident.

Marine Le Pen ne représente pas les ouvriers. Les chiffres indiqués dans ce sens ne prennent en compte que les ouvriers qui votent, or beaucoup s'abstiennent et beaucoup d'autres n'ont pas le droit de vote puisque les immigrés étrangers en sont privés (plus de 10% sur 8 millions d'ouvriers). Contrairement à la propagande médiatique dont elle bénéficie à ce sujet, Marine Le Pen ne représente pas les ouvriers en France, même pas les ouvriers « *de souche* ».

Quant à la fraction ouvrière que le Front National réussit à mobiliser, il serait bon qu'elle se rappelle ce qu'en disait François Duprat, fondateur et ancien n° 2 du FN, qui déclarait aux Groupes Nationalistes Révolutionnaires (GNR), afin de les intégrer au FN: « *ils doivent être au FN ce que les S.A.* (les Sections d'Assaut nazies) *furent au parti nazi, car sans ce mélange entre violence révolutionnaire et stratégie électorale, jamais le IIIème Reich n'eut éclos* » (Le Monde Magazine du 9 juillet 2011).

Voyons ce que Wikipédia nous dit du sort qu'ont eu les S.A.: « *La nuit des Longs Couteaux est l'expression généralement utilisée pour les assassinats perpétrés par les nazis en Allemagne entre les 29 juin et 2 juillet 1934, et plus spécifiquement pendant la nuit du 29 au 30 juin 1934. Cette purge permit au chancelier Adolf Hitler de briser définitivement toute velléité d'indépendance de la S.A. débarrassant ainsi le mouvement nazi de son aile populiste qui souhaitait que la révolution politique soit suivie par une révolution sociale. De ce fait, elle rassura la Reichswehr[167], les milieux conservateurs traditionnels, les grands financiers et industriels, principalement issus de la bourgeoisie prussienne et hostiles à des réformes sociales de grande ampleur, tout en créant un climat de terreur vis-à-vis de tous les opposants au régime.* »

Cette stratégie fut définie lors de la célèbre réunion du 20 février 1933, organisée par Goering entre Hitler et le patronat allemand. Lorsque Krupp, Thyssen, Siemens, Telefunken etc., les capitalistes allemands, le décident ainsi, « *fini de jouer, on passe aux choses sérieuses* », les dirigeants d'extrême-droite liquident la fraction ouvrière qu'ils ont réussi à tromper jusque-là. Nazi, rappelons-le, veut dire National *Socialiste*. Ce dernier terme est nécessaire pour tromper les travailleurs. Voilà l'avenir de ceux qui seraient tentés de croire à la dimension populaire ou ouvrière des partis d'extrême-droite.

Le protectionnisme stupide

Laurence Parisot, ancienne présidente du MEDEF, soutien de Macron, a publié un livre[168] dénonçant Marine Le Pen, avec qui elle est en désaccord sur la mondialisation. Laurence Parisot précise bien dans sa conclusion qu'elle le fait au nom des « *Français aux postes de responsabilité, élus, dirigeants de partis politiques, hauts fonctionnaires, universitaires, journalistes, syndicalistes, chefs d'entreprise…* ». Que de l'élite! Pour

---

167 - L'armée allemande qui deviendra en 1935 la Wehrmacht, l'armée nazie.

168 - Laurence Parisot: « *Un piège bleu marine* » 2011.

293

l'occasion, le système a pour porte-parole directement la présidente du Patronat.

Le MEDEF défend la mondialisation débridée du capitalisme financier triomphant (enfin qui l'était…). Il utilise les délocalisations dans les pays du Sud ou les immigrés en France pour rabaisser les salaires des ouvriers français. Marine Le Pen fait appel aux ouvriers français pour combattre les ouvriers immigrés, les deux faces d'une même médaille. Tous les deux cherchent à opposer les travailleurs entre eux.

Marine Le Pen oppose « *le protectionnisme intelligent* » à la mondialisation voulue par le Medef. Dans les faits, c'est appeler les ouvriers et l'ensemble des Français à faire corps avec leurs propres patrons. D'où ses propositions économiques qui n'ont pas l'approbation du patronat pour l'instant: taxer les importations, comme si cela n'allait pas entraîner des rétorsions sur les exportations françaises! La France est le 5ème pays exportateur mondial! De la même façon, ses attaques contre les étrangers auraient des conséquences sur les 2 millions de Français qui sont eux-mêmes expatriés, étrangers dans d'autres pays du monde… On sait où mènent les rivalités exacerbées entre pays. Aux mesures de rétorsion réciproques, à des escalades impossibles à arrêter. Escalades qui ont trop souvent mené aux conflits et aux guerres. Le protectionnisme, c'est le ghetto pour riches, la défense des intérêts des pays développés, la nouvelle ligne Maginot. Il aurait la même efficacité qu'elle s'il était mis en place.

L'histoire nous a montré que les champions du nationalisme, comme avant-guerre l'idéologue Charles Maurras, ou encore leur chef historique, le maréchal Pétain, pour qui « *tout ce qui est international est néfaste* », ont été, l'occupation venue, les leaders de la soumission à l'oppression étrangère nazie. Le Pen père lui-même a été condamné pour avoir dit « *l'Occupation allemande n'a pas été particulièrement inhumaine* ». Par ailleurs ces mêmes « *nationalistes* » ont combattu pour maintenir une Indochine et une Algérie françaises…

Au-delà de son rôle de division des classes populaires, le Rassemblement national a malheureusement peut-être un avenir temporaire. Si en raison d'une aggravation de la crise, prolonger les inégalités sous des formes démocratiques devenait impossible, si la baisse des salaires ne pouvait plus être obtenue par la mondialisation, alors les 1% pourraient abandonner l'option démocratique et cautionner un régime autocratique, anti social, imposant les baisses de salaires de force. D'où leur intérêt et leur complaisance pour une alternative autoritaire, représentée par les partis d'extrême-droite.

La montée des protectionnismes est la première phase des rivalités entre les différentes fractions du capitalisme international. La phase suivante risque de mobiliser les travailleurs des différentes nations dans les guerres entre capitalistes, sous prétexte, comme d'habitude, de défendre la nation.

Les tentatives de Marine Le Pen de prendre le leadership politique de la droite, après en avoir eu le leadership idéologique, est un pas vers cet objectif: obtenir l'adoubement des leaders économiques. Pour ces derniers, c'est une option de dernier recours pour sauver leurs richesses et leurs privilèges. Certaines revendications reprises aujourd'hui par le Rassemblement National comme la réduction du temps de travail, les 35 heures, la retraite à 60 ans, seront alors abandonnées. Même la sortie de l'euro, si le capital français ne la souhaite pas, sera alors abandonnée.

Marine Le Pen semble incohérente: Députée européenne, elle était contre l'Europe, d'origine bretonne elle ne jure que par la France, elle dénonce l'immigration qui serait à la fois cause des bas salaires en France et de la délocalisation des emplois à l'étranger, elle défend la France chrétienne puis la laïcité (présentée comme une « *tradition française* » alors qu'elle est un acquis du combat de la gauche depuis moins de deux siècles!), elle se positionne contre le PACS puis en sa faveur, pour les privatisations puis pour les nationalisations, pour les femmes à la maison puis pour les femmes au travail, contre le droit à l'avortement puis pour sa défense, anti-juifs puis pro-Israël... Elle peut tenir un discours pour le libéralisme, puis contre le capitalisme, tenir un discours contre les riches, elle, fille de millionnaire élevée dans un château, et citer De Gaulle, que l'extrême-droite française cherchait à tuer. Son père vendait des chants nazis tout en usurpant le nom de Front national issu de la résistance. Mais il y a une constante, et lorsqu'elle l'oubliait, son père la lui rappelait, c'est contre l'immigration, c'est-à-dire en fait contre les ouvriers, car plus de la moitié des immigrés sont ouvriers ou petits employés. Sa haine constante est contre les petits, contre les travailleurs, contre le peuple, pas contre les puissants.

En même temps, il ne faut pas surestimer cette extrême-droite. Si elle réussit à convaincre aujourd'hui une fraction des classes populaires, ce n'est pas principalement en brandissant son étendard de haine, mais en partie en le masquant ; en faisant officiellement allégeance à la démocratie. Ne pas se laisser tromper aussi par la promotion dont elle bénéficie de la part des médias. Ainsi, à la présidentielle de 2012, le journal Le Monde n'a pas arrêté de s'extasier sur la poussée du Front national, sans jamais pointer le fait qu'à moins de 18%, Marine Le Pen faisait moins bien que le cumul des scores de son père et de Bruno Mégret (19,2%) à la présidentielle de 2002, et encore bien moins en y ajoutant aussi les votes en faveur de Jean Saint-Josse, le candidat de Chasse et Nature (23,4% au total pour ces trois candidats en 2002). Mettre en avant les succès de Le Pen sert à promouvoir un Macron comme son antidote. La fascination et la promotion de Marine Le Pen par les médias français, pratiquement tous contrôlés par les 1% comme nous l'avons vu, sert à faire passer le message: soumission volontaire au système ou un régime d'ordre ?

Cependant, parmi ses soutiens qui se laissent guider par leur égoïsme et les discours de haine, beaucoup peuvent changer de position, en faisant l'expérience de l'impasse où conduit l'extrême-droite. Surtout si un discours et des perspectives alternatives claires sont proposés. Certains de ceux qui soutiennent Marine Le Pen en France ou Donald Trump aux Etats-Unis, le font contre le système, contre « *Wall Street* ». C'est l'amorce de la prise de conscience d'intérêts de classe différents. Aujourd'hui, cette colère est déviée de façon suicidaire vers l'affrontement au sein de la classe ouvrière, entre nationaux et immigrés. Il ne tient qu'aux communistes de dire: antisystème ? Chiche!

Droite et sociaux-démocrates essaient de répandre l'idée que « *les extrêmes se touchent* ». On l'a vu, historiquement c'est faux, puisque c'est essentiellement le communisme qui abat le fascisme. De longue date Hitler avait fait du marxisme, du mouvement ouvrier et de l'URSS son ennemi principal[169]. Le caractère universel du communisme, considérant tous les humains comme égaux est à l'opposé total du nazisme, de l'idée du surhomme, de la primauté d'une soi-disant race ou nationalité sur une autre. Cette thèse que « *les extrêmes se touchent* » ne sert qu'à masquer l'identité profonde des trois forces politiques, droite, sociaux-démocrates, extrême-droite: leur proximité avec les puissances d'argent, leur approbation du capitalisme, leur programme commun, croissance, compétitivité, nationalisme pour le maintien des inégalités.

L'islamisme politique, l'impasse

A la suite du reflux du mouvement communiste, l'islamisme politique s'est glissé à la tête des déshérités dans quelques pays arabes, au moyen orient (Iran), et a trouvé un écho parmi les immigrés des pays occidentaux. L'affaiblissement des services publics, favorise les mouvements religieux, qui se trouvent en

---

169 - Même si dans son « *deuxième livre* » rédigé en 1928 (après Mein Kampf 1925) Hitler voyait à long terme les Etats-Unis comme son ennemi pour la domination du monde une fois liquidés « *les Bolcheviks* ».

position d'assumer un rôle social pour faire du prosélytisme et propager l'obscurantisme.

On a vu précédemment comment les religions divisent les travailleurs. En tant que système économique, l'islamisme politique ne met pas en cause le capitalisme. Il fait mine de s'en démarquer par la finance islamique, ou encore avec la Zakat, le 3ème pilier de l'islam: La charité est promue comme œuvre politique pour masquer les rapports d'exploitation capitaliste qui restent en place.

Là où il est, ou a été au pouvoir, l'islamisme politique est une catastrophe pour les travailleurs: L'Afghanistan des Talibans, le Soudan, l'Iran des Ayatollah, le Califat de l'Etat islamique, la Tunisie dirigée par Ennadha, l'Arabie Saoudite exploiteuse de la main d'œuvre immigrée.

Ailleurs, l'islamisme politique entraîne les travailleurs et les peuples dans des luttes désastreuses, comme l'insurrection contre le régime d'Assad en Syrie, avec les conséquences que l'on sait. L'islamisme politique a été en partie capable de capter la juste colère contre le régime corrompu et dictatorial d'Assad. La « *révolution* » pour la liberté ne pouvait pas être durablement dirigée ou inspirée par les « *valeurs occidentales* ». Ces valeurs sont déconsidérées par le fait qu'elles comprennent aussi l'exploitation et le mépris des peuples, en particulier des peuples arabes. Mais la direction de la lutte par l'islamisme politique a mené une nouvelle fois à l'échec. Elle a divisé le peuple, l'a fait s'opposer en divers groupuscules religieux qui se sont affrontés. Par leurs outrances, leurs atrocités, leur mépris des femmes, leurs positions groupusculaires, ils ont conforté finalement le régime d'Assad.

Le caractère irrationnel d'une lutte guidée par la religion permet toutes les déviations que le gourou qui interprète cette religion peut vouloir. Le culte de la personnalité, comme celui entourant Ben Laden, le mollah Omar, ou le calife El Bagdhadi, est gros de dérives totalitaires. C'est pourquoi aussi un personnage politique comme Tarik Ramadan est critiquable, (sans parler des délits éventuels de droit commun), pour sa propagande islamiste sophistiquée. Les communistes ne seront pas dupes des discours à double détente, parce que les communistes se démarquent et savent que tous les discours religieux se retournent au final contre les travailleurs. Les communistes s'offusquent que Tarik Ramadan ait pu réussir à faire interdire la représentation de la pièce de Voltaire « *Le fanatisme ou Mahomet le prophète* » à Genève.

La rivalité de l'islamisme politique avec les puissances occidentales est la rivalité pour prendre la direction d'un système que tous les deux défendent. Cela ne veut pas dire que leur guerre n'est pas réelle, elle l'est, comme l'était la guerre de 14-18, ce désastre dont on n'arrête pas de célébrer le centenaire.

Si les dirigeants impérialistes américains ont soutenu à certaines époques aussi bien les Talibans que Ben Laden, si Israël a liquidé en priorité les organisations palestiniennes laïques, de façon à laisser place aux organisations islamiques, c'est qu'ils savent que celles-ci ne remettent pas en cause fondamentalement leur pouvoir. Bien sûr, ce faisant, ils ont joué les apprentis sorciers. Comme souvent, les valets se sont révoltés contre leurs maîtres donneurs d'ordre.

Par contraste, les impérialistes occidentaux n'ont, depuis la fin de la guerre contre le nazisme, jamais aidé un mouvement communiste ; cette différence de traitement n'est pas un hasard, ils savent quelle est la véritable alternative à leur régime! L'islamisme politique ne sera jamais aussi radical contre le capitalisme que le mouvement communiste. C'est pourquoi l'islamisme politique a besoin de ces atrocités qui le font paraître extrémiste, ce qui lui permet de masquer son adhésion de fond au système capitaliste. Les atrocités s'exercent le plus souvent sur d'autres travailleurs, et même la plupart du temps sur d'autres musulmans!

Il va sans dire que les autres intégrismes religieux ne valent pas mieux. L'intégrisme catholique qui s'exprime à l'extrême-droite, mais aussi dans la droite classique avec la candidature Fillon et « *sens commun* » en France, l'intégrisme judaïque que défend l'extrême-droite israélienne, l'intégrisme hindouiste qui opprime les musulmans en Inde, l'intégrisme bouddhiste qui fait de même en Birmanie contre les Rohingyas musulmans...

Expérience est largement faite que les travailleurs n'ont rien à attendre de ces intégrismes religieux qui les divisent et les mènent systématiquement au malheur et à l'échec. Le communisme démocratique est l'alternative politique vraiment radicale contre le système, celle qui unit les travailleurs au lieu de les diviser.

L'écologie politique: rallier les classes moyennes

Les préoccupations écologiques concernent tout le monde. Mais en quoi l'écologie, en tant que parti politique dans les pays occidentaux, est-elle en elle-même une solution ? Ce sont les foyers les plus aisés qui émettent le plus de CO_2 et qui polluent le plus, par le volume comme par leur type de consommation, les voyages en particulier. Inversement, ce sont les foyers les plus pauvres qui pâtissent le plus du dérèglement climatique engendré par cette pollution croissante, en vivant dans les endroits les plus dangereux, comme les emplacements inondables ou soumis aux risques de glissements de terrains ou le plus proche des établissements industriels dangereux comme ceux classés Seveso[170].

La lutte écologique est inévitablement une lutte de classes.

C'est vrai à l'intérieur d'un pays. C'est vrai aussi entre les pays. Les plus riches polluent le plus, mais les dérèglements climatiques sont plus dramatiques dans les pays pauvres qui ont moins de moyens pour en combattre les effets, tels que la montée des eaux, la fonte des glaciers, les inondations, les ouragans, les sécheresses etc. Le cynisme du capitalisme multinational va jusqu'à transférer dans les pays émergents, outre les déchets, une partie des

---

170 - Classement des établissements industriels à risque, du nom de la catastrophe de Seveso (libération incontrôlée de Dioxine, produit toxique) en juillet 1976 en Italie.

productions les plus polluantes, ou les plus productrices de gaz à effets de serre, comme le CO2. Les tentatives internationales de réguler le bilan carbone des diverses activités humaines, ont été contrecarrées par les pays occidentaux qui se sont arrangés pour que: 1) les transferts transnationaux ne soient pas comptabilisés. C'est-à-dire que le bilan carbone dû à l'accroissement des transferts maritimes de containers (multiplié par 400 en 20 ans) n'est pas du tout comptabilisé à l'échelle internationale. Or ces transferts sont principalement dus au fait de faire fabriquer dans les pays du Sud les produits nécessaires à la société de consommation occidentale. 2) le bilan carbone des marchandises elles-mêmes soit attribué aux pays producteurs et non aux pays consommateurs. La Chine, devenue l'atelier du monde, se retrouve ainsi avec un cumul d'émissions carbone élevé, mais dont la moitié est due à ses exportations vers les pays du Nord. Ces dernières années, la légère baisse des émissions dans les pays développés, signataires du protocole de Kyoto, ne compense pas les volumes 6 fois plus importants du bilan carbone des produits importés par eux dans le même temps. Mais cela leur permet cyniquement d'accuser les pays émergents d'être la cause de l'accroissement des émissions.

Le caractère de classe de la lutte écologique est vrai aussi à l'international.

Les patrons des grandes industries extractives en nient les conséquences sur le changement climatique, comme le font les frères Koch, ces magnats américains du pétrole, qui subventionnent tous les groupements contre la protection de l'environnement aux Etats-Unis. Ils corrompent quelques scientifiques pour nier les changements induits par leurs industries. Cependant 97% des scientifiques maintiennent le constat que l'activité humaine accroît les changements climatiques dans des proportions qui risquent de créer des effets de seuil, et une situation hors de contrôle. Le cynisme des privilégiés n'a pas de limite: « *s'ils ont trop chaud, qu'ils utilisent la climatisation* » disent-ils, comme le rapporte Naomi Klein. Ceci rappelle la princesse rétorquant aux affamés de la Révolution française manquant de pain: *« s'ils n'ont pas de pain, qu'ils mangent de la brioche »*. On connaît la suite…

Des capitalistes sauront surfer sur l'énergie verte et développer un capitalisme vert. Le capitalisme n'est pas monolithique, certains intérêts trouveront des opportunités aussi bien dans le bio (c'est l'orientation stratégique de Danone) que dans les énergies renouvelables. Les capitalistes investis dans l'énergie sont divisés entre les lobbies du nucléaire, du charbon, du pétrole, du gaz, des énergies renouvelables. EDF et Engie (ex GDF-Suez) qui, à eux seuls, produisent la moitié des émissions de gaz à effets de serre en France, étaient organisateurs de la COP21! Le nombre de *« bingos »* comme s'appellent les lobbies industriels[171], sont passés de 163 à la COP1 de Berlin en 1995 à plus de 2000 à la COP22 de Marrakech en 2016.

Des investisseurs, s'appuyant sur l'exemple de l'éruption du volcan Pinatubo aux Philippines en 1991 qui, en masquant le soleil, avait produit une baisse des températures, veulent modifier l'ensoleillement, en utilisant différentes techniques, le *« geoengeneering »* (*« géo-ingénierie »*). Cela donne l'impression de jouer à l'apprenti sorcier. Ce genre de solution ne sera encore qu'une désillusion pour la majorité et source de profits pour quelques-uns. La gestion du climat avec pour principale motivation le retour sur investissement, a de quoi nous inquiéter. Le climat lui-même pourrait cesser d'être un bien commun.

Le dialogue Nord-Sud sur ces questions est typique de l'alliance dont il faut convenir. L'Occident devra demander humblement aux pays du Sud des concessions sur le réchauffement climatique. A la fois parce que le type de croissance dont ont bénéficié les pays occidentaux ne peut pas s'appliquer, faute de ressources, à tous les pays du monde, et parce qu'il serait très difficile d'exiger du peuple américain qu'il révolutionne instantanément son mode

---

171 - Bingo, pour *« Business and Industry Non-Governmental Organizations »*, c'est-à-dire les lobbies des affaires et de l'industrie.

de vie, qu'il réduise drastiquement son niveau de vie, sans que cela n'entraîne crispations et conflits dont tout le monde aurait à souffrir.

Nucléaire versus charbon: des écologistes pro nucléaires

La façon dont le mouvement politique écologique s'en prend à l'industrie nucléaire éclaire le caractère de classe des positions. Le nucléaire est dangereux ? Certes! Mais toute production d'énergie est dangereuse! Plus généralement toute production humaine dans sa lutte pour sa survie est dangereuse. La question est: dangereuse pour qui ?

Si l'on totalise les victimes des 3 grands accidents nucléaires des 70 dernières années, Three Miles Island en 1979, Tchernobyl en 1986 et Fukushima en 2011, le total fait beaucoup moins de victimes que le charbon n'en fait par an! Victimes directes dans les mines s'entend, sans parler des victimes à plus long terme de la silicose chez les mineurs, ni des asphyxiés aux particules fines dans les villes polluées.

Dans le passé, l'extraction du charbon, a fait 100 000 victimes aux Etats-Unis uniquement, et elle y fait encore 50 victimes par an aujourd'hui. En Chine, ce sont 2 500 à 3 000 tués par an. Il faut ajouter à ces victimes celles de l'Inde, de l'Afrique du Sud, de l'Australie, de Russie, de Pologne, pour s'en tenir aux principaux pays producteurs de charbon. De nouveau, on ne compte ici que les accidents, pas les victimes, bien plus nombreuses encore, induites par la pollution de l'air. Greenpeace évalue à 150 000 morts par an ces victimes indirectes[172]. On ne comptabilise pas non plus l'impact du charbon sur le réchauffement climatique qui amène James Hansen, le célèbre climatologue américain, ancien de la NASA, en pointe dans la lutte contre le réchauffement climatique, à soutenir le nucléaire en remplacement des centrales au charbon.

---

172 - Greenpeace: « *le véritable coût du charbon* » septembre 2009.

Dans l'hypothèse du maintien du niveau de production d'énergie, afin de conserver le type et le niveau de l'économie actuel, le solaire, l'éolien, le marin, alternatives renouvelables au nucléaire, exigent des compléments de centrales thermiques, donc l'exploitation du charbon. De ce fait, par exemple, le Danemark et l'Allemagne, en sortant du nucléaire, ont aggravé leurs émissions de gaz à effet de serre. C'est le constat qui oblige Nicolas Hulot le ministre français de la transition écologique à reculer la date de sortie du nucléaire.

Toute activité humaine, la lutte pour la production d'énergie entre autres, est risquée et coûteuse en vies humaines. On compte près de 600 morts d'accidents du travail par an en France. Ces dangers, ces efforts et ces coûts portent essentiellement sur les ouvriers. Mais quand ces dangers menacent d'autres classes que la classe ouvrière, comme c'est le cas du nucléaire et de la radioactivité, les classes moyennes et les CSP+[173] s'émeuvent. Il peut paraître paradoxal que l'écologie politique s'en prenne plutôt au nucléaire qu'au charbon, alors que ce dernier émet davantage de gaz à effet de serre. On peut se demander si la cible privilégiée que constitue le nucléaire pour l'écologie politique ne tient pas au fait que le charbon tue essentiellement des ouvriers dans les mines d'Inde, de Chine, d'Afrique du Sud … alors que le nucléaire lui, est dangereux pour tous, y compris pour les classes moyennes et supérieures des pays développés. Ceci d'autant plus que pour des raisons de contrôle de la prolifération nucléaire, afin de prévenir son utilisation éventuelle dans l'armement, l'industrie nucléaire n'a pas été délocalisée dans les pays émergents, et est donc restée géographiquement proche des classes moyennes occidentales qui s'inquiètent à juste titre de sa dangerosité.

Souvent les ouvriers, qui savent d'expérience que pratiquement tout travail est dangereux (et le bâtiment donc!) restent

---

173 - CSP+: les catégories Socioprofessionnelles les plus aisées, terme utilisé en marketing et publicité.

favorables à la poursuite de l'activité nucléaire, à Fessenheim et ailleurs.

Nous ne négligeons pas que le nucléaire civil, s'il n'a fait que quelques dizaines de morts pour l'instant, a aussi induit des cancers, des malformations, et que le problème à long terme du traitement des déchets est préoccupant. Les écologistes ont raison de le pointer.

Les liens entre le nucléaire civil et militaire accentuent le caractère centralisé de cette industrie et fait que les décisions des pouvoirs industriels et étatiques dans ce domaine sont particulièrement opaques. TEPCO au Japon, comme EDF en France ou en Finlande, ont montré que la transparence n'est pas le point fort de cette industrie. Les travailleurs n'ont aucun moyen de comparer les coûts et les dangers réels de chaque forme d'énergie. C'est là le vrai danger du nucléaire. Mais au fond, celui de toutes les activités humaines sans contrôle, depuis l'armement jusqu'aux produits pharmaceutiques. Le lait pour bébé lui-même s'est révélé dangereux en Chine et même en France avec le scandale Lactalis. On sait le tort qu'a fait le lait concentré dans les pays du tiers-monde où, Nestlé en particulier, incitait à passer du lait maternel au lait industriel dans des conditions d'hygiène qui n'auraient pas dû le permettre. Paradoxalement l'économie verte a, pour les éoliennes, panneaux solaires etc. besoin de ces métaux rares dont les mines irradient une radio activité supérieure à celle de Tchernobyl aujourd'hui. La vraie réponse aux dangers de toute production est la transparence et le contrôle de l'activité par les producteurs et les consommateurs eux-mêmes.

Le nucléaire, comme toute autre technologie, n'est que ce que les humains en font et en feront. Il est négatif de se diviser pour ou contre le nucléaire, comme d'ailleurs sur toute autre forme d'énergie ou de technologie. On ne peut que vouloir une plus grande sécurité, et la transparence des décisions dans toutes les productions humaines, quelles qu'elles soient.

En 1993, aux États-Unis, certaines grandes associations écologistes ont trahi la lutte menée contre l'ALENA en laissant les syndicats ouvriers seuls et isolés. C'est ce qui a permis à Bill Clinton, l'ancien président américain, de signer le traité. Les principaux pollueurs, les grandes industries du pétrole, du charbon, du gaz, des mines, sont aussi les grands sponsors de certaines ONG vertes, en les arrosant de subventions. Ces ONG font preuve d'une grande complaisance avec certains pollueurs, promouvant le gaz naturel (dont la production émet du méthane) par exemple, contre d'autres sources d'énergie, quand elles ne forent pas elles-mêmes les territoires qu'elles sont censées protéger, comme l'a fait l'ONG Nature Conservancy au Texas, comme le dénonce Naomi Klein!

Le mouvement écologique politique pourrait faire la même erreur que les tenants de la révolution verte en agriculture: croire que la solution est technique. Choisir telle technologie contre telle autre, sans trouver une solution au problème principal: l'opacité des décisions prises sous la pression des lobbies des grands industriels. Industriels qui ne prennent leurs décisions qu'en fonction de leurs profits personnels à court terme, comme leur enjoint leur doctrine, la « *science économique* ». Cette conception, liée à celle de l'élite scientifique, se rattache à cette école saint-simonienne, décrite plus haut, qui n'a jamais débouché sur une vraie alternative au système, et qui finit d'une manière ou d'une autre par le conforter.

Rester au niveau de la dénonciation des nuisances écologiques crée des confusions et des divisions inutiles. Certains s'opposeront aux éoliennes en raison de la pollution sonore, d'autres aux renouvelables qui génèrent du CO2 parce qu'ils impliquent la mise en service parallèlement de centrales à charbon etc. Cela crée des divisions artificielles, opposant les ouvriers entre eux, ceux des centrales nucléaires à ceux des énergies renouvelables etc. En choisissant son clan capitaliste, son type d'énergie contre un autre, certaines associations divisent la lutte populaire contre les pollueurs et la dévoient vers des impasses politiques.

Les écologistes ont fait émerger la notion de décroissance, ou du moins de croissance différente. Le toujours plus, la course à la consommation d'objets dont on programme l'obsolescence à l'avance, (comme celle des Iphone d'Apple ou celle des imprimantes Epson révélées début 2018) n'a pas de sens. Nécessité de respecter la nature, son rythme, ce qu'elle peut donner. Ne pas brûler de l'énergie fossile pour produire et manger des fraises en hiver, produire local, y compris l'énergie etc. Les communistes reprennent totalement ces revendications. De même une partie de l'écologie politique a compris la nécessité de remettre en cause le système capitaliste si l'on veut vraiment sauver la planète. Elle a compris que la lutte pour l'égalité était une composante indispensable de cette lutte.

L'écologie de ce fait est parfois considérée par le capital comme le cheval de Troie des communistes. Nigel Lawson, ex-conseiller de Thatcher a ainsi pu dire: « *Green is the new red* » (« *les verts sont les nouveaux rouges* »). C'est paradoxal, si on se rappelle que la première « *révolution verte* », portée par les fondations capitalistes américaines, avait justement pour but d'éviter la « *révolution rouge* ». La défense des communs que sont la terre, l'air, l'eau, la nature est au fondement même du mot « *communisme* ». Le centralisme qu'il a parfois connu (pas toujours, voir La Commune de Paris), lui, ne l'est pas. Le but du communisme est le dépérissement de l'Etat, ce que les nécessités d'une économie différente, soucieuse d'une croissance à la fois plus contrôlée et mieux orientée, plus locale, moins centralisée, plus justement répartie, tendent à conforter.

La violence des attaques du système contre les lanceurs d'alerte du climat n'a d'égale que la violence contre les dénonciateurs de la nocivité du tabac, des armes ou des malversations financières. De 2010 à 2016 près de 300 assassinats d'écologistes ont eu lieu dans le Brésil démocratique. Cette violence ne laisse aucun doute sur le fait que le combat politique contre des intérêts privés aussi puissants sera très dur. Mais ne pas combattre ces intérêts provoquerait des conséquences encore plus dures.

Les écologistes conséquents font donc partie du mouvement communiste et doivent participer à sa refondation en ayant comme axe le point de vue du plus grand nombre, les travailleurs. Sans participer à la propagande des 1% qui dénigre les expériences alternatives au capitalisme. Si les écologistes sont déçus, et ne comprennent pas comment, devant la gravité des faits, l'urgence des mesures à prendre, les réactions sont si faibles, c'est que le système a verrouillé la seule alternative crédible, la révolution socialiste, en la dénigrant, en la caricaturant. « *On n'y croit pas* », « *l'alternative sera pire que le mal* ». Il faut donc lever la chape de plomb que cela constitue pour tous les mouvements alternatifs.

Si les préoccupations écologiques sont celles de tous, l'écologie politique indépendante est, quant à elle porteuse des intérêts divergents des classes moyennes, d'où leurs divisions et leur tendance à se faire récupérer par le système.

L'accord signé par le président Correa en Equateur en août 2013 autorisant les forages dans le parc naturel Yasuni a constitué une défaite pour l'écologie. La défense du parc était pourtant soutenue par des sondages à 83%! Ce recul précédait celui de Tsipras en Grèce après un referendum gagné à 61%. Dans les deux cas, la pression du système est trop forte pour permettre de résister. Nous subissons des défaites oui, le système financier est dominant oui. En même temps les faits viennent prouver, jour après jour, que les solutions internes au système sont inefficaces, qu'il faut vraiment « *renverser la table* ».

Naomi Klein cite Gary Stix, un journaliste de la revue « Scientific American »: « *si nous voulons gérer le changement climatique de façon fondamentale, nous devons nous concentrer sur des solutions sociales radicales. L'amélioration de l'efficacité de la prochaine génération de cellules solaires en comparaison ça n'est rien.* »

Une alternative radicale ? Naomi Klein et Thomas Piketty

Les alternatives, s'attaquant à un dysfonctionnement spécifique, ou fondées sur une solution technique particulière, se font généralement récupérer par un clan ou un autre du système. Pourtant, certains semblent proposer des changements sociaux assez fondamentaux. C'est le cas de la révolution climatique prônée par Naomi Klein, ou de la révolution fiscale proposée par Thomas Piketty. Ces deux auteurs font un travail d'analyse intéressant dans leurs domaines respectifs, et semblent promouvoir des solutions radicales.

Pour Naomi Klein, les industries extractives, parce qu'elles participent au réchauffement climatique, sont réellement condamnables, mais les autres industries ? Le capitalisme nous a prouvé qu'il pouvait, mu par la cupidité, faire même de la production de lait pour enfants une industrie mortelle! Que dire alors des industries d'armements, de chimie, de produits pharmaceutiques ?

Piketty, quant à lui, va implicitement démontrer que seules les guerres réduisent les inégalités: *« ce sont bien les guerres qui ont fait table rase du passé au XXème siècle et qui ont donné l'illusion d'un dépassement structurel du capitalisme »*, (en réduisant les inégalités) écrit-il dans son livre déjà cité, le Capital au XXIème siècle. La réalité ne serait-elle pas plutôt l'inverse ? Ce sont les inégalités et les tensions qu'elles créent qui mènent aux crises[174] et aux guerres. Ce n'est qu'ensuite que ces guerres, en laminant le capital industriel, réduisent les inégalités de patrimoine.

Pour ces deux auteurs, les deux guerres mondiales semblent des phénomènes tombés de nulle part. La Première Guerre mondiale n'est pas vue comme la première grande confrontation entre pays impérialistes pour le contrôle du monde et l'exploitation des

---

174 - Joseph Stiglitz, prix Nobel d'économie: *« Les inégalités sont à l'origine de la crise et freinent la reprise »* 2015.

colonies. La Seconde Guerre mondiale n'est pas vue comme l'alliance des travailleurs et des pays communistes avec la fraction démocratique du capital, contre les excès, le retour à l'esclavage, le capitalisme exacerbé que constituaient fascisme et nazisme dans leur tentative de dominer la crise capitaliste des années 30.

Tous les deux ont comme caractéristique de gommer la contradiction Nord / Sud, en s'en prenant à la Chine par exemple, pour l'une parce qu'elle est le premier pollueur, pour l'autre parce qu'elle laisse prospérer plusieurs milliardaires. Tous deux gomment l'existence de la classe ouvrière en tant que classe, considérant que nous sommes dans des sociétés « *post industrielles* », donc constituées de classes moyennes. Ces deux points sont liés. En effet ne pas « *voir* » le Sud, c'est ne pas voir les ouvriers qui y travaillent, et les migrants qui en proviennent. Naomi Klein favorise les peuples indigènes proches de la nature. Piketty se concentre sur les classes moyennes.

Les mesures proposées, révolution climatique d'un côté, révolution fiscale de l'autre, restent dans le cadre du système. Ces solutions exigent l'agrément d'une fraction importante de la classe au pouvoir.

Cependant, ces auteurs ouvrent des perspectives intéressantes. Naomi Klein pointe la contradiction entre un système économique qui a besoin de plus en plus de croissance quantitative, de brûler de plus en plus de ressources pour ne pas s'écrouler, et une préservation du climat qui a exactement besoin du contraire, brûler moins d'énergies fossiles. Thomas Piketty aura révélé et quantifié l'ampleur des inégalités de revenus et de patrimoines et affirmé : « *Il faut développer un nouveau programme internationaliste de réduction des inégalités* ». Mais pour tous les deux, l'empêcheur de voir clair serait « *la classe politique* ». Or « *la classe* » politique n'existe pas. Il s'agit de personnels politiques au service d'une classe dominante, qui a des quantités d'autres ressources, options et personnels politiques de rechange. Les alternatives radicales techniques comme une révolution climatique ou une révolution fiscale, sont amenées, comme avant elles la révolution verte agricole, à choisir parmi les clans au pouvoir. L'alliance recherchée l'est avec une fraction de la bourgeoisie au pouvoir. Aucun des deux auteurs, malgré leur ampleur de vue, ne va oser lier l'alternative possible, ni à une tradition historique révolutionnaire, ni aux combats d'une classe, la classe ouvrière. Celle-ci est pourtant l'acteur de la production, elle est donc au cœur du sujet, tant sur la question des rapports sociaux qui souffrent de l'inégalité, que du type de croissance qui affecte le climat. De plus, la classe ouvrière porte un début de solution, au niveau où cela a un sens, c'est-à-dire mondial, en proposant l'appropriation publique des moyens de production. Naomi Klein comme Thomas Piketty semblent vouloir essentiellement être reconnus par leurs pairs, intellectuels, professeurs, et semblent craindre surtout d'être taxés de communistes, ce qui limite la portée des solutions qu'ils proposent.

A leur décharge, leurs points de vue viendraient consolider les positions communistes si celles-ci s'affirmaient haut et fort comme porteuses du projet alternatif. Révolution climatique comme révolution fiscale font partie des pistes ouvertes, mais qui seront des impasses si elles ne s'articulent pas en un point de vue commun fort, porté par une classe ayant réellement intérêt à mener la lutte jusqu'au bout.

La défense des communs...

De Régis Debray à François Ruffin avec son film « *Merci Patron* », de la nudité des Femens au harnachement des Black Blocs, en passant par le mouvement Nuit Debout, le film « *Demain* » de Mélanie Laurent, la solidarité dans la lutte contre le Sida, les mouvements comme #balancetonporc ou #metoo contre le harcèlement des femmes etc. en dehors des luttes ouvrières de nombreuses autres luttes, prises de position et débats animent le « *mouvement* ». Avant eux, Stéphane Hessel avec son fameux pamphlet « *Indignez-vous* » a inspiré le mouvement des Indignés. Encore avant, Jean-Paul Sartre prônait l'engagement, Simone de Beauvoir le féminisme, pour s'en tenir à la scène française. De nombreuses positions coexistent, avec des points de vue différents, altermondialistes (comme Attac) et les participants aux

311

forums sociaux de Porto Alegre, Seattle, Gênes etc., féministes, communautaristes ou « *accélériationnistes* » (ceux qui veulent sortir du capitalisme en l'accélérant).

Des groupes comme Action Directe, le groupe de Tarnac, les Zadistes, le Comité Invisible, le CRAN ou les Autonomes peuvent faire preuve d'une violence incomprise, même si elle reste sans commune mesure avec celle du système. On perçoit, y compris dans les actions artificiellement les plus dures ou les plus violentes, la conviction intime qu'au fond, pour eux, ce système est très stable, qu'il est fait pour durer. Les banques continueront à jouer le même rôle. Il faut symboliquement montrer que les banques sont méchantes en s'en prenant à leurs façades, plutôt que d'organiser la riposte de tous parce qu'elles nous mènent à la ruine. Il n'y a pas conscience de la crise profonde que les commentaires des banquiers dont nous avons vu quelques échantillons au Chapitre 2 révèlent. Pas conscience que l'alternative ne se fera pas dans le prolongement d'un système de « *doux commerce* », mais en réponse à ses crises, à ses convulsions, à ses guerres. Il faut se préparer à une lutte longue, ce qui exige de consolider l'espérance du projet, le communisme.

Le communisme a le désavantage à leurs yeux de ne pas apparaître comme assez nouveau. Victimes de la société de consommation, ils en prolongent les effets au niveau de la théorie révolutionnaire et exigent continûment des concepts nouveaux à durée de vie limitée.

Des théoriciens de ces mouvements comme Michael Hardt et Toni Negri[175] ou encore John Halloway[176] analysent en détail les tendances qui se développent dans les pays avancés et extrapolent rapidement que nous sommes dans des sociétés « *postindustrielles* », « *informationnelles* », d'où la classe ouvrière

---

175 - Michael HARDT, Antonio NEGRI: « *Multitude. Guerre et démocratie à l'âge de l'Empire* » 2004.

176 - John Halloway: « *Changer le monde sans prendre le pouvoir* » 2002.

a disparu. Donc la lutte des classes aussi. Elle est remplacée par les luttes diverses, pour ne pas dire hétéroclites, d'une « *multitude* ».

Or la classe ouvrière n'a pas disparu, même dans les pays occidentaux. Au contraire, elle constitue aujourd'hui pour la première fois la majorité de la population active dans le monde. Et elle lutte sans nous attendre!

L'histoire a largement prouvé l'impossibilité de changer les choses sans, d'une façon ou d'une autre prendre le pouvoir. Une simple juxtaposition ou un emboîtement de communes « *libérées* », quasiment à l'insu du pouvoir dominant n'est ni à l'échelle des problèmes, ni capable de riposter à la réaction violente des nantis. « *Défense des biens communs* », « *démocratie radicale* »,[177] oui mais insérés dans un projet à la fois plus ample, le communisme, et plus précis dans les classes qu'il sert: la classe ouvrière et ses alliés. Si les tentatives « *marxistes* » de renverser le capitalisme ont pour l'instant échoué, (ces échecs et la possibilité de les surmonter sont évalués ici), les mouvements inspirés plus ou moins de Proudhon n'ont jamais même réellement essayé de dépasser le capitalisme. Se voulant une troisième voie, ils ont été très souvent récupérés par le système. Les mouvements issus de ce courant, parfois opposés entre eux, ont en commun la négation, ou la sous-estimation de la classe ouvrière, au profit de fractions des classes moyennes et intellectuelles dont ils sont issus et qu'ils surestiment. D'où souvent la reprise de la propagande capitaliste contre les révolutions socialistes ouvrières. Les ouvriers, lorsqu'ils n'ont pas simplement disparu, sont perçus comme des « *exclus* », des « *défavorisés* », qui sont à plaindre mais qui ne peuvent pas être les acteurs de leur émancipation. Les classes ayant disparu, une « *multitude* » indifférenciée peut satisfaire ses aspirations sans avoir à « *prendre le pouvoir* », sans organisation. Derrière ce langage « *radical* », post moderne, ces

---

177 - Christophe Aguiton: « *La gauche du XXIème siècle* » 2017.

thèses comme le note Chantal Mouffe[178], ne sont en fait pas très éloignées de celles qui servaient de base au « *renouveau* » de la social-démocratie, le « *new labour* » de Tony Blair dans les années 1980. Il s'agit toujours en fait d'une tentative de réinventer la sociale démocratie.

Le plus souvent, ces points de vue ne nient pas l'impérialisme, mais ils ne prennent pas en compte les conséquences en retour dans les pays impérialistes eux-mêmes. Il s'agit de points de vue occidentaux-centrés. On extrapole des tendances limitées aux pays occidentaux, en donnant une grande importance aux questions autres que celles de la lutte des classes, telles que le genre, les minorités, les orientations sexuelles, l'écologie, la technologie, le numérique, les formes d'organisation ou plutôt de refus d'organisation.

… Mais pas des communautarismes

« Je suis une femme, ouvrière, noire, non américaine, lesbienne et handicapée, je subis donc l'oppression des hommes, des patrons, des blancs, des américains, des femmes hétéro, des biens portants »… pourrait geindre une femme dans ces conditions. Or chacune de ces contraintes pourrait la ramener à un groupe de défense de l'identité différent. Mark Lilla montre bien, aux Etats Unis, comment cette volonté identitaire, alliée au refus de l'organisation, à la hantise de l'embrigadement, renforce l'individualisme et finalement la droite au pouvoir. « *L'identité c'est du Reaganisme pour la gauche* »[179] écrit-il. *Il est vrai que toutes ces raisons de lutter doivent déboucher sur un axe commun et non une dispersion ou, pire encore, une confrontation entre des* « *identités* » *différentes.* « *L'intersectionnalité* », le cumul de toutes ces oppressions ne suffit pas à redonner une unité aux axes de lutte auxquels on est susceptible de participer.

---

178 - Chantal Mouffe: « *L'illusion du consensus* » 2016.

179 - Mark Lilla: « *The once and future liberal* » 2017.

L'alternative que Mark Lilla propose pour régénérer la gauche, « *citoyenneté* » et nationalisme « *America can be great* », ces vieilles revendications de la bourgeoisie montante du 18ème siècle, ramène à une solution sociale-démocrate qui n'est pas à la hauteur de l'enjeu. Il le perçoit d'ailleurs lui-même en évacuant à deux reprises dans des notes de bas de page la question centrale que sa position implique: Qu'en est-il des non citoyens ? Des réfugiés ? Des immigrés ? Evacuant ainsi, d'un geste désinvolte, une bonne partie de la classe ouvrière.

Le communisme, comme son nom l'indique, dans sa conception démocratique, est le projet qui s'impose pour unifier les luttes dispersées et surmonter leurs contradictions éventuelles secondaires. Il permet de réunifier après éventuellement des activités, des organisations séparées pour les femmes, les gens de couleur, les personnes agées etc. que ces luttes peuvent exiger. Même si cette alternative communiste a échoué pour l'instant, elle est celle qui est la plus compatible avec notre connaissance de l'état du monde, celle qui répond aux intérêts des travailleurs, même si beaucoup la trouvent encore utopique. Elle est l'alternative nouvelle, émergée avec la classe ouvrière il y a à peine un siècle et demi, mais avec déjà une certaine expérience qui lui permet d'apprendre des erreurs passées, regrouper et unifier les luttes de classes et catégories différentes, avec son expérience sans réticence de l'organisation, et avec une légitimité d'autant plus grande qu'aujourd'hui la classe ouvrière est majoritaire dans le monde.

Chapitre 11: La classe ouvrière est majoritaire

La classe ouvrière aurait donc disparu. Nous serions dans ces sociétés « *post industrielles* ». Mais si l'Est de la Chine a été qualifié « *d'atelier du monde* », c'est bien que des gens s'y activent ? Le pétrole et autres minerais ne sortent pas tout seuls du sol ? La société de consommation, alimentée par le trafic d'énormes porte-containers, et qui peut se permettre de perdre 3 000 containers en mer chaque année, est bien approvisionnée par des travailleurs ? Les mêmes qui annoncent la disparition de la classe ouvrière, prônent une « *croissance* », une « *relance* », soit par la consommation soit par les investissements! D'où sortent ces biens de consommation ? Ces infrastructures ou autres biens d'équipements ? La production de biens industriels a dépassé en 2016 de 16% le pic de 2008, juste avant la crise.

Il n'est pas facile aujourd'hui, malgré Internet, de trouver la réponse à cette question simple: « *Combien y-a-t-il d'ouvriers dans le monde* ?». L'OIT, la Banque mondiale, l'INSEE, le CIA World Factbook, noient ou diluent la réponse. De crainte que la connaissance de l'importance de la classe ouvrière ne lui donne conscience de sa force ?

Pour approcher la réalité, il est nécessaire de surmonter plusieurs difficultés:

- agréger des données à partir de chiffres nationaux établis selon des critères qui peuvent différer d'un pays à l'autre, ou être tenus de façon plus ou moins rigoureuse ;

- prendre en considération la part inconnue et variable de l'économie souterraine (qui peut représenter 10% de l'activité totale dans des pays avancés, et plus de 50% dans certains pays du Sud) ;

- Le fait que les ouvriers, souvent non nationaux, voire parfois clandestins, échappent au radar des statistiques nationales;

- faire la distinction entre l'industrie et les services: beaucoup d'industries ont été basculées statistiquement vers les services, ce qui est source de confusion. Les services sont gonflés (officiellement 70% du PIB mondial) par le fait que des secteurs entiers, comme les transports et les communications, les sociétés d'intérim, dont le développement est si important ces dernières années, ne sont pas considérés statistiquement comme des secteurs industriels mais comme des services ;

- définir ce que l'on entend par classe ouvrière. Marx lui-même donne différentes définitions du prolétariat: ceux qui ne possèdent pas le capital, les moyens de production et sont obligés de vendre leur force de travail, mais aussi simplement travailleurs, salariés etc. Au contraire, certains idéologues du système, comme Raymond Aron, tentent de réduire le prolétariat aux seuls ouvriers industriels ;

- Les critères pour caractériser ceux qui relèvent de la classe ouvrière, peuvent être divers: en fonction de l'activité exercée, de la place dans le processus de production, du niveau de revenu, de la distinction ouvriers / employés, du secteur d'activité, de la séparation public / privé, des retraités et des actifs, du risque face au chômage, de faire un métier manuel ou non, de la pénibilité du travail, d'être titulaire d'un diplôme ou non etc. ; les ouvriers agricoles sont souvent assimilés aux paysans, un ouvrier peut-il avoir un rôle d'encadrement ? les techniciens, ingénieurs, aristocrates ouvriers font-ils partie du prolétariat ? etc.

- où se situe la frontière avec les classes intermédiaires, les classes moyennes ? Tous ces termes peuvent donner lieu à des délimitations et donc à des évaluations différentes.

On peut cependant approcher globalement la réalité, y compris à partir des sources indiquées plus haut. Cette réalité, même dans les pays occidentaux, n'est pas celle d'une société post industrielle où l'industrie, remplacée par les services, aurait disparu, et où le prolétariat aurait été remplacé par les classes moyennes.

La classe ouvrière, combien de divisions ?

La population active mondiale de 15 à 65 ans, est d'environ 3,5 milliards de personnes, soit près de la moitié du total (7,6 milliards).

 Cette masse laborieuse est répartie inégalement entre pays économiquement avancés (Europe, Amérique du Nord, Japon, Australie, Nouvelle-Zélande) environ 500 millions de personnes, et les pays du Sud, 3 milliards.

	Répartition de la population active dans le monde							
	TOTAL	paysans		ouvriers employés		classes moyennes		les 1%	
	millions	millions	%	millions	%	millions	%	millions	%
SUD	3000	800	27%	1 700	57%	490	16%	10	0%
NORD	500	10	2%	300	60%	175	35%	15	3%
TOTAL	3 500	810	23%	2 000	57%	665	19%	35	<1%

Les grandes tendances sont:

Au Sud, 3 milliards d'actifs, les paysans sont peu à peu transformés en ouvriers et en employés. C'est le fait majeur de ces dernières décennies. A l'échelle mondiale, entre 1980 et 2010, on est passé de 70% à moins de 30 % d'agriculteurs, et la tendance se poursuit. En trente ans, près de 1 milliard d'agriculteurs sont « *devenus* » ouvriers ou employés. Désormais, près de 60% de la population vit dans les villes. Au fil des années et de l'accroissement de la population, il s'agit d'un déplacement de l'activité entre générations, les enfants de paysans partant travailler à la ville.

Aujourd'hui on peut évaluer les agriculteurs dans le monde, essentiellement dans le Sud, à 800 millions, soit moins de 30% de la population active mondiale. La prochaine collectivisation des terres devrait entraîner moins de réactions négatives!

Sur les 2,2 milliards d'actifs restants au Sud 2/3 sont ouvriers ou employés, dans le secteur économique régulier et dans le secteur informel, soit 1, 5 milliards de personnes. Ce chiffre comprend les chômeurs (non indemnisés dans le Sud) et les travailleurs à temps partiel. A ce chiffre on peut ajouter la moitié des classes intermédiaires (390 millions au total), professions de santé, techniciens, petits cadres administratifs, enseignants, étudiants soit 200 millions ce qui fait un total de 1,7 milliards pour la classe ouvrière. L'autre moitié des classes intermédiaires - petits propriétaires, artisans, commerçants - soit 190 millions peut être agrégée aux classes moyennes, cadres, ingénieurs, professeurs qui sont environ 300 millions. Soit un total de 490 millions pour les classes moyennes au Sud. C'est probablement encore surestimé si l'on considère que la Banque Africaine de Développement (BAD) définit la classe moyenne en Afrique comme ceux qui gagnent entre 2 et 20$ par jour! On peut symboliquement laisser un solde de 10 millions de personnes, qui représente les « *1%* » du Sud.

Au Nord, la grande tendance depuis la fin de la seconde guerre mondiale a été le développement des classes moyennes. Néanmoins, le phénomène est bloqué récemment par la crise, et les classes moyennes régressent: elles sont passées de 60 à 40% aux États-Unis lors des 40 dernières années.

Dans le cas de la France, les chiffres de l'Insee, un peu retravaillés donnent: les ouvriers (21%), les employés (25%), auxquels s'ajoute également la moitié des professions dites intermédiaires (14% des 28%) soit au total 60% pour la classe ouvrière. Les classes moyennes sont 33 % de la population active: les cadres, ingénieurs, professeurs (13%), la moitié des professions intermédiaires (14%), les commerçants et artisans (6%). Les agriculteurs sont 2%. Les fameux 1% sont plutôt 3% au nord, constitués des chefs d'entreprise (0,3%), les cadres dirigeants des institutions et de l'appareil d'Etat auxquels on peut adjoindre la maîtrise d'encadrement (1,5%) et leurs supplétifs, policiers et militaires (1,3%).

Dans « *Les classes sociales en Europe* »[180] les auteurs ont une vue sociologique de la répartition des classes sociales. Leur étude porte sur l'Europe, le manque de perspectives mondiales leur fait négliger le rôle de l'immigration, même s'ils notent que les classes populaires sont les plus métissées des groupes sociaux. Ils n'abordent les catégories sociales qu'en pourcentage, pas quantitativement. Globalement cependant leur répartition conforte l'évaluation ci-dessus pour l'Europe, ce qui est logique car la France se situe en Europe entre les pays du Nord plus avancés, et ceux du Sud restés plus agricoles. Nous adaptons un peu leurs évaluations car :

- Leur notion de « *classes supérieures* », évaluées à 19%, intègre ingénieurs, cadres, journalistes etc. que nous rebasculons résolument dans les classes moyennes en isolant l'adversaire de classe, la classe dirigeante bénéficiaire du capitalisme mondialisé, symboliquement les 1% (plutôt 3% au Nord!).

- Les classes moyennes, évaluées par eux à 38%, comprennent les employées, les guichetières, les infirmières, les enseignantes etc... que nous rebasculons dans la classe ouvrière. A juste titre les auteurs pointent que les employés sont le plus souvent des employées. Or celles-ci sont souvent les compagnes des ouvriers, les classer dans des catégories différentes divisent inutilement.

Il s'agit d'avoir une vue politique et dynamique du positionnement des classes, de surmonter les sous divisions à l'infini, de clarifier ce que peut avoir d'ambigus des notions comme classes populaires où on cumule à la fois les agriculteurs et les ouvriers agricoles, les agents de sécurité et

---

180 - Cédric Hugrée, Etienne Penissat, Alexis Spire: « *Les classes sociales en Europe* » 2017.

les ouvriers de la construction, sans caractériser ni quantitativement, ni politiquement ces sous-groupes. Le lumpen prolétariat, les déclassés, comme les policiers, peuvent avoir des niveaux et conditions de vie proches des travailleurs, mais comme les « *jaunes* », les briseurs de grèves ils ne font pas partie d'une vue dynamique de la classe ouvrière.

Si on projette ces approximations concernant la France et l'Europe à l'ensemble des pays occidentaux, soient aux 500 millions d'actifs des pays avancés, 300 millions de personnes viennent s'ajouter à la classe ouvrière mondiale qui atteint ainsi 2 milliards, c'est-à-dire plus de la moitié de la population active. D'autant plus qu'il faut y ajouter les 150 millions d'enfants au travail, non pris en compte dans cette évaluation qui ne couvre que les 15-65 ans. De nombreux paysans sont en fait des ouvriers agricoles etc. Le prolétariat n'a jamais été aussi important, ni en valeur absolue, ni relativement aux autres classes. Il représente plus de 50% des travailleurs au total dans le monde même si la paysannerie est encore très présente dans les pays du Sud. Elle est remplacée quantitativement et d'une certaine façon aussi politiquement par les classes moyennes dans les pays avancés.

Ces pays avancés concentrent souvent les fonctions de direction et d'administration. Ils cumulent donc une fraction plus importante des 1% privilégiés ainsi que des classes moyennes plus conséquentes.

Rappelons que les 1% possèdent 90% de la richesse mondiale, les 40 % des classes moyennes les 10% de richesses restantes et que 60 % ne possèdent rien, ou même pire, sont en négatif car endettés.

Ces évaluations sont schématiques ? bien entendu! Elles demandent à être affinées. Elles n'en représentent pas moins beaucoup mieux la réalité que le discours dominant.

Dans les statistiques officielles la classe ouvrière est quantitativement minorée et masquée pour au moins quatre raisons:

1) Le développement du capitalisme mondialisé a projeté les usines dans les pays du Sud, émergents ou non. Le prolétariat a émergé massivement dans ces pays venant du monde agricole, alors que dans les pays avancés la croissance des classes moyennes relativisait son importance et le minorait dans les statistiques.

2) L'accroissement des classes intermédiaires et moyennes, les gains de productivité plus faibles dans les services (donc une proportion d'emplois plus importante), la précarisation des emplois, contribuent aussi à faire disparaître la classe ouvrière des statistiques et des médias.

3) En Occident, et trop souvent avec l'aval des syndicats officiels, les ouvriers, immigrés, clandestins, réfugiés, « *illégaux* », soumis au travail au noir, invisibles, ne parlent parfois pas la langue, ne possèdent pas les fameux « *droits* », les fameux « *papiers* » et ne sont donc pas « *vus* ». L'unité de la classe ouvrière internationale remettra en lumière sa force et ses propositions.

4) La remise en cause des acquis sociaux de la classe ouvrière occidentale, la réduction de l'aristocratie ouvrière, la précarisation des emplois, la flexibilité, passent également pour preuve que le prolétariat industriel « *n'est plus que l'ombre de lui-même* ». Paradoxalement ces phénomènes négatifs renforcent le prolétariat, car ils contribuent à la réunification internationale de la classe ouvrière.

Par ailleurs la caractéristique des classes ne se réduit pas à une analyse sociologique. Le contour de la classe ouvrière dépend de sa capacité à entrainer des fractions des classes intermédiaires, des classes moyennes et de la paysannerie à son projet politique. Dans l'entre deux de l'état providence les cadres ont pu sembler défendre leur politique propre. Dans l'avenir ils auront à se déterminer: du côté des dirigeants du monde ? Ou du côté de la classe ouvrière ?

Où se trouve cette classe ouvrière mondiale ? En Chine (25%), en Inde (15%), dans l'Union européenne (7%), aux Etats-Unis (5%), en Indonésie (4%), au Brésil (4%) pour s'en tenir aux pays, ou union de pays, où la classe ouvrière représente plus de 100 millions d'actifs. Ces six territoires rassemblent déjà 60% de la classe ouvrière, qui est donc relativement concentrée. A noter que le premier pays africain, le Nigeria, ne rassemble que 1,5 % du total des ouvriers dans le monde, alors même que les ouvriers africains sont d'ores et déjà une fraction importante de la classe ouvrière, mais ils sont répartis, immigrés, dans de nombreux pays.

Le fait que la classe ouvrière soit majoritaire aujourd'hui dans le monde est une garantie du caractère démocratique de son projet politique. Il devient moins nécessaire, contrairement à la révolution russe où la société était à 85% paysanne, de concevoir une « *discrimination positive* » en sa faveur. Nul besoin dans l'avenir d'imposer à des populations majoritairement non ouvrières, une version autoritaire et discriminante de la dictature du prolétariat. La classe ouvrière majoritaire est un socle solide pour éviter les dérives totalitaires.

Seuls 20% des travailleurs dans le monde ont un statut de salarié permanent à plein temps, 30% le sont à temps partiel, 50% des travailleurs n'ont pas le statut de salariés. L'accumulation de capitaux entre quelques mains a pour contrepartie que des centaines de millions de travailleurs sont au chômage ou ne travaillent qu'à temps partiel.

L'aristocratie ouvrière aujourd'hui

Certains ouvriers qualifiés ont obtenu, à la suite de leurs luttes, des avantages relatifs vis-à-vis de la masse des ouvriers: par exemple en France les cheminots, les ouvriers d'EDF ou ceux du syndicat du livre dans l'imprimerie et la presse. Par leurs revenus, leurs modes de vie, ces ouvriers peuvent être assimilés aux classes moyennes. Ils se font aujourd'hui laminer par la désindustrialisation des pays occidentaux. Ce phénomène s'exprime dans l'étiolement des partis communistes en Occident. Si par son niveau et son style de vie, l'aristocratie ouvrière peut être assimilée aux classes moyennes - et à ce titre elle fait partie des 99% - elle est essentiellement un phénomène politique à combattre car elle a tendance à s'emparer de la direction de l'ensemble des organisations ouvrières, et à les mettre à la remorque de son capitalisme national.

La corruption se fait doucereusement, chasse gardée dans l'administration et les entreprises publiques, comités d'entreprise dotés généreusement, facilités données aux délégués syndicaux etc…Néanmoins, le rôle de cette aristocratie ouvrière s'amoindrit. Elle est affaiblie face à la stratégie plus agressive du capital, qui est moins disposé à répartir même des miettes.

Il faut distinguer le rôle politique négatif de l'aristocratie ouvrière lorsqu'elle veut diriger le mouvement ouvrier, de sa défense des avantages obtenus de haute lutte que le pouvoir remet en question. Ces ouvriers relativement privilégiés sont amenés alors à défendre leurs acquis et leurs luttes sont tout à fait justifiées et peuvent être assimilées à celui des classes moyennes contre le système.

Il peut sembler paradoxal de vouloir rallier les paysans, les classes moyennes voire les entrepreneurs, à l'alternative communiste démocratique et en même temps d'être très circonspect à l'égard de l'aristocratie ouvrière comme nous l'avons vu au chapitre 1. La raison en est que les premières ont leurs propres revendications légitimes, mais ne prétendent pas à la direction des luttes, à la direction des syndicats et des partis ouvriers comme le fait l'aristocratie ouvrière. Le problème est que celle-ci ne prend la direction des luttes ouvrières que pour ramener à l'acceptation du système. En tant que fraction de classe sociale, l'aristocratie ouvrière fait partie des classes moyennes dont on peut comprendre les aspirations, en tant qu'expression politique elle est un adversaire à combattre.

Le leadership ouvrier

L'immigration, le cœur de la classe ouvrière

Les communistes font de la classe ouvrière, parce qu'elle est en opposition au capital, directement et de façon irréductible, le cœur de la position de classe. Au sein de cette classe ouvrière, l'immigration en est le cœur du cœur, la lutte des sans-papiers est au cœur des luttes prolétariennes. «*Les papiers*» font partie des carcans institués par le système pour diviser les travailleurs et maintenir son pouvoir. L'opposition nationaux / immigrés est une des tentatives de division de la classe ouvrière à côté de public / privé, qualifié / non qualifié, ouvrier / employé, précaire / permanent, travailleur / chômeur, d'une religion ou de l'autre. Elle est la principale division que le système tente de renforcer à l'aide des partis d'extrême-droite.

Les raisons pour lesquelles les travailleurs émigrent sont multiples, économiques (trouver du travail ou un meilleur travail), la recherche de meilleures conditions de vie (protéger sa famille, avoir accès à la santé, à l'éducation), fuir les guerres, les changements climatiques, les conséquences du développement capitaliste qui aggrave les conditions de vie avec par exemple l'élimination de la forêt ou la limitation des cultures vivrières au profit des cultures industrielles. Tout cela oblige à l'exode qui ne se fait que très rarement par plaisir. Toutes ces raisons peuvent être imbriquées et s'y rajoutent le regroupement familial, la curiosité, l'esprit d'aventure, l'amour, l'amitié, etc.

Sa précarité permet d'imposer à la fraction immigrée de la classe ouvrière des conditions plus dégradées que celles obtenues pour les nationaux dans chaque pays, en termes de salaires, de protection sociale, de droits démocratiques, de circulation, de vie familiale, de droit de vote, d'expression. Ainsi la classe ouvrière est morcelée, marginalisée, privée de droits, et trop souvent mise en prison ou autres centres de rétention.

Les migrants sont les héros d'aujourd'hui, les véritables entrepreneurs, prenant des risques non seulement financiers mais bien souvent physiques, familiaux, sentimentaux (une pensée pour les 60 millions d'enfants « *de l'arrière* » que laissent chaque année les « *Mingmongs* », ces ouvriers chinois qui se déplacent vers les industries de la côte Est). Les immigrés pratiquent plusieurs cultures, maîtrisent souvent plusieurs langues, connaissent à la fois le bled et la ville, la mondialisation, la transhumance. Ils sont à la pointe de l'organisation capitaliste du travail, expérimentant les familles éclatées, à la pointe de la remise en cause de la famille bourgeoise. Ils mènent des luttes dans des conditions terribles, des luttes d'une diversité sans égale.

On compte officiellement près de 250 millions d'immigrés transnationaux. L'immigration du sud vers le nord a longtemps été la forme qu'a prise la migration des paysans vers les usines du capitalisme industriel. Mais l'immigration se fait aussi à l'intérieur d'un même pays, comme ce fut le cas en Italie, lors de l'immigration du Mezzogiorno, du sud vers les usines du nord. Aujourd'hui encore en Chine les 250 millions « *Mingmongs* » migrants chaque année vers l'est, privés du « *Hukou* », le passeport intérieur, n'ont pas les mêmes droits que les ouvriers nationaux, résidents permanents. Au total, le monde compte plus de 1 milliard d'immigrés, en intégrant les immigrés de l'intérieur (750 millions). Une majorité fait partie de la classe ouvrière, ou le devient, même si elle ne l'était pas dans le pays d'origine. Probablement un tiers de la classe ouvrière est immigrée et ne peut ainsi pas accéder aux droits démocratiques et sociaux élémentaires! Ce n'est pas un phénomène marginal mais majeur. Ils sont vus comme dangereux ? Oui! Ils sont le cœur de la classe dangereuse pour le système.

En raison des restrictions posées par les pays du nord, l'immigration extérieure la plus importante est celle de ressortissants de pays du sud vers d'autres pays du sud. Elle constitue la moitié de l'immigration extérieure. Le flux de réfugiés d'Afrique cherchant à traverser la Méditerranée a son équivalent cherchant à rejoindre l'Afrique du Sud, la Côte d'Ivoire ou le Nigeria.

Si l'immigration sud / sud constitue la moitié de l'immigration extérieure, l'immigration sud / nord, qui fait si peur aux occidentaux, n'en fait qu'environ 1/4. L'immigration nord / nord, dont les fameux travailleurs détachés européens (2 millions), un peu moins, et enfin l'immigration nord / sud environ 7% de l'immigration extérieure. Une tendance récente[181] indiquerait que les flux Sud / Nord en 2010 dépassaient les flux Sud / Sud, 45% contre 35%. Mais si on prend en compte l'immigration intérieure l'axe Sud / Sud reste largement dominant.

Une autre façon de se rendre compte de l'importance de l'immigration est de constater que 1/4 des enfants de moins de 18 ans en France ont un parent né à l'étranger.

Faisant souvent les travaux les moins bien payés, n'ayant pas les mêmes droits, alors même que les industriels les ont fait venir quand ils en avaient besoin, les immigrés sont ensuite rejetés par le système. Pour toutes ces raisons, les ouvriers immigrés de l'extérieur, comme ceux de l'intérieur, sont moins enclins à se faire corrompre par le système que les ouvriers nationaux. La proportion « *d'aristocrates ouvriers* » est très faible parmi eux. Ils sont bien souvent privés des droits démocratiques minimums, les droits sociaux ou le droit de vote. Lorsqu'ils conservent formellement ce droit de vote c'est pour voter « *au pays* », c'est-à-dire loin des réalités économiques de travail, de logement, de vie, des lieux où ils vivent. Trait d'union entre les travailleurs du sud et du nord, les travailleurs immigrés et leurs luttes, sont la pierre de touche d'une politique de classe. Au premier rang, pour relativiser le rôle de la nation, ils ont plus que quiconque besoin du programme d'égalité, de droits démocratiques, de préservation écologique, de solidarité internationale du programme de la classe ouvrière, le communisme démocratique. Ce programme parce que fondé sur la solidarité de classe, sur l'internationalisme est le seul qui permette aux travailleurs immigrés d'éviter d'être coincés entre l'assimilation nationale au

---

181 - Stephen Smith: « *La ruée vers l'Europe* » 2018, citant des chiffres de l'Office Mondial de l'Immigration OMI.

pays d'arrivée ou la fidélité aux valeurs du pays d'origine et l'impasse communautariste.

Les communistes voient dans la fraction immigrée, la fraction la plus centrale de la classe ouvrière, par son nombre, par son expérience internationale, par le lien qu'elle établit entre le pays d'origine et le pays d'accueil, par sa confrontation et ses liens à des nations, langues et religions diverses, par son audace, par sa place au cœur de la production capitaliste mondialisée, par l'exemplarité de ses luttes.

Les Indigènes de la République

Le mouvement des indigènes de la république, initié par Houria Bouteldja et Sadri Khiari[182] veut prendre en compte cette irréductibilité de l'immigration dans un pays comme la France. Ces auteurs affirment en particulier la nécessité d'une autonomie d'organisation pour l'immigration en raison des tentatives d'étouffement des partis de gauche, surtout, mais aussi de l'extrême gauche. C'est effectivement parfois nécessaire. Cependant sous un discours radical, le fond l'est beaucoup moins. Ces auteurs restent prisonniers des vieilles conceptions « *nationales* » de « *république* » et privilégient au « *conflit de classe* », le « *conflit de race* » ce qui leur fait dire beaucoup de bêtises tel que « *Le peuple blanc propriétaire de la France : prolétaires, fonctionnaires, classes moyennes* ». Justement non les propriétaires de la France sont ceux qui ne sont pas nommés : les propriétaires du capital, les riches, les 1%.

Privilégiant « *les intérêts de race* », « *les indigènes* » isolent, fragilisent ceux qu'ils prétendent défendre qui seront toujours minoritaires dans les pays occidentaux. Non seulement la division est promue au sein des pays occidentaux entre immigrés et blancs, mais elle est recherchée aussi avec le Sud car « *Il y a objectivement conflit d'intérêts entre eux (le Grand Sud) et nous,*

---

182 - Houria Bouteldja et Sadri Khiari « *Nous sommes les indigènes de la république* » 2012. Houria Bouteldja « *Les Blancs, Les Juifs et nous* » 2016.

(les immigrés) … *qui sommes complices de l'exploitation du Sud* ». Au final donc division maximum des travailleurs et rapatriement des immigrés vers dieu, car « *une seule entité est autorisée à dominer : Dieu* ». Autorisée par qui ?

Aucune alternative positive n'est proposée au système si ce n'est « *La transition vers un modèle plus humain* ». On sent pointer le capitalisme au visage humain ! Bien que la complaisance à l'égard du capitalisme saoudien et des émirats fasse douter du « *modèle humain* » envisagé ! Aussi lorsque Houria Bouteldja pose la question : « *Qui mieux que nous peut créer les conditions de grandes alliances entre les tiers-peuples d'Occident et le prolétariat blanc ?* », la réponse est claire : le mouvement communiste !

Pourquoi le leadership de la classe ouvrière ?

Aujourd'hui, c'est moins le prolétariat qui est l'ombre de lui-même que la théorie et les propositions communistes pour l'unifier! Outre sa sous-estimation quantitative à l'échelle mondiale, c'est surtout politiquement que la classe ouvrière est dévalorisée. On a vu le rôle que joue l'aristocratie ouvrière pour rallier les ouvriers à la classe dirigeante. Même si son rôle s'amoindrit avec la crise, il faut se rappeler son influence, car elle fait partie des oripeaux de l'impérialisme dont la classe ouvrière du nord doit se défaire pour rétablir l'unité internationale. Elle explique en particulier les orientations chauvines d'une partie de la gauche occidentale.

Les divisions nationales et religieuses contribuent à empêcher la classe ouvrière de prendre conscience de sa force, de ses intérêts communs, de s'unir et de promouvoir une alternative politique au système. Les luttes sont occultées par les médias internationaux. Qui a entendu parler des 150 millions d'ouvriers indiens en grève en septembre 2015 ? Ce fut pourtant la plus grande grève ouvrière de l'histoire! Et elle ne s'est pas passée au XIXème siècle!

Si la classe ouvrière reste le cœur de la résistance et l'espoir porteur d'une alternative, c'est non seulement parce qu'elle constitue la majorité, mais aussi par son activité toujours décisive au sein du processus de production. Le prolétariat ne se réduit pas aux ouvriers. Marx ou Engels n'étaient pas des ouvriers, ce dernier était même un patron. Ils font néanmoins partie du prolétariat politique. De la même façon, les ouvriers vivent avec des compagnons, compagnes, enfants, familles, amis, qui ne sont pas toujours des ouvriers. Les luttes englobent des techniciens, employés, paysans, ingénieurs, cadres. Les luttes peuvent s'étendre à toute la population d'une ville ou d'une région comme on l'a vu en Guyane début 2017. Souvent l'amorce des luttes les plus significatives et les plus politiques, sont au départ le fait de la jeunesse scolarisée et des étudiants qui sont près de 300 millions dans le monde. Les luttes peuvent se déclencher autour d'un projet néfaste hors de la sphère industrielle, une usine polluante ou dangereuse, une rénovation de ville qui cède aux spéculateurs, une Zone à Défendre (ZAD), une loi, une réforme scandaleuse.

L'exemple de la révolution chinoise montre la capacité du projet communiste à mobiliser aussi les paysans qui, bien que possédant parfois leurs moyens de production, sont aussi très souvent endettés au-delà de la valeur de leur propriété.

Dans chaque pays, les points d'ancrage sont la classe ouvrière, sa composante immigrée et l'alliance avec les pays du sud. Mais les luttes ne se limitent pas à celles de la classe ouvrière. En Occident, le ralliement des classes moyennes est essentiel. Mêmes les entrepreneurs doivent être ralliés, d'autant plus que la précarisation accrue fait que de nombreux ouvriers ou artisans prennent ce statut. Cadres, employés, paysans, petits commerçants et petits patrons eux aussi doivent être ralliés si possible. Il s'agit de travailler à la libération des 99%.

Comment se positionneront les classes moyennes et intermédiaires des pays occidentaux, qui y constituent 30 à 40% de la population active ? Feront-elles cause commune avec les 1% contre le reste du monde dans des conflits qui risquent d'être meurtriers ? Rallieront-elles les peuples du sud et les travailleurs à l'inverse de ce que « *La courbe de l'éléphant* » vue au chapitre 2 semble suggérer?

Les 1% concèdent aux classes moyennes des avantages et tentent de les rallier pour consolider leur pouvoir très minoritaire. La lutte de ces classes moyennes pour conserver leurs acquis est juste. Elles ont prouvé qu'elles peuvent changer profondément la société sur le plan des mœurs: le droit des femmes à l'avortement et à l'égalité, les mouvements des années 60, les mouvements culturels, le mouvement gay, la lutte contre la ségrégation raciale, l'open source sur Internet, les revendications liées à l'écologie, l'occupation de places publiques emblématiques… Des victoires ont été obtenues. Mais la parité et l'égalité hommes / femmes en termes de salaires, même dans les pays les plus avancés, n'est toujours pas établie. « *Le plafond de verre* » est toujours en place. La fin de la discrimination en fonction de la couleur de peau, du lieu de domicile, du faciès non plus n'est pas définitivement acquise et revient par le biais de la discrimination sociale.

L'Afrique du Sud a été capable, à la suite de longues luttes inspirées par Nelson Mandela et accompagnées des communistes, de supprimer l'Apartheid, mais toujours pas de surmonter l'extrême inégalité économique dont souffrent surtout les Noirs. Dans la réalité, la lutte contre l'Apartheid ne sera vraiment victorieuse que lorsque le système social inéquitable sera remplacé.

Les mouvements des noirs, femmes, homosexuels, minorités, écologistes, démocratiques, « *zadistes* », peuvent être absorbés culturellement, politiquement par le système, mais la classe ouvrière, en tant que classe non. Ceci pour des raisons profondes d'exploitation économique, à la base-même du système capitaliste. La classe ouvrière a intérêt jusqu'au bout à promouvoir un projet alternatif au système. Elle est confrontée directement aux détenteurs des moyens de production dans l'activité productive. Elle est celle qui connaît le mieux ces moyens de production, celle qui est la plus à même d'en prendre le contrôle, et de faire qu'ils soient gérés pour la collectivité. Les autres couches sociales, techniciens, cadres reçoivent des miettes, des avantages accordés par les propriétaires actuels et ne sont donc pas toujours déterminés à mener la lutte jusqu'au bout.

Au total, il s'agit bien d'une « *multitude* » en lutte, dont parlent Antonio Negri et Michael Hart. Mais cela ne doit pas noyer la compréhension et l'articulation des classes qui composent cette « *multitude* » et qui sont susceptibles de réellement changer le système.

La nouvelle alliance avec le Sud

Les grands pays du Sud - Chine, Inde, Indonésie, Afrique du Sud, Nigeria, Brésil, Turquie - les émergents, sont parmi les pays les plus pollueurs et les plus inégalitaires de la planète. Les travailleurs y font face à un capitalisme sauvage, non policé par des décennies de luttes ouvrières ayant obligé à des compromis comme dans les pays du nord. Cependant l'alliance avec les pays du sud, pas seulement avec les pays émergents, mais aussi avec les pays les moins avancés, est un axe fondamental de la politique communiste. On voit l'importance et la communauté d'intérêts des pays du sud (le groupe des 77, le G77, - regroupant en réalité 134 pays - soit 80% de la population mondiale), lors des débats écologiques mondiaux tels que ceux de la COP21. L'alliance avec eux est nécessaire, non pas parce que certains d'entre eux se veulent ou se prétendent socialistes ou même communistes, mais parce que, à l'échelle mondiale, ils représentent l'essentiel des travailleurs.

L'alliance avec les pays du Sud doit également parfois se faire avec leurs Etats, et ce, même s'ils sont représentés par des représentants particulièrement réactionnaires de leur bourgeoisie. Ainsi Narendra Modi, le Premier ministre indien, doit être soutenu et est un membre de cette nouvelle alliance, lorsqu'il réclame « *la justice climatique* » lors de la COP21 à Paris, ou lorsqu'il déclare que « *le principe de responsabilités communes mais différenciées doit être la base de notre entreprise collective ... Une nouvelle prise de conscience doit amener les pays avancés à assumer davantage de responsabilité* ». Ceci même s'il est par ailleurs le leader du BJP, le parti nationaliste, raciste, anti ouvrier que les communistes indiens ont tout à fait raison de dénoncer et de combattre.

L'unité entre les travailleurs du Nord et ceux du Sud est nécessaire par souci de justice ; le rattrapage des pays du Sud est légitime. Cela signifie que les communistes souhaitent la convergence, à la hausse! Des niveaux de vie partout sur la planète. Il est souhaitable que cette convergence se fasse progressivement, afin de ne pas crisper les travailleurs bénéficiant d'un niveau de vie supérieur en risquant d'aller vers des conflits meurtriers pour tous. L'égalité ne sera pas immédiate. Les luttes autour de « *la justice climatique* » ont été révélatrices de cet enjeu. Nous devons remercier les pays du Sud de leur patience et d'accepter que leur rattrapage économique soit ralenti par la prise en compte des nécessités de la lutte contre le changement climatique trop rapide. Le mouvement ouvrier se félicitera que les pays du Sud, la Chine en tête, fassent d'ores et déjà plus d'efforts, que ce que la stricte « *justice climatique* » prônée par Narendra Modi exigerait.

La position des communistes partout dans le monde est de reconnaître le dû des pays riches à l'égard des pays pauvres. Bien sûr les générations d'aujourd'hui en Occident ne sont pas responsables de la traite des Noirs, du colonialisme ou des guerres impérialistes, mais elles en bénéficient toujours par le développement économique et les richesses que ces pratiques ont permis. Les preuves en sont nombreuses, depuis le niveau de vie, la durée de vie, l'accès à la santé, à l'éducation, à la culture, jusqu'aux conséquences du réchauffement climatique dû au développement du Nord et dont souffre surtout le Sud. Le revenu moyen mensuel est de 150 € au Sud, de 3000 € au Nord (20 fois plus) indique Thomas Piketty.

Nous sommes prêts en Occident, surtout lorsque les faits s'éloignent dans le temps, à une certaine repentance, prêts à reconnaître que l'esclavage ce n'était pas bien, que le colonialisme ce n'était pas bien, voire un « *crime contre l'humanité* ». Mais toujours pas prêts à remettre en cause les richesses que toutes ces actions « *pas bien* » nous ont permis d'accumuler, et sur lesquelles se sont bâties les entreprises et les banques qui font toujours le différentiel actuel. Richesse et aisance économique qui sont le soubassement de régimes démocratiques, à partir desquels des leçons, de démocratie en particulier, sont données au reste du monde et c'est insupportable!

Il est primordial que le mouvement communiste international se dissocie totalement de la politique des dirigeants des pays occidentaux et qu'il retrouve l'adhésion et la considération des masses opprimées du Sud.

Le point de vue communiste est en phase avec le tournant « *décolonial* » animé en particulier par des penseurs sud-américains, comme Enrique Dussel. Il faut pour créer l'unité des travailleurs du Sud et du Nord reconsidérer beaucoup de notions et se positionner du point de vue des 99% à l'échelle mondiale. Ainsi par exemple « *la découverte de l'Amérique en 1492* » par Christophe Colomb, point de vue européo centriste, doit être considérée comme le début de la conquête, point de vue des indigènes.

Le mouvement communiste en pointant le rôle négatif de l'aristocratie ouvrière dans les pays occidentaux, en reconnaissant le rôle majeur des travailleurs de l'immigration participe à ce « *tournant* ».
Par contre ce n'est pas une raison, parce que la lutte ne se limite pas au couple prolétariat/ capital, et qu'elle implique les jeunes, les femmes, les peuples du sud, les peuples !indigènes, les victimes de violence domestique etc. pour prétendre dépasser le marxisme en noyant le rôle du prolétariat.
Au fond minimiser le rôle du prolétariat est la manifestation la plus avancée de ne pas prendre en compte le Sud car aujourd'hui la majorité des travailleurs sont au Sud. Ceci se fait le plus souvent au profit de thèses intellectuelles de mise en avant des luttes communautaires et de genre, en lien avec le corps enseignant des universités du Nord. Ces idées dispersent au lieu de faire converger les luttes.

En se développant, il est possible que certains pays du Sud sortent de la pauvreté. Mais ces pays évitent difficilement « *le piège du revenu intermédiaire* », qui fait qu'ils ne dépassent pas un certain seuil de développement. Seuls 13 pays sur 150 ont réussi à atteindre un développement comparable à celui des nations occidentales et il s'agissait de petits pays, bénéficiant des investissements occidentaux. Ce phénomène soi-disant « *mystérieux* », voire « *paradoxal* » pour les experts économiques est pourtant évident: l'extrême richesse, le type de développement dans lequel nous vivons dans les pays riches n'est possible que par l'exploitation impérialiste d'autres pays. Une exploitation de longue durée qui a permis l'accumulation longue et massive de capital, qui s'exprime en investissements industriels, infrastructures, universités, écoles, hôpitaux, musées, centres de recherche. Or dans le monde d'aujourd'hui, il est très difficile pour de nouvelles puissances impérialistes d'émerger, car difficile d'être en position d'exploiter d'autres pays. Merci au mouvement anti colonialiste! Aussi rapide que nous semble le développement de la Chine par exemple, le retard est tel qu'il est difficile à combler sans les surprofits impérialistes. Seul le communisme semble pouvoir concevoir un type de développement différent, qui rétablira l'égalité pour les travailleurs des différents pays et sera capable de briser le « *plafond de verre* » du développement.

Il s'agit d'une alliance, car si les travailleurs du Nord doivent se dissocier de leurs gouvernants économiques et politiques, les travailleurs du Sud doivent admettre que le rattrapage du niveau de vie, un des objectifs principaux, ne sera pas instantané. Cet objectif exige patience et compromis. Il s'agit d'éviter les réactions « *petit blanc* », le ralliement des travailleurs du Nord à leurs dirigeants capitalistes nationaux, derrière les frontières, les murs et les barbelés, pour la défense de leurs avantages. C'est le danger que représentent les populismes montants en Occident. Les 1% sont encore une force redoutable, ne serait-ce que sur les plans économique et militaire. Il faut éviter la division, les conflits et les guerres meurtrières où des « *petits blancs* » acculés feraient corps avec leurs bourgeoisies nationales. Il nous faut unifier les luttes du Sud et du Nord pour que la solution des uns ne soit pas la catastrophe des autres.

C'est sur ces intérêts communs, qui exigeront des compromis, que la solidarité avec les pays du Sud pourra se développer et susciter des sentiments plus élevés que ceux de la simple nécessité. Bien des forces sont favorables à cette alliance ou solidarité internationale, y compris les bonnes volontés que les ONG drainent dans les pays du Sud. Malgré les attitudes parfois condescendantes, la suffisance ou la prétention des gens du Nord, les communistes soutiennent toutes les manifestations internationales de solidarité.

Cette Nouvelle Alliance remplace « *la thèse des trois mondes* » que Mao Tse Toung avait développée: un premier monde constitué des super puissances américaine et russe, un tiers-monde constitué des pays du Sud encore essentiellement paysans, et un second monde, les pays capitalistes moins dominants, comme la France. Aujourd'hui, l'URSS n'est plus une super puissance, les Etats-Unis eux-mêmes voient leur domination disputée aussi bien par les économies émergentes que par les autres pays capitalistes comme le Japon ou l'Europe menée par l'Allemagne, elle n'est déjà plus la première puissance économique mondiale (en PPA). La Chine s'est fondue, d'une part, dans un développement économique assumant la phase capitaliste, toujours sous la direction d'un parti qui se veut communiste, et d'autre part, dans le Sud en jouant un rôle leader dans l'animation du G77. Surtout, les pays du Sud ne sont plus essentiellement paysans, mais ouvriers, ce qui donne à la Nouvelle Alliance entre les travailleurs du Nord et les pays du Sud une solide base prolétarienne. L'un des enjeux à traiter par le mouvement communiste sera le devenir des luttes ouvrières dans les pays qui se veulent encore socialistes: Chine, Vietnam, Cuba, Corée du Nord...

Ce qui s'annonce, outre les luttes ouvrières contre les capitalistes dans chaque pays, c'est le danger d'une confrontation croissante entre pays impérialistes, avec les risques de guerre qui en découlent. Dans les deux cas, la réponse est la révolution socialiste. Comme l'écrit Andreï Gratchev l'ex conseiller de Gorbatchev : *« Le monde va se retrouver devant un choix difficile : soit apprendre à partager, soit courir le risque de guerres permanentes »*. L'enjeu est que la révolution socialiste évite les guerres au lieu qu'elle en soit une conséquence. C'est le contenu qu'aura au final la Nouvelle Alliance.

Le mouvement communiste démocratique

Les catastrophes, les conflits, les guerres, les dangers que chacun devine, ont une alternative, qui est le communisme démocratique. Au fond, il est même évident pour tous. Le capitalisme nous mène à l'impasse et personne ne veut du totalitarisme. Il ne s'agit pas de se battre contre deux ennemis ; l'échec du capitalisme ramène aussi aux plaies du totalitarisme. A la moindre difficulté (et ça ne fait que commencer!), le capitalisme abandonne l'Etat de droit, déclare l'état d'urgence, change les lois. Il n'y a pas que la démocratie réelle qui a besoin des communistes, l'Etat de droit aussi.

Les communistes n'ont pas d'objectifs différents, et encore moins secrets, de ceux des 99% de la population mondiale. Dans les luttes de classes qui sont diverses, avec parfois des contradictions[183] secondaires entre elles, les communistes portent attention avant tout à la classe ouvrière, en travaillant à son unité, à l'échelle mondiale.

Une longue histoire

Le communisme s'enracine dans une tradition historique ancienne. Bien avant Marx, Thomas More en Angleterre au XVIème siècle, tout en dénonçant les enclosures, avait décrit dans *« Utopie »* le souhait d'une société égalitaire. En Allemagne à la même époque Thomas Münzer, dirige la révolte des paysans. En

---

183 - Mao Tse Toung: *« De la juste solution des contradictions au sein du peuple »* 1957.

Italie, au début du XVIIème siècle, Tommaso Campanella, partisan de la révolution sociale, publie « *La Cité du Soleil* » (1604). Souvent au début les idées communistes se propagent comme hérésies religieuses. Thomas More lui-même est un religieux. En France, lors de la Révolution de 1789, Saint-Just et Babeuf portent des revendications sociales que l'on peut apparenter à l'idée communiste, de même pour le mouvement coopératif fondé par Robert Owen en Angleterre en 1826. En 1840, Etienne Cabet publie « *Voyage en Icarie* », où il décrit une cité communiste idéale. Autant de jalons posés avant la publication du manifeste du Parti Communiste par Marx en 1848.

Le « *communisme* » de Platon, dont s'inspiraient certains des auteurs ci-dessus, était élitiste. Les « *co gardiens* » de la cité auxquels s'adressait ce « *communisme* » ne comprenaient pas l'essentiel des travailleurs de l'époque, les agriculteurs esclaves. La démocratie grecque était élitiste et se satisfaisait de l'esclavage. Progressivement, à travers les soubresauts de l'histoire, démocratie et communisme se sont dégagés de leurs caractères élitistes pour être aujourd'hui l'horizon souhaitable et nécessaire du plus grand nombre.

L'alternative politique communiste a moins de deux siècles. Elle a cependant déjà accumulé certaines expériences, positives comme négatives. Pour l'essentiel elle a un passé glorieux et estimable sur lequel nous appuyer, les luttes et les prises de risques de millions de travailleurs et de militants, et des symboles forts, unitaires et universels à mettre en avant, comme le drapeau rouge et l'Internationale. Partout dans le monde, les communistes peuvent enraciner les luttes d'aujourd'hui dans les luttes héroïques d'hier, et remettre à l'honneur les héros dénigrés ou passés sous silence par les médias dominants. Respect aux martyrs tombés dans les luttes comme ceux de la Commune de Paris jusqu'à ceux tombés contre Daech, en passant par ceux de Stalingrad, des luttes de libérations nationales contre le fascisme, le totalitarisme, le colonialisme… ou simplement à ceux qui ont osé initier une grève.

Le mouvement communiste a à son actif de nombreuses tentatives très diverses qui ne se réduisent pas à la seule révolution russe, comme voudraient le faire croire de nombreux auteurs, tel Cornelius Castoriadis « *l'ironie de l'histoire a voulu que la première révolution victorieuse (la révolution soviétique) … »*). Non, la première révolution victorieuse fut celle de la Commune de Paris, elle fut victorieuse 3 mois, comme la révolution russe l'a été 7 ans ? 37 ans ? Les révolutions à venir seront nécessairement différentes, et de l'une, et de l'autre.

Les pays se voulant ou se disant actuellement socialistes sont, soit intégrés à la vie du capitalisme mondial comme la Chine ou le Vietnam, soit en situation d'isolement, provoquée par les blocus, comme la Corée du Nord ou Cuba avant l'ouverture récente. Même si l'on fait la part de la propagande capitaliste, et il est très difficile de s'en dégager, même si ces pays, en tant que pays du Sud, méritent comme les autres la solidarité du mouvement communiste, aucun d'eux n'est un guide actuellement pour le mouvement communiste démocratique international qui se doit de développer sa stratégie indépendamment de toute réalisation nationale. C'est l'existence de ce mouvement communiste international qui permettra aux différentes tentatives nationales de ne pas dériver vers des positions nationalistes.

Le projet

Au sein des luttes, en les accompagnant, en apprenant d'elles, la tâche des communistes est de construire un projet crédible alternatif au système. Aujourd'hui, ce qui mine les luttes c'est la conviction intériorisée qu'il n'y a pas réellement d'alternative politique à ce système, ou encore que le remède pourrait être pire que le mal.

« *Ce dont nous souffrons, c'est de l'absence à échelle mondiale d'une politique qui serait disjointe de toute intériorité au capitalisme… C'est l'absence de cette politique qui crée la possibilité du fascisme, du banditisme et des hallucinations religieuses* » nous dit Alain Badiou.[184]

---

184 - Alain Badiou: « *Notre mal vient de plus loin* » 2015.

La clarification du projet, son caractère à la fois raisonnable et nécessaire, même s'il est ambitieux, est la tâche des communistes. L'heure n'est pas « *à la lutte finale* ». La situation est diverse bien sûr selon les pays. En France elle n'est pas révolutionnaire, ni même pré révolutionnaire. Mais, la situation générale est grosse de crises sérieuses et il faut se préparer à y faire face. L'heure n'est pas à bander toutes les forces, à faire les alliances et compromis nécessaires pour remporter LA victoire. Rallier le plus grand nombre, diviser l'adversaire, passer les compromis nécessaires, se fera le moment venu. L'heure est à rendre le projet alternatif crédible afin d'unifier la classe ouvrière internationale. D'où la nécessité d'avoir des positions claires à l'égard des notions d'inégalité économique, de droits démocratiques, de l'importance de la classe ouvrière et de l'immigration, du respect de la nature, du désir de paix des peuples et de solidarité internationale, des dangers de la nation et de la religion, de la nécessité de se réapproprier le passé de lutte des travailleurs.

La priorité à la lutte idéologique, ne veut pas dire que l'hypothèse communiste se prouve de façon purement théorique, « *dans les livres* ». Les luttes écologistes, démocratiques, les luttes contre le terrorisme, pour la construction de l'Europe, ne sont pas des luttes révolutionnaires, comme le sont les revendications d'égalité, de justice fiscale, d'appropriation commune des biens de production, d'extension des biens communs. Mais aujourd'hui, les premières aussi doivent être portées par le mouvement ouvrier et communiste.

Il n'y a pas de contradiction entre les trois définitions principales du communisme: le communisme utopique « *l'avenir radieux* » qu'ont rêvé les humains depuis longtemps, le communisme de nécessité, la lutte contre les inégalités, les crises et les guerres, et enfin le communisme de projet, l'organisation des travailleurs qu'annonce de façon « *scientifique* » le matérialisme historique.

Les luttes de classe sont, aujourd'hui comme hier permanentes, les luttes ouvrières en particulier. Cependant, ces mouvements de masse sont dispersés, parfois dévoyés faute de direction idéologique, faute d'être portés par un projet unitaire. Parfois ces mouvements remportent des victoires, parfois ils échouent, ce qui ne serait pas tragique si le mouvement pouvait capitaliser cette expérience.

TINcA : There Is No Capitalist Alternative

Les tenants du système, en occultant l'hypothèse communiste, essaient d'enrayer la seule solution pour les crises à venir. Alain Minc toujours dans « *Une humble cavalcade* »: « *De mon côté je parie … sur une onde sociétale violente … équivalente à celle de Mai 68 … heureusement incapable de renverser nos institutions… ».* Nous sommes avertis, donnons-lui tort. En affirmant une perspective positive radicalement différente comme débouché à nos luttes, le communisme démocratique, nous éviterons la récupération espérée par le système.

Patrick Artus, l'expert déjà cité, après avoir entamé *par « Marx avait raison ! »* la conclusion de son livre *« Et si les salariés se révoltaient ? »* conclue : « *Il faudra emprunter tous ensemble le chemin nécessaire. Une « révolte » collective pour imprimer une nouvelle dynamique au capitalisme susceptible de donner tort à l'auteur du Capital (Karl Marx)».*

Si Marx est si juste dans son diagnostic pourquoi vouloir à toute force lui donner tort sur l'issue ? L'alternative proposée est cette vieille idée de Saint Simon, « *la participation* » que de Gaulle en 1958 avait déjà tentée et qui a échoué. Toutes les propositions non communistes comme, la participation, la formation, faire de l'entreprise une entité collective, qui n'appartiendrait pas seulement à ses actionnaires mais aussi à ses salariés, ses clients, ses fournisseurs, ses créanciers (en France en réécrivant les articles 1832 et 1833 du code civil[185]) sont des impasses car elles pré supposent le problème déjà résolu. Il faudrait que les dirigeants d'entreprise voient à long terme, jouent collectif,

---

185 - Articles qui définissent strictement l'entreprise comme appartenant aux seuls actionnaires.

inclusif dirait on maintenant, qu'ils ne soient pas mus par la cupidité, qu'ils ne dépendent pas des actionnaires et de l'argent, bref qu'ils soient déjà communistes ! On peut faire le même constat sur le plan politique et démocratique, les appels vus plus haut de Pierre Rosanvallon ou de Mark Lilla à la citoyenneté, à l'intégrité, à la transparence, au *« bon gouvernement »* pour changer les choses restent des appels creux, car seule la lutte contre le vieux capitalisme cupide peut faire émerger du neuf, des femmes et hommes intègres avec une mentalité différente.

Le capitalisme financier dominant allant à sa perte est qualifié d'ultra libéral ou d'anglo-saxon de façon à tenter de promouvoir un capitalisme simplement libéral, voire européen qui s'opposerait ainsi à ce capitalisme dont l'avenir parait à tous compromis et s'opposerait aussi au capitalisme d'état à la chinoise. Comme si le capitalisme financier n'était pas aussi *« d'état »* ! D'où viennent les présidents Trump et Macron ? Surtout ce capitalisme rêvé a déjà eu lieu, il est derrière nous c'est le capitalisme impérialiste démocratique des 30 glorieuses, il a montré ses faiblesses face au capitalisme financier anglo-saxon. L'histoire ne revient pas en arrière

L'Organisation

Nous n'abordons pas ici ce qui, dans le passé, a occupé bien souvent en priorité les communistes, l'organisation. Les organisations existantes divisées, éclatées, comptent peu, même si des individualités ou des groupes peuvent avoir des positions ou des discours intéressants et positifs.

L'état du mouvement communiste est celui d'une très grande dispersion, à la fois à l'échelle internationale, et souvent au sein de chaque pays. La raison en est l'échec des tentatives socialistes précédentes, le totalitarisme, et la mainmise de l'aristocratie ouvrière sur le mouvement communiste pendant de nombreuses années. Ceci a été renforcé par les deux grandes luttes auxquelles le mouvement communiste a participé: la nécessité de s'allier à la bourgeoisie démocratique pour vaincre le fascisme au Nord, et de s'allier aux bourgeoisies nationales pour vaincre le colonialisme au

Sud. Ces luttes sont derrière nous. Aujourd'hui, l'enjeu face à la crise du capitalisme mondialisé, est de porter les intérêts d'une classe ouvrière devenue majoritaire et, au-delà, de proposer un projet pour les 99%.

Si l'heure n'est pas à la lutte finale, elle l'est encore moins à celle de la constitution d'un parti communiste tel que conçu au siècle précédent. Encore moins d'un parti unique. Comme le dit Marx dans le Manifeste du parti communiste: « *les communistes ne forment pas un parti distinct opposé aux autres partis ouvriers* ».

La fidélité au Parti communiste avait une justification très forte: maintenir l'unité de la classe ouvrière, traduire concrètement le « *prolétaires de tous les pays unissez-vous* ». Mais il arrive un moment où même les meilleures choses peuvent se transformer en leur contraire. Si les partis communistes ne jouent plus leur rôle, ils deviennent alors un facteur de division et non d'unité. C'est pourquoi Marx et Engels ont dissous la 1ere Internationale. Dans la deuxième moitié du XXème siècle, en Occident, la prise en main des partis communistes par l'aristocratie ouvrière, les ont conduits à la fois à la complaisance vis-à-vis de leur capitalisme national et au suivisme à l'égard du pouvoir russe. Trop de partis communistes ont alors divisé la classe ouvrière en se coupant de l'immigration et des pays du Sud. Il faut renouer avec la raison de fond de la fidélité au parti: l'unité internationale des travailleurs.

Aujourd'hui, les communistes sont souvent divisés, ne serait-ce que par nationalité ; de ce fait, ils sont à la traîne de leur bourgeoisie nationale. Il est indispensable que, face à la crise du capitalisme mondialisé, les communistes renouent avec l'internationalisme. Cela peut se faire à partir d'organisations existantes ou en créant de nouvelles structures, selon les cas. Pour des raisons pratiques, les organisations peuvent être nationales, mais elles ne doivent pas s'y limiter, au risque d'un émiettement qui favorise le chauvinisme. Il faut des organisations transversales, transnationales, internationales, un mouvement communiste européen, sud-américain, etc. Une 5ème Internationale Communiste, une Association Internationale des travailleurs 2.0 sont plus nécessaires qu'une 6ème République française.

Chapitre 12: Axes de lutte

Un combat d'idées

Le communisme est souvent présenté comme une vieille lune ringarde, mais c'est au profit d'idées encore plus anciennes et encore plus ringardes. Aujourd'hui, à titre d'exemple, quelques-unes des idées dominantes à contrecarrer:

« La cupidité mène le monde »

En fait c'est l'inverse. La cupidité empêche le monde de tourner rond. Qu'est ce qui ferait qu'un trader s'autolimite à prendre des risques puisqu'il est payé au pourcentage des gains ? Que pour être publié un scientifique ne truque pas les expériences dont il rend compte (plus de la moitié des expériences reportées ne sont pas reproductibles!). Qu'est ce qui ferait qu'un athlète ne se dope pas ? Qu'un médecin du sport ne lui fournisse pas « *le pot* » qui, tout en lui sabotant sa santé, lui permettra de gagner et de répondre à la pression de ses sponsors ? Qu'un gamin de banlieue ne participe pas au trafic de drogue qui lui fera gagner dans le mois plus que son père ouvrier dans une année ? Que le responsable politique ne succombe pas à la pression des lobbies ? Qu'il n'utilise pas l'argent public à sa disposition pour financer ses proches ? (ou lui-même à travers ses proches!). Que la finance ne joue pas avec les paradis fiscaux, et l'optimisation fiscale ? Que l'industrie alimentaire ne gonfle pas les produits vendus au poids avec du sel, de l'eau, du sucre et impose la « *malbouffe* » quand ce n'est pas pire ? Qu'Apple ne programme pas l'obsolescence de ses produits ? Que Volkswagen s'abstienne de truquer ses voitures ? Que la Commission européenne, sous la pression des lobbies, n'impose pas les perturbateurs endocriniens dans notre environnement ? Que les réseaux sociaux ne transforment pas en son contraire la volonté d'échange, de communication, de partage des utilisateurs, en revendant les données intimes. Si la cupidité est la motivation majeure, la loi sera toujours en retard sur les activités illégales des plus audacieux ou des plus cupides. Et ce d'autant plus que l'exemple vient de haut, que les criminels ont pour modèle les puissants, leurs Rolex, leurs BMW, leurs jets et leurs châteaux. L'exemple venu du haut peut leur faire croire à l'impunité ; sans doute sont-ils surpris et ont-ils le sentiment d'une grande injustice quand ils se font pincer. De proche en proche, jouant avec les limites de la loi, avec la zone grise d'interprétation de ces lois, on s'éloigne d'un comportement humain, c'est-à-dire du respect des autres et on peut en arriver au crime.

Non seulement dopage, trafic de drogue, trafic d'aliments et de médicaments, prostitution, évasion fiscale n'auront pas de solution, mais tout cela crée des rivalités, des conflits, et finalement de véritables guerres de gangs ou de meta gangs, les nations. Pour conserver le magot, on en arrive au crime, et si l'on est suffisamment puissant pour élaborer les lois, en cas de crise, on édictera des lois de plus en plus répressives, de plus en plus inégalitaires, jusqu'à un régime dictatorial.

Les communistes affirment au contraire que la cupidité ne peut être le moteur principal d'une vie humaine, que réduire l'inégalité accroît le bonheur, contrairement à la cupidité, l'envie ou la jalousie.

« L'homme est un loup pour l'homme »

 Et le sera toujours. Les tenants du système s'appuient sur Hobbes, philosophe anglais, ami de Francis Bacon dont on a vu au chapitre 5 qu'il avait été un des leaders de la bourgeoisie anglaise. Hobbes qui disait aussi que l'humanité c'est « *la guerre de tous contre tous* ».

Le fait même que, de tous temps, des mouvements sociaux ont cours, que des hommes et des femmes se dévouent dans la lutte pour la production, dans les luttes politiques et sociales, pour la recherche scientifique, est une preuve du caractère erroné de ces idées soi-disant évidentes. Le fait que cela soit martelé en permanence montre deux choses: d'une part que cette thèse est fausse, sinon pourquoi faudrait-il la marteler s'il est si évident que « *tout le monde est comme ça* » ? D'autre part, qu'elle est un outil pour empêcher les 99% de concevoir un autre monde. En fait, l'homme ne peut vivre seul, il ne survit qu'en société, il occupe un écosystème, qu'il a tout intérêt à gérer en commun avec les autres, à moins d'aller vers des conflits qui seraient suicidaires.

« La guerre est dans la nature humaine »

Là encore ce lieu commun, dans la foulée du précédent, est contraire aux faits et à l'expérience. Toutes les sociétés ont connu des générations entières qui n'ont pas vécu la guerre. Sans remonter à la Pax Romana des 1ers et 2ème siècles, plus proche de nous, la Suisse n'a pas connu de guerres depuis deux siècles. Pourtant les Suisses étaient des soldats utilisés dans toute l'Europe jusqu'au XVIIIème siècle.

« La propriété privée est de tout temps et existera toujours »

Cela justifierait entre autres les privatisations des biens communs.

Les formes de propriété ont beaucoup varié au cours du temps et des diverses organisations des sociétés humaines ; ce qui a toujours existé, c'est une forme de propriété commune de certains biens. On a vu dans le chapitre 3 que le mouvement des *enclosures*, le fait de s'approprier le bien commun, les pâturages, et de les enclore, avait été constitutif du début du capitalisme. L'un des idéologues du système, Garett Hardin publie « *La tragédie des communs* » en 1968 pour justifier cette appropriation privée et dénigrer les collectivisations. Hardin prétend démontrer que les propriétaires de bétail ont chacun intérêt (mus forcément par la cupidité) à mettre le plus de bêtes possible sur le champ commun, au risque d'épuiser ce champ. Il en conclut donc que pour une meilleure gestion, il vaut mieux privatiser le champ. Le raisonnement ne vaut bien sûr que parce qu'Hardin considère que les éleveurs sont mus par la cupidité et qu'ils sont tous propriétaires privés de leur bétail. En effet, l'argument tombe si le bétail aussi est géré collectivement. La collectivité n'a alors aucun intérêt à ce que le champ s'épuise.

De plus, Hardin étend son exemple et son raisonnement à la société tout entière. Suivant Malthus, il s'inquiète de l'explosion démographique. Pour limiter le nombre de propriétaires se partageant le bien « commun, il justifie l'appel à l'Etat et à sa police. David Harvey [186] démonte cette thèse. Comme il le fait observer, on obtient, pour imposer cette « *loi* », comme une nécessité, les deux composantes du système: propriété privée et inégalités d'un côté, Etat et forces de police de l'autre. Cette « *démonstration* » prouve ce qu'elle a posé comme acquis d'emblée, la propriété doit être privée et il faut une force de coercition pour l'imposer. L'Etat est là pour protéger la propriété privée. C'est pourtant ce système qui nous mène à l'épuisement des ressources sur Terre et à la crise actuelle. Exactement le contraire du communisme, qui prône l'organisation collective et locale de la production et le dépérissement de l'Etat.

« Le passager clandestin »

Cette expression est martelée 25 fois dans le livre cité plus haut de Jean Tirole, le prix Nobel d'économie, celui qui veut « *tempérer* » les excès de la démocratie. Jean Tirole nous met en garde: si nous faisons des efforts pour l'écologie, si nous menons une lutte syndicale, si nous nous dévouons, d'autres en profiteront également, ce sont les « *passagers clandestins* » d'où le message: « *ne participez pas à une lutte collective* ». On croit entendre le lèche-bottes qui à l'école demande « *M'dame pourquoi les autres ont aussi droit à la récré alors qu'ils n'ont pas aussi bien travaillé ?* ». Non seulement nous savons que d'autres profiteront de nos luttes, mais c'est ce que nous voulons! Notre monde c'est le partage. Que ceux qui ne sont pas encore conscients des luttes à mener bénéficient tout de même des premières luttes, tant mieux! Si les étrangers, y compris en situation irrégulière, bénéficient des soins de santé que nos cotisations ont permis, tant mieux! A terme c'est Tirole qui bénéficiera de l'évitement des épidémies dû aux luttes auxquelles il se sera opposé. C'est lui le passager clandestin de nos combats.

---

186 David Harvey: « *Les villes Rebelles* » 2014.

« Je préfère mon frère à mon cousin, mon cousin à un étranger
etc. »

Célèbre phrase de Jean-Marie Le Pen. On préfère les plus proches,
sa famille. Encore une phrase soi-disant du « *sens commun* » qui
est un déni de la réalité. On a tous l'expérience exactement
opposée, préférer des amis, y compris étrangers, à des membres
de sa famille. Jean-Marie Le Pen prouvera lui-même la bêtise de
ce qu'il dit, en préférant certains de ses vieux amis d'extrême-
droite à sa propre fille ou à son gendre!

On peut lui opposer le proverbe gascon « *mieux vaut les voisins
que les cousins* ». Vieille expérience paysanne qui indique sur qui
on peut réellement compter dans les difficultés. Ou encore « *sa
famille on la subit, ses amis on les choisit* ». On trouvera toujours
un proverbe issu de la sagesse populaire pour en contredire un
autre: « *A père avare, fils prodigue* », et « *tel père, tel fils* » par
exemple. Non que la sagesse populaire dit n'importe quoi et le
contraire de tout, mais au fil des siècles, elle a éprouvé que la
réalité est complexe, qu'elle peut sembler contradictoire et que
les grandes vérités sont à interpréter suivant les contextes. Il est
avisé de ne pas utiliser ces fausses évidences péremptoires au
service de l'idéologie dominante. De même, on trouvera dans le
règne animal toutes sortes de comportements, de
l'individualisme le plus égoïste au dévouement le plus grand à la
collectivité et à l'espèce. Il nous faut définir ce qui est souhaitable
pour l'espèce humaine. L'égoïsme, l'individualisme, avec le recul
des idées communistes de partage et de solidarité, ne bénéficient
qu'aux 1%.

« Il est du même sang »

Mais on ne transmet pas son sang! On peut le donner par contre!
On ne transmet pas non plus tous ses gènes. Il y a pour un humain
deux cofondateurs. A partir de là, des croisements et des
mutations interviennent qui produisent des caractéristiques
différentes. De plus, certains traits sont « *dominés* » et restent
cachés. Des caractéristiques que nous détestons chez d'autres
sont cachées, masquées dans nos propres gènes et nous les

transmettons néanmoins. Seule la noblesse prétendait avoir du sang bleu! Du point de vue biologique, établir les solidarités sur le « *même sang* » est donc une ânerie. De plus, l'éducation et la transmission culturelle permettent de se dégager des contraintes purement biologiques et familiales, permettent de s'extraire des mésententes et drames familiaux qui pourrissent la vie de tant de gens.

« Les 1% ont de tous temps dominé le monde »

Il s'agit là encore d'une fausse vérité. Durant plus de 100 000 ans, l'humanité a vécu en tribu et les degrés d'inégalité ont été variables suivant les époques. Cette inégalité est aujourd'hui particulièrement élevée, même au regard des normes capitalistes. Ensuite si c'est « *de tous temps* » c'est aussi « *de tous temps* » insatisfaisant, et les humains s'en sont toujours plaints. Ce n'est pas parce que quelque chose perdure, qu'il faut s'en satisfaire. Aucune raison que cela dure toujours! Les femmes « *de tous temps* » ont été dominées par les hommes, et l'on voit que ça change. Pas assez vite ? Certes, mais avec parfois des coups d'accélérateur.

Bien sûr, il existe des différences naturelles chez les humains à la fois biologiques – petit, grand – et culturelles, mais elles sont relatives. Et ces différences ne justifient ni la propriété inégale, ni l'abus de pouvoir.

« C'est la faute des réfugiés, des immigrés, des étrangers, des autres »

La technique est pratiquement toujours la même. Prendre un fait divers, un crime, un événement négatif qui implique un étranger, un réfugié, un immigré etc. Relever cette unique caractéristique, « *étranger* », mais pas les autres, telles que « *il a 30 ans* » ou « *il est joueur de foot* ». Généraliser immédiatement sans le justifier en quoi que ce soit, à tous les « *étrangers* », « *réfugiés* », « *immigrés* », « *autres* », selon ceux qu'on veut stigmatiser. Ne pas ramener le nombre d'étrangers incriminés au nombre total des étrangers du pays. Dans l'exemple de Cologne, en Allemagne, où le 1er janvier 2016 des agressions à caractère sexuels ont eu lieu dans la gare …. Il s'agissait de quelques dizaines de voyous parmi plus d'un million de réfugiés et plusieurs millions d'immigrés. Ne pas replacer ce crime -dans le cas de Cologne un viol (?)- parmi les 8 600 viols reconnus en Allemagne chaque année. Ne pas relever que la plupart de ces crimes ne sont pas commis par des réfugiés mais par des Allemands blancs, et éventuellement blonds. Ne pas relever que les dizaines de personnes qui se sont opposées aux agressions devant la gare étaient aussi des réfugiés, et là curieusement ne pas généraliser du tout à l'ensemble des réfugiés. La prise de position d'Alain Finkielkraut sur ce fait divers est caractéristique de cette démarche xénophobe.

Cette façon de présenter les choses est pratiquée systématiquement pour diviser les gens. Il est nécessaire de combattre les généralisations abusives, immédiates et permanentes, à tout propos. Un immigré vole ? Tous les immigrés sont des voleurs! Un français vole ? Euh non … tous les français ne sont pas des voleurs… Ces deux poids, deux mesures, ces généralisations hâtives, ces soi-disant caractéristiques nationales ou religieuses ne sont que des instruments de division.

« There is no free lunch »

« Il n'y a pas de déjeuner gratuit ». C'est l'une des célèbres phrases de Milton Friedman, l'un des économistes du libéralisme, le gourou du général Pinochet, le dictateur chilien. Cette phrase est répétée sentencieusement par tous les défenseurs des 1% pour s'attaquer à toutes les activités humaines solidaires, et plus précisément aux programmes sociaux. Elle est supposée exprimer une réalité humaine profonde, le fondement de l'économie, que nous les béotiens, les 99% n'avons pas compris. Cette « *vérité* » soi-disant toute simple est pourtant en contradiction avec l'expérience de tout un chacun. Nous avons tous bénéficié d'un « *free lunch* », invités par les uns ou les autres, nous avons tous offert un verre, y compris à des inconnus, nous avons tous prêté ou reçu un marteau, une perceuse, contre rien, ou cédé le passage sur la route alors que nous étions « *prioritaires* ».

Le communisme de proximité

C'est ce qui rend la vie possible pour l'espèce humaine. Seule cette gratuité des échanges humains, ce communisme de proximité, fait que tout ne se grippe pas, que la vie en société, donc la vie humaine est possible. C'est vrai sur le plan individuel comme sur le plan collectif. Les « *Restos du cœur* » chers à Coluche distribuent des repas gratuits par millions, le Secours Populaire, Médecins sans frontières, des milliers d'associations et d'ONG organisent la générosité et distribuent gratuitement leurs « *free lunchs* », leurs services, tous les jours, partout dans le monde...Des mouvements de gratuité (sans contrepartie ni marchandage religieux ou idéologiques) se répandent en opposition au cynisme égoïste de la société capitaliste, comme ces « *cafés suspendus* », ces cafés qu'on accepte de prépayer afin que quelqu'un dans le besoin en profite. Ce communisme de proximité est nécessaire aussi bien dans l'agriculture, -beaucoup de régions dans le monde ne sont vivables que grâce à un « *communisme de l'eau* » qui gère l'irrigation- que dans l'industrie -les logiciels libres en informatique- ou sur le plan culturel et juridique les « *creative commons* » qui permettent le partage et l'utilisation légale des oeuvres.

La nostalgie qui nous étreint non seulement quand la fête qui nous a rassemblés est finie, mais quand l'événement, le projet, la difficulté même, surmontée en groupe est derrière nous, et que le groupe se sépare, cette nostalgie de la ronde que décrit Kundera[187] est aussi une manifestation de notre espèce sociale, ayant besoin du partage et de la chaleur du groupe.

On a vu plus haut quelques autres idées contredites par la réalité comme « *les riches créent les emplois* », le « *ruissellement* », « *on devient riche en innovant* » etc. qui ne servent qu'à justifier l'accumulation des richesses du monde entre les mains des 1%. Ou encore les idées racistes comme « *les noirs sont des*

---

187 - Milan Kundera: « *La plaisanterie* » 1967.

incapables » avant qu'Obama ne vienne diriger la plus grande puissance mondiale, *« les jaunes sont des imitateurs »*, avant que les Japonais ne prennent le leadership des innovations dans l'automobile ou l'électronique, et les ingénieurs coréens ou indiens dans l'industrie numérique de la Silicon Valley. Aujourd'hui on entend *« les Africains sont incapables de se développer »* … comme les Chinois l'étaient il y a peu.

Cependant même parmi ceux qui répètent ces stéréotypes et qui propagent ces préjugés à la base du discours réactionnaire, certains vont pouvoir, dans d'autres circonstances, épaulés par un discours différent, faire preuve d'ouverture, de générosité, voire d'héroïsme.

Luttes et revendications

Les travailleurs ne sont pas de pauvres victimes, des « *défavorisés* » vers lesquels on devrait se pencher comme le fait une assistante sociale ou une ONG. Laissons les assistantes sociales et les ONG faire leur travail, s'occuper des plus « *défavorisés* » ou des plus perturbés, et faisons le nôtre, qui est de participer aux luttes en traitant nos compagnons de lutte en adultes et en égaux, en reconnaissant en eux non des victimes, mais des acteurs de leur propre émancipation.

Rationalité et bon sens

On a noté plus haut l'importance et la continuité des luttes ouvrières récentes, depuis celles de Gafsa (Tunisie), qui amorcent les printemps arabes en 2008, jusqu'à la plus grande grève de travailleurs de septembre 2015 en Inde, en passant par les dures grèves des mineurs sud-africains de 2007, 2012, 2014, 2015. Ainsi en France les luttes de Florange, Whirpool, les Fralib, ont rythmé ces dernières années. Et si la plus grande grève ouvrière de l'histoire passe inaperçue, on imagine bien les millions de luttes dont personne n'entend parler, et ceci dans tous les pays. « *On est parfois plus fort qu'on ne le pense, ils sont souvent plus fragiles qu'on ne le croit »*[188] .

Les communistes sont attentifs à participer aux luttes de la classe ouvrière, de ses syndicats et de ses organisations, en mettant en garde contre les agissements de l'aristocratie ouvrière qui, en raison même de ses capacités - plus d'aisance financière et de temps pour s'éduquer- a tendance à prendre la direction de ces luttes et à les conclure pour son propre compte: gains pour une fraction, pour l'appareil syndical, pour les délégués, etc.

Ceci ne veut pas dire que les communistes ne s'intéressent ou ne participent qu'aux luttes des plus pauvres. Au contraire, ils dénonceront cette autre tentative classique de division, opposer ceux qui sont un peu plus à l'aise, à ceux qui le sont un peu moins. La lutte à Air France et la célèbre chemise arrachée (comble de l'horreur de la violence ouvrière pour les médias aux ordres!) en est un exemple. Il ne fallait pas laisser opposer les pilotes, mieux payés, au reste du personnel, mais tous à la direction. Direction qui annonçait au même moment des profits record de 480 millions € et dont le patron s'augmentait lui-même de 70%!

 Les communistes sont aux côtés des syndicalistes ou des non syndiqués qui osent commencer une grève. Même dans un pays démocratique comme la France, il y faut du courage.

Dans leurs luttes, les travailleurs se heurtent aux leçons de « *bon sens* », et de « *rationalité* » des tenants du système. On leur conseille des mesures de « *simplification administrative* », de réduire un code du travail trop épais, de mieux utiliser les investissements en allongeant la durée du travail, de mieux servir les clients en travaillant le dimanche... C'est vrai qu'il est trop épais ce code du travail! Le travail du dimanche, de nuit, les heures supplémentaires, le travail au-delà de 60, 65, voire 70 ans avec l'allongement de durée de la vie, la fermeture d'usines obsolètes, la responsabilisation etc.: toutes ces mesures

---

188 - François Rufin, éditeur de la revue Fakir, réalisateur du film « *Merci Patron* », député La France Insoumise.

pourraient être considérées, mais dans une société transparente et égalitaire. Prenant acte que le capitalisme c'est le chômage permanent, les théoriciens conservateurs mettent en avant la flexisécurité en s'appuyant sur l'exemple du Danemark. La perte d'emploi devrait être un *« non-événement »*, simplement l'occasion de se former, de s'adapter aux évolutions de l'économie. Fort bien, pourquoi pas ? Mais dans une société égalitaire!

Il est odieux d'entendre tous ces discours traitant « *d'archaïques* » les revendications des travailleurs, leur opposant les « *réformes* » telle que la loi sociale-démocrate El Khomri, qui, par certains côtés, ramènent à la loi anti-ouvrière Le Chapelier de 1793 (interdiction des syndicats, des grèves, des mutuelles). Leurs réformes sont pré archaïques! La méfiance des syndicats ouvriers, les réactions qui peuvent paraître corporatistes, se justifient tout à fait dans les conditions présentes. Les travailleurs savent qu'on en demande toujours plus « *aux petits* ». Les « *tabous* », les « *rigidités* » que le patronat veut faire sauter dans le marché du travail ne concernent jamais l'accroissement des inégalités.

On demande aux travailleurs de faire preuve de rationalité, mais la raison n'intervient pas du tout pour fixer les salaires patronaux ou le partage des profits. Les mesures de « *bon sens* » oui, quand les richesses seront partagées elles aussi avec bon sens! Aujourd'hui, ce ne sont pas les travailleurs qui s'opposent aux mesures « *de bon sens »,* mais le carcan que constituent la cupidité des 1%, les inégalités honteuses et croissantes, le secret et l'opacité des décisions, les mensonges, le lobbying patronal pour promouvoir des lois à son profit. C'est ce carcan qu'il faut faire sauter, alors les forces productives seront libérées et toutes les mesures de « *bon sens* » pourront être prises.

La limite des luttes

Toute lutte a ses limites dont le gain apparent peut être transformé en son contraire. Il est vrai que si on taxe les hauts revenus, ils risquent de fuir là où ils seront moins taxés, les capitalistes pratiqueront la grève de l'investissement, s'expatrieront avec leurs richesses etc. Il est vrai que si le salaire minimum est relevé, cela entraînera « *des effets de bord* », des effets négatifs non voulus, moins d'embauches par exemple. Il est vrai que si les travailleurs d'un pays travaillent 35 heures par semaine, la compétitivité des produits du pays peut être inférieure à celle des pays voisins. Face au chômage, le fait de partager le travail paraît du bon sens, pourtant l'application des 35 heures en France a parfois désorganisé le travail, l'a rendu plus pénible (à l'hôpital par exemple) et n'a pas résorbé le chômage. Cette réforme a été utilisée par le patronat pour accroître la productivité horaire. Puis, dans un second temps, le patronat tente d'étendre cette productivité acquise avec les 35 heures, à 40 heures ou plus, pour en tirer des profits supérieurs.

Une hausse des salaires sera parfois suivie d'une hausse des prix qui, non seulement annulera le gain, mais pourra peut-être entrainer des distorsions et des inégalités encore plus grandes. La discrimination positive en faveur d'une minorité (ou même d'une majorité, les femmes) peut se retourner contre ses bénéficiaires potentiels.

Les luttes elles-mêmes peuvent être détournées. Arcelor Mittal faisait défiler ses ouvriers à Bruxelles le 15 février 2016 contre le dumping chinois, avant que ceux-ci ne découvrent que des filiales d'Arcelor Mittal importaient elles-mêmes de l'acier chinois! « *Tout ce qui bouge n'est pas rouge!* ».

La micro finance qui était supposée contourner l'emprise d'un système financier qui refuse de prêter aux pauvres, a elle-même été récupérée par la finance traditionnelle...

Dans certaines circonstances, des revendications apparemment paradoxales sont nécessaires. Fermer une frontière pour protéger une culture ou une activité, légaliser le travail des enfants à 10 ans comme l'a fait la Bolivie par exemple, parce que sinon les enfants étaient au travail dans l'illégalité la plus grande. Suivant les circonstances, telle ou telle revendication se justifie, mais toutes peuvent avoir leur effet pervers. Elles peuvent être, et seront, retournées par le système contre les travailleurs. La légalisation du travail des enfants de 10 ans ne peut être qu'une mesure temporaire et locale liée à une situation précise.

Les victoires partielles sont vouées à être récupérées. Les revendications salariales ou syndicales nécessaires ne sont pas en elles-mêmes porteuses d'une mise en cause du système. La remarque de Karl Marx dans le Manifeste du Parti communiste reste vraie: « *Parfois les ouvriers triomphent ; mais c'est un triomphe éphémère. Le résultat véritable de leurs luttes est moins le succès immédiat que l'union grandissante des travailleurs* ».

Le manque de perspectives communistes est un facteur de désunion des luttes. Dans chaque lutte ponctuelle certains, se voulant réalistes, céderont trop vite, se coucheront devant la direction patronale, d'autres, sans perspectives, voudront prolonger la lutte au-delà du « *raisonnable* » jusqu'à des débordements qui seront incompris de la majorité. Souvent c'est la division qui s'ensuit. L'absence de perspectives, de prolongement possible de la lutte sur un autre plan, plus politique, empêche alors d'évaluer la situation de façon réaliste et de terminer la lutte en signant éventuellement le compromis que la plupart des luttes ponctuelles exigent à l'optimum. L'absence du projet communiste fait alors perdre sur les deux plans : à court terme on n'obtient pas le maximum atteignable, à moyen et long terme on ne renforce pas l'unité.

L'extension du domaine des luttes

Les luttes sociales s'étendent au-delà de celles de la classe ouvrière. Les luttes révèlent la diversité du monde. Celles des paysans, des classes intermédiaires, des femmes, des étudiants, des intellectuels, des minorités diverses, ethniques (comme celles des Roms en Europe), des minorités sexuelles, des revendications culturelles etc. Elles révèlent que dans tel ou tel secteur, sur tel et tel plan, le système capitaliste n'est plus satisfaisant pour personne. Occupation des places de Puerta del sol à Madrid lors du mouvement des Indignés, de Wall Street avec le mouvement Occupy, de la place Taksim à Istanbul ou de la place Tahrir au Caire, de Nuit Debout place de la République à Paris. Toutes ces luttes sont la conséquence d'une situation insupportable d'iniquité, mais il est rare qu'elles apportent une solution durable aux problèmes qui les ont déclenchées.

Le compromis tactique est toujours, non seulement inévitable, mais nécessaire, tant que le système reste en place. Les luttes peuvent être soumises à des manœuvres de concurrence, de répression, de récupération, d'encerclement ou de division et finissent rarement par des succès. Mais la nécessité et l'injustice les font toujours renaître.

Les tentatives anarchistes et les luttes « *horizontales* », qui négligent la question du pouvoir central, rencontrent le même mur. En même temps, l'horizontalité des luttes, la démocratie directe et spontanée, par opposition aux luttes organisées, menées par un parti structuré visant à la prise du pouvoir central, sont une garantie d'éviter les dérives totalitaires. Il faut marcher sur ses deux jambes et articuler ces luttes « *horizontales* » avec la mise en cause du pouvoir central.

« *Réactiver la lutte des classes ?* »

Parfois les militants se désolent du manque de réaction de leurs collègues. Des conditions de travail ou de salaire déplorables, ne suscitent pas de luttes. Cette passivité apparente est compréhensible. Ces conditions sont perçues par les travailleurs, au moins temporairement, comme acceptables, « *moins pires* » que celles qui pourraient exister. Mais il faut être prêt à ce qu'un rien, bouleverse brutalement ce fragile équilibre, parce que les conditions changent ou parce que leur caractère intolérable est soudainement perçu.

Selon le moment, les mêmes personnes pourront faire preuve d'avarice, de mesquinerie, de brutalité, d'accablement, de passivité devant une situation politique qui semble bloquée et, les circonstances changeant, pourront faire preuve d'audace et de générosité. C'est pourquoi les militants ne doivent pas se décourager devant l'apathie, réelle mais temporaire, de leurs collègues.

De même, l'état d'esprit des travailleurs, leur conscience politique, peuvent sembler à certains moments désespérants. Fin 2015, en reprenant la mesure, proposée par l'extrême-droite, de déchéance de la nationalité pour les binationaux, le pouvoir socialiste français a voulu orienter vers les étrangers la colère contre les terroristes. A l'époque, un sondage pose la question « *souhaitez-vous la déchéance de nationalité pour les terroristes bi nationaux* ?». La réponse est oui à 86%. C'est désespérant ? Sauf à considérer que c'est, à ce moment, la seule question posée concernant les mesures à prendre contre le terrorisme. Cette question revient donc à peu près à demander « *souhaitez-vous que les terroristes soient punis ?* ». La réponse ne peut être massivement que oui. Si la question avait été « *souhaitez-vous la déchéance de nationalité pour les terroristes français* ?» La réponse aurait probablement été oui également, parce qu'elle aurait été comprise de la même façon. Cependant, compte tenu de l'impossibilité de créer des apatrides elle n'aurait pas eu de sens.

Le 26 avril 1944, Pétain était acclamé par un million de personnes à Paris, 4 mois jour pour jour avant que le 26 août, De Gaulle ne descende les Champs Elysées libérés, acclamé lui aussi par une foule tout aussi immense, forcément en partie la même.

Il n'y a pas à se décourager lorsque les luttes n'ont pas lieu. Nous communistes ne « *souhaitons* » pas les luttes, elles ont lieu pour des raisons objectives, de fond, qu'elles soient menées par des communistes ou non. Nul besoin comme le souhaite Zizek de « *réactiver la lutte des classes* ». Elle existe, il suffit de la voir. Susciter des luttes de façon volontariste ne peut mener qu'à des déceptions.

Les communistes participent et soutiennent toutes les luttes des travailleurs, leur rôle n'est pas de prétendre en prendre la tête. Les luttes ont lieu parce qu'elles sont nécessaires. Les communistes n'ont pas d'objectifs particuliers, différents de l'ensemble des travailleurs, simplement ils veilleront à n'oublier personne en route. Ils fourniront quelques éclairages utiles aux luttes, à leurs solutions, à leurs débouchés, et surtout à leur unité.

En particulier les communistes lèveront l'hypothèque qui freine les luttes, leur unification: la conviction intériorisée qu'il n'y a pas d'alternative.

Si nous voulons renverser le capitalisme mondialisé, nous ne hâtons pas sa perte. Le capitalisme, après avoir eu un rôle important et probablement positif dans le développement de l'humanité nous mène aujourd'hui à la catastrophe, nous, l'espèce humaine. Notre rôle est de montrer que ce capitalisme qui se croit de tous temps, est en fait contingent, limité à quelques siècles tout au plus de l'activité humaine, qu'il a une alternative qui est en même temps son prolongement: le communisme démocratique.

L'articulation luttes syndicales / luttes politiques

Les luttes sont plus ou moins longues, plus ou moins dures, plus ou moins victorieuses. Parallèlement, au-delà de la revendication unitaire immédiate, il y a une réflexion plus politique, avec la conscience du cadre plus général dans lequel ces luttes s'inscrivent et des débouchés qu'elles pourraient avoir.

Il n'y a pas de passage linéaire entre les deux niveaux, syndical et politique. L'un ne procède pas de l'autre. Il n'y a pas non plus de hiérarchie, les luttes corporatistes ou syndicales pour les masses, et la réflexion politique pour les élites *« politiques »*. La révolution découle de la nécessité et de l'action consciente des travailleurs. Elle n'arrive pas par la simple coagulation de luttes partielles qui se transforment en grève générale. D'autant que la grève générale ne débouche pas forcément sur un bouleversement politique. Celle de Mai 68 en France ou la dernière grande grève en Inde l'ont montré.

Les changements politiques se feront consciemment, et non à *« l'insu du plein gré »* de gens entraînés dans des luttes de plus en plus dures, ou de plus en plus générales, qui iraient à la révolution sans qu'ils s'en rendent compte.

La révolution se fera consciemment, sinon elle serait dévoyée.

Contre le terrorisme

Dans l'instant il faut se défendre contre les terroristes, les combattre et les annihiler sans état d'âme. Mais pour les combattre efficacement à long terme, encore faut-il comprendre d'où ils viennent, et se poser la question, qu'est ce qui les alimente ? Se demander pourquoi Daech peut tenir tête si longtemps à une coalition internationale de cette ampleur ? Comment peut-il convaincre tant de jeunes gens à le rejoindre, à se mobiliser, dans l'horreur, l'échec et ce jusqu'au suicide ? On combat Daech sans se demander pourquoi une telle haine ? Comment une telle détermination à faire le mal et à mourir a-t-elle pu surgir ?

Le système rend opaque le lien qu'il peut y avoir entre ses propres agissements et les attentats. Il tente de découpler les attentats de sa politique, de les utiliser pour rallier à lui le maximum de gens au nom de l'unité nationale.

Frustrations

Il faut aller aux racines de la mobilisation qui conforte le terrorisme, prendre en compte les frustrations, les souffrances, les humiliations subies par les populations des pays du Sud, plus précisément ceux du Moyen-Orient et les pays arabes, et ce depuis des décennies. Le Moyen-Orient est riche de ressources minières et pétrolières qui suscitent des guerres innombrables. En ne relevant les faits que depuis 1945: le bombardement de Sétif en mars 1945, l'expulsion des Palestiniens en 1948, le renversement de Mossadegh en Iran en 1953, la guerre d'Algérie de 1954 à 1962, l'intervention franco-anglo-israélienne de 1956 sur le canal de Suez, la guerre des 6 jours d'Israël contre l'Egypte en 1967, l'invasion russe de l'Afghanistan en 1979, l'huile sur le feu jetée par les occidentaux pendant la guerre Iran / Irak de 1980-1988, les invasions de l'Irak de 1991 et de 2003, de la Libye en 2011, de la Syrie aujourd'hui.... Ces décennies de souffrances et d'humiliations finissent par générer ces extrémités suicidaires (jusqu'à aujourd'hui, le djihad a tué essentiellement des musulmans), et cette bêtise crédule (les 70 vierges!).

Toutes ces humiliations, des tortures de l'Alger des années 60, à celles de Guantanamo aujourd'hui, ont été faites au nom de la démocratie. Déconsidérant par là-même la démocratie occidentale.

Des millions de travailleurs arabes sont venus en Occident, en France, pour être ensuite rejetés hors du travail, hors des villes vers les banlieues, pères humiliés, familles désorganisées. Les jeunes déboussolés, en absence d'une force politique alternative à l'impérialisme, deviennent réceptifs aux différents projets criminels, trafic de drogue, banditisme, intégrisme, djihad, terrorisme.

La mondialisation économique, accompagnée de guerres incessantes dans les pays du Sud, finit par rejaillir en Occident et Paris, étonné, subit les crimes contre Charlie en mars 2015, les massacres de novembre 2015 au Bataclan et aux terrasses des cafés, Bruxelles ceux de mars 2016, Nice ceux de juillet 2016, Londres et Manchester ceux de mars et mai 2017, etc. massacres que les dernières décennies nous avaient habitués à voir cantonnés à l'extérieur de nos frontières. Au même moment, nous sommes moins attentifs aux attaques terroristes concomitantes de Beyrouth au Liban, de Peshawar au Pakistan, de Kaboul en Afghanistan, d'Istanbul en Turquie, ou du Nord du Nigeria.

Les terroristes qui frappent les pays occidentaux ne sont pas l'expression des luttes politiques de soutien aux peuples afghan, irakien, syrien, palestinien, malien ou nigérian. La plupart du temps les terroristes ne sont pas nés dans ces pays meurtris par les ingérences occidentales et sont souvent issus de la deuxième génération née dans des pays occidentaux. Ils n'ont pas participé aux luttes politiques. Lorsqu'ils sont passés par la prison, c'est pour du banditisme ou du trafic de drogue.

Ils ne s'inscrivent pas particulièrement non plus dans un activisme islamique et sont condamnés par les grandes mosquées du Caire ou de la Mecque. On a pu pointer le conflit d'une deuxième génération qui se révolte contre ses parents, à qui elle veut prouver qu'elle est plus musulmane qu'eux. Heureusement, les révoltes générationnelles ne passent généralement pas par le terrorisme, même si elles peuvent passer par d'autres comportements suicidaires (anorexie, toxicomanie, délinquance, velléités de suicide etc.).

La plupart de ces terroristes sont passés par l'Afghanistan, par le territoire de Cham, nom de l'ancienne Syrie (marquant la volonté de ne pas respecter les frontières dessinées par l'impérialisme), ou par la Libye. Ils ont fréquenté les Talibans, Al Quaïda ou Daech, ils sont pilotés de là-bas. Ils sont en partie, et de façon détournée, l'expression de la révolte contre les interventions occidentales et russes. On sait que les Talibans et Al Quaïda se sont créés, avec l'aide américaine, contre l'intervention russe en Afghanistan, que Daech mobilise des anciens cadres militaires de Saddam Hussein ou de Kadhafi contre les interventions occidentales en Irak et en Libye.

La révolte intégriste exprime des motifs divers, révolte sociale, ressentiment politique, prétexte religieux, rébellion générationnelle. Si quelques personnes déséquilibrées, fragiles psychologiquement et suicidaires basculent dans le terrorisme c'est sur le chaos de la crise et des guerres capitalistes qu'elles le font. Ces déséquilibrés rejoignent Daech comme d'autres dans des circonstances différentes ont des comportements suicidaires ou rejoignent une autre secte. L'émergence politique des religions, comme celle des nationalismes, est à la fois la conséquence du chaos, et le moteur de troubles et de drames à venir encore plus grands, dont les attentats passés ne sont probablement que le début.

La religion coupable

La politique sécuritaire est accompagnée d'un discours se défendant d'assimiler intégristes et une religion, l'Islam. Bien sûr, il ne faut pas assimiler aux criminels tous les croyants, ni même tous les intégristes. Il faut isoler au maximum les terroristes. Cependant, c'est bien sur l'irrationnel des religions que les discours terroristes s'appuient. C'est dans ce terreau religieux que les ressources financières et les candidats aux dérives criminelles se retrouvent (souvent après passage par la prison). La complaisance à l'égard de l'Islam, comme à l'égard des autres religions (elles sont toutes candidates à tour de rôle au titre de « *la religion la plus conne* » dont parle Michel Houellebecq), est la contrepartie de l'abandon d'un Etat de droit, démocratique et laïque. Abandon facilité par la place laissée aux structures religieuses pour pallier la défection des services publics dans le domaine social, leur permettant ainsi d'asseoir leur emprise, d'embrigader et de polluer les consciences. Combattre l'intégrisme, en particulier islamique, est nécessaire car il est l'un des facteurs principaux aujourd'hui de division des travailleurs. Il est utile de révéler à tous ces aveugles que Dieu n'existe pas, qu'il ne commande et ne justifie aucun crime. Mais il serait illusoire de croire que l'Islam modéré puisse être un frein à l'islamisme intégriste. Comme toutes les religions établies, l'islam modéré conforte le système capitaliste en place, il ne peut répondre à l'une des motivations des révoltés, le refus de l'injustice. Le ralliement à une position de classe, les travailleurs contre les 1%, est la plus solide alternative aux dévoiements de l'islamisme politique.

Un travail idéologique d'ensemble contre les religions est nécessaire à une lutte efficace contre le terrorisme.

La gauche coupable

L'émergence du terrorisme est aussi la punition du fait que les gauches, européennes comme arabes, ont failli, et ont laissé, dans une certaine mesure, les religions représenter les aspirations des travailleurs. En Pologne dans les années 80, en Algérie en 1990, où la montée en puissance du FIS a été contrée par les méthodes anti démocratiques de l'Etat algérien soutenu par les démocraties occidentales. Le leadership des intégristes sur les luttes est consécutif à l'agression impérialiste russe en Afghanistan en 1979, et à son effondrement en tant que modèle socialiste, devenu patent à la fin des années 80. La politique d'Israël, favorisant les groupes islamistes au détriment des groupes révolutionnaires laïques palestiniens, allait dans le même sens.

L'intégrisme et le terrorisme sont la conséquence de l'effacement de l'hypothèse communiste, l'absence d'une alternative crédible à l'ordre capitaliste. C'est pourquoi une lutte efficace contre le terrorisme passe par la re légitimation du projet communiste démocratique.

Une « *guerre* » contre le terrorisme au nom d'impératifs et arrière-pensées mercantiles, comme une « *guerre* » qui remet en cause l'Etat de droit et la démocratie, ne combattra pas efficacement le terrorisme.

Les réactions du pouvoir aux attaques du 13 novembre 2015 à Paris sont aussi inquiétantes que les attentats eux-mêmes, car ils en annoncent d'autres. Lors des réactions à chaud, en particulier dans la première intervention de Hollande suivant les attentats, il n'y a eu aucun appel à la nécessité de défendre un Etat de droit démocratique: « *nous sommes en guerre* » « *état d'urgence* » (François Hollande), « *nous serons impitoyables* (Manuel Valls), « *il faut une inflexion majeure* » (Nicolas Sarkozy), « *des camps de rétention* » (Laurent Wauquiez, alors vice-président des Républicains).

Le pouvoir et les médias ont fait preuve d'un manque de sang-froid qui inquiète pour la suite. La politique proposée par tous les partis du système est la même, plus de sécuritaire. On voit déjà se profiler des représailles successives où les fils viendront venger leurs pères, les jeunes frères leurs grands frères, dans un processus sans fin où on perd de vue les raisons et « *qui a commencé* ». La seule certitude est que les travailleurs en seront les principales victimes s'ils se laissent diviser et manipuler.

Le système réagit sur le plan sécuritaire comme il le fait sur le plan économique: une surenchère des méthodes qui ont déjà échoué. Dans la lutte contre le terrorisme, c'est davantage de contrôles, de caméras, de policiers, d'interventions extérieures, de places de prisons souvent inaccessibles à la Croix Rouge ou au Croissant Rouge, d'assassinats extra judiciaires. « *Les nouveaux moyens* » réclamés ne sont en fait que les vieux qui ont déjà failli. En prétendant répondre techniquement au terrorisme, « *dent pour dent* » « *de façon impitoyable* » etc. le système perpétue ce qu'il a fait lors de la guerre d'Algérie… avec le succès que l'on sait. La revendication de la droite et de l'extrême droite d'interner les 20 000 « *fichés S.* » est caractéristique de cette utilisation de la lutte contre le terrorisme pour imposer un régime autoritaire anti démocratique. Seuls quelques dizaines, ou centaines au pire, de ces « *fichés S.* » sont susceptibles de passer au terrorisme. Que devient pour les milliers d'autres la fameuse « *présomption d'innocence* » que la droite politique est toujours prête à brandir lorsqu'il s'agit de défendre leurs hommes politiques englués dans les affaires ?

Preuve est largement faite que la dérive vers un Etat de plus en plus sécuritaire, de plus en plus policier, ne protège pas du terrorisme, comme l'ont montré les dictatures sud-américaines, la Grèce des colonels, l'Espagne franquiste, les 100 000 victimes de la guerre civile algérienne, l'Egypte du maréchal Sissi. Le pire étant la réaction américaine à l'effondrement des tours en 2001 et leurs 3 000 victimes. Après avoir fait 1 million de victimes en représailles, les Etats-Unis ont généré une situation où les risques de terrorisme n'ont jamais été aussi grands.

Même si Daech était écrasé sous les bombes, le problème resurgirait plus tard, sous une autre forme, car en le combattant de cette façon on aura semé les kamikazes de demain. Daech a été précédé d'Al Quaïda, lui-même précédé des Talibans, eux-mêmes précédés du GIA algérien etc.

La victoire contre le terrorisme exige de ne pas se fourvoyer dans les impasses religieuses, nationales ou communautaires. Elle exige de ne pas participer à la guerre terroristes / contre terroristes, à la guerre des intégristes et des nationalistes qui se mène de la même façon, avec prières et assassinats d'innocents.

La lutte contre le terrorisme qu'on nous promet longue, ne peut pas être menée victorieusement par le système, par ceux-là mêmes qui sont la cause principale de son émergence. L'aveuglement serait de croire que l'on peut combattre sérieusement le terrorisme à partir d'une position injuste. Comme le disait Einstein: « *On ne résout pas un problème avec les modes de pensée qui l'ont engendré* ».

Le terrorisme ne sera vaincu ni par les bombardements et les attaques de drones - qui suscitent encore plus de vocations dans l'entourage qu'ils ne font de victimes parmi les terroristes - ni par une militarisation croissante des sociétés démocratiques. L'accroissement des services de renseignements, l'espionnage constant de tous, la torture et les méthodes de terreur, l'état d'urgence permanent, remettent en cause peu à peu les principes démocratiques. Tout ceci ne peut au mieux que mener à une victoire à la Pyrrhus, où la société tout entière succombe de fait à la menace terroriste en devenant, à son image, également une dictature. Le système peut combattre le terrorisme sur les plans policier et militaire, assez mal sur le plan économique comme l'a montré la collusion du cimentier Lafarge avec Daech, très mal sur le plan politique, et pas du tout sur le plan le plus important, le plan idéologique et le « *bon droit* ».

Ce qui vaincra le terrorisme

Même si les terroristes ne sont qu'une poignée, souvent issus des sociétés occidentales, ils sont perçus par quelques-uns comme le ressac des millions de réfugiés de guerre et des millions d'immigrés économiques.

Il faut séparer les deux questions, les terroristes des immigrés. Assumer positivement l'immigration est l'une des bonnes façons de combattre le terrorisme, de l'assécher. Le bon sens d'immigrés qui viennent chercher paix, survie économique et minimum de droits dans nos sociétés s'oppose aux destructions et crimes aveugles que les terroristes commettent.

Au milieu du XXème siècle la France a pu accueillir 800 000 pieds noirs venant d'Afrique du Nord sans inconvénient majeur. Il n'y avait donc aucun problème à accueillir les 80 000 réfugiés que Valls, contrairement à Angela Merkel, a refusés. Il est vrai qu'aucune société, sous peine d'être déséquilibrée, ne peut accueillir instantanément tous les réfugiés. Dans les années à venir si le système reste en l'état, 250 millions d'Africains sont supposés quitter l'Afrique où la population doublera d'ici 2050. D'une pression migratoire africaine de 200 000 personnes par an on passera à plusieurs millions par an.

Rejeter les réfugiés à la mer, comme le propose Marine Le Pen est non seulement horrible mais inefficace. Il en arrivera toujours d'autres. La vraie solution de fond est de promouvoir une solidarité internationale où les raisons de se réfugier ou d'immigrer auront disparu. Faire que les candidats réfugiés puissent rester chez eux grâce à des conditions de vie normales. Pour éviter d'être submergé par les millions de réfugiés il faut d'urgence changer les rapports économiques dans le monde, donc la révolution.

Ce qui vaincra le terrorisme n'est pas le contreterrorisme mais un projet global réellement démocratique, porté par des forces se désolidarisant complètement des entreprises coloniales passées et présentes, assurant l'égalité et le respect entre travailleurs de tous les pays, un projet accordant la même place aux victimes de l'attentat de Beyrouth du jeudi qu'à ceux de Paris du vendredi. Ce n'est ni la nation, ni la société française qui sont attaquées quand des criminels tuent au hasard, Français et étrangers (19 nationalités représentées dans les attentats du Bataclan et des terrasses), sans connaissance aucune de leur religion ou d'absence de religion. C'est l'Humanité qui est attaquée, et comme le montrent les témoignages de solidarité partout dans le monde, la réponse n'est pas « *l'unité nationale* », mais l'unité internationale.

Ce qui vaincra le terrorisme, c'est de se démarquer des guerres impérialistes qui imposent des rapports inégaux et poussent à l'exil les réfugiés. De prendre en compte les frustrations de décennies d'oppression, d'humiliations, spoliations, crimes, et de soutenir la lutte symbolique entre toutes, celle du peuple palestinien.

Ce qui vaincra le terrorisme, c'est assécher le terreau sur lequel il se développe. Inégalités internationales, mépris et oppression des peuples, en particulier arabes, qui font que la fraction corrompue par l'impérialisme, en Arabie Saoudite, Qatar, Soudan etc... se refait une virginité aux yeux de son peuple en finançant le terrorisme. Il faut se démarquer de l'impérialisme, qui est le financier en dernier ressort du terrorisme, à travers ses commis dans chacun des territoires. Chacun se souvient d'où vient Ben Laden: de la bourgeoisie saoudienne directement liée à la famille du président américain Bush à travers leurs intérêts pétroliers communs.

Arracher aux intégristes la direction des luttes

L'alternative intégriste est derrière nous, elle a été essayée, elle n'a mené qu'à des échecs et aux malheurs comme on l'a vu en Iran, Afghanistan, ou au Cham. Ce constat et cet échec sont patents et étaient inévitables. La lutte menée par les intégristes musulmans, GIA, Talibans, Daech, Hamas, Hezbollah etc. est au fond la même que celui de l'adversaire, au-delà des buts affichés c'est le maintien du capitalisme. Avec de plus une grande probabilité de se faire manipuler par des nationalismes antagonistes. Le but des intégristes chrétiens du Tea Party américain ou de Donald Trump jusqu'à Marion Marechal Le Pen en passant par le Pis Polonais, Orban en Hongrie, est le même, le maintien du capitalisme. L'affrontement des intégrismes religieux, les rivalités des nations, sont lourds de divisions et de malheurs. Ils masquent la lutte des classes, qui elle, contrairement aux conflits religieux ou nationalistes, oppose la très grande majorité à une toute petite minorité de profiteurs.

Le succès contre le terrorisme exige d'arracher aux intégristes politico-religieux la direction de la lutte des opprimés, et pour cela remettre en cause radicalement le système, offrir un projet alternatif de société solidaire, juste et fraternelle.

Pour une part, les terroristes, et ceux qui les « *comprennent* », sont des révoltés, dévoyés et suicidaires. La seule façon réellement efficace d'assécher leur recrutement sera de canaliser, de redéployer leur révolte désespérée vers un projet alternatif au système qui les a à juste titre révoltés, et qui en même temps les a acculés à des luttes qui sont des impasses.

Il est compréhensible que les travailleurs des pays occidentaux s'irritent de se voir reprocher les actions des gouvernements de leur pays, parfois très éloignées dans le passé (esclavage, guerres impérialistes) dans lesquelles ils n'ont eu aucune part (agressions de Sarkozy en Libye, de Hollande en Irak, en Syrie, au Sahel). Ils doivent donc se démarquer du système et de ses symboles. Le drapeau tricolore et la Marseillaise qui ont accompagné les entreprises coloniales et les guerres d'Indochine et d'Algérie, la bannière étoilée américaine qui a conduit les guerres d'agression au Vietnam et en Irak ne peuvent être les emblèmes unitaires de ralliement contre le terrorisme.

On peut comprendre que Marseillaise et drapeau tricolore, surtout brandis à l'étranger, soient des manifestations sympathiques de soutien lors des épreuves. Mais en France ce sont des emblèmes de division qui empêchent de rallier étrangers, immigrés, banlieues à la lutte contre le terrorisme. Pour unifier il faudra que le drapeau tricolore, la Marseillaise et son « *sang impur* », soient remplacés par le drapeau rouge et l'Internationale, le même drapeau à New York, Paris, Bruxelles, Beyrouth, Lahore, Kaboul, Alep, Rakka, Mossoul ou Bagdad.

On en est loin ? Utopie ? Certes! Il est à craindre qu'il faille subir auparavant toutes les autres solutions, constater leur échec dans la douleur, avant de réaliser que la véritable alternative unitaire au terrorisme doit être la même partout, et que le commun dénominateur en est le communisme démocratique internationaliste.

La Révolution ou la guerre ?

Partout on assiste à un accroissement inquiétant des budgets militaires, appelés à tort des budgets de défense. L'accroissement de ces budgets n'est pas dû essentiellement à la lutte contre le terrorisme puisque ce sont les sommes consacrées au nucléaire qui augmentent le plus ! Même la pacifique Suède rétablit le service militaire. Les Etats-Unis à eux seuls, et avant les augmentations décidées par Trump avant qu'il ne relance la course aux armements nucléaires, ont un budget militaire presque égal à l'ensemble de celui des autres pays.

Les conflits menacent en permanence, non seulement les conflits dissymétriques menés par les puissances impérialistes contre plus faibles qu'eux, mais aussi les conflits entre les diverses puissances capitalistes elles-mêmes ou les guerres suscités ou soutenues par elles. La cupidité mine le système de l'intérieur et engendre des rivalités qui ont déjà mené à deux guerres mondiales. Si des analogies doivent se faire avec des époques passées, nous sommes davantage à la veille de la guerre mondiale de 1914, qu'à celle de 1940. Un axe nazi ne menace pas, mais les rivalités entre pays capitalistes si. C'est donc à cette rivalité capitaliste qu'il faut s'attaquer, et opposer la révolution socialiste aux risques de guerre.

Ce à quoi les peuples, les travailleurs, les communistes tiennent avant tout c'est à la paix. Comme le chante « *la Butte Rouge* »[189]

« *Car les bandits qui sont cause des guerres*
N'en meurent jamais, on n'tue qu'les innocents! »

Ce sont toujours les travailleurs, les « *petits* » qui trinquent dans les guerres, et ceci de plus en plus: les civils plus que les militaires, les femmes et les enfants plus que les hommes.

Les services américains, tout en voyant à terme l'émigration africaine comme la menace principale, définissent 4 ennemis, par ordre décroissant: la Russie, la Chine, la Corée du Nord et le terrorisme. Mais selon des enquêtes pour l'ensemble du monde, et à juste titre, les Etats-Unis et son 51ème Etat, Israël, sont perçus comme le principal danger pour la paix dans le monde. La France est trop souvent à leur remorque.

---

189 - Chanson anti guerre de 1923 de Montehus et Krier.

L'un des principaux foyers de conflits depuis 70 ans est l'occupation de la Palestine avec la création de l'Etat d'Israël.

La volonté de protéger les juifs des pogroms et de la Shoah après la Seconde Guerre mondiale, tout en refusant de les intégrer dans les pays où ils vivaient, c'est-à-dire pour la plupart en Europe, a conduit à les pousser à créer l'Etat d'Israël. Ainsi était achevée la première stratégie qu'Hitler avait mise en œuvre, l'expulsion des juifs vers la Palestine suivant les accords d'Haavara signés en 1933 entre la fédération sioniste d'Allemagne, la banque anglo-palestinienne et le pouvoir nazi. Ces accords fonctionneront jusqu'en 1939, jusqu'au déclenchement de la guerre, et auront permis l'immigration de 50 000 juifs en Palestine sur les 500 000 qui vivaient en Allemagne. C'était avant qu'en 1941 les nazis basculent dans les territoires conquis vers l'extermination totale des juifs.

A la fin de la guerre, une décision de l'ONU de novembre 1947, crée l'Etat d'Israël (encore une erreur de Staline!). Suite à la guerre de 1948 menée par les organisations sionistes c'est la Nakba, la catastrophe, l'expulsion de leurs terres de près d'un million de Palestiniens pour les remplacer par les juifs d'Europe. Ces réfugiés palestiniens sont aujourd'hui 5 millions, bien souvent encore parqués dans les camps de Gaza, de Cisjordanie, de Jordanie, du Liban, de Syrie.

L'extrême-droite allemande, dès avant la Première Guerre mondiale, attaquait les juifs comme constituant « *une Internationale Rouge et Or* ». Les militants culturellement juifs étaient, ont longtemps été, le sel des organisations communistes, avant que le sionisme, comme tout nationalisme, les dévoie vers une situation impériale.

Pour s'en tenir à la dernière intifada, « *L'intifada des couteaux* » de fin 2015, début 2016, elle aura fait 30 victimes du côté israélien, 200 du côté palestinien. Si on suit la position israélienne, comment expliquer que dans un pays dit démocratique la lutte antiterroriste fasse 7 fois plus de victimes que les terroristes eux-mêmes ? Dans quel pays civilisé la police fait elle 7 fois plus de victimes que les « *criminels* » qu'elle pourchasse ? La soixantaine d'assassinats de manifestants désarmés lors du transfert de l'ambassade américaine à Jérusalem ne fait que confirmer ce terrorisme d'état israélien.

La position des communistes est de soutenir la lutte du peuple palestinien y compris dans son droit au retour. Le peuple palestinien décidera lui-même ce qu'il en est, deux Etats, un seul Etat etc. La position des communistes est de défendre aussi le droit au retour pour les Israéliens bloqués dans une impasse et des guerres sans fin. « *Bienvenue aux Israéliens dans leur pays d'origine*! ». Ce qui exige la plus grande condamnation de tout acte antisémite. Non seulement parce que ces actes sont injustes et condamnables en eux-mêmes, mais parce qu'ils viennent conforter Israël et l'occupation des territoires palestiniens.

Solidarité avec la Chine et les pays du Sud

Jacques Attali[190] faisait observer que dans l'histoire, les pays les plus endettés sont en général incapables de rembourser leur dette. Ils trouvent alors tous les prétextes pour ne pas payer. Guerres ou menaces de guerre s'en suivent. En 1933 l'Allemagne ayant peu de colonies, Hitler pour financer la reprise économique s'adjugera une partie des surprofits impérialistes en faisant défaut sur la dette vis-à-vis de la Suisse, des Pays-Bas, de la Grande-Bretagne et des Etats-Unis. Cela ne suffira pas et il déclenchera la guerre.

Aujourd'hui la dette américaine est de 20 000 milliards de \$, dont un quart est détenu par des pays étrangers, parmi lesquels la Chine et le Japon détiennent un quart chacun, et les paradis fiscaux et les pays pétroliers une bonne partie du reste. Le montant de la dette américaine détenue par la Chine et le Japon est sans exemple dans l'histoire. C'est en grande partie sur elle

---

190 - Jacques Attali: « *Tous ruinés dans dix ans ?* » 2010.

que repose la prospérité américaine. Cette dette ne sera probablement jamais totalement remboursée.

Un éditorial du Financial Times, le quotidien de la finance internationale indiquait que « *lentement mais sûrement, la Chine et les Etats-Unis sont sur le chemin de l'affrontement* ». Lors de la campagne électorale américaine, on a relevé les attaques de Donald Trump contre le Mexique, mais bien plus souvent c'est à la Chine qu'il s'en prenait. Chine accusée de « *voler les emplois américains* ». Apprêtons-nous à voir des titres comme celui-ci du quotidien Le Monde: « *La Chine provoque les Etats-Unis en Mer de Chine* ». Ce titre prêterait à sourire si le risque n'était pas si grand. Comme le font remarquer les chinois, les incidents n'ont jamais lieu en mer des Caraïbes!

Même si la Chine ne consacre « *que* » 2% de son budget aux affaires militaires contre 4% pour les Etats-Unis, son PNB à terme pouvant devenir le double de celui des Etats-Unis, leurs budgets militaires seront bientôt équivalents. Aujourd'hui les Etats-Unis représentent 40% des dépenses d'armement dans le monde, la Chine 8%.

Graham Allison, a publié en 2017 le livre déjà cité plus haut « Destined for War, can America and China escape Thucydides's trap ? » « *Programmés pour la guerre, est ce que les Etats-Unis et la Chine peuvent éviter le piège de Thucydide ?* » où il laisse penser qu'il y a 3 chances sur 4 qu'une guerre survienne entre la Chine et les Etats-Unis. Assimilant la Chine à Athènes et les Etats-Unis à Sparte il cite Thucydide, l'historien grec: « C'est l'émergence d'Athènes et la peur que cela inspirait à Sparte qui rendit la guerre inévitable ». Depuis 1500, c'est-à-dire sur les 6 siècles de capitalisme, Allison repère 16 évènements où un pouvoir émergent vient concurrencer un pouvoir dominant, de l'Espagne concurrençant l'hégémonie maritime du Portugal au XVème siècle, jusqu'à l'Allemagne réunifiée à la fin du XXème siècle, s'imposant comme le leader en Europe face aux nations vainqueurs de la 2ème guerre mondiale, la Grande Bretagne et la France. Sur 16 conflits, 4 seulement ne se terminent pas par une guerre. Il est utile de savoir ce que pense un conseiller et adjoint de « douzaines» de ministres américains de la Défense et de directeurs de la CIA, professeur à Harvard et spécialiste du nucléaire et de la Chine. Il va chercher une référence il y a plus de deux millénaires, dans une guerre entre deux cités, Athènes et Sparte basées toute deux sur un système esclavagiste, pour éclairer des guerres entre nations, typiques du capitalisme. Il s'agit toujours d'accréditer l'idée que le capitalisme existe depuis toujours et donc existera toujours… et qu'il est fatal de se rallier à la nation. Il ne pointe pas que les révolutions ouvrières sont venues perturber les conflits qu'il recense, comme l'a fait à la fin du XIXème siècle la commune de Paris lors de la guerre franco-allemande, ou la révolution russe au début du XXème siècle lors de la rivalité de l'Allemagne envers la Grande Bretagne, la France et la Russie, ou encore la révolution chinoise venant prendre le pas sur le conflit Japon / Chine. Il n'accorde aucune attention aux inégalités ou à l'émigration future africaine que la CIA note pourtant comme le risque majeur des prochaines années.

La ruée africaine

Cette émigration africaine a lieu pour des raisons à la fois politiques (fuir les guerres) mais surtout pour des raisons démographiques, écologiques et économiques.

Stephen Smith dans son livre déjà cité « *La ruée vers l'Europe* » 2018, note ce paradoxe qu'un léger développement de l'Afrique sub-saharienne donne les moyens aux africains un peu moins pauvres d'entreprendre le voyage vers le Nord et vers l'Europe, et que « *seuls* » 2 à 3% se noient en méditerranée.

Aujourd'hui il y a 3 africains pour 1 européen. En 2050, compte tenue de la jeunesse africaine, ce sera 5 africains pour 1 européen. Si la pression migratoire venant d'Afrique sur l'Europe était la même que celle que les Etats-Unis ont connus venant du Mexique, il y aurait dans une trentaine d'années 150 millions d'européens d'origine africaine au lieu de 10 aujourd'hui.

La démographie déclinante de l'Europe exigerait une immigration de 1,5 million de personnes pour maintenir sa population à 500 millions. Mais le vieillissement se poursuivant, il n'y aurait que 2 actifs pour 1 non actif au lieu de 4 pour 1 aujourd'hui. Pour maintenir ce ratio de 4 actifs pour un non actif il faudrait un apport de près de 2 millions d'immigrés par an. Or la grande crise migratoire de 2015 a été due à l'arrivée de « *seulement* » 1 million de migrants! Et elle a déclenché les crispations politiques populistes partout en Europe, même en Allemagne.

Si les chiffres indiqués par Stephen Smith sont fiables, il ne s'agit pas d'un « *grand remplacement* » comme l'annonce l'extrême droite, mais d'un grand ajout. Les différents scénarios qu'envisage Smith sont tous insatisfaisants, de « *l'Europe forteresse* », solution également des tenants du « *grand remplacement* », à la fin de l'Etat providence en Europe qui serait dû à l'accueil sans limite des migrants, en passant par des accords avec les mafia ou la constitution de glacis comme les accords passés avec la Turquie (4 milliards d'euros), la Lybie ou des pays africains pour retenir les candidats à l'immigration. C'est le fait d'écarter un horizon communiste qui rend pessimiste car effectivement toutes les solutions au sein du système sont désespérantes.

Il est vrai que le déferlement de dizaines de millions d'émigrés africains pourrait déstabiliser l'ensemble des sociétés européennes. D'où la nécessité de basculer vers une société égalitaire permettant à l'Afrique un développement qui tarira l'émigration, une société solidaire et internationaliste. Le plus tôt sera le mieux!

La pression migratoire est bien réelle. Il s'agit, ni de se crisper sur les avantages acquis, ni de faire preuve d'angélisme en accueillant « *toute la misère du monde* ». Les communistes sont favorables, comme vu plus haut avec la Nouvelle alliance avec le Sud, à la convergence des conditions de vie de l'ensemble des humains. Mais nous héritons d'une situation d'inégalité extrême, générée par le système capitaliste vieillissant, déséquilibre qui peut susciter en particulier cette « *ruée vers l'Europe* ». Les intérêts des travailleurs considérés sur la base des lois nationales apparaitront toujours comme divergents, voire conflictuels. D'où la nécessité d'un réseau réellement internationaliste, parce que communiste, c'est-à-dire mu par une vue élevée des intérêts de l'espèce humaine dans son ensemble, pour surmonter ces divergences. Il s'agit, parce que mu par une idéologie commune, par un but commun, le communisme, d'établir la confiance basée sur une solidarité de classe et non sur les « *intérêts* » de territoires. D'être ainsi en mesure d'établir les compromis et les délais nécessaires pour atteindre la convergence. Il faut un réseau désintéressé, un réseau uni par un intérêt supérieur commun, le communisme, pour surmonter des situations objectives différentes (3000 € par mois pour les uns, 150 € -et encore moins en Afrique- pour les autres), afin d'éviter de laisser des contradictions secondaires dégénérer en conflits.

Les travailleurs doivent se tenir à l'écart de ces conflits présentés comme pratiquement inévitables, mais qui ne le sont que tant que les travailleurs se laissent entrainer par les propagandes chauvines au profit d'intérêts soit disant nationaux ou religieux.

Les communistes doivent s'attendre à devoir dénoncer, révéler, tous les prétextes qui seront avancés pour justifier les guerres déclenchées par les puissants dirigeants des pays occidentaux contre les pays du Sud. En particulier avec un président américain qui ne sait même plus quel pays il bombarde, et qui envoie une armada encercler la Corée du Nord tout en l'accusant d'agression.

La paix en Syrie

La guerre en Syrie est emblématique d'une situation inextricable où l'absence d'un point de vue indépendant, internationaliste, ouvrier, empêche de percevoir une paix pérenne et annihile tout soutien international de masse. L'imbrication des luttes sur des bases et des intérêts religieux et nationalistes, sunnites, chiites, druzes, alaouites, kurdes permet toutes les interventions des nationalismes extérieurs: turc, saoudite, iranien, russe, américain, anglais, français, à travers les différentes armées et milices sur le terrain ou dans les airs. Ceux qui se présentent comme les représentants de la révolution de 2011 contre le régime d'Assad, l'armée syrienne libre, apparaissent comme des supplétifs comme les autres, dépendants de leurs bailleurs de fonds, les pays occidentaux. Se battant derrière le drapeau ambigu de la démocratie occidentale qui a failli et est très justement délégitimée, ils ne peuvent obtenir un soutien large, ni localement, ni internationalement. Des conflits de ce type, comme avant lui ceux d'Irak et de Lybie, exigent pour concevoir la paix, l'émergence de forces communistes démocratiques capables de dépasser les conflits artificiels ou secondaires de territoire, de nation, de religion.

Contre toute intervention extérieure, l'échec des Brigades Internationales

Les interventions occidentales sont les causes initiales de l'explosion du terrorisme. L'intervention russe en Afghanistan a suscité les talibans qui ont hébergé Ben Laden, soutenu initialement par les Américains. Ce qui dans un second temps a suscité Al Quaïda. La seconde agression américaine de l'Irak pour renverser Saddam Hussein a suscité Daech après avoir tué des centaines de milliers d'Irakiens. L'intervention de Sarkozy en Libye, pour renverser et assassiner Kadhafi, cornaquée par le « *nouveau philosophe* » Bernard-Henri Lévy, y a créé le chaos au point de déstabiliser des pays riverains comme la Tunisie. Les interventions en Syrie pour renverser Bachar El Assad ont fait plus de 400 000 morts et des millions de réfugiés.

Les présidents Bush sont intervenus en Irak au nom de la démocratie, perpétrant les crimes que l'on sait. Les relents de colonialisme étaient évidents, avec le rôle de la firme Halliburton et son contrôle des affaires pétrolières en Irak. La défense des chrétiens d'Orient est également utilisée comme prétexte aux interventions. La dénonciation des dictateurs, déjà suspecte car très variable dans le temps (Saddam Hussein, Moubarak, Kadhafi, Bachar el Assad sont nos ex « *amis* ») est très sélective, elle ne comprend pas les dirigeants de l'Arabie Saoudite ou du Qatar. Les interventions occidentales ont déjà fait plus de victimes que les dictateurs eux-mêmes. Aujourd'hui ces interventions sont toujours le terreau du terrorisme.

Ces interventions sont illégitimes venant de pays occidentaux au passé si lourd, même lorsqu'elles se couvrent d'une certaine légalité internationale. Ainsi en 1991, l'intervention en Irak était justifiée par l'invasion du Koweït par Saddam Hussein l'année précédente. Saddam Hussein remettait en cause les frontières dessinées par la Grande-Bretagne et la France, lors du démantèlement de l'empire Ottoman au cours de la Première Guerre mondiale. Cette invasion a été condamnée par l'ONU. Même dans ce cas, les communistes des pays occidentaux ne peuvent approuver l'intervention des troupes de leur pays, car cette intervention a créé les conditions pour la seconde intervention, l'invasion de l'Irak en 2003, et les désastres dans lesquels nous sommes toujours. Même avec de bonnes intentions (et l'enfer en est pavé), sous-jacent il y en a aussi de moins bonnes, comme le contrôle du pétrole. Ces aventures militaires sont des désastres pour tous les peuples.

Les communistes, en particulier ceux des pays occidentaux, seront contre « *le droit d'ingérence* » que s'octroierait n'importe quel pays ou force (politique, religieuse, militaire, économique). Les brigades internationales en Espagne, où les communistes ont joué un rôle majeur, se constituaient sur la base d'engagement individuel ; elles n'étaient pas un engagement d'Etat, elles restaient sous la direction de la république légitime et légale espagnole, et malgré cela elles n'ont pas eu non plus une issue heureuse. « *No pasaran!*[191] » ? Ils sont passés. Il s'agit d'une autre histoire, mais l'échec de la lutte anti franquiste est à chercher dans la ligne générale de la coalition anti franquiste. Le fait que même la déroute totale de l'axe nazi lors de la Seconde Guerre mondiale ne balaiera pas Franco, prête à réflexion. L'Internationalisme hors sol est inefficace.

Bien sûr les engagements personnels des communistes peuvent les amener à soutenir des révolutions dans d'autres pays que le leur. Mais dans ce cas, la position des communistes sera très circonspecte et suivra le principe énoncé par Mao: se battre à

---

191 - « *Ils ne passeront pas!* », le mot d'ordre de « *La Pasionaria* » Dolores Ibarruri, dirigeante communiste espagnole lors de la guerre d'Espagne 1936-1939.

l'intérieur des lignes. Aucun pays socialiste ne s'est d'ailleurs permis d'intervenir directement dans un autre pays pour soutenir des causes amies, à l'exception de la Chine venant en aide à la Corée du nord, sur son appel, contre le corps expéditionnaire américain.

Contre son propre nationalisme

Patrice Caine, PDG de Thales, disait en octobre 2015: « il ne faut pas être naïf, nous sommes en guerre économique. Chaque pays souhaite voir son industrie dominer les autres dans le monde ». Lui oui sûrement, puisqu'il le dit, et c'est un patron de l'industrie d'armement qui parle, (patron d'une compagnie compromise dans un scandale de corruption en Afrique du Sud). Mais qu'est ce qui lui permet de parler au nom du pays ? Le pays et le chauvinisme sont utilisés au nom des intérêts privés des actionnaires de Thales et autres groupes d'armement. L'ancien ministre de la défense du gouvernement « socialiste », Jean-Yves Le Drian, était qualifié de *« meilleur ministre de la défense que la France ait jamais eu »* par le marchand d'armes Serge Dassault, (par ailleurs condamné de droit commun).

La crise croissante du capitalisme mondial annonce des conflits à venir. On a vu au chapitre 2 que nombre de leurs experts s'y préparent comme Jean Hervé Lorenzi avec son livre « *Violences…* » Face à cette situation, l'ennemi que les communistes doivent dénoncer est le nationalisme et en particulier celui de leur propre pays.

On a vu plus haut que c'est une caractéristique de l'extrême-droite pour tromper les travailleurs que de s'attaquer au capitalisme du pays d'à côté: Bruxelles, l'Europe, l'Allemagne etc. La social-démocratie n'est pas en reste, on a vu le premier ministre français Manuel Valls en Allemagne, se permettre de critiquer Angela Merkel pour son accueil des réfugiés. C'était une triple faute: refuser les réfugiés, critiquer le chef d'Etat du pays voisin, et dans le pays de celui-ci! Mais le chauvinisme stupide va se nicher malheureusement partout.

Rien à voir avec la position des communistes pour qui ce n'est pas le nationalisme qui s'oppose à la mondialisation capitaliste mais l'Internationalisme. Les communistes défendent la paix, dont la meilleure garantie est encore de passer au socialisme puisque le capitalisme n'a pu se développer sans un seul jour de guerre. Les pays socialistes eux n'ont jamais été à l'origine d'une guerre à l'exception de l'invasion du Kampuchéa par les Vietnamiens en décembre 1978 et, à sa suite, le conflit Vietnam / Chine d'un mois en 1979 qui est resté un conflit limité. Le communisme, c'est la paix!

Bien que le pire ne soit pas sûr (la Guerre froide n'a pas débouché sur un conflit ouvert, encore moins atomique), de nombreuses guerres sont en cours, et des risques d'extension existent. Les budgets militaires augmentent. Le choix risque encore d'être: la révolution ou la guerre ? La paix exige le succès de la lutte des classes.

Chapitre 13: Et même un programme!

Le programme révolutionnaire ne se dégage bien sûr qu'à travers les luttes. On peut juste ici suggérer quelques thèmes d'un programme d'unité de la classe ouvrière internationale. L'alliance avec le Sud, là où se trouve majoritairement la classe ouvrière, n'est pas un appendice de politique étrangère du programme communiste, c'est le cœur du programme.

1) L'espèce humaine est une, vivant pour l'instant sur une planète unique. Respect de la planète. Y trouver un équilibre avec la nature et les autres espèces vivantes.

2) Le droit à la vie pour tout humain, enfant, femme, homme, donc un accès sain à l'air, à l'eau, à la nourriture, au logement.

3) Egalité et reconnaissance de la convergence nécessaire entre les revenus des pays du Sud et ceux du Nord. La moyenne de travail hebdomadaire de 40 heures au Nord et 60 heures au Sud devra tendre vers une moyenne commune à la baisse. La disparité de revenu de 3000 $ mensuel au Nord et 150 $ au Sud devra tendre vers une moyenne commune à la hausse.

4) Egalité et justice sur le plan économique. Justice sociale. Echelle de revenus maximale de 1 à 10. Partage du travail et meilleure répartition entre tous du travail manuel et intellectuel.

5) Droit à l'éducation, aux soins, à la liberté de circuler. Respect de l'individu.

6) Propriété commune de l'air, l'eau, les pôles, les océans, la lune, les astéroïdes et planètes, les terres rares, les semences, les espèces végétales et animales, les ressources critiques en particulier numériques, l'Internet, l'Open source, le Big data…

7) Contrôle démocratique des principaux moyens de production, en particulier du système financier, des sources d'énergie, des moyens de transports et de communication, et de tous les monopoles y compris du numérique.

8) Suppression de l'héritage des moyens de production, (donc à l'exclusion des biens personnels).

9) Un Etat de droit respectant les libertés individuelles, représentation, élection, droit de vote complet y compris aux étrangers, droit de révocation des élus, de circulation des personnes et pas seulement des biens et des capitaux.

10) Démocratie directe et droits de représentation, de délégation, de révocation, respect des droits des minorités.

11) Une organisation d'Etat minimum et « *bon marché* ».

12) Egalité homme / femme et respect des droits des enfants

13) La laïcité et la tolérance. Liberté de penser, de croyance, de sexualité, de critique, de blasphémer, de caricaturer…

14) Les libertés collectives: d'information, d'association, d'organisations politiques, de manifestation, de grève, de constituer des régions, des pays etc.

15) Liberté d'entreprendre, droit à l'échec, articulation dynamique des projets individuels et collectifs.

16) Justice, sans peine irréversible comme la peine de mort.

17) Recherche de la Paix et solution pacifique des désaccords entre et au sein des pays et collectivités diverses. Remise en cause si besoin des frontières héritées du colonialisme et de l'impérialisme et autres frontières nationales.

18) Droit du peuple palestinien à l'indépendance.

19) Unité des peuples, consolidation de l'ONU. Chaque continent, pays, région, collectivité peut avoir ses revendications spécifiques.

20) Unité européenne, élargissement de l'Europe à la Turquie et à d'autres pays sous réserve d'acceptation de critères de respect des droits humains démocratiques et sociaux, et sans faire de l'unité européenne un instrument contre les pays extérieurs à l'Europe.

Conclusion: une Révolution de nécessité

Le capitalisme n'existe pas depuis toujours. Tout en développant et intégrant l'humanité tout entière, il s'est constitué pendant des siècles sur des horreurs, expulsions de paysans, dictatures dans les usines, esclavage, mise à mal des conditions sanitaires et écologiques des humains et de la terre, guerres coloniales, guerres impérialistes, fascisme, nazisme, crises. Ces horreurs sont sous estimées et masquées par les réussites économiques dans certaines parties du monde.

On pourrait s'étonner que le capitalisme ait fait si vite l'objet de tentatives de dépassement par des révolutions socialistes. Le capitalisme n'était pourtant présent que dans un petit nombre de pays, ne touchait qu'une petite partie de la population mondiale. La classe ouvrière qui est porteuse première de ces tentatives, n'était pas dominante lors des tentatives révolutionnaires: Commune de Paris, Révolution russe de 1917, chinoise de 1949. Le capitalisme n'avait pas encore étendu son emprise à l'ensemble du monde, à travers le colonialisme, l'impérialisme, le modèle de société de consommation, la prise de contrôle par le système financier, la mondialisation. Les tentatives socialistes dans ces conditions ressemblent à l'échelle historique à des embryons de révolutions. Elles rappellent les tentatives, toutes avortées, pendant des siècles, de ces villes qui tentaient de secouer le joug féodal, au nom des intérêts naissants de la classe bourgeoise. Révoltes du XIIIème et XIVème siècle comme la révolte des Essex et Kent en Angleterre ou des Karls dans les villes flamandes en 1325, des « *Maillotins* » (parce qu'ils se munissaient de maillets) en France en 1382, des républiques calvinistes à la fin du XVIIème siècle aux Pays-Bas etc. Luttes et tentatives d'émancipation durement réprimées, qui ne déboucheront qu'au XVIIème siècle lors des révolutions en Angleterre et au XVIIIème lors de la révolution bourgeoise et républicaine française de 1789. Cette dernière devra faire face aux tentatives de restauration des représentants de l'ancien régime jusqu'au XIXème siècle. Cette lutte de la bourgeoisie contre le régime féodal court sur 5 ou 6 siècles. Avant de finalement triompher, elle n'a pas été

continûment victorieuse, elle a connu des hauts et des bas...
L'Habeas Corpus est imposé au roi d'Angleterre en 1215 par la
Magna Carta, 6 siècles avant la déclaration des droits de l'homme!
Les premières tentatives socialistes elles n'ont pas un siècle et
demi! Les idées de « *liberté, égalité, fraternité* » issues des
révolutions bourgeoises du XIXème siècle ne se sont toujours pas
imposées partout. Il n'est pas étonnant que l'idée du socialisme
ne le soit pas non plus.

Le développement capitaliste arrive au bout de ce dont il est
capable en termes d'inégalités, de choix de croissance, de
violences, de guerres potentielles, d'insécurité. Quelles que soient
nos réticences, et aussi fondées soient elles, quelle que soit notre
peur que le remède ne soit pire que le mal, il nous faut concevoir
un monde radicalement différent pour éviter d'aller sans réagir à
la catastrophe.

La révolution n'est pas le grand soir débouchant sur l'avenir
radieux, mais elle est une nécessité contre la faim, la soif, les
guerres, pour les besoins de sécurité et d'égalité... Révolution de
nécessité plus que de désir.

 Les tentatives communistes précédentes ont été des échecs, mais
ces échecs ont été amplifiés, déformés. Les conditions ont changé.
Le capitalisme imprime sa marque identique dans tous les pays, et
en même temps est en crise. La classe ouvrière est majoritaire, la
prolétarisation de la planète se termine. La classe ouvrière
retrouve une capacité de lutte.

Le projet communiste se clarifie et devient plus réaliste, notre
conception du monde et de la science est plus humble, les échecs,
en particulier la dérive totalitaire, sont derrière nous, et on peut
en tirer les enseignements.

Le remplacement du système ne se fera pas dans la facilité. Ne pas
s'inscrire dans le mouvement communiste historique, quelles que
soient les erreurs de ce mouvement, serait se battre sans un
tremplin solide.

Les critiques du communisme, aussi argumentées qu'elles soient,
ont une très grande faiblesse: elles perdent toutes de vue que ces

révolutions ne sont qu'une réponse à la non acceptation du capitalisme, ses guerres, ses injustices, ses crimes. Ces critiques nous laissent donc au mieux démunis, au pire ralliés au système capitaliste dont la faillite est pourtant la cause première des révolutions.

Le communisme démocratique un mythe ? Par certains côtés oui. Il l'est, comme avant lui l'idée de dieu, de nation, de sociétés à responsabilité limitée, des droits de l'homme, de démocratie, de « *liberté, égalité, fraternité* », toutes créations de l'esprit humain pour aider l'espèce humaine à vivre et à coopérer. « *Pour changer un ordre imaginaire existant il nous faut d'abord croire à un ordre imaginaire de substitution* » écrit Yuval Nora Harari dans « *Sapiens une brève histoire de l'humanité* ». Le communisme démocratique peut être le mythe commun fédérateur aussi nécessaire aujourd'hui que l'ont été les mythes précédents.

Fin

TABLE DES MATIERES

9 781718 011601